Das Transfusionsgesetz
vom 1. Juli 1998

Europäische Hochschulschriften
Publications Universitaires Européennes
European University Studies

Reihe II
Rechtswissenschaft

Série II   Series II
Droit
Law

Bd./Vol. 3171

PETER LANG
Frankfurt am Main · Berlin · Bern · Bruxelles · New York · Oxford · Wien

Stephan Schreiber

Das Transfusionsgesetz vom 1. Juli 1998

Rechtliche Grundfragen

PETER LANG
Europäischer Verlag der Wissenschaften

Die Deutsche Bibliothek - CIP-Einheitsaufnahme

Schreiber, Stephan:

Das Transfusionsgesetz vom 1. Juli 1998 : rechtliche
Grundfragen / Stephan Schreiber. - Frankfurt am Main ; Berlin ;
Bern ; Bruxelles ; New York ; Oxford ; Wien : Lang, 2001
(Europäische Hochschulschriften : Reihe 2,
Rechtswissenschaft ; Bd. 3171)
Zugl.: Göttingen, Univ., Diss., 2000
ISBN 3-631-37513-1

D 7
ISSN 0531-7312
ISBN 3-631-37513-1

© Peter Lang GmbH
Europäischer Verlag der Wissenschaften
Frankfurt am Main 2001
Alle Rechte vorbehalten.

Das Werk einschließlich aller seiner Teile ist urheberrechtlich
geschützt. Jede Verwertung außerhalb der engen Grenzen des
Urheberrechtsgesetzes ist ohne Zustimmung des Verlages
unzulässig und strafbar. Das gilt insbesondere für
Vervielfältigungen, Übersetzungen, Mikroverfilmungen und die
Einspeicherung und Verarbeitung in elektronischen Systemen.

www.peterlang.de

VORWORT

Die vorliegende Arbeit wurde im Sommersemester 2000 von der Juristischen Fakultät der Georg-August-Universität zu Göttingen als Dissertation angenommen. Für die Druckfassung wurden Rechtsprechung und Literatur bis September 2000 berücksichtigt.

Mein besonderer Dank gilt meinem Doktorvater, Herrn Prof. Dr. Dr. h.c. mult. Erwin Deutsch, der diese Arbeit angeregt und ihr Entstehen gefördert hat. Zu danken habe ich darüber hinaus vielen. An Stelle aller sei gedankt: Herrn Dr. J. U. Wieding von der Abteilung Transfusionsmedizin der Universität Göttingen, dessen zahlreiche Hinweise und Bereitschaft zum Gespräch mir bei dem Verständnis der medizinischen Aspekte sehr geholfen haben; Herrn Regierungsdirektor F. von Auer, Leiter der Abteilung für Blut und Blutprodukte, Bundesministerium für Gesundheit, für Erläuterungen über die Intentionen des Gesetzgebers; Herrn Priv.-Doz. Dr. S. Winter von der Bundesärztekammer für die Zurverfügungstellung von Materialien; Frank und Horst Weber für technische Unterstützung bei der Erstellung der Arbeit, insbesondere der Synopse; meinen Kolleginnen und Kollegen von der Abteilung für Arzt- und Arzneimittelrecht für manche nette Stunde und Hilfe ...

Zuletzt – und doch am meisten – danke ich meinen Eltern, die mir das Studium und die Erstellung dieser Arbeit ermöglicht und mich in jeder Hinsicht unterstützt haben.

Hannover, im Januar 2001 *Stephan Schreiber*

INHALTSVERZEICHNIS

A. Einleitung 15

B. Vorgeschichte und Gesetzgebungsgeschichte 19
   I. Der Anlaß für das Transfusionsgesetz 19
   II. Der 3. Untersuchungsausschuß 19
   III. Das Transfusionsgesetz 22
      1. Gang der Gesetzgebung 22
      2. Regelungsinhalt 23
      3. Anwendungsbereich 25

C. Medizinische Aspekte 27
   I. Zusammensetzung und Funktionen des Blutes 27
   II. Die Gewinnung von Blut und Blutbestandteilen 27
   III. Risiken für die Spender 28
      1. Spendeentnahme 28
      2. Vorbehandlung des Spenders 28
   IV. Anwendungsgebiete von Blutprodukten 29
   V. Sicherheit bei Blutprodukten 30

D. Rechtliche Grundlagen 33
   I. Die zivilrechtliche Stellung von Blut und Blutbestandteilen 33
      1. Blut als Bestandteil des Körpers des lebenden Menschen 33
      2. Blut nach der Trennung vom menschlichen Körper 34
         a) Fremdblutspenden 34
         b) Eigenblutspenden 36
      3. Ergebnis 38
   II. Die Rechtsstellung von Blut und Blutbestandteilen nach dem
      Arzneimittelgesetz 38
      1. Blut und Blutbestandteile, die zur unmittelbaren Anwendung
         bestimmt sind 39
      2. Blut und Blutbestandteile, die zur Weiterverarbeitung bestimmt sind 39
         a) Ansicht des Gesetzgebers 39
         b) Übersicht über Rechtsprechung und Literatur 40
         c) Stellungnahme 43
         d) Ergebnis 45
   III. Rechtsbeziehungen zwischen Spender und Spendeeinrichtung 45
      1. Fremdblutentnahme 45
         a) Rechtliche Qualifikation der Rechtsbeziehungen 46
            aa) Eigentumsübertragung 46
            bb) Spendeentnahme 50

cc) Aufwandsentschädigung...50
dd) Ergebnis...50
b) Haftung 51
2. Eigenblutentnahme 52
3. Ergebnis 54
IV. Die weitere Nutzung der Spende 55
1. Fremdblutspende...55
a) Grenzen der zulässigen Nutzung..56
aa) Begrenzung aus Vertrag 56
(1) Vertragliche Vereinbarung..56
(2) Begrenzung aus vertraglichen Nebenpflichten 57
bb) Begrenzung aus dem Prinzip des „neminem laedere"..................59
b) Rechtsfolgen unzulässiger Nutzung..60
2. Eigenblutspende..61
a) Zur Anwendung an dem Spender bestimmte Eigenblutspenden 61
aa) Grenzen zulässiger Nutzung..61
bb) Rechtsfolgen unzulässiger Nutzung 61
b) Nicht mehr zur Anwendung an dem Spender bestimmte Eigen-
blutspenden 62
aa) Grenzen zulässiger Nutzung..62
bb) Rechtsfolgen unzulässiger Nutzung 63
3. Ergebnis 64
V. Der Stand der medizinischen Wissenschaft und Technik............................64
VI. Die Richtlinien der Bundesärztekammer..66
1. Die Bedeutung der Richtlinien nach §§ 12 I, 18 I TFG...........................67
2. Die Bedeutung der vor Erlaß des Transfusionsgesetzes
aufgestellten Richtlinien 69
3. Ergebnis 70
VII. Zusammenfassung 71

E. Einwilligung und Aufklärung...75
I. Vorbemerkung 75
II. Einwilligung und Aufklärung bei ärztlichen Heileingriffen.......................75
1. Rechtsnatur, verfassungsrechtliche Grundlagen und prak-
tische Relevanz der Einwilligung 75
2. Die tatsächliche Grundlage der Einwilligung: Aufklärung.....................77
3. Voraussetzungen...77
III. Einwilligung und Aufklärung bei der Spendeentnahme.............................78
1. Gesetzliche Regelung und Gesetzgebungsverfahren 78
a) Gesetzliche Regelung..78
b) Gesetzgebungsverfahren 79
2. Einwilligung 80

a) Inhalt der Einwilligung 80
b) Formbedürftigkeit der Einwilligung 81
   aa) Formbedürftigkeit 81
   bb) Sachgerechtigkeit 82
c) Schriftliche Bestätigung der Einwilligung 83
   aa) Zweck 83
   bb) Zeitpunkt 85
   cc) Bedeutung der schriftlichen Bestätigung 85
      (1) Wirksamkeitsvoraussetzung der Einwilligung 85
      (2) Beweismittelbeschränkung 86
      (3) Formelles Rechtmäßigkeitserfordernis 88
   dd) Auswirkungen 89
      (1) Berufsrechtliche Auswirkungen 89
      (2) Verwaltungsrechtliche Auswirkungen 89
      (3) Zivilprozessuale Auswirkungen 90
      (4) Deliktsrechtliche Auswirkungen 91
   ee) Sachgerechtigkeit 91
   ff) Ergebnis 92
d) Einwilligung bei einwilligungsunfähigen Personen 93
e) Volljährigkeit 95
f) Geschäftsfähigkeit 96
g) Verwahrte 97
h) Widerruflichkeit der Einwilligung 98
3. Aufklärung 99
a) Inhalt und Umfang der Aufklärung 99
b) Zeitpunkt der Aufklärung 100
c) Aufklärende Person 101
d) Formbedürftigkeit der Aufklärung 102
e) Schriftliche Bestätigung der Aufklärung 102
   aa) Zweck 102
   bb) Zeitpunkt 103
   cc) Bedeutung der schriftlichen Bestätigung 103
   dd) Auswirkungen 104
   ee) Sachgerechtigkeit 105
4. Datenerhebung, -verarbeitung und -nutzung, § 6 II TFG 105
a) Einwilligung 106
b) Schriftliche Bestätigung der Aufklärung 106
   aa) Zweck 106
   bb) Zeitpunkt 106
   cc) Bedeutung der schriftlichen Bestätigung 107
   dd) Auswirkungen 109
   ee) Sachgerechtigkeit 109

5. Erklärung der Verwendbarkeit, § 6 I 3 TFG 110
6. Vertraulicher Selbstausschluß 111
IV. Einwilligung in die Hyperimmunisierung 111
 1. Gesetzliche Regelung und Gesetzgebungsverfahren 111
  a) Gesetzliche Regelung 111
  b) Gesetzgebungsverfahren 112
 2. Einwilligung 112
  a) Wirksamkeit der Einwilligung in die Hyperimmunisierung 112
  b) Inhalt der Einwilligung 115
  c) Form der Einwilligung 115
   aa) Zweck 115
   bb) Bedeutung der Schriftform 115
   cc) Auswirkungen 117
   dd) Sachgerechtigkeit 117
  d) Einwilligung bei einwilligungsunfähigen Personen 118
  e) Volljährigkeit 118
  f) Geschäftsfähigkeit 119
  g) Verwahrte 119
  h) Widerruflichkeit 120
 3. Aufklärung 120
  a) Inhalt der Aufklärung 120
  b) Zeitpunkt der Aufklärung 121
  c) Aufklärende Person 121
  d) Formbedürftigkeit der Aufklärung 122
  e) Schriftliche Bestätigung 122
   aa) Zweck 122
   bb) Zeitpunkt 122
   cc) Bedeutung der schriftlichen Bestätigung 122
   dd) Auswirkungen 123
   ff) Sachgerechtigkeit 124
 4. Erhebung, Verarbeitung und Nutzung personenbezogener Daten 124
V. Einwilligung in die Anwendung von Blutprodukten, § 14 TFG 126
 1. Einleitung 126
 2. Formbedürftigkeit der Aufklärung und Einwilligung 127
 3. Sachgerechtigkeit 129
VI. Einwilligung in die Testung auf Infektionserreger, § 19 I 7 TFG 130
 1. Bedeutung der Schriftform 130
 2. Sachgerechtigkeit 131
 3. Ergebnis 132
VII. Zusammenfassung 132

F. Verfahren der Rückverfolgung 135

I. Einleitung 135
II. Gesetzliche Regelung 135
   1. Struktur 135
   2. Voraussetzungen für die Einleitung des Rückverfolgungsverfahrens 136
   3. Anforderungen an das Verfahren 137
      a) Vom Spender ausgehendes Verfahren 137
      b) Vom Empfänger ausgehendes Verfahren 138
   4. Umfang der Pflicht zur Rückverfolgung 139
   5. Unterrichtungspflichten 140
      a) Unterrichtung von Behörden, pharmazeutischem Unternehmer, Abnehmer der Spende und Spendeeinrichtungen 140
      b) Unterrichtung des Spenders bzw. Patienten 142
      c) Unterrichtung sonstiger Personen 143
   6. Verpflichtete 145
   7. Rechtsfolgen einer Verletzung der Pflichten 146

G. Hyperimmunisierung, § 8 TFG 147
I. Einleitung 147
   1. Allgemeines 147
   2. Gesetzliche Regelung 147
   3. Gang der Untersuchung 148
II. Angemessenheit des Versicherungsschutzes 148
   1. Haftungstatbestand 150
      a) Gesetzliche Unfallversicherung 150
      b) Probandenversicherung gem. § 40 I 1 Nr. 8, III AMG 151
      c) Ergebnis 151
   2. Umfang der Leistungen 152
      a) Gesetzliche Unfallversicherung 152
      b) Probandenversicherung gem. § 40 I 1 Nr. 8, III AMG 153
      c) Ergebnis 154
   3. Beweislastverteilung 154
      a) Gesetzliche Unfallversicherung 154
      b) Probandenversicherung gem. § 40 I 1 Nr. 8, III AMG 155
      c) Ergebnis 155
   4. Verjährung 155
      a) Gesetzliche Unfallversicherung 155
      b) Probandenversicherung gem. § 40 I 1 Nr. 8, III AMG 156
      c) Ergebnis 156
   5. Ergebnis 156
III. Ethik-Kommissionen, § 8 II 1 Nr. 7, IV TFG 157
   1. Entwicklung im Gesetzgebungsverfahren 157

2. Aufgaben, Funktionen, Beurteilungsgegenstand und -maßstab
   der Ethik-Kommissionen 158
   a) Aufgaben, Funktionen, Beurteilungsgegenstand und -maßstab
      der Ethik-Kommissionen nach § 40 AMG 159
   b) Aufgaben, Funktionen, Beurteilungsgegenstand und -maßstab
      der Ethik-Kommissionen nach § 8 TFG 160
   c) Ergebnis 161
3. Rechtsnatur der Kommissionstätigkeit und Handlungsform der
   Kommissionsvoten 162
   a) Rechtsnatur der Kommissionstätigkeit 162
   b) Handlungsform der Kommissionsvoten 162
      aa) Handlungsform der Kommissionsvoten nach § 40 AMG 163
      bb) Handlungsform der Kommissionsvoten nach § 8 TFG 164
   c) Ergebnis 165
4. Zuständigkeit 165
5. Ersetzbarkeit eines negativen Kommissionsvotums 169
6. Befugnisse der Ethik-Kommission im Fall des § 8 IV TFG 169
   a) Befugnisse der Ethik-Kommission nach § 40 AMG 170
   b) Befugnisse der Ethik-Kommission nach § 8 TFG 170
   c) Ergebnis 171
7. Aufsicht 172
8. Haftung 172
   a) Haftung der Träger der Ethik-Kommissionen 172
      aa) Haftung für Pflichtverletzungen eigener Mitarbeiter 172
      bb) Haftung für Pflichtverletzungen der Mitglieder der
          Ethik-Kommissionen 174
   b) Haftung der Mitglieder der Ethik-Kommissionen 176
9. Rechtsschutz 177
IV. Risiko-Nutzen-Abwägung, § 8 II 1 Nr. 1 TFG 177
1. Relative Grenze 178
2. Absolute Grenze 179
3. Ergebnis 181
V. Zusammenfassung 182

H. Straf- und Bußgeldvorschriften, §§ 31, 32 TFG 183
I. Strafvorschriften 183
1. Gesetzliche Regelung 183
2. Gesetzgebungsverfahren 183
3. Sachgerechtigkeit des § 31 TFG 184
   a) Strafbedürftigkeit und Strafwürdigkeit 184
   b) Strafrahmenhöhe 186
   c) Ergebnis 187

4. Zulänglichkeit des strafrechtlichen Schutzes 187
   a) Der strafrechtliche Schutz des Spenders 187
      aa) Bestehender Schutz 187
      bb) Zulänglichkeit des Schutzes 187
      cc) Ergebnis 189
   b) Der strafrechtliche Schutz des Spenders bei der Hyperimmunisierung und der Vorbehandlung für die Separation von Blutstammzellen und anderen Blutbestandteilen 189
      aa) Bestehender Schutz 189
      bb) Zulänglichkeit des Schutzes 189
      cc) Ergebnis 190
   c) Der strafrechtliche Schutz der Empfänger von Blutprodukten 191
      aa) Bestehender Schutz 191
      bb) Zulänglichkeit des Schutzes 191
      cc) Ergebnis 192
   d) Ergebnis 192
II. Bußgeldvorschriften 193
  1. Gesetzliche Regelung 193
  2. Gesetzgebungsverfahren 193
  3. Pönalisierungsbedürftigkeit 194
  4. Ergebnis 196
III. Zusammenfassung 196

I. Schutzgesetze i.S.v. § 823 II BGB 197
  I. Grundlagen 197
    1. Funktion des § 823 II BGB 197
    2. Die Kriterien des Schutzgesetzes 198
      a) Gesetz 198
      b) Gebots- oder Verbotsnorm 198
      c) Individualschutz 199
      d) Haftungsaufgabe 200
        aa) Vereinbarkeit eines privatrechtlichen Schadensersatzanspruchs mit Inhalt und Zweck der Norm 201
        bb) Vereinbarkeit eines privatrechtlichen Schadensersatzanspruchs mit dem System der Deliktshaftung 202
    3. Der Schutzbereich der Norm 203
  II. Die Normen des Transfusionsgesetzes als Schutzgesetze 204
    1. Grundsatz 204
    2. Die Vorschriften des Transfusionsgesetzes im einzelnen 207
      a) §§ 1, 2 TFG 207
      b) § 3 TFG 207
      c) § 5 TFG 207

d) § 6 TFG	208
e) § 8 TFG	208
f) § 10 TFG	208
g) § 11 TFG	208
h) §§ 12, 18 TFG	209
i) § 14 TFG	209
j) § 16 TFG	209
k) § 20 TFG	209
l) §§ 21, 22 TFG	210
m) §§ 23, 24, 25 TFG	210
n) § 26 TFG	211
o) §§ 27, 28, 29, 30, 33, 34 – 39 TFG	211
3. Ergebnis	212
III. Richtlinien der Bundesärztekammer als Schutzgesetze	212
1. Grundsatz	212
2. Die Richtlinien gem. §§ 12 I, 18 I TFG	213
a) Übertragung der Rechtssetzungsbefugnis durch §§ 12 I, 18 I TFG	213
b) Abgeleitete Rechtsnorm durch Verweisung	214
c) Ergebnis	214
3. Ergebnis	214
IV. Zusammenfassung	214
J. Rechtfertigungsfragen	215
I. Voraussetzungen der Rechtfertigung	215
II. Bedeutung der Rechtfertigung im Bereich des Transfusionswesens	216
III. Rechtfertigung zwangsweiser Spendeentnahmen	216
K. Zusammenfassung der wesentlichen Ergebnisse	219
L. Abschließende Bewertung	225
Anhang I: Parlamentaria zum Transfusionsgesetz	227
Anhang II: Synopse	229
Literaturverzeichnis	275
Abkürzungsverzeichnis	291

A. EINLEITUNG

Schon immer wurde Blut eine besondere Bedeutung für Gesundheit, Leben und Sterben zugeschrieben. Es gilt seit altersher in besonderem Maße als Träger des Lebens, der Seele und des Bewußtseins. Blut ist Leben, Kraft und Gesundheit – sein Verlust bedeutet Tod. Schon im alten Testament heißt es: „Denn des Leibes Leben ist im Blut" (Liviticus 17, 11). Odysseus rief im XI. Gesang der Odyssee die Schatten aus der Unterwelt ins Leben zurück, indem er ihnen Blut als Trank anbot. Der Florentiner Arzt Marsilius Ficinus empfahl 1489, „Greise sollen nach der Art eines Blutegels aus der frisch eröffneten Armvene ein oder zwei Unzen saugen."[1], um die Gesundheit des jungen Menschen auf den Greis zu übertragen. 1492 trank der im Sterben liegende Papst Innozenz VIII., allerdings ohne den gewünschten Erfolg, das Blut 10jähriger Knaben. Ein weiteres Beispiel ist der seit der Antike literarisch überlieferte, aus dem südslawischen, rumänischen und griechischen Volksglauben stammende Glaube an Vampire, der seit dem 17. Jahrhundert auch für den deutschen Osten bezeugt ist.

In Religion, Rechts- und Alltagsleben war Blut mit vielfältigen Bedeutungen verknüpft. Ihm wurde apotropäische, sühnende und gemeinschaftsstiftende Wirkung zugeschrieben – sowohl unter Menschen als auch zwischen den Menschen und Gott. Als Beispiele seien hier nur das Abendmahl der christlichen Religionen, die Blutrache und die Blutsbrüderschaft genannt. In der neueren Zeit hat das Blut einen Großteil seiner kulturellen und tranzendenten Bedeutung verloren, und wird heute weitgehend unter funktionalen Aspekten betrachtet. Vollständig ist diese Entwicklung jedoch nicht. Wie das bereits erwähnte Abendmahl zeigt, kommt Blut auch heute noch sühnende und gemeinschaftsstiftende Wirkung zu. Und auch heutzutage wird Blut mit Leben gleichgesetzt, etwa in der Wendung „Blutvergießen" als Synonym für „Tötung".

Vorläufer der Transfusionsmedizin im weitesten Sinne waren das Trinken und die äußerliche Anwendung von Blut zu therapeutischen Zwecken[2]. Ihnen wurde heilende Wirkung bei Epilepsie, Gicht und Gemütsleiden sowie allgemein stärkende Wirkung zugeschrieben. Unmittelbarer Vorläufer der Transfusion war die intravenöse Injektion geringer Mengen an Blut bei Tieren ab ca. 1640. Erste Versuche zur Transfusion größerer Mengen an Blut von Tier zu Tier wurden ab 1663 durchgeführt. Nachdem diese Versuche zunächst ohne Erfolg geblieben waren, gelang im Februar 1666 in England die erste Transfusion von Hund zu Hund, wobei dem Hund mehrfach das gesamte Körperblut ausgetauscht wurde. In der Folge wurden zahlreiche weitere Transfusionen von Tier zu Tier in England und Frankreich

---

[1] Marsilius Ficinus, De vita libri tres, III. Buch, Kapitel 1; zitiert nach Benedum in: Mueller-Eckhardt, 1.1.

[2] Zur Geschichte der Bluttransfusion siehe Benedum in: Mueller-Eckhardt, 1. und Starr, S. 18ff.

durchgeführt. Am 15. Juni 1667 übertrugen die französischen Ärzte Denis und Emmerez erstmals Blut von einem Tier auf einen Menschen, indem sie einem Patienten Lammblut transfundierten. Die Transfusion war erfolgreich, so daß weitere Transfusionen von Lämmern oder Widdern auf Menschen durchgeführt wurden. In Deutschland wurde die erste Transfusion von Tier zu Mensch im Jahre 1668 durchgeführt, sie blieb aber im wesentlichen ein Einzelfall. Aufgrund der unvermeidlichen Fehlschläge kam das Transfusionswesen ab 1668 praktisch vollständig zum Erliegen. Erst Ende des 18. Jahrhunderts wurden die Versuche zur Transfusion von Tier zu Tier wieder aufgenommen. 1825 führte Blundell in England erstmals erfolgreiche Transfusionen von Mensch zu Mensch an post partum ausgebluteten Frauen durch, wobei das Blut unmittelbar von dem Spender auf den Empfänger übertragen wurde (direkte Frischblutübertragung). Obwohl die Erfolgsquote nur bei ungefähr 50% lag, hatte die Bluttransfusion damit einen Platz in der Therapie akuter Blutverluste erhalten. In der Folgezeit wurden nach dem Beispiel Blundells in Europa zahlreiche weitere Transfusion vorgenommen. Die vermutlich erste Bluttransfusion von Mensch zu Mensch auf deutschem Boden erfolgte am 17. Januar 1828 durch Klett und Schrägle.

Trotz dieser Erfolge und erster Erkenntnisse über die Bestandteile des Blutes und seine Funktionsweisen[3] war und blieb Blut im wesentlichen aber eine terra incognita und die Bluttransfusion mit unbeherrschbaren Risiken verbunden. Dies änderte sich erst, als Karl Landsteiner 1900/01 das Blutgruppensystem entdeckte, und damit das entscheidende Hindernis für eine gefahrlose Anwendung der Bluttransfusion von Mensch zu Mensch überwunden war. Freilich sollte es noch zehn Jahre dauern, bis sich Landsteiners Erkenntnisse in der Praxis durchgesetzt hatten. Die folgende Entwicklung des Transfusionswesen ist gekennzeichnet durch eine fortschreitende Erforschung des Blutes und eine Verbesserung der Transfusionsgeräte. Weiterer wesentlicher Schritt war die Entdeckung der Möglichkeit, die Gerinnung von Blut durch den Zusatz von Natriumcitrat zu verhindern durch Lewinsohn im Jahre 1915. Sie beseitigte einerseits die erheblichen Probleme, die die Blutgerinnung bei der Transfusion verursachte, und ermöglichte andererseits die Konservierung von Blut, so daß man nicht mehr auf die Erreichbarkeit eines Spenders zur Durchführung einer direkten Frischblutübertragung angewiesen war. Bereits 1919 wurde in den USA im Rockefeller-Institut das erste Blutdepot eingerichtet. Einen weiteren Entwicklungssprung erlebte das Transfusionswesen während des zweiten Weltkrieges. Die Anwendung von Blut und Plasma in bisher nie

---

[3] 1673/74 entdeckte van Leeuwenhoek die Erythrozyten beim Menschen; 1771 entdeckte Hewson die Lymphozyten und veröffentlichte eine Untersuchung über die Phasen der Blutgerinnung; 1796 legten die Chemiker Parmentier und Deyeux die erste Blutanalyse vor, in der sie auf den Gasstoffwechsel im Blut und den Zusammenhang zwischen Blutfarbe und Eisengehalt hinwiesen und das Fibrin als Gerinnungsstoff nachwiesen; 1842 entdeckte Donné die Thrombozyten.

dagewesenem Umfang ermöglichte es, eingehende praktische Erfahrungen bei der Anwendung von Blutprodukten zu gewinnen. Zudem entdeckte Erwin Cohn 1940 die Möglichkeit der Plasmafraktionierung und isolierte das Albumin. Seit dem ist die Entwicklung des Transfusionswesens geprägt durch die weitergehende Erforschung des Blutes, seiner Bestandteile und Funktionsweisen sowie die Gewinnung einzelner Blutbestandteile. Die Therapie mit Blutprodukten hat sich von der Anwendung von Vollblut hin zur Transfusion nur der konkret benötigten Blutbestandteile entwickelt (sog. gezielte Hämotherapie). Gegenwärtig liegt eines der größten Probleme des Transfusionswesens in der Erhöhung bzw. Gewährleistung der Sicherheit von Blutprodukten im Hinblick auf die Übertragung von Infektionserregern.

Die Gewinnung von Blut und Blutbestandteilen sowie die Anwendung von Blutprodukten ist heute Routine und von immenser Bedeutung. Die folgenden Zahlen mögen dies verdeutlichen: Jährlich werden in der Bundesrepublik Deutschland ca. 4 Mio. Blutspenden von bis zu zwei Millionen Spendern aufgebracht, zusätzlich werden knapp 400.000 Liter Plasma durch Plasmaspenden entnommen. Im Jahre 1995 sind in der Bundesrepublik allein für die Gewinnung von Faktor VIII zur Behandlung der Hämophilie 1,56 Mio. Liter Humanplasma benötigt worden, von denen 1,35 Mio. Liter im Inland aufgebracht werden konnten. Ein Bedarf von ca. 100.000 Litern Plasma für die Herstellung von Hyperimmunglobulinen konnte im Inland nicht gedeckt werden, so daß die entsprechenden Produkte importiert werden mußten[4].

Trotz dieser immensen Bedeutung war das Blutspende- und Transfusionswesen bisher in Teilen nicht normiert. Die rechtlichen und fachlichen Grundlagen verteilten sich zudem auf verschiedene Gesetze, Verordnungen, nationale und internationale Empfehlungen, Richtlinien und Leitlinien. Mit dem Transfusionsgesetz vom 1. Juli 1998 ist dem Blutspende- und Transfusionswesen eine gesetzliche Grundlage gegeben worden.

Diese Untersuchung hat es sich zum Ziel gesetzt, rechtliche Grundfragen des Transfusionsgesetzes zu klären und die Regelungen des Transfusionsgesetzes unter juristischen Aspekten zu bewerten. Zunächst sind die Vorgeschichte des Transfusionsgesetzes, der Gang der Gesetzgebung und die medizinischen Grundlagen darzustellen. Sodann werden rechtliche Grundfragen der Spendeentnahme behandelt, wie die rechtliche Stellung von Blut und Blutbestandteilen nach dem Zivilrecht und dem Arzneimittelgesetz, die Rechtsbeziehungen zwischen Spender und Spendeeinrichtung, die zulässige Verwendung von Spenden, der Begriff des Standes der medizinischen Wissenschaft und Technik und die Bedeutung der Richtlinien der Bundesärztekammer. Zu untersuchen sind des weiteren die Regelungen des Transfusionsgesetzes über die Einwilligung in und die Aufklärung über die

---

[4] BT-Drks. 13/9594, S. 13 (Angaben von 1998).

Gewinnung von Blut und Blutbestandteilen sowie die Anwendung von Blutprodukten. Im Anschluß werden die Rechtsfragen des Verfahrens der Rückverfolgung erläutert und die Regelung der Hyperimmunisierung im Hinblick auf die Angemessenheit des Versicherungsschutzes, die Ethik-Kommissionen und die Risiko-Nutzen-Abwägung behandelt. Schließlich werden die Straf- und Bußgeldvorschriften des Transfusionsgesetzes auf ihre verfassungsrechtliche Rechtmäßigkeit und Sachgerechtigkeit sowie die Zulänglichkeit des durch sie bewirkten Schutzes untersucht. Abschließend sind die Schutzgesetzeigenschaft der Vorschriften des Transfusionsgesetzes und der Richtlinien der Bundesärztekammer zu prüfen und Rechtfertigungsfragen zu behandeln.

B. VORGESCHICHTE UND GESETZGEBUNGSGESCHICHTE

I. Der Anlaß für das Transfusionsgesetz

Der Anlaß für den Erlaß des Transfusionsgesetzes war die sog. Blut-Aids-Katastrophe in den 1980er Jahren. Ca. 1350 Hämophiliepatienten hatten sich infolge der Behandlung mit auf der Basis von Plasma hergestellten Faktor-VIII- und Faktor-IX-/PPSB-Präparaten mit HIV infiziert. Prozentual waren dies rund 45% der in Deutschland zwischen 1980 und 1993 behandelten Hämophiliepatienten. Des weiteren waren ca. 800 nicht hämophile Patienten durch Blutprodukte mit HIV infiziert worden. Die ganz überwiegende Anzahl dieser Infektionen erfolgte in der ersten Hälfte der 80er Jahre, wobei ca. 50% auf den Zeitraum von 1983 und später entfielen[5].

II. Der 3. Untersuchungsausschuß

Zur Aufklärung der Ereignisse der sog. Blut-Aids-Katastrophe beantragte die Fraktion der SPD am 25. Oktober 1993 die Einsetzung eines parlamentarischen Untersuchungsausschusses[6]. Nachdem der Ausschuß für Gesundheit sich in seiner Beschlußempfehlung vom 28. Oktober 1993 für die Einsetzung eines Untersuchungsausschusses ausgesprochen hatte[7], wurde am 29. Oktober 1993 durch den 12. Deutschen Bundestag der 3. Untersuchungsausschuß „HIV-Infektionen durch Blut und Blutprodukte" eingesetzt[8].

Der Untersuchungsauftrag des Ausschusses bestand im wesentlichen aus vier Komplexen:
1. Die Untersuchung der Verantwortlichkeit staatlicher Stellen für die HIV-Infektionen durch Blut und Blutprodukte und die daraus resultierenden Schäden und Todesfälle aufgrund unterbliebener oder verspätet durchgeführter Maßnahmen. Insbesondere sollte untersucht werden, ob und inwieweit es zu Verletzungen von Vorschriften gekommen war.
2. Die haftungsrechtliche Situation der durch Blut und Blutprodukte infizierten Personen einschließlich ihrer Angehörigen. Es sollte geprüft werden, ob mit hinreichender Aussicht auf Erfolg im Klageweg Ansprüche aus Staatshaftung sowie Ansprüche gegen pharmazeutische Unternehmer, Produzenten, Blutspendedienste,

---

[5] Zu den Daten BT-Drks. 12/8591, S. 198ff.; zur Bonsen/Harms/Johannsen/Sieger, AIFO 1995, 625 (626f.); Schramm/Schulte-Hillen, 7ff. Eine chronologische Darstellung der Ereignisse findet sich in dem Bericht des 3. Untersuchungsausschusses, BT-Drks. 12/8591, S. 52ff., 116ff. und bei Koch/Meichsner sowie – aus amerikanischer Sicht – bei Starr, S. 324ff.

[6] BT-Drks. 12/5975.

[7] BT-Drks. 12/6048.

[8] BT-Plenarprotokolle 12/186, S. 16103f.

Krankenhausträger und Ärzte nach dem Arzneimittelgesetz, nach Vertragsrecht und nach Deliktsrecht geltend gemacht werden können[9].

3. Die Untersuchung der wirtschaftlichen und sozialen Lage der durch Blut und Blutprodukte HIV-infizierten Personen und ihrer Angehörigen sowie die Gebotenheit eines finanziellen Ausgleichs unabhängig von einer bestehenden Rechtspflicht.

4. Eine Bestandsaufnahme über die Sicherheit bei Blut und Blutprodukten sowie gegebenenfalls Vorschläge zur Verbesserung der Sicherheit in diesem Bereich.

Am 26. Januar 1994 legte der Untersuchungsausschuß eine Erste Beschlußempfehlung und einen Zwischenbericht vor[10]. Darin empfahl er Maßnahmen zur Erhöhung der Sicherheit bei Blut und Blutprodukten, insbesondere eine Verbesserung der Behördenorganisation, des Meldesystems und des Risikomanagements sowie eine Förderung der nationalen Plasma-Eigenversorgung. Den Betroffenen und ihren Angehörigen sollte unabhängig von einer Rechtspflicht ein finanzieller Ausgleich (Stiftungslösung) und finanzielle Unterstützung bei der Geltendmachung von Ersatzansprüchen gewährt werden. Der Untersuchungsausschuß empfahl weiterhin, die Arzneimittelhaftung zu ändern. Unter anderem sollte ein Entschädigungsfonds oder eine kollektive Selbstversicherung der Pharmaunternehmen für Fälle eingerichtet werden, in denen Betroffene, etwa aufgrund ungeklärter Kausalität oder fehlender Deckungsvorsorge, keinen ausreichenden Ersatz zu erlangen vermögen.

Am 3. Februar 1994 beantragte der 3. Untersuchungsausschuß, seinen Untersuchungsauftrag zu erweitern[11]. Gegenstand der Untersuchung sollten nicht mehr allein HIV-Infektionen sein, sondern seit dem 1. Oktober 1980 erfolgte Virusinfektionen allgemein. Es sollten weitere Möglichkeiten untersucht werden, um den Betroffenen Hilfen für die Dauer der zivilgerichtlichen Verfahren zu gewähren. Der Bundestag stimmte der Erweiterung des Untersuchungsauftrages am 4. Februar 1994 zu[12].

Nach sechsundvierzig Sitzungen legte der Untersuchungsausschuß am 25. Oktober 1994 seinen Schlußbericht vor[13]. Er stellte fest, daß
- ca. 60% der HIV-Infektionen hätten vermieden werden können,

---

[9] Kritisch zu diesem Untersuchungsauftrag zur Bonsen/Harms/Johannsen/Sieger, AIFO 1995, 625 (627).

[10] BT-Drks. 12/6700.

[11] BT-Drks. 12/6749.

[12] BT-Plenarprotokolle 12/209, S. 18086.

[13] BT-Drks. 12/8591. Kritisch zu dem Schlußbericht zur Bonsen/Harms/Johannsen/Sieger, AIFO 1995, 625ff. und AIFO 1996, Heft 1; Deutsch, Medizinrecht, Rn. 688. Zustimmend hingegen Hart, MedR 1995, 61ff.

- die zuständigen Behörden nicht mit ausreichenden Kompetenzen für eine effektive Gefahrenabwehr ausgestattet waren und zudem eine klare Kompetenzverteilung fehlte,
- ein ausreichendes Meldesystem, Risikoerfassungssystem und Risikomanagement nicht vorhanden war,
- ein unzureichendes nationales System zur Gewinnung von Blut und Blutbestandteilen bestand,
- staatliche Stellen (der Bundesminister der Gesundheit, das Bundesgesundheitsamt und wohl auch das Bundesministerium für Gesundheit) ihnen obliegende Pflichten verletzt hatten,
- pharmazeutische Industrie und behandelnde Ärzte nicht die erforderlichen Maßnahmen zur Abwehr der Gefahren getroffen hatten und
- die haftungsrechtliche Absicherung der Betroffenen und ihrer Familien unzureichend war.

Aus diesen Feststellungen ergaben sich für den Untersuchungsausschuß als wichtigste Schlußfolgerungen und Empfehlungen:
- ein Gesetz zu erlassen, das alle Vorschriften, die sich mit der HIV-Sicherheit von Blut und Blutprodukten befassen, besser noch alle Vorschriften betreffend die Virussicherheit aller biologischen Produkte, zusammenfaßt,
- die Befugnisse der zuständigen Bundesoberbehörde und der für die Durchführung des Arzneimittelgesetzes zuständigen Landesbehörden zu erweitern,
- eine unabhängige Institution (nach dem Vorbild der U.S.-amerikanischen Centers for Disease Controll and Prevention) einzurichten, der Verdachtfälle unerwünschter Arzneimittelwirkungen zu melden sind,
- das Meldesystem und das Risikomanagement zu verbessern,
- eine lückenlose Dokumentation der Vertriebswege von Blut und Blutprodukten vorzuschreiben,
- die Haftung nach dem Arzneimittelgesetz zu erweitern, insbesondere auch mittelbar Geschädigten einen Anspruch aus § 84 AMG zu gewähren, die Haftungshöchstbeträge nach § 88 AMG zu erhöhen und einen Anspruch auf Schmerzensgeld vorzusehen,
- die Beweisführung für Geschädigte zu erleichtern und
- Vorsorge durch einen Entschädigungsfonds oder eine kollektive Selbstversicherung der Pharmaindustrie zutreffen für Fälle, in denen der Betroffene keinen ausreichenden Ersatz zu erlangen vermag (z.B. infolge ungeklärter Kausalität oder fehlender Deckungsvorsorge).

III. Das Transfusionsgesetz

1. Gang der Gesetzgebung

Der Bundestag nahm den Schlußbericht des 3. Untersuchungsausschusses am 20. Januar 1995 zustimmend zur Kenntnis[14] und überwies ihn entsprechend dem Antrag der Fraktionen der CDU/CSU, SPD, Bündnis 90/Die Grünen und F.D.P. vom 16. Januar 1995[15] an den Ausschuß für Gesundheit zur federführenden Beratung[16].

Das Bundesministerium für Gesundheit legte im Juli 1995 ein Eckpunktepapier vor, das die Regelungselemente des zukünftigen Transfusionsgesetzes enthielt. Der Erste (Referenten-)Entwurf eines Gesetzes zur Regelung des Transfusionswesens (Transfusionsgesetz) lag am 21. April 1997 vor, der Zweite (Referenten-)Entwurf am 29. Juli 1997. Der Dritte (Regierungs-)Entwurf vom 13. Januar 1998[17] wurde von dem Bundestag am 15. Januar 1998 an den Ausschuß für Gesundheit zur federführenden Beratung und an den Innenausschuß und Rechtsausschuß zur Mitberatung überwiesen[18]. Der Ausschuß für Gesundheit beriet über den Entwurf von Februar bis Mai 1999 in seiner 112., 117. (Anhörung der Sachverständigen), 120., 123. und 125. Sitzung. In der 125. Sitzung vom 6. Mai 1998 empfahl der Ausschuß dem Bundestag mit den Stimmen der Mitglieder der Fraktionen der CDU/CSU und F.D.P. bei Enthaltung der Mitglieder der Fraktionen der SPD und Bündnis 90/Die Grünen und des Mitgliedes der Gruppe der PDS, dem geänderten Entwurf zuzustimmen[19]. Innenausschuß und Rechtsausschuß empfahlen gleichfalls am 6. Mai 1998 mit den Stimmen der Fraktionen der CDU/CSU, SPD und F.D.P. bei Enthaltung der Fraktion Bündnis 90/Die Grünen und der Gruppe der PDS bzw. mit den Stimmen der Fraktionen der CDU/CSU und F.D.P. bei Enthaltung der Fraktionen der SPD, Bündnis 90/Die Grünen und der Gruppe der PDS den Gesetzentwurf anzunehmen.

Der Bundestag beriet und verabschiedete das Transfusionsgesetz am 7. Mai 1998 mit den Stimmen der Fraktionen der CDU/CSU und F.D.P. bei Enthaltung der Fraktion der SPD und der Gruppe der PDS gegen die Stimmen der Fraktion Bündnis 90/Die Grünen[20]. Gründe für die Enthaltung bzw. Gegenstimmen waren der als mangelhaft empfundene Patienten- und Opferschutz und die unzureichende

---

[14] Vgl. BT-Plenarprotokolle 13/13, S. 774ff.
[15] BT-Drks. 13/229.
[16] BT-Plenarprotokolle 13/13, S. 791.
[17] BT-Drks. 13/9594.
[18] BT-Plenarprotokolle 13/213, S. 19449.
[19] BT-Drks. 13/10643; Protokoll Nr. 125 des Ausschusses für Gesundheit, S. 12ff.
[20] BT-Plenarprotokolle 13/235, S. 21629ff.

Qualitätssicherung sowie nach Ansicht der Fraktion Bündnis 90/Die Grünen der nicht ausreichende Datenschutz[21].
Der Bundesrat stimmte dem Transfusionsgesetz gem. Art. 84 I GG am 29. Mai 1998 zu[22]. Das Transfusionsgesetz wurde am 1. Juli 1998 ausgefertigt und am 6. Juli 1998 verkündet[23]. Es ist, mit Ausnahme der §§ 15, 22 TFG, am 7. Juli 1998 in Kraft getreten.

2. Regelungsinhalt

Zweck des Transfusionsgesetzes ist es, für eine sichere Gewinnung von Blut und Blutbestandteilen und für eine gesicherte und sichere Versorgung der Bevölkerung mit Blutprodukten zu sorgen, § 1 TFG. Zu diesem Zweck regelt das Transfusionsgesetz die wesentlichen Anforderungen an ein ordnungsgemäßes Blutspende- und Transfusionswesen. Es werden Anforderungen an die Spendeinrichtungen, die Auswahl der Spender, die Entnahme der Spende, die Vorbehandlung der Spender und die Durchführung der Anwendung von Blutprodukten aufgestellt sowie die Spenderdokumentation, die chargenbezogene Dokumentation der Anwendung von Blutprodukten, die Qualitätssicherung der Transfusion, Unterrichtungspflichten der Ärzte bei schwerwiegenden Komplikationen, das Verfahren zur Rückverfolgung, Mitteilungspflichten der Behörden und Sachkenntnisvoraussetzungen durch Änderung des Arzneimittelgesetzes geregelt. Dem Anliegen der Selbstversorgung mit Blutprodukten wird mit einer Vorschrift zu Förderung der Blut- und Plasmaspende in der Bevölkerung und einem koordinierten Meldewesen Rechnung getragen.

Das Transfusionsgesetz basiert im wesentlichen auf folgenden Vorschriften, die zur Zeit seines Erlasses die rechtlichen und fachlichen Grundlagen des Blut- und Plasmaspendewesens und des Transfusionswesens bildeten:
- EG-Richtlinie 89/381/EWG vom 14. Juni 1989 zur Festlegung besonderer Vorschriften für Arzneimittel aus menschlichem Blut oder Plasma (ABl. Nr. L 181 vom 28. Juni 1989)
- Leitfaden für die Zubereitung, Anwendung und Qualitätssicherung von Blutbestandteilen, Europarat (1995), Anhang zu Empfehlung No. R (95) 15, Dritte Ausgabe
- Anforderungen an die Entnahme, Verarbeitung und Qualitätskontrolle von Blut, Blutbestandteilen und Plasmafraktionen, Weltgesundheitsorganisation (1992), WHO Technical Report Series, No. 840, 1994

---

[21] Vgl. BT-Plenarprotokolle 13/235, S. 21650ff; Protokoll Nr. 125 des Ausschusses für Gesundheit, S. 12ff.

[22] BRat-Drks. 408/98.

[23] BGBl. I, S. 1752.

- Europäisches Übereinkommen vom 15. Dezember 1958 über den Austausch therapeutischer Substanzen menschlichen Ursprungs, BGBl. II, 1962, S. 1442
- Ergänzende Leitlinien zum Leitfaden einer guten Herstellungspraxis für pharmazeutische Produkte der Pharmazeutischen Inspektions-Convention (PIC), BAnz Nr. 176 vom 18. September 1993
- Europäisches Übereinkommen von 14. Mai 1962 über den Austausch von Reagenzien zur Blutgruppenbestimmung und Zusatzprotokoll vom 29. September 1982, ABl. EG Nr. L 37/30, Veröffentlichung in UNTS, Band 544 S. 39 und Vertragsslg. AA Band 68 A 854
- Arzneimittelgesetz in der Fassung der Bekanntmachung vom 29. Oktober 1994 (BGBl. I, S. 3018)
- Betriebsverordnung für pharmazeutische Unternehmer vom 8. März 1985 (BGBl. I, S. 546), zuletzt geändert durch Art. 4 Nr. 1 des Fünften Gesetzes zur Änderung des Arzneimittelgesetzes vom 9. August 1994 (BGBl. I, S. 2071)
- Richtlinie der Länder für die Überwachung der Herstellung und des Verkehrs mit Blutzubereitungen von September 1996 (BGesundhBl. 1997, 58)
- Richtlinie der Bundesärztekammer und des Paul-Ehrlich-Institutes zur Blutgruppenbestimmung und Bluttransfusion (Hämotherapie) von 1996
- Leitlinien der Bundesärztekammer zur Therapie mit Blutkomponenten und Plasmaderivaten von 1995.

Wesentliches Merkmal des Transfusionsgesetzes ist, daß es dem Subsidiaritätsgrundsatz folgt[24]. Das Transfusionsgesetz setzt mithin nur den unverzichtbaren, gesetzlich erforderlichen Rahmen. D.h. es werden nur die unerläßlichen Pflichten und Anforderungen normiert, um die Sicherheit bei der Gewinnung der Spenden und der Anwendung von Blutprodukten zu gewährleisten. Die fachlichen Einzelheiten werden weitgehend der Regelung durch die betroffenen Fachkreise überlassen. Man wird deshalb kaum sagen können, daß das Transfusionsgesetz aufgrund seiner Regelungsdichte die ärztliche Berufsausübung in völlig unverhältnismäßigem Umfang einschränkt[25]. Der Grund für den weitgehenden Verzicht des Transfusionsgesetzes auf eine gesetzliche Regelung fachlicher Einzelheiten liegt einerseits in der Dynamik der Entwicklung der medizinischen Erkenntnisse und Technik sowie andererseits darin, daß die Regelung fachlicher Details in erster Linie Aufgabe der Fachkreise ist, so daß eine gesetzliche Normierung als weder praktikabel noch sinnvoll erscheint.

Regelungen über die Struktur des Blut- und Plasmaspendewesens enthält das Transfusionsgesetz nicht. Die gegenwärtig auf vier Säulen beruhende Struktur des Spendewesens (Spendedienste des Deutschen Roten Kreuzes, der Bundeswehr,

---

[24] Vgl. BT-Drks. 13/9594, S. 14.

[25] So aber die Bundesärztekammer in: BÄK-INTERN vom 7. Oktober 1997, S. 9ff. Tendenziell anders Deutsch, NJW 1998, 3377 (3381).

der Länder und Gemeinden sowie privatwirtschaftliche Spendedienste) bleibt demnach unangetastet.

Weiterhin nicht im Transfusionsgesetz geregelt sind haftungsrechtliche Fragen. Die von dem 3. Untersuchungsausschuß geforderte haftungsrechtliche Besserstellung von durch Blutprodukte Geschädigten, etwa durch Beweiserleichterungen, Einsichts- und Auskunftsrechte etc., soll im Rahmen einer Änderung des Haftungsrechts verwirklicht werden[26].

Andere Rechtsbereiche bleiben durch das Transfusionsgesetz grundsätzlich unberührt und finden neben dem Transfusionsgesetz und den auf seiner Grundlage erlassenen Verordnungen Anwendung[27]. Neben dem Transfusionsgesetz können somit insbesondere das Arzneimittelgesetz, das Medizinproduktegesetz, das Bundesseuchenrecht und die Betriebsverordnung für pharmazeutische Unternehmer einschlägig sein.

3. Anwendungsbereich

Das Transfusionsgesetz erfaßt nicht jeden Fall der Gewinnung von Blut und Blutbestandteilen bzw. der Anwendung von Arzneimitteln, die Blut oder Blutbestandteile enthalten.

Im Hinblick auf die Gewinnung von Blut und Blutbestandteilen beschränkt sich der Anwendungsbereich des Transfusionsgesetzes einerseits auf die Entnahme bei Menschen, vgl. § 1 S. 1, § 2 Nr. 1 TFG. Andererseits ist das Transfusionsgesetz nur anwendbar, wenn die entnommenen Substanzen Arzneimittel sind oder zur Herstellung von Arzneimitteln bestimmt sind, vgl. § 2 Nr. 1 TFG. Nicht in den Regelungsbereich des Transfusionsgesetzes fällt somit die Gewinnung von Blut und Blutbestandteilen von Tieren und die Spendeentnahme bei Menschen zu anderen Zwecken als der Gewinnung bzw. Herstellung von Arzneimitteln, z.B. Blutentnahmen zum Zwecke der medizinischen Untersuchung oder Feststellung der Abstammung oder Blutentnahmen zu strafprozessualen Zwecken. Ebenfalls nicht erfaßt ist die Herstellung von Blutersatzstoffen sowie die gentechnische Herstellung von Blutbestandteilen.

---

[26] Vgl. Protokoll Nr. 125 des Ausschusses für Gesundheit, S. 14.

[27] Die entsprechende Klarstellung in § 29 S. 1 TFG ist nicht nur überflüssig, sondern irreführend, da sie im Gegenschluß den Ausschluß anderer Rechtsbereiche, wie etwa des zivilrechtlichen Haftungsrechts, nahelegt. Sachgerecht ist allerdings der Ausschluß des Transplantationsrechts in § 29 S. 2 TFG, um klarzustellen, daß das TPG auf die Transplantation von Blutstammzellen nicht anzuwenden ist.

Auf Arzneimitteln, die Blut oder Blutbestandteile enthalten, findet das Transfusionsgesetz nur Anwendung, wenn es sich um Arzneimittel handelt, in denen Blut oder Blutbestandteile als arzneilich wirksame Bestandteile eingesetzt werden[28].

---

[28] BT-Drks. 13/9594, S. 16.

C. MEDIZINISCHE ASPEKTE

I. Zusammensetzung und Funktionen des Blutes

Im Körper eines erwachsenen Menschen zirkuliert in einem geschlossenen Kreislauf eine Blutmenge, die ca. 1/13 des Körpergewichts entspricht – in der Regel also zwischen vier und sechs Litern Blut[29]. Dieses besteht zu etwa 45% aus zellulären Bestandteilen (Erythrozyten, Leukozyten, Thrombozyten) und zu 55% aus Plasma. Letzteres enthält Eiweißköper (Albumine, Globuline, Fibrinogen), Wasser (ca. 91%), anorganische Salze, Transportstoffe, Nahrungsstoffe, Immunkörper, Enzyme, Hormone u.a..

Blut erfüllt vielfältige, lebenswichtige Aufgaben. Es nimmt zahlreiche Transport- und Verknüpfungsfunktionen für Gase, Nährstoffe, Wärme, Intermediär- und Abbauprodukte, Abwehrstoffe, Hormone etc. wahr. So transportiert das Blut beispielsweise den Sauerstoff aus der Lunge zu den Körperzellen und Organen und sorgt für den Abtransport des dort entstandenen Kohlendioxids zur Lunge. Die im Darmtrakt resorbierten Nährstoffe wie Eiweiße, Fette und Kohlenhydrate werden durch es im Körper verteilt. Hormone, Abwehrstoffe etc. gelangen über den Blutkreislauf von ihrem Entstehungsort an ihren Wirkungsort.

II. Die Gewinnung von Blut und Blutbestandteilen

Den Spendern entnommen werden sowohl Vollblut als auch einzelne Blutkomponenten, wie beispielsweise Plasma, Erythrozyten, Thrombozyten, Granulozyten, Lymphozyten und periphere Blutstammzellen. Die Gewinnung von Vollblut erfolgt durch Punktion einer Vene mit einer Kanüle. Das entnommene Blut wird in sterilen, pyrogenfreien Kunststoffbeuteln, die ein Antikoagulans, additive Lösung und/oder Stabilisatoren enthalten, aufgefangen[30].

Einzelne Blutbestandteile werden entweder aus Vollblut gewonnen oder Spendern unmittelbar entnommen. Aus Vollblut werden einzelne Blutbestandteile durch Fraktionierung, d.h. physikalische oder chemische Auftrennung, gewonnen[31]. Die Entnahme einzelner Blutbestandteile vom Spender erfolgt durch Zellseparatoren, die an den Blutkreislauf des Spenders angeschlossen werden (sog. präparative Hämapherese). Mittels der Zellseparatoren werden einzelne Bestandteile des Blu-

---

[29] Hierzu und zum Folgenden Dreger/Schmitz in: Mueller-Eckhardt, 2.; Neuhof in: Mueller-Eckhardt, 3.1; Pschyrembel und Roche Lexikon Medizin, Stichworte Blut, Blutplasma, Plasmaproteine.

[30] Vgl. die Richtlinien zur Hämotherapie, 3.4., 3.7.; Eckstein, 3.2; Stangel in: Mueller-Eckhardt, 14.3.

[31] Vgl. dazu die Leitlinien zur Therapie mit Blutkomponenten und Plasmaderivaten, passim.

tes der Zirkulation entnommen, die übrigen Blutbestandteile werden dem Spender sofort re-transfundiert[32].

III. Risiken für die Spender

1. Spendeentnahme

Die Risiken der Spendeentnahme sind für den Spender gering[33]. In der Regel wird die Spendeentnahme von gesunden Erwachsenen ohne pathologische Symptomatik und Folgeerscheinungen toleriert. Gelegentlich kann es anläßlich der Spendeentnahme zu Hämatomen im Bereich der punktierten Vene, Schwäche und Schwindel kommen. Ernstere Reaktionen auf die Spendeentnahme wie Bewußtlosigkeit und Erbrechen sind sehr selten, schwere Nebenwirkungen wie Nervenverletzungen, Kreislaufstillstand oder Schock äußerst selten. Bei der Verwendung von Zellseparatoren zur Apherese von Blutbestandteilen besteht zudem das Risiko einer Luftembolie und Sepsis. Der Abstand zwischen einzelnen Spendeentnahmen ist so gewählt, daß nach dem Stand der medizinischen Erkenntnisse gesundheitliche Schäden bei den Spendern auch bei wiederholten Spendeentnahmen nicht zu erwarten sind. Bei Dauerspendern besteht allerdings die Möglichkeit des Auftretens von Eisenmangelzuständen[34].

2. Vorbehandlung des Spenders

Zur Gewinnung bestimmter Blutbestandteile ist eine Vorbehandlung des Spenders notwendig oder zur Erhöhung des Ertrages zumindest angezeigt. Beispiele sind die Immunisierung des Spenders zur Gewinnung spezifischer Immunglobuline und die Behandlung des Spenders mit Sedimentationsbeschleunigern und/oder konditionierenden Medikamenten im Rahmen der Granulozytapherese oder Blutstammzellapherese.

Die Immunisierung des Spenders zur Gewinnung spezifischer Immunglobuline erfolgt durch die Anwendung von Impfstoffen. Die Risiken der Immunisierung entsprechen demnach den mit einer Impfung allgemein einhergehenden Risiken[35]. Relativ häufig ist das kurzzeitige Auftreten von Fieber und einfachen Lokalreaktionen mit typischen Zeichen der Entzündung. Hämatome, Granulome, sterile

---

[32] Vgl. die Richtlinien zur Hämotherapie, 4.

[33] Vgl. zum Folgenden Eckstein, 3.1; Stangel in: Mueller-Eckhardt, 14.1.

[34] Kaltwasser in: Mueller-Eckhardt, 7.2.7.

[35] Zum Folgenden vgl. die Richtlinien für die Herstellung von Hyperimmunplasma, 4.2.6., 5.3. Zu den Risiken einer Impfung im Allgemeinen siehe Quast/Thilo/Fescharek, Kap. III sowie zu den Risiken der Anwendung bestimmter Impfstoffe im Einzelnen Quast/Thilo/Fescharek, Kap. II.

Abszesse und Spritzenabszesse etc. treten bei ordnungsgemäßer Applikation der Impfstoffe selten auf. Lokale oder systemische allergische Reaktionen sind selten, anaphylatoide Reaktionen sehr selten. Bei empfindlichen Spendern können durch den lokalen Injektionsschmerz oder emotional vasovagale Reaktionen ausgelöst werden, die sich in Unwohlsein, Schwindel, Brechreiz, Kollapsneigung und Blutdruckabfall manifestieren. Bei der Immunisierung mit Erythrozytenkonzentrat zur Gewinnung von Plasma für die Herstellung von IgG-Anti-D kommt das Risiko der Bildung von unerwünschten Antikörpern gegen erythrozytäre Merkmale, die zu Komplikationen bei eventuell später notwendig werdenden Transfusionen führen können, sowie die Gefahr der Übertragung von Infektionserregern, da es sich bei Erythrozytenkonzentraten um nicht inaktivierbare Produkte handelt, hinzu. Hinweise auf gesundheitliche Spätschäden aufgrund einer über längere Zeit wiederholten Hyperimmunisierung sind bisher nicht bekannt geworden.

Bei der Vorbehandlung des Spenders im Rahmen der Granulzytapherese oder Blutstammzellapherese ergeben sich die Risiken aus den angewendeten Sedimentationsbeschleunigern und konditionierenden Medikamenten.

IV. Anwendungsgebiete von Blutprodukten

Das den Spendern entnommene Blut bzw. die entnommenen Blutbestandteile sind Arzneimittel oder werden zur Herstellung von Arzneimitteln verwendet. Das Anwendungsgebiet dieser Blutprodukte ist, entsprechend den vielfältigen Funktionen des Blutes und seiner Inhaltsstoffe, äußerst weit. Vielfach werden Blutprodukte bei vitalen Indikationen eingesetzt. Die folgenden Beispiele mögen einen Eindruck des Anwendungsbereichs vermitteln[36]: Immunglobuline werden eingesetzt zur Prophylaxe und Therapie von Infektionskrankheiten (z.B. Hepatitis B, Tetanus, FSME) und Erkrankungen, die auf immunologischen Ursachen beruhen (Prophylaxe der Rhesussensibilisierung). Erythrozytenkonzentrate dienen der Behandlung akuter (z.B. aufgrund eines Unfalls, während einer Operation) oder chronischer Anämien. Thrombozytenkonzentrate werden zur Behandlung thrombozytär bedingter Blutungsneigung verwendet (z.B. durch Medikamente verursachte Plättchenfunktionsstörungen). Gefrorenes Frischplasma dient der Notfallbehandlung einer klinisch relevanten Blutungsneigung oder einer manifesten Blutung bei komplexen Störungen des Hämostasesystems sowie der Substitution der Faktoren V und XI, für die keine Konzentrate existieren. Faktor-VIII- und Faktor-IX-Präparate, die wohl bekanntesten Blutprodukte, werden zur Behandlung der Hämophilie eingesetzt.

---

[36] Vgl. im einzelnen die Leitlinien für die Therapie mit Blutkomponenten und Plasmaderivaten, passim sowie die Abschnitte D – F in Mueller-Eckhardt.

V. Sicherheit bei Blutprodukten

Zu den möglichen Risiken der Anwendung von Blutprodukten gehört die Übertragung von Viren, Bakterien und in seltenen Fällen auch Parasiten[37]. Diese Infektionsrisiken sind durch die Aufstellung und Einhaltung von Sorgfaltspflichten und Hygienestandards, durch eine gezielte Spenderauswahl, die Verbesserung der Labortestung, die Virusinaktivierung von Blutderivaten und durch die Quarantänelagerung von Plasmaderivaten in der Vergangenheit ganz wesentlich reduziert worden. Die Risiken der Anwendung von allogenen Blutprodukten sind aufgrund dieser Maßnahmen heute im Vergleich zu anderen diagnostischen und therapeutischen Eingriffen äußerst gering. Absolute Sicherheit läßt sich aber bei der Anwendung von Blutprodukten nicht gewährleisten[38]. Das liegt zum einen daran, daß die Spender bei frischen Infektionen Tage bis Wochen kontagiös sind, bevor die Infektion durch Blutuntersuchungen erkennbar ist (Serolatenzphase, „diagnostisches Fenster"). Zum anderen ist bei einigen Blutprodukten zur Zeit eine Virusinaktivierung ausgeschlossen[39]. Schließlich besteht die Möglichkeit der Mutation der Infektionserreger, so daß ein Nachweis mit den bestehenden Testverfahren nicht möglich ist[40].

Das Restrisiko einer HIV-Infektion durch nicht inaktivierbare Blutprodukte wird mit 1 : 202.000 bis 1 : 2.778.000, im Mittel 1 : 493.000 Transfusionen angegeben[41], für Blutprodukte allgemein mit 1 : 1.889.000[42]. Dem Paul-Ehrlich-Institut sind in dem Zeitraum vom 1. Januar 1995 bis zum 15. November 1998 insgesamt 151 Verdachtsfälle von durch Blutprodukte verursachten HIV-Infektionen gemeldet worden, von denen 21 Fälle auf einen infizierten Spender zurückgeführt werden mußten[43]. Das Restrisiko einer Übertragung von HCV durch zelluläre Blut-

---

[37] Vgl. hierzu und zum Folgenden die Leitlinien zur Therapie mit Blutkomponenten und Plasmaderivaten, 10.1, 10.3.2ff.

[38] So ist es kürzlich in Berlin und Göttingen durch die Anwendung von Blutprodukten zu Übertragungen von HIV und HCV gekommen, siehe FAZ Nr. 139 v. 19.06.1999 (S. 9) und FAZ Nr. 152 v. 05.07.1999 (S. 11). Zu dem Göttinger Fall siehe auch Humpe/Heermann/Köhler, DÄBl. 1999, A-2749ff.

[39] Insbesondere bestehen zur Zeit keine befriedigenden Methoden zur Inaktivierung von Viren oder Parasiten in zellulären Blutprodukten wie Erythrozyten- und Thrombozytenkonzentraten, vgl. Caspari/Gerlich/Kühnl in: Müller-Eckhardt, 35.3.2.

[40] Vgl. z.B. den bei Jongerius/Wester/Cuypers/van Oostendorp/Lelie/van der Poel/van Leeuwen, Transfusion 1998, 56ff. dargestellten Fall einer sich dem Nachweis durch herkömmliche Testverfahren entziehenden mutierten Form des Hepatitis B Virus.

[41] Schreiber/Busch/Kleinman/Korelitz, New England Journal of Medicine 1996,1685 (1687).

[42] Glück/Kubanek/Maurer/Petersen, Infusionstherapie und Transfusionsmedizin 1998, 82 (83).

[43] Graul/Keller-Stanislawski, BGesundhBl. 1999, 143 (145). Nach Humpe/Heermann/Köhler, DÄBl. 1999, A-2749 (2753) ist diese Sicherheitsbewertung allerdings für Quarantäne-Plasma

produkte wird im Mittel mit 1 : 103.000 – 113.000 errechnet[44]. Dem Paul-Ehrlich-Institut wurden im Zeitraum vom 1. Januar 1995 bis zum 15. November 1998 insgesamt 670 Verdachtsfälle von HCV-Übertragungen mitgeteilt worden, wobei in 81 Fällen der Spender nachträglich als Anti-HCV positiv getestet wurde[45]. Für die Übertragung von HBV wird ein Restrisiko von 1 : 97.000 genannt[46]. An das Paul-Ehrlich-Institut wurden in dem o.g. Zeitraum insgesamt 442 Verdachtsfälle von HBV-Übertragungen gemeldet, wobei in 16 Fällen die Spender nachträglich als Anti-HBc positiv getestet wurden[47]. Das Risiko einer HAV-Infektion durch Blutprodukte wird als sehr gering eingestuft, dem Paul-Ehrlich-Institut wurden in dem o.g. Erhebungszeitraum 11 Verdachtsfälle gemeldet, von denen allerdings keiner auf einen HAV-Antikörper positiven Spender zurückgeführt werden konnte[48]. Das Risiko transfusionsassoziierter bakterieller Infektionen mit tödlichem Ausgang wird auf 1 : 6.000.000 eingeschätzt[49]. Gemeldet wurden dem Paul-Ehrlich-Institut in dem o.g. Zeitraum 11 Verdachtsfälle von bakteriellen Infektionen, von diesen mußten drei auf eine nicht erkannte Infektion des Spenders zurückgeführt werden[50].

---

sowohl hinsichtlich HIV als auch anderer Infektionserreger zweifelhaft, ihrer Ansicht nach sind die Risiken bei der Anwendung dieses Blutprodukts höher einzuschätzen.

[44] Schreiber/Busch/Kleinman/Korelitz, New England Journal of Medicine 1996, 1685 (1687); Glück/Kubanek/Maurer/Petersen, Infusionstherapie und Transfusionsmedizin 1998, 82 (83).

[45] Graul/Keller-Stanislawski, BGesundhBl. 1999, 143 (146f.). Nach Humpe/Heermann/Köhler, DÄBl. 1999, A-2749 (2753) ist allerdings von einer hohen Dunkelziffer auszugehen.

[46] Graul/Keller-Stanislawski, BGesundhBl. 1999, 143 (146).

[47] Graul/Keller-Stanislawski, BGesundhBl. 1999, 143 (146).

[48] Graul/Keller-Stanislawski, BGesundhBl. 1999, 143 (147).

[49] Graul/Keller-Stanislawski, BGesundhBl. 1999, 143 (148).

[50] Graul/Keller-Stanislawski, BGesundhBl. 1999, 143 (148).

D. Rechtliche Grundlagen

Im folgenden sollen die für das Transfusionswesen im hier zu behandelnden Zusammenhang wesentlichen rechtlichen Grundfragen erörtert werden. Zu untersuchen sind die zivilrechtliche Stellung von Blut und Blutbestandteilen (I.), die Rechtsstellung von Blut und Blutbestandteilen nach dem Arzneimittelgesetz (II.), die Rechtsbeziehungen zwischen Spender und Spendeeinrichtung (III.), die zulässige Verwendung von Spenden (IV.), der Begriff des Standes der medizinischen Wissenschaft und Technik (V.) und die Bedeutung der von der Bundesärztekammer aufgestellten Richtlinien (VI.).

I. Die zivilrechtliche Stellung von Blut und Blutbestandteilen

1. Blut als Bestandteil des Körpers des lebenden Menschen

Im Gegensatz zu vielen älteren Rechten, wie beispielsweise dem germanischen Recht, die den Körper des lebenden Menschen als Sache betrachteten[51], sind nach heute in Deutschland ganz herrschender Auffassung der Körper des lebenden Menschen und die mit ihm verbundenen Bestandteile nicht Objekt von Vermögensrechten oder überhaupt Gegenstand des Rechtsverkehrs[52]. Das ergibt sich einerseits aus der durch Art. 1 GG verbürgten Menschenwürde und andererseits aus der Systematik des BGB, das im Ersten Abschnitt die Personen als Rechtssubjekte den im Zweiten Abschnitt geregelten Sachen gegenüberstellt[53]. Da der Körper des lebenden Menschen und die mit ihm verbundenen Bestandteile nicht Bezugspunkt von Vermögensrechten sein können, wird das Recht des Menschen an ihnen von der ganz herrschenden Meinung konsequent nicht als Eigentum sondern als Persönlichkeitsrecht qualifiziert, wobei umstritten ist, ob es sich um eine Aus-

---

[51] Vgl. zu älteren Rechten den Überblick bei Lanz-Zumstein, S. 47ff., 58ff.

[52] BGHZ 124, 52 (54f.); Deutsch, Medizinrecht, Rn. 488; Forkel, JZ 1974, 593 (594); Larenz/Wolf, § 20 Rn. 7ff.; MünchKomm/Holch, § 90 Rn. 2, 21; RGRK/Kregel, § 90 Rn. 2; Soergel[12]/Mühl, § 90 Rn. 3; Staudinger[13]/Dilcher, § 90 Rn. 14f.; Taupitz, AcP 191 (1991), 201 (208f.); so auch bereits Ulpian, D. 9, 2, 13 pr.: dominus membrorum suorum nemo videtur. Anderer Ansicht nur Brunner, NJW 1953, 1173 und Schünemann, S. 89ff. Letzterer geht allerdings davon aus, daß das Eigentum am Körper des lebenden Menschen vom Persönlichkeitsrecht vollständig überlagert wird und kommt deshalb nicht zu anderen Ergebnissen als die herrschende Meinung.

[53] MünchKomm/Holch, § 90 Rn. 2; Staudinger[13]/Dilcher, § 90 Rn. 14.

prägung des allgemeinen Persönlichkeitsrechts oder um ein besonderes Persönlichkeitsrecht handelt[54].

Im Körper eines lebenden Menschen befindliches Blut ist mithin keine Sache und nicht Gegenstand des Rechtsverkehrs. Das Herrschaftsrecht über das Blut steht kraft ihres Persönlichkeitsrechts der Person zu, in deren Körper es sich befindet.

2. Blut nach der Trennung vom menschlichen Körper

So wenig die rechtliche Stellung von ungetrennten Bestandteilen des menschlichen Körpers umstritten ist, desto mehr besteht Streit darüber, wie Bestandteile nach ihrer Trennung vom Körper rechtlich zu behandeln sind. Dabei ist zunächst zwischen Körperbestandteilen, die dem Körper ihres bisherigen Trägers später wieder eingegliedert werden sollen, und Bestandteilen zu unterscheiden, bei denen eine solche Wiedervereinigung nicht vorgesehen ist. Für das Transfusionswesen bedeutet dies, daß zwischen Eigenblutspenden und Fremdblutspenden zu unterscheiden ist.

a) Fremdblutspenden

Körperbestandteile, deren spätere Wiedereingliederung in den Organismus des bisherigen Trägers nicht beabsichtigt ist, werden nach praktisch unbestrittener Ansicht mit ihrer Trennung vom Körper zu Sachen i.S.v. § 90 BGB[55]. Umstritten ist hingegen, ob die abgetrennten Körperbestandteile allein nach sachenrechtlichen Regeln zu behandeln sind[56] oder ob neben dem Eigentum auch persönlichkeitsrechtliche Beziehungen ihres bisherigen Trägers zu ihnen bestehen[57]. Man wird

---

[54] BGHZ 124, 52 (54); Forkel, JZ 1974, 593 (594); MünchKomm/Holch, § 90 Rn. 2; Soergel[12]/Mühl, § 90 Rn. 3; Schröder/Taupitz, S. 34 m.w.N.; Staudinger[13]/Dilcher, § 90 Rn. 14; Taupitz, JZ 92, 1089 (1092).

[55] BGHZ 124, 52 (55); Deutsch, Medizinrecht, Rn. 490ff.; MünchKomm/Holch, § 90 Rn. 21; RGRK/Kregel, § 90 Rn. 2; Soergel[12]/Mühl, § 90 Rn. 4; Staudinger[13]/Dilcher, § 90 Rn. 15; Taupitz, JZ 1992, 1089 (1092). Anderer Ansicht nur Forkel, JZ 1974, 593 (595f.) und Jansen, S. 82ff., die für getrennte Bestandteile des menschlichen Körpers eine sachenrechtliche Einordnung ablehnen und statt dessen eine persönlichkeitsrechtliche Einordnung vertreten. Für die Fremdblutspende ergeben sich indes keine Unterschiede zur herrschenden Meinung, da sich nach Ansicht von Forkel, JZ 1974, 593 (596) und Jansen, S. 114ff. das Persönlichkeitsrecht in Eigentum umwandelt, sobald den bisherigen Träger keine persönlichen Nutzungsinteressen mehr mit dem Bestandteil verbinden, was bei Fremdblutspenden generell der Fall ist.

[56] MünchKomm/Holch, § 90 Rn. 21; RGRK/Kregel, § 90 2; Staudinger[13]/Dilcher, § 90 Rn. 15. Vgl. des weiteren die umfangreichen Nachweise bei Müller, S. 35 (Rn. 57) und Schröder/Taupitz, S. 35 (Rn. 6).

[57] Wobei, ohne daß dies Unterschiede in der Sache begründet, einerseits von einer Überlagerung des Eigentums durch das Persönlichkeitsrecht geprochen wird und andererseits von einem Nebeneinander von Eigentum und Persönlichkeitsrecht. Laufs/Reiling, NJW 1994, 775f.; Müller,

hier der letzten Ansicht zu folgen haben, weil allein die Annahme eines die Trennung überdauernden Persönlichkeitsrechts geeignet ist, die schutzwürdigen persönlichen Interessen des früheren Trägers angemessen zu schützen[58].

Konsequenz aus den fortbestehenden persönlichkeitsrechtlichen Beziehungen ist, daß bei einem Auseinanderfallen von Eigentümer und bisherigen Träger der Eigentümer mit den vom Körper getrennten Bestandteilen nicht in jeder beliebigen Weise verfahren darf. Der Eigentümer unterliegt insofern Beschränkungen, als eine Verwendung, die das Persönlichkeitsrecht des bisherigen Trägers verletzt, nicht statthaft ist[59]. Ob eine bestimmte Verwendungsweise das Persönlichkeitsrecht des bisherigen Trägers verletzt, hängt von einer umfassenden Güter- und Interessenabwägung ab[60]. Maßgebliche Kriterien bei der Abwägung sind insbesondere die Schwere des Eingriffs, seine Rechtfertigung durch die Wahrnehmung von Grundrechten und der betroffene Rechtskreis[61].

Das Eigentum an dem abgetrennten Körperbestandteil fällt entsprechend der Regelung des § 953 BGB mit der Trennung ipso facto in das Eigentum des bisherigen Trägers[62]. Die von Coing und Kallmann vertretene Ansicht, nach der abgetrennte Körperbestandteile zunächst herrenlose Sachen sind, an denen ein privilegiertes Aneignungsrecht des bisherigen Trägers gem. § 958 II BGB besteht[63], hat sich zu Recht nicht durchgesetzt, da sie zu Zuordnungsproblemen führen kann und im übrigen gekünstelt wirkt[64].

Die Fremdblutspende ist mithin eine Sache i.S.v. § 90 BGB, an der der Spender entsprechend § 953 BGB mit der Entnahme Eigentum erwirbt. Neben dem Eigen-

---

S. 49f.; Schröder/Taupitz, S. 42ff.; Schünemann, S. 100ff.; Taupitz, AcP 191 (1991), 201(209f.); ders., JZ 1992, 1089 (1093). Ebenso Deutsch, VersR 1985, 1002 (1004) und NJW 1986, 1971 (1974), der jetzt aber differenziert zwischen üblicherweise gehandelten Sachen und res extra commercium: nur bei letzteren sollen neben dem Eigentum Persönlichkeitsrechte des bisherigen Trägers bestehen (Deutsch, Medizinrecht, Rn. 491f.; ders. AcP 1992, 161 (173)).

[58] Vgl. dazu Müller, S. 49f.; Schröder/Taupitz, S. 44f.

[59] Müller, S. 50f.; Schröder/Taupitz, S. 42ff.; Taupitz, Kommerzialisierung, 51 (64); ders., JZ 1992, 1089 (1093).

[60] Vgl. BGHZ 50, 133 (143); 13, 334 (338); Deutsch, AcP 192 (1992), 161 (163); MünchKomm/Schwerdtner, § 12 Rn. 203.

[61] Vgl. MünchKomm/Schwerdtner, § 12 Rn. 203.

[62] Müller, S. 50; MünchKomm/Holch, § 90 Rn. 21; RGRK/Kregel, § 90 Rn. 4; Soergel[12]/Mühl, § 90 Rn. 4; Staudinger[13]/Dilcher, § 90 Rn. 16.

[63] Kallmann, FamRZ 1969, 572 (577); Staudinger[11]/Coing, § 90 Rn. 4.

[64] Vgl. Müller, S. 37f.; MünchKomm/Holch, § 90 Rn. 21; Staudinger[13]/Dilcher, § 90 Rn. 16.

tum bestehen persönlichkeitsrechtliche Beziehungen des Spenders zu der Spende[65].

b) Eigenblutspenden

Nach herrschender Meinung sind Körperbestandteile, die mit der Absicht entnommen werden, sie später dem Organismus ihres bisherigen Trägers wieder einzugliedern, rechtlich ebenso zu behandeln wie Bestandteile, die dem Körper des Spenders nicht wieder eingefügt werden sollen[66]. Demnach ist auch die Eigenblutspende als Sache zu qualifizieren, die mit ihrer Entnahme in das Eigentum des Spenders fällt und zu der zugleich persönlichkeitsrechtliche Beziehungen des Spenders bestehen.

Demgegenüber hat der BGH die Sachqualität von Körperbestandteilen, die entnommen werden, um sie nach dem Willen des bisherigen Trägers zur Bewahrung oder zur Verwirklichung der Körperfunktionen wieder mit dem Körper zu vereinigen, abgelehnt und sie dem Schutzgut Körper zugerechnet[67]. Nach dieser Ansicht ist die Eigenblutspende somit rechtlich weiterhin Bestandteil des Körpers des Spenders und demzufolge keine Sache[68].

Der Ansicht des BGH ist nicht zu folgen. Sie vermag bereits in ihrem Ausgangspunkt nicht zu überzeugen. Der BGH begründet die Notwendigkeit der Ausdehnung des Schutzguts Körper damit, daß § 823 I BGB den Körper umfassend schütze. Angesichts der heutigen medizinischen Möglichkeiten und der gewachsenen Bedeutung des Persönlichkeitsrechts gebiete es dieser Schutzzweck, auch solche Körperbestandteile in den Schutz des § 823 I BGB einzubeziehen, die nur vorübergehend von dem Körper getrennt sein sollen und mit diesem weiterhin eine „funktionale Einheit" bilden[69]. Eine solche Ausdehnung des Schutzgutes

---

[65] Nicht gefolgt werden kann Forkel, FS Paulick, 101 (110, Rn. 59); Jansen, S. 127f. und Schünemann, S. 107ff., nach denen der Spender bei einer fremdgerichteten Spende seine persönlichkeitsrechtlichen Beziehungen zu der Spende aufgeben will. Denn in Anbetracht der möglichen Verwendungen der Spende, die tief in die Persönlichkeit des Spenders eingreifen (beispielsweise Genomanalyse oder die Erzeugung von Zellinien), kann es nicht dem Willen des Spenders entsprechen, seine persönlichkeitsrechtlichen Beziehungen zu der Spende aufzugeben und sich jeder möglichen Einflußnahme auf die Verwendung zu begeben.

[66] Deutsch, Medizinrecht, Rn. 489f.; Nixdorf, VersR 1995, 740 (742f.); Rohe, JZ 1994, 465 (468); Taupitz, NJW 1995, 745 (752); in dieser Hinsicht zumindest nicht differenzierend MünchKomm/Holch, § 90 Rn. 21; RGRK/Kregel, § 90 Rn. 2; Soergel[12]/Mühl, § 90 Rn. 4; Staudinger[13]/Dilcher, § 90 Rn. 15.

[67] BGHZ 124, 52 (54f.); aus der Literatur dem BGH folgend Freund/Heubel, MedR 1995, 194 (196); Giesen, Rn. 56; Palandt/Heinrichs, § 90 Rn. 3.

[68] So ausdrücklich BGHZ 124, 52 (55).

[69] BGHZ 124, 52 (54f.).

Körper läßt sich jedoch nicht mit den heutigen medizinischen Möglichkeiten und der gewachsenen Bedeutung des Persönlichkeitsrechts begründen, sondern allein damit, daß ansonsten kein angemessener Schutz von vorübergehend abgetrennten Körperteilen bestünde[70]. Eine solche Schutzlücke wird von dem BGH aber nicht dargetan. Sie dürfte auch bei herkömmlicher Auslegung des Schutzgutes Körper kaum zu bejahen sein. Soweit die Beeinträchtigung der abgetrennten Körperbestandteile zu einer späteren Beeinträchtigung des Gesamtorganismus führt – und sei es nur durch den Wegfall der Möglichkeit die Sache dem Körper wieder einzufügen –, liegt bereits nach traditioneller Auffassung eine Körperverletzung vor. Falls eine Körperverletzung zu verneinen ist, kommt noch eine Verletzung des Persönlichkeitsrechts und gegebenenfalls eine vertragliche Haftung in Betracht. Ein hinreichender Schutz abgetrennter Körperteile ist damit gewährleistet[71]. Zudem ist es methodisch zweifelhaft, für die Auslegung des konkreten Tatbestandes der Körperverletzung das Rahmenrecht des allgemeinen Persönlichkeitsrechts heranzuziehen[72].

Im Hinblick auf § 823 I BGB begegnen der Ansicht des BGH Bedenken, da sie den geschlossenen und die Rechtswidrigkeit indizierenden Tatbestand der Körperverletzung aufbricht[73]. Unter sachenrechtlichen Aspekten stößt die Lösung des BGH wegen des Publizitätsgrundsatzes auf Kritik, weil die Qualifikation des abgetrennten Körperbestandteils als Sache oder Körperbestandteil allein von dem nach außen nicht erkennbaren Willen des bisherigen Trägers abhängt[74]. Daneben besteht Unklarheit über die Voraussetzungen, unter denen abgetrennte Körperbestandteile eine „funktionale Einheit" mit dem Körper des bisherigen Trägers bilden. So ist fraglich, ob der abgetrennte Körperbestandteil zur Substitution nicht mehr vorhandener Körperfunktionen dienen muß oder ob es genügt, daß er überhaupt Körperfunktionen substituieren soll. Unklar ist weiterhin, ob eine zahlenmäßige Begrenzung der Substanzen besteht, die als „funktionale Einheit" mit dem Körper angesehen werden kann[75]. Des weiteren führt die Ansicht des BGH zu nicht wünschenswerten Divergenzen zwischen zivilrechtlichem und strafrechtlichen Schutz der körperlichen Integrität[76].

---

[70] So zutreffend Taupitz, NJW 1995, 745 (747).
[71] Vgl. zum Vorstehenden Taupitz, NJW 1995, 745 (747f.).
[72] Taupitz, NJW 1995, 745 (750f.).
[73] Deutsch, Medizinrecht, Rn. 490; Laufs/Reiling, NJW 1994, 775; Müller, S. 38 (Rn. 83); Rohe, JZ 1994, 465 (468).
[74] Nixdorf, VersR 1995, 740 (743).
[75] Zum Ganzen Taupitz, NJW 1995, 745 (751f.).
[76] Deutsch, Medizinrecht, Rn. 490; Laufs/Reiling, NJW 1994, 775; Rohe, JZ 1994, 463 (466); Staudinger[13]/Hager, § 823 Rn. B 19; Taupitz, NJW 1995, 745 (749).

Aufgrund dieser Bedenken ist der Ansicht des BGH nicht zu folgen. Eigenblutspenden sind deshalb mit der herrschenden Meinung als Sachen anzusehen, an denen der Spender mit der Spendeentnahme entsprechend § 953 BGB Eigentum erlangt und zu denen persönlichkeitsrechtliche Beziehungen des Spenders bestehen.

3. Ergebnis

Im Körper eines lebenden Menschen befindliches Blut ist keine Sache und nicht Gegenstand des Rechtsverkehrs. Das Herrschaftsrecht über das Blut steht kraft ihres Persönlichkeitsrechts der Person zu, in deren Körper es sich befindet. Fremdblutspenden und Eigenblutspenden sind als Sachen i.S.v. § 90 BGB zu qualifizieren, an denen der Spender entsprechend § 953 BGB mit der Entnahme Eigentum erwirbt. Neben dem Eigentum bestehen persönlichkeitsrechtliche Beziehungen des Spenders zu der Spende.

II. Die Rechtsstellung von Blut und Blutbestandteilen nach dem Arzneimittelgesetz

Im folgenden ist zu untersuchen, wie Blut und Blutbestandteile, die durch die Spendeentnahme vom menschlichen Körper getrennt worden sind, nach dem Arzneimittelgesetz zu qualifizieren sind. Es fragt sich, ob es sich bei diesen um Arzneimittel i.S.v. § 2 I AMG handelt.

§ 2 I AMG definiert Arzneimittel als Stoffe oder Zubereitungen aus Stoffen, die dazu bestimmt sind, durch Anwendung am oder im menschlichen oder tierischen Körper einem der in § 2 I Nr. 1 - 5 AMG genannten Zwecke zu dienen. Ob ein Stoff oder eine Zubereitung aus Stoffen eine solche Zweckbestimmung aufweist, beurteilt sich nach objektiven und nach subjektiven Kriterien, wobei der objektiven Zweckbestimmung Vorrang vor der subjektiven zukommt[77]. Die objektive Zweckbestimmung ergibt sich aus der allgemeinen Verkehrsauffassung, worunter die Ansicht eines beachtlichen Teils des maßgeblichen Verkehrskreises zu verstehen ist[78]. Die subjektive Zweckbestimmung hängt von der Zweckbestimmung des Herstellers ab. Aufgrund des Vorrangs der objektiven Zweckbestimmung ist letztere nur bei Stoffen und Zubereitungen aus Stoffen relevant, bei denen sich wegen

---

[77] BVerwGE 71, 318 (321); Blasius/Müller-Römer/Fischer, S. 52; Kloesel/Cyran, § 2 Nr. 9; Sander, § 2 Nr. 1; Zipfel/Rathke, D 520 § 2 Rn. 27.

[78] Vgl. BVerwG, Urteil vom 24. November 1994 – 3 C 2.93 –, abgedruckt bei Kloesel/Cyran, E 12a.

ihrer Neuheit noch keine Verkehrsauffassung gebildet hat oder die sowohl als Arzneimittel als auch zu anderen Zwecken verwendet werden können[79].

1. Blut und Blutbestandteile, die zur unmittelbaren Anwendung bestimmt sind

Blut und Blutbestandteile sind Körperbestandteile oder Stoffwechselprodukte des Menschen, und damit nach § 3 Nr. 3 AMG Stoffe i.S.d. Arzneimittelgesetzes. Soweit sie unmittelbar am oder im menschlichen Körper angewendet werden sollen, sind sie dazu bestimmt, einen der in § 2 I Nr. 1 - 5 AMG aufgeführten Zwecke zu erfüllen. Sie sind deshalb Arzneimittel i.s.v. § 2 I AMG[80].

2. Blut und Blutbestandteile, die zur Weiterverarbeitung bestimmt sind

Es stellt sich aber die Frage, ob die Qualifikation als Arzneimittel auch auf Blut und Blutbestandteile zutrifft, die nicht unmittelbar angewendet, sondern zunächst verarbeitet (z.b. fraktioniert) werden sollen[81]. Problematisch erscheint, ob bei Blut und Blutbestandteilen, die zur Weiterverarbeitung bestimmt sind, bereits die Bestimmung eines Anwendungszwecks i.S.d. § 2 I AMG vorliegt. Damit ist das Problem aufgeworfen, ob und ab welchem Zeitpunkt Ausgangsmaterialien der Arzneimittelherstellung selbst rechtlich als Arzneimittel einzuordnen sind.

a) Ansicht des Gesetzgebers

Der Gesetzgeber hat im Arzneimittelgesetz keine Abgrenzung getroffen, ab welchem Zeitpunkt bei Ausgangsmaterialien die Bestimmung eines Anwendungszwecks vorliegt, so daß sie als Arzneimittel zu qualifizieren sind. Auch im Transfusionsgesetz hat der Gesetzgeber die arzneimittelrechtliche Qualifikation von Blut und Blutbestandteilen, die zur Weiterverarbeitung bestimmt sind, offen gelassen.

---

[79] OVG Berlin, Urteil vom 26. Januar 1990 – 5 B 87.88 –, abgedruckt bei Sander, E § 2 Nr. 24a; Blasius/Müller-Römer/Fischer, S. 52; Kloesel/Cyran, § 2 Nr. 9; Sander, § 2 Nr. 1; Zipfel/Rathke, D 520 § 2 Rn. 28, 30.

[80] Einschränkend Deutsch, Medizinrecht, Rn. 700, der – von einem funktionalen Arzneimittelbegriff ausgehend – nur industriell vorbehandeltes Blut bzw. vorbehandelte Blutbestandteile als Arzneimittel ansieht. Diese Einschränkung läßt sich aber mit dem auf die objektive Zweckbestimmung rekurrierenden Arzneimittelbegriff des § 2 I AMG nicht vereinbaren.

[81] Die klinische Anwendung von Vollblutkonserven wird heute grundsätzlich als nicht mehr vertretbar angesehen, es werden vielmehr nur die konkret benötigten Blutkomponenten transfundiert (sog. gezielte Hämotherapie), vgl. Eckstein, 3.3.1. Vollblutspenden werden deshalb grundsätzlich weiterverarbeitet. Plasmaspenden (das sog. Industrieplasma oder source plasma) werden häufig – sofern nicht die Verwendung als Gefrorenes Frischplasma (Fresh Frozen Plasma) bezweckt ist – einer weiteren Verarbeitung zugeführt.

Allerdings definiert § 2 Nr. 1 TFG den Begriff der Spende als „die einem Menschen entnommene Menge an Blut und Blutbestandteilen, die Arzneimittel ist oder zur Herstellung von Arzneimitteln bestimmt ist". Ähnlich sprechen die Begründung zum Transfusionsgesetz sowie der Bericht des Ausschusses für Gesundheit davon, daß „die Entnahme von Blut oder Blutbestandteilen aus dem menschlichen Körper Arzneimittel- oder Wirkstoffgewinnung ist"[82]. Diese Differenzierung spricht dafür, daß der Gesetzgeber entnommenes Blut bzw. dessen Bestandteile nicht in jedem Fall als Arzneimittel angesehen hat. Da unter Wirkstoffen nach § 4 XIX AMG solche Stoffe zu verstehen sind, die dazu bestimmt sind, bei der Herstellung von Arzneimitteln als arzneilich wirksame Bestandteile verwendet zu werden, legt die Differenzierung vielmehr nahe, daß der Gesetzgeber die zur Weiterverarbeitung bestimmten Spenden nicht unter den Begriff des Arzneimittels gefaßt hat[83]. Dementsprechend vertritt das Bundesministerium für Gesundheit den Standpunkt, daß es sich bei Industrieplasma um einen Wirkstoff i.S.v. § 4 XIX AMG handelt, nicht hingegen um ein Arzneimittel[84]. Nach der Wertung des Gesetzgebers sind Blut und Blutbestandteile, die zur weiteren Verarbeitung bestimmt sind, somit keine Arzneimittel, sondern Wirkstoffe i.S.v. § 4 XIX AMG.

b) Übersicht über Rechtsprechung und Literatur

In Rechtsprechung und Literatur ist die Frage, ab wann Ausgangsmaterialien der Arzneimittelherstellung selbst als Arzneimittel zu qualifizieren sind, umstritten. Nach Ansicht des Bundesverwaltungsgerichts ist ein Stoff ein Arzneimittel, wenn für ihn bereits im Zeitpunkt der Herstellung eindeutig feststeht, daß seine zukünftige Zweckbestimmung ausschließlich darin besteht, einen der in § 2 I AMG genannten Zwecke zu erfüllen. Ob der Stoff einen der Zwecke nach § 2 I AMG alleine oder erst in notwendigem Zusammenwirken mit einem anderen Stoff erreichen kann, ist nach Meinung des Bundesverwaltungsgerichts unerheblich. Nicht erforderlich soll auch sein, daß das Produkt bereits mit seiner Herstellung geeignet ist, unmittelbar für einen der genannten Zwecke angewendet zu werden[85]. Ob damit auch Stoffe als Arzneimittel anzusehen sind, bei denen Voraussetzung der Anwendbarkeit eine weitere Verarbeitung – und nicht lediglich die schlichte Verbindung oder Vermischung mit einem anderen Stoff – ist, ergibt sich aus der Ent-

---

[82] BT-Drks. 13/9594, S. 15, 16 und ähnlich S. 28; BT-Drks. 13/10643, S. 24.

[83] Anders allerdings der Bericht des Ausschusses für Gesundheit zum 5. Gesetz zur Änderung des Arzneimittelgesetzes, BT-Drks. 12/7572, S. 5, nach dem die Entnahme von Blut aus dem menschlichen Körper auch einer geplanten weiteren industriellen Verarbeitung als Herstellung eines Arzneimittels anzusehen ist.

[84] Schreiben des Leiters des Referates 115 „Blut und Blutprodukte", Bundesministerium für Gesundheit, Regierungsdirektor von Auer an den Verfasser vom 23. September 1999.

[85] BVerwGE 70, 284 (286).

scheidung des Bundesverwaltungsgerichts nicht eindeutig, wird aber durch die generell gehaltenen Formulierungen nahegelegt. Blut und Blutprodukte, die zur Weiterverarbeitung bestimmt sind, sind demnach Arzneimittel i.S.v. § 2 I AMG, da ihre künftige Bestimmung, einen der Zwecke des § 2 I AMG zu erfüllen, bereits mit der Herstellung eindeutig feststeht.

Nach dem Verwaltungsgericht Ansbach ist ein Stoff Arzneimittel, wenn sich aufgrund objektiver Kriterien ergibt, daß er bestimmt und geeignet ist, durch Anwendung am menschlichen Körper einen Zweck nach § 2 I AMG zu erfüllen[86]. Im weiteren stellt das Verwaltungsgericht dann aber darauf ab, ob an die Qualität des Stoffes die gleichen Anforderungen wie bei einem Arzneimittel zu stellen sind und ob die Anwendbarkeit beim Menschen gegeben ist. Nach der Bejahung dieser Fragen[87] kommt das Verwaltungsgericht zu dem Ergebnis, daß es sich bei Industrieplasma um ein Arzneimittel handelt. Konsequenterweise muß diese Einordnung auch für Vollblut und andere Blutbestandteile zur Weiterverarbeitung gelten.

Das Verwaltungsgericht Koblenz nimmt ebenso wie das Bundesverwaltungsgericht das Vorliegen eines Arzneimittels an, wenn im Zeitpunkt der Herstellung eindeutig feststeht, daß die zukünftige Zweckbestimmung des Stoffes ausschließlich in der Erfüllung eines Zwecks nach § 2 I AMG besteht. Soweit keine solche ausschließliche Zweckbestimmung vorliegt, soll es darauf ankommen, ob der Stoff als Arzneimittel einsetzbar ist[88]. Blut und Blutbestandteile zur weiteren Verarbeitung sind damit Arzneimittel, da sie auch ohne weitere Verarbeitung zu einem der Zwecke des § 2 I AMG angewendet werden könnten.

Die von den für die Durchführung des Arzneimittelgesetzes zuständigen Behörden geübte Verwaltungspraxis qualifiziert Industrieplasma als Arzneimittel[89]. Entsprechendes muß auch für Blut und andere Blutbestandteile, die zur Weiterverarbeitung bestimmt sind, gelten.

---

[86] VG Ansbach, Urteil vom 27. August 1985 – AN 16 K 83 A.124 –, abgedruckt bei Kloesel/Cyran, E 37.

[87] Die Vergleichbarkeit der Anforderungen an Industrieplasma und zur unmittelbaren Anwendung bestimmtem Plasma wird jedoch zu Unrecht bejaht, da besondere Gewinnungs-, Kennzeichnungs- und Lagerungsanforderungen bestehen, siehe die Richtlinien zur Hämotherapie, 4.7.2. und Hubbert/Saame, Clin. Lab. 1996, 885f.

[88] VG Koblenz, Urteil vom 16. Januar 1990 – 6 K 90/85 –, abgedruckt bei Sander, E § 7 Nr. 1.

[89] Vgl. Hubbert/Saame, Clin. Lab. 1996, S. 885; Kloesel/Cyran, § 13 Nr. 16. Eine von dem Verfasser durchgeführte Umfrage unter den für die Durchführung des Arzneimittelgesetzes in Niedersachsen zuständigen Bezirksregierungen hat allerdings ergeben, daß eine so eindeutige Verwaltungspraxis zumindest in Niedersachsen in nicht besteht: Von den vier niedersächsischen Bezirksregierungen qualifizierten nur zwei Industrieplasma als Arzneimittel (Bezirksregierungen Braunschweig und Lüneburg), die Bezirksregierung Hannover sah Industrieplasma als Wirkstoff i.S.v. § 4 XIX AMG an. Die Bezirksregierung Weser-Ems erklärte sich mangels „praktischer Erfahrung" außerstande, eine rechtliche Einordnung vorzunehmen.

Nach Ansicht von Hart ist, in Übereinstimmung mit den zitierten Entscheidungen des Bundesverwaltungsgerichts und des Verwaltungsgerichts Koblenz, ein Stoff bereits dann als Arzneimittel zu qualifizieren, wenn feststeht, daß er objektiv allein dem Zweck der Herstellung eines Arzneimittels dienen soll[90]. Da diese ausschließliche Zweckbestimmung bei Blut und Blutbestandteilen, die zur Weiterverarbeitung bestimmt sind, feststeht, handelt es sich bei ihnen um Arzneimittel.

Hubbert/Saame lehnen die Qualifikation von zur weiteren Verarbeitung bestimmtem Plasma als Arzneimittel mit der Begründung ab, daß bei diesem die Bestimmung eines Anwendungszwecks nicht vorliege[91]. Gleichfalls muß nach dieser Ansicht die Arzneimitteleigenschaft von zur Weiterverarbeitung bestimmtem Blut und anderen Blutbestandteilen verneint werden.

Nach Ansicht von Kloesel/Cyran und Rehmann ist im Hinblick auf Produktionsstufen die Grenze zum Arzneimittel erst dann überschritten, wenn die Bestimmung eines Anwendungszwecks möglich ist und vorliegt[92]. Rohstoffe und Grundstoffe sind nach ihrer Ansicht als solche noch keine Arzneimittel, da nicht sie, sondern erst die aus ihnen hergestellten Mittel eine Zweckbestimmung nach § 2 I AMG haben. Eine Zweckbestimmung zum Arzneimittel soll in der Regel erst dann gegeben sein, wenn der Stoff sich in der Verfügungsgewalt eines Abnehmers befindet, der ihn als Arzneimittel oder zu Herstellung von Arzneimitteln verwendet. Dies gilt nicht für Stoffe, die nach objektiver Zweckbestimmung auch ohne Weiterverarbeitung bereits Arzneimittel sind[93]. Entscheidend ist somit letztlich die Verkehrsanschauung. Diese soll nach Kloesel/Cyran Blut und Blutbestandteilen, die zur Weiterverarbeitung bestimmt sind, als Arzneimittel qualifizieren[94].

Sander sieht solche Ausgangsmaterialien als Arzneimittel an, die ausschließlich zum Gebrauch als Arzneimittel geeignet sind und zu diesem Zweck keiner wesentlichen Veränderung mehr bedürfen. Ausgangsmaterialien, die sowohl zu pharmazeutischen als auch zu anderen Zwecken bestimmt sind, sind nach seiner Meinung Arzneimittel, wenn sie als Arzneimittel verwendbar sind. Die Bestimmung zur Weiterverarbeitung zum Arzneimittel allein soll nicht genügen, weil der Schutzzweck des Arzneimittelgesetzes in diesem Fall auf einer nachgeordneten

---

[90] Vgl. Hart, S. 510 (524f.).
[91] Hubbert/Saame, Clin. Lab. 1996, 885f.
[92] Kloesel/Cyran, § 2 Nr. 11; Rehmann, § 2 Rn. 3.
[93] Kloesel/Cyran, § 2 Nr. 12.
[94] Kloesel/Cyran, § 13 Nr. 15f. Ob dies zutrifft, ist jedoch zu bezweifeln. Eine von dem Verfasser durchgeführte Umfrage unter den Ärztinnen und Ärzten der Transfusionsmedizinischen Abteilungen an dem Klinikum der Universität Göttingen und an der Medizinischen Hochschule Hannover hat ein deutliches Überwiegen der Ansicht ergeben, daß es sich bei Blut und Blutbestandteilen, die zur Weiterverarbeitung bestimmt sind, vor der Weiterverarbeitung nicht um Arzneimittel handelt.

Produktionsstufe erreicht werden kann, da die Produkte nicht unmittelbar an den Endverbraucher abgegeben werden. Ausdrücklich abgelehnt wird von Sander die Arzneimittelqualität von Industrieplasma[95]. Keine Arzneimittel sind demnach auch Blut und andere Blutbestandteile, die zur Verarbeitung bestimmt sind.

Nach Zipfel/Rathke genügt allein die Bestimmung eines Stoffes zur Verarbeitung zu einem Arzneimittel, sei es auch zur unmittelbaren Weiterverarbeitung, nicht, da diese Zweckbestimmung nicht identisch mit der Zweckbestimmung nach § 2 I AMG ist. Ausgangsmaterialien sind danach nur dann Arzneimittel, wenn sich aus ihrer objektiven Zweckbestimmung ergibt, daß sie auch ohne Weiterverarbeitung einem der in § 2 I AMG genannten Zwecke zu dienen bestimmt sind[96]. Ob Blut und Blutbestandteile zur Weiterverarbeitung Arzneimittel sind, hängt nach dieser Ansicht somit davon ab, ob sie von der Verkehrsanschauung als Arzneimittel angesehen werden.

Nach Deutsch ist der Begriff des Arzneimittels funktional zu verstehen. Ob ein Stoff als Arzneimittel anzusehen ist, richtet sich somit danach, ob dies nach Sinn und Zwecksetzung des Arzneimittelgesetzes geboten ist. Da nach Ansicht von Deutsch weder die Voraussetzungen noch die Haftungsfolgen des Arzneimittelgesetzes auf Blut und Blutbestandteile, die zur Weiterverarbeitung bestimmt sind, Anwendung finden sollen, sind diese nicht unter den Arzneimittelbegriff zu subsumieren[97].

c) Stellungnahme

Zu folgen ist der Ansicht, nach der Blut und Blutbestandteile, die zur weiteren Verarbeitung bestimmt sind, nicht als Arzneimittel zu qualifizieren sind. Die Qualifikation als Arzneimittel ist abzulehnen, weil bei Blut und Blutbestandteilen, die vor ihrer Anwendung noch einer wesentlichen Verarbeitung unterzogen werden sollen, keine Zweckbestimmung i.S.v. § 2 I AMG vorliegt. Schon der schlicht auf die Zweckbestimmung rekurrierende Wortlaut des § 2 I AMG spricht dafür, das Vorliegen einer Zweckbestimmung in diesem Sinne nur anzunehmen, wenn der konkrete Stoff, d.h. der Stoff in seinem gegenwärtigen Zustand, dazu bestimmt ist, durch Anwendung am oder im menschlichen Körper einen der in § 2 I TFG genannten Zwecke zu erfüllen. Denn sofern der Stoff vor seiner Anwendung noch einer wesentlichen Verarbeitung unterzogen werden soll, liegt seine Zweckbestimmung (noch) nicht in der Anwendung, sondern in der Verarbeitung. Die Zweckbestimmung i.S.v. § 2 I AMG weist hingegen erst der verarbeitete Stoff auf. Bezeichnenderweise beziehen sich die zitierten Entscheidungen des Bundesver-

---

[95] Zum Ganzen Sander, § 2 Nr. 4.
[96] Zipfel/Rathke, D 520 § 2 Rn. 34.
[97] Deutsch, Medizinrecht, Rn. 700.

waltungsgerichts und des Verwaltungsgerichts Koblenz denn auch ausdrücklich auf die *zukünftige* Zweckbestimmung, um das Vorliegen einer Zweckbestimmung i.S.v. § 2 I AMG bei zur weiteren Verarbeitung bestimmten Stoffen zu begründen.

Gegen die Herleitung einer Zweckbestimmung aus der Eignung eines Stoffes, durch Anwendung am oder im menschlichen Körper einen Zweck nach § 2 I AMG zu erfüllen, spricht zunächst, daß die Eignung schon sprachlich nicht mit der Zweckbestimmung gleichgesetzt werden kann. Würde man dieser Ansicht folgen, müßten außerdem zahlreiche Stoffe entgegen der heute herrschenden Ansicht generell als Arzneimittel angesehen werden[98].

Auch die Systematik des Arzneimittelgesetzes steht der Annahme einer Zweckbestimmung i.S.v. § 2 I AMG bei Stoffen entgegen, die vor ihrer Anwendung zunächst weiterverarbeitet werden sollen. Das Arzneimittelgesetz unterscheidet zwischen Arzneimitteln und Wirkstoffen, beispielsweise in §§ 13 I, 64 I, 67 I, 72 AMG. Dieser Differenzierung kommt ausweislich der Begründung zum 4. Gesetz zur Änderung des Arzneimittelgesetzes, mit dem die Unterscheidung in das Gesetz eingeführt worden ist, nicht lediglich deklaratorische Bedeutung zu, sondern die Erstreckung bestimmter Normen auf Wirkstoffe führt zu einer Ausdehnung des Anwendungsbereichs dieser Vorschriften[99]. Der Begriff des Wirkstoffs ist demnach nicht identisch mit dem des Arzneimittels. Würde man für die Qualifizierung eines Stoffs als Arzneimittel die Bestimmung des Stoffs, zu einem Arzneimittel verarbeitet zu werden, ausreichen lassen, so würde der Begriff des Wirkstoffs mit dem des Arzneimittels übereinstimmen, da Wirkstoffe aufgrund ihrer Bestimmung, bei der Herstellung von Arzneimitteln als arzneilich wirksame Bestandteile verwendet zu werden (vgl. § 4 XIX AMG), immer zugleich auch Arzneimittel wären. Aus der Differenzierung des Arzneimittelgesetzes zwischen Arzneimitteln und Wirkstoffen ergibt sich somit, daß die Bestimmung eines Anwendungszwecks i.S.v. § 2 I AMG nicht schon dann vorliegt, wenn ein Stoff dazu bestimmt ist, zur Herstellung von Arzneimitteln zu dienen.

Aus dem Wortlaut des § 2 I AMG und der Systematik des Arzneimittelgesetzes folgt demnach, daß bei Stoffen, die vor ihrer Anwendung einer wesentlichen Verarbeitung unterzogen werden sollen, keine Bestimmung eines Anwendungszwecks i.S.v. § 2 I AMG gegeben ist, und es sich mithin bei ihnen nicht um Arzneimittel handelt. Blut und Blutbestandteile, die zur weiteren Verarbeitung bestimmt sind, sind deshalb mangels eines Anwendungszwecks i.S.v. § 2 I AMG nicht als Arz-

---

[98] Hubbert/Saame, Clin. Lab. 1996, 885 (886). Insbesondere müßten dann wohl zahlreiche Nahrungsergänzungsstoffe und Lebensmittel, die geeignet sind einen der Zwecke des § 2 I AMG zu erfüllen, als Arzneimittel qualifiziert werden. Als Arzneimittel wäre dann aber beispielsweise auch Nitroglycerin zu qualifizieren, das wegen seiner gefäßerweiternden Wirkung auch zu medizinischen Zwecken eingesetzt werden kann.

[99] BT-Drks. 11/5373, S. 12.

neimittel zu qualifizieren. Dieses Ergebnis entspricht auch der Ansicht des Gesetzgebers bei der Schaffung des Transfusionsgesetzes. Blut und Blutbestandteile, die einer weiteren Verarbeitung zugeführt werden sollen, sind allerdings auch nicht generell als Wirkstoffe i.S.v. § 4 XIX AMG zu qualifizieren. Wirkstoffe sind sie nur, wenn und soweit sie als arzneilich wirksame Bestandteile bei der Arzneimittelherstellung Verwendung finden sollen. Bei Vollblut und Industrieplasma ist die Wirkstoffeigenschaft grundsätzlich zu verneinen, da nicht das Vollblut bzw. Plasma bei der Herstellung von Arzneimitteln als arzneilich wirksamer Bestandteil verwendet wird, sondern nur dessen Komponenten (z.B. Faktoren oder Immunglobuline)[100].

d) Ergebnis

Blut und Blutbestandteile, die zur Weiterverarbeitung bestimmt sind, sind keine Arzneimittel i.S.v. § 2 I AMG. Soweit sie bei der Herstellung von Arzneimitteln als arzneilich wirksame Bestandteile verwendet werden sollen, handelt es sich bei ihnen um Wirkstoffe gem. § 4 XIX AMG.

III. Rechtsbeziehungen zwischen Spender und Spendeeinrichtung

1. Fremdblutentnahme

Für gewöhnlich erklärt der Spender – in aller Regel auf von der Spendeeinrichtung vorbereiteten Formularen – im Zusammenhang mit der Spendeentnahme nicht mehr, als daß er mit der Spendeentnahme und den mit ihr verbundenen Untersuchungen einverstanden ist sowie daß seine Spende verwendbar ist. Eine weitere Ausgestaltung und Fixierung der rechtlichen Beziehungen zwischen Spender und Spendeeinrichtung findet üblicherweise nicht statt. In der Tat dürften sich grundsätzlich weder die Spender noch das Personal der Spendeeinrichtungen über Art und Umfang der rechtlichen Beziehungen aus Anlaß der Spendeentnahme Gedanken machen. Eine explizite Ausgestaltung der Rechtsbeziehungen zwischen Spender und Spendeeinrichtung ist somit nicht feststellbar. Welche rechtlichen Beziehungen anläßlich der Spendeentnahme bestehen und wie sie zu qualifizieren sind, kann demnach nur durch eine Interpretation der gesamten Umstände, insbesondere des Verhaltens der Beteiligten, im Wege der Auslegung nach §§ 133, 157 BGB ermittelt werden[101]. Es fragt sich also, wie das gesamte Geschehen der Spende-

---

[100] Vgl. dazu Hubbert/Saame, Clin. Lab. 1996, 885 (886).
[101] Zu den gesamten Umständen als Gegenstand der Auslegung BGHZ 21, 102 (106f.); RGZ 119, 21 (24); MünchKomm/Mayer-Maly, § 133 Rn. 39f.; Soergel[13]/Hefermehl, Vor § 116 Rn. 17f.

entnahme nach Treu und Glauben mit Rücksicht auf die Verkehrssitte zu verstehen ist.

a) Rechtliche Qualifikation der Rechtsbeziehungen

Das zwischen Spender und Spendeeinrichtung bestehende Verhältnis ist gekennzeichnet durch vier tatsächliche Elemente: 1. die Einverständniserklärungen des Spenders in die Spendeentnahme und in die mit ihr verbundenen Untersuchungen, 2. die Spendeentnahme, 3. die Überlassung der entnommenen Substanzen an die Spendeeinrichtung und 4. eventuell die Auszahlung einer Aufwandsentschädigung an den Spender. Bei der rechtlichen Qualifikation dieser Elemente der Spendeentnahme bestehen keine Probleme. Die Einverständniserklärungen in die Spendeentnahme und die mit verbundenen Untersuchungen sind als Einwilligungen zu qualifizieren, durch die der Spender die Spendeeinrichtung zum Eingriff in seine körperliche Integrität und in sein Recht auf informationelle Selbstbestimmung ermächtigt[102]. Da es primäres Ziel der Spendeentnahme ist, der Spendeeinrichtung die Spende und die Verfügungsgewalt darüber zu verschaffen, ist in der Überlassung der entnommenen Substanzen an die Spendeeinrichtung unproblematisch eine Übertragung von Eigentum und Besitz an den entnommenen Substanzen auf die Spendeeinrichtung zu sehen[103]. Die Spendeentnahme und die eventuelle Auszahlung einer Aufwandsentschädigung sind als Realakte zu qualifizieren. Fraglich ist jedoch, welcher Rechtsgrund der Eigentumsübertragung, der Spendeentnahme und der Zahlung der Aufwandsentschädigung zugrunde liegen.

aa) Eigentumsübertragung

Als Rechtsgrund für die Eigentumsübertragung kommt zunächst eine Versprechensschenkung gem. § 518 BGB in Betracht. Bei dieser verspricht der Schenker, dem Beschenkten in Zukunft einen Vermögensvorteil aus seinem Vermögen zuzuwenden. Ein Angebot zum Abschluß eines solchen Schenkungsvertrages könnte in der vom Spender erklärten Einwilligung in die Spendeentnahme liegen. Dafür spricht, daß sich aus dem Erscheinen des Spenders in der Spendereinrichtung und seiner Einwilligung in die Spendeentnahme konkludent der Wille ergibt, die Spendeentnahme zu dulden und die gespendeten Substanzen der Spendeeinrichtung zu überlassen. Der Annahme eines Schenkungsangebots steht aber entgegen, daß der Spender keine Verpflichtung wird eingehen wollen, der Spendeeinrichtung Blut oder Blutbestandteile zuzuwenden[104]. Da sich diese Substanzen noch im

---

[102] Siehe unten E. III. 2. a).

[103] Zur Konstruktion der Eigentumsübertragung siehe unten E. III. 5.

[104] Daß eine solche Verpflichtung aufgrund der wohl niemals gegebenen notariellen Beurkundung des Schenkungsversprechens wegen § 518 I BGB sowieso nicht entstehen würde, ist nicht ent-

Körper des Spenders befinden, würde sich für den Spender nämlich dann die Notwendigkeit ergeben, die Spendeentnahme zu dulden, um das Schenkungsversprechen erfüllen zu können. Die Entscheidung zur Duldung der Spendeentnahme wird sich der Spender jedoch bis zu deren tatsächlicher Durchführung vorbehalten wollen, etwa falls ihm im letzten Augenblick noch Bedenken kommen sollten. Der Wille des Spenders ist somit nicht darauf gerichtet, sich gegenüber der Spendeeinrichtung zur Zuwendung von erst noch zu entnehmendem Blut oder zu entnehmenden Blutbestandteilen zu verpflichten. Aufgrund der Verkehrssitte und der beiderseitigen Interessenlage wird die Spendeeinrichtung redlicherweise in der Einwilligung des Spenders in die Spendeentnahme auch keine solche Verpflichtung des Spenders sehen. Mangels eines entsprechenden Vertragsangebots liegt deshalb keine Versprechensschenkung vor[105].

Es könnte sich jedoch um eine Hand- oder Realschenkung gem. § 516 I BGB handeln. Anders als bei der Versprechensschenkung verpflichtet sich der Schenker bei ihr nicht zu einer zukünftigen, unentgeltlichen Zuwendung, sondern einigt sich mit dem Beschenkten darüber, daß eine bereits erfolgte oder gleichzeitig erfolgende Zuwendung unentgeltlich sein solle und daß der Beschenkte sie behalten dürfe[106]. Eine solche Einigung könnte konkludent darin liegen, daß der Spender die entnommenen Substanzen der Spendeeinrichtung überläßt und diese sie entgegennimmt. Voraussetzung für die Schenkung ist nach § 516 I BGB die unentgeltliche Zuwendung eines Gegenstandes aus dem Vermögen des Schenkers an den Beschenkten und eine daraus resultierende Bereicherung des Beschenkten. Im Zuge der Spendeentnahme erlangt die Spendeeinrichtung Besitz und Eigentum an der Spende. Eine Bereicherung der Spendeeinrichtung liegt mithin vor. Diese Bereicherung muß aus dem Vermögen des Schenkers erfolgt sein, also dessen gegenwärtige Vermögenssubstanz auf Dauer vermindert haben[107]. Kein Zweifel besteht an einer Vermögensminderung des Spenders, wenn die Übertragung des Eigentums nach § 929 S. 1 BGB erfolgt, da in diesem Fall zunächst der Spender Eigentum an den entnommenen Substanzen erwirbt, das dann auf die Spendeeinrichtung übertragen wird (sog. Durchgangserwerb). Bedenken ergeben sich aber bei einer Eigentumsübertragung analog § 956 BGB. Die Zweifel resultieren daraus, daß Blut und Blutbestandteile vor ihrer Trennung vom Körper nicht Gegenstand von Vermögensrechten sind und bei einer Übertragung analog § 956 BGB unmittelbar

---

scheidend, da für die Annahme eines Schenkungsangebots zumindest der Wille des Schenkers, sich zu der Zuwendung zu verpflichten, vorliegen muß.

[105] Die Frage, ob ein solcher Vertrag im Hinblick auf § 138 BGB oder den engen persönlichkeitsrechtlichen Bezug überhaupt wirksam wäre, kann deshalb dahinstehen. Vgl. zu dieser Frage Jansen, S. 41ff.; Schünemann, S. 186ff. jeweils m.w.N. und die Kommentarliteratur zu §§ 138, 241 BGB.

[106] MünchKomm/Kollhosser, § 516 Rn. 1.

[107] BGHZ 101, 229 (232); Medicus, Schuldrecht BT, Rn. 173; Staudinger[13]/Cremer, § 516 Rn. 16.

mit der Trennung vom Körper in das Eigentum der Spendeeinrichtung fallen. Es bestanden deshalb zu keiner Zeit vermögensrechtliche Beziehungen des Spenders zu den gespendeten Substanzen, so daß fraglich erscheint, ob durch ihre Überlassung an die Spendeeinrichtung eine Minderung des Vermögens des Spenders eingetreten ist. Eine Vermögensminderung ist aber zu bejahen, weil der Spender eine ihm zustehende Rechtsposition, nämlich den eo ipso-Eigentumserwerb entsprechend § 953 BGB, zugunsten der Spendeeinrichtung aufgibt, indem er dieser die Aneignung analog § 956 BGB gestattet.

Die Zuwendung muß des weiteren unentgeltlich sein. Unentgeltlichkeit liegt vor, wenn nach dem Inhalt des Rechtsgeschäfts und dem Parteiwillen die Erlangung irgendeiner Gegenleistung nicht verfolgt wird[108]. An der Unentgeltlichkeit fehlt es somit, wenn zwischen Leistung und Gegenleistung eine synallagmatische, konditionale oder kausale Verknüpfung besteht[109]. Eine die Unentgeltlichkeit ausschließende Gegenleistung könnte die bei der Spendeentnahme häufig gewährte sog. Aufwandsentschädigung sein, deren Höhe im allgemeinen zwischen 50 und 60 DM liegt[110]. Dafür, daß es sich bei der Aufwandsentschädigung entgegen dem Wortlaut nicht um einen, wenn auch pauschalierten, Ausgleich für den dem Spender entstandenen Aufwand handelt, könnte sprechen, daß der gezahlte Betrag in der Regel die dem Spender tatsächlich entstandenen Kosten, wie beispielsweise Fahrtkosten, übersteigt. Trotz dieses Umstandes wird man aber die Aufwandsentschädigung nicht als Gegenleistung ansehen können, die zur Entgeltlichkeit der Spendeentnahme führt. Eine solche Argumentation würde nicht hinreichend berücksichtigen, daß die Aufwandsentschädigung nicht nur den Ersatz der tatsächlich entstandenen Kosten bezweckt, sondern auch einen Ausgleich für die mit der Spendeentnahme verbundenen Unannehmlichkeiten und den mit ihr verbundenen Zeitaufwand gewähren und eine symbolische Anerkennung zum Ausdruck bringen soll[111]. Der Annahme eines Entgelts steht weiterhin entgegen, daß die Höhe der Aufwandsentschädigung von Marktfaktoren wie Angebot und Nachfrage und der allgemeinen Preisentwicklung unabhängig ist. So ist zum einen die Höhe der Aufwandsentschädigung seit vielen Jahren praktisch unverändert. Zum anderen wird weder in Zeiten knappen Angebots die Aufwandsentschädigung erhöht, noch wird bei der Höhe der Aufwandsentschädigung danach differenziert, ob es sich um Blut oder Blutbestandteile mit selten oder häufig vorkommenden Eigenschaften handelt. Dies alles spricht dagegen, daß es sich bei der Aufwandsentschädigung

---

[108] MünchKomm/Kollhosser, § 516 Rn. 13; Staudinger[13]/Cremer, § 516 Rn. 25.

[109] MünchKomm/Kollhosser, § 516 Rn. 14ff.; Staudinger[13]/Cremer, § 516 Rn. 27f.

[110] Nach dem Votum des Arbeitskreises Blut vom 8.9.1993, BGesundhBl. 1993, 542 soll die Aufwandsentschädigung 50 DM nicht überschreiten. Der Gesetzgeber hat sich dieser Forderung angeschlossen, vgl. BT-Drks. 13/9594, S. 20.

[111] So auch Jansen, S. 53ff.

nach objektiver Lage und Parteiwillen um eine Gegenleistung für die Spendeentnahme handelt[112]. Schließlich entspricht dieses Ergebnis auch der Wertung des Gesetzgebers, der, wie sich aus § 10 TFG ergibt, davon ausgeht, daß die Gewährung einer Aufwandsentschädigung nicht zur Entgeltlichkeit der Spendeentnahme führt[113]. Wie sich aus der Gesetzesbegründung zu § 10 TFG entnehmen läßt, ist die Aufwandsentschädigung nicht auf nicht-monetäre Leistungen beschränkt[114]. Die Spendeentnahme ist mithin auch in dem Fall unentgeltlich, in dem dem Spender eine Aufwandsentschädigung gewährt wird.

Die objektiven Voraussetzungen einer Realschenkung und die Einigung der Beteiligten, eine unentgeltliche Vermögensverschiebung vorzunehmen, liegen mithin vor. Es fragt sich aber, ob es sich bei der unentgeltlichen Zuwendung um eine rechtsgeschäftliche Schenkung oder um eine unverbindliche Gefälligkeit handelt. Die Beantwortung der Frage hängt nach herrschender Meinung davon ab, ob die Beteiligten die rechtliche Verbindlichkeit ihrer Abrede wollten, d.h. Rechtsbindungswillen hatten[115]. Ob ein solcher Rechtsbindungswille vorliegt beurteilt sich normativ nach Treu und Glauben mit Rücksicht auf die Verkehrssitte[116]. Maßgebliche Kriterien sind die Art der Gefälligkeit, ihr Grund und Zweck, die wirtschaftliche und rechtliche Bedeutung, insbesondere für den Empfänger, die Umstände, unter denen die Gefälligkeit erwiesen wird, sowie die Interessenlage[117]. Für die Spendeentnahme ergibt sich daraus folgendes: Nach ihrer Art, ihrem Anlaß und Zweck ist die Spendeentnahme für den Spender dem zwischenmenschlich-humanitären Bereich zuzuordnen. Wirtschaftliche und rechtliche Bedeutung sind für ihn gering. Dies spricht für ein Fehlen des Rechtsbindungswillens. Andererer-

---

[112] So im Ergebnis auch v. Auer, BGesundhBl. 1999, 95 (97) und Jansen, S. 53ff.; anderer Ansicht Müller, S. 105ff.; Schünemann, S. 174f.; Taupitz, AcP 191 (1991), 201 (231f.); ders., Kommerzialisierung, S. 71. Zuzugeben ist der Gegenansicht allerdings, daß die Abschaffung der Aufwandsentschädigung wohl einen erheblichen Verlust an Spendern zur Folge haben würde, worauf v. Auer/Seitz, A 2.1 Einl. Rn. 13 zu Recht hinweisen.

[113] Vgl. weiter BT-Drks. 13/9594, S. 20 und das Votum des Arbeitskreises Blut vom 8.9.1993, BGesundhBl. 1993, 542. Gesetzestechnisch ist § 10 TFG allerdings mißlungen. Denn wenn die Spendeentnahme nur unentgeltlich erfolgen *soll*, entgeltliche Spendeentnahmen also nicht ausgeschlossen sind, ist die Einräumung der Möglichkeit der Gewährung einer Aufwandsentschädigung überflüssig, da diese als Minus zum Entgelt selbstverständlich gegeben ist.

[114] BT-Drks. 13/9594, S. 20. Entsprechende Vorschläge im Gesetzgebungsverfahren, die Aufwandsentschädigung auf nicht-monetäre Leistungen wie Gutscheine, Kino- oder Theaterkarten etc. zu beschränken, sind damit ausdrücklich nicht von dem Gesetzgeber übernommen worden.

[115] Sog. subjektive Theorie BGHZ 92, 164 (168); weitere Nachweise bei Staudinger[13]/Schmidt, Einl zu §§ 241ff Rn. 228 und Willoweit, JuS 1984, 909 (910, Fn. 8). Anderer Ansicht die objektive Theorie, die auf Art und Inhalt des zu beurteilenden Verhältnisses abstellt, zu ihr siehe Staudinger[13]/Schmidt, Einl zu §§ 241 Rn. 227 m.w.N.

[116] BGHZ 88, 373 (382); 21, 102 (106f.).

[117] Vgl. zu diesen Kriterien Staudinger[13]/Schmidt, Einl zu §§ 241ff Rn. 230ff. m.w.N.

seits aber hat die Erlangung des Eigentums an der Spende für die Spendeeinrichtung – und dies ist für den Spender auch erkennbar – erhebliche wirtschaftliche Bedeutung, da sie grundlegende Voraussetzung für den Betrieb der Spendeeinrichtung ist. Aufgrund dieses erkennbaren Interesses der Spendeeinrichtung an dem Eigentumserwerb an der Spende liegt deshalb bei normativer Betrachtung ein Rechtsbindungswille vor. Die Überlassung der entnommenen Substanzen an die Spendeeinrichtung ist damit nicht bloß eine unverbindliche Gefälligkeit. Es besteht mithin zwischen der Spendeeinrichtung und dem Spender ein Schenkungsvertrag in der Form der Realschenkung.

bb) Spendeentnahme

Kennzeichnend für die Spendeentnahme ist, daß sich weder der Spender noch die Spendeeinrichtung in irgendeiner Weise, sei es in rechtlicher – sei es in rein sozialer, zu ihrer Duldung bzw. zu ihrer Durchführung verpflichten wollen. Für den Spender ist dies oben unter aa) dargelegt worden. Für die Spendeeinrichtung ergibt sich dies daraus, daß sie jederzeit die Möglichkeit wird haben wollen, die Spendeentnahme nicht durchzuführen, z.B. weil Bedenken im Hinblick auf die Spendetauglichkeit aufgetaucht sind. Die Duldung bzw. die Durchführung der Spendeentnahme steht somit völlig im Belieben des jeweiligen Schuldners (im untechnischen Sinn). Mangels irgendeiner Gebundenheit besteht deshalb hinsichtlich der Spendeentnahme kein Rechtsverhältnis in der Struktur eines Schuldverhältnis[118]. Die Spendeentnahme beruht somit allein auf der Einwilligung des Spenders.

cc) Aufwandsentschädigung

Soweit an den Spender eine Aufwandsentschädigung gezahlt wird, ist Rechtsgrund dafür die öffentliche Erklärung der Spendeeinrichtung, jedem ihrer Spender die Aufwandsentschädigung zu gewähren. In dieser Erklärung liegt eine Auslobung gem. § 657 BGB.

dd) Ergebnis

Rechtsgrund der Übertragung des Eigentums an den entnommenen Substanzen ist ein Schenkungsvertrag in der Form der Realschenkung. Der Rechtsgrund einer eventuell gewährten Aufwandsentschädigung liegt in einer Auslobung der Spendeeinrichtung. Für die Spendeentnahme ist Rechtsgrund die Einwilligung des Spenders.

---

[118] Zu den Voraussetzungen eines Schuldverhältnisses RGRK/Alff, Vor § 241 Rn. 1; Staudinger[13]/Schmidt, Einl zu §§ 241ff Rn. 218.

b) Haftung

Aus der Qualifizierung der der Fremdblutentnahme zugrundeliegenden Rechtsbeziehungen als Realschenkung ergeben sich für die Haftung des Spenders und der Spendeeinrichtung folgende Konsequenzen: Der Spender haftet nach § 524 I BGB für Schäden, die der Spendeeinrichtung daraus entstehen, daß der Spender Fehler des gespendeten Blutes oder der gespendeten Blutbestandteile bei Abschluß des Schenkungsvertrages arglistig verschweigt. Die Haftung des Schenkers beschränkt sich dabei auf das negative Interesse[119]. Die Spendeeinrichtung kann also nur verlangen, so gestellt zu werden, wie sie stünde, wenn der Schenkungsvertrag nicht abgeschlossen worden wäre. Nach herrschender Meinung umfaßt die Haftung nach § 524 I BGB auch Mangelfolgeschäden, d.h. solche Schäden, die infolge des Mangels an sonstigen Rechtsgütern des Vertragspartners entstehen[120]. Die Begriffe des Fehlers und des arglistigen Verschweigens entsprechen denen des Kaufrechts[121]. Unter einem Fehler ist demzufolge die für den Beschenkten negative Abweichung der tatsächlichen Beschaffenheit der Sache von der vertraglich vereinbarten Beschaffenheit oder, soweit eine solche vertragliche Beschaffenheitsvereinbarung fehlt, von der normalen Beschaffenheit zu verstehen, die den Wert der Sache oder ihre Tauglichkeit zu dem vertraglich vereinbarten bzw. normalen Gebrauch mehr als nur unerheblich mindert[122]. Bei der Blutspende kommt hierbei insbesondere die Kontamination mit Erregern von Infektionskrankheiten in Betracht. Arglist liegt vor, wenn der Spender den Fehler kennt und weiß oder zumindest damit rechnet, daß die Spendeeinrichtung den Fehler nicht kennt und bei Kenntnis den Vertrag nicht oder nicht so abschließen würde[123].

Für Schäden, die nicht aus einem Fehler der gespendeten Substanzen resultieren, wie etwa die Verletzung des Personals der Spendeeinrichtung oder die Beschädigung des Inventars, haftet der Spender aus cic, pVV und § 823 BGB. Soweit der Spender dabei Schutzpflichten verletzt, die sich nicht auf das Leistungs- oder Erfüllungsinteresse des Beschenkten beziehen, sondern deren Inhalt darin besteht, die Rechtsgüter des Beschenkten, mit denen der Schenker anläßlich des Abschlusses oder der Durchführung des Schenkungsvertrages in Berührung kommt, nicht zu verletzen, gilt der Verschuldensmaßstab des § 276 BGB. Bei der Verletzung

---

[119] Palandt/Putzo, § 524 Rn. 6; Staudinger[13]/Cremer, § 524 Rn. 2.

[120] Palandt/Putzo, § 524 Rn. 6; RGRK/Mezger, § 524 Rn. 2; Soergel/Mühl, § 524 Rn. 2; einschränkend Staudinger[13]/Cremer, § 524 Rn. 2; ablehnend MünchKomm/Kollhosser, § 524 Rn. 12.

[121] MünchKomm/Kollhosser, § 524 Rn. 1f.; Palandt/Putzo, § 524 Rn. 5; Staudinger[13]/Cremer, § 524 Rn. 1.

[122] Vgl. MünchKomm/Westermann, § 459 Rn. 8f.; RGRK/Mezger, § 459 Rn. 5; Soergel/Huber, § 459 Rn. 20.

[123] Vgl. BGHZ 109, 327 (330ff.); RGRK/Mezger, § 463 Rn. 5; Soergel/Huber, § 476 Rn. 20f.

von auf den Vertragsgegenstand bezogenen Pflichten greift die Haftungsprivilegierung des § 521 BGB ein[124].

Im Fall der Verletzung von Rechtsgütern des Spenders kommt eine Haftung der Spendeeinrichtung aus cic, pVV, § 823 BGB, § 831 BGB in Betracht. Soweit die Ansprüche des Spenders auf den Ersatz von Personenschäden gerichtet sind, worunter alle Schäden zu verstehen sind, die ihre Grundlage in einem Gesundheitsschaden haben[125], ist eine Haftung der Spendeeinrichtung allerdings gem. § 104 I SGB VII ausgeschlossen, falls nicht ein Fall der vorsätzlichen Schädigung durch den Unternehmer vorliegt[126]. Der Vorsatz muß sich auf die Schädigung selbst beziehen, die vorsätzliche Verletzung von Pflichten genügt nicht[127]. Nicht ausreichend ist demnach, daß der Unternehmer seine Pflichten hinsichtlich der Auswahl und Überwachung des Personals der Spendeeinrichtung verletzt. Ansprüche gegen die Spendeeinrichtung aufgrund eines Gesundheitsschadens sind somit in aller Regel ausgeschlossen.

2. Eigenblutentnahme

Eigenblutspenden werden entnommen, um sie dem Spender bei einem für später geplanten Eingriff gegebenenfalls zu transfundieren. Zweck ist die Vermeidung einer Fremdbluttransfusion und der mit ihr verbundenen Risiken, insbesondere der Infizierung mit Krankheitserregern. Die Entnahme von Eigenblutspenden dient somit der Vorbereitung eines ärztlichen Eingriffs und ist demnach Bestandteil der Behandlung des Patienten. Sie erfolgt mithin im Rahmen des Behandlungsverhältnisses. Dieses Behandlungsverhältnis ist sowohl bei privatversicherten als auch bei sozialversicherten Patienten privatrechtlicher Natur, obwohl bei letzteren das Behandlungsverhältnis in zahlreiche öffentlichrechtliche Rechtsbeziehungen eingebunden ist[128]. Dem Vertragstyp nach ist das Behandlungsverhältnis als atypi-

---

[124] So die herrschende Meinung, vgl. BGHZ 93, 23 (27ff.); Medicus, Schuldrecht BT, Rn. 176; anderer Ansicht MünchKomm/Kollhosser, § 521 Rn. 5ff. und Staudinger[13]/Cremer, § 521 Rn. 2ff. jeweils mit Überblick über den Meinungsstand.

[125] KasselerKomm/Ricke, § 104 Rn. 5.

[126] Zum Begriff des Unternehmers siehe KasselerKomm/Ricke, § 136 Rn. 24ff.

[127] KasselerKomm/Ricke, § 104 Rn. 12 m.w.N.

[128] So die herrschende Meinung im Zivilrecht: BGHZ 97, 273 (276); Deutsch, Medizinrecht, Rn. 49ff.; Laufs, Rn. 87; MünchKomm/Müller-Glöge, § 611 Rn. 49; Natter, S. 57ff.; Staudinger[13]/Richardi, Vorbem zu §§ 611ff Rn. 1248, 1252. Anderer Ansicht die herrschende Meinung im Sozialrecht: Krauskopf in: Laufs/Uhlenbruck, § 25 Rn. 6ff. und die Nachweise bei Natter, S. 24 (Rn. 25).

scher[129] Dienstvertrag zu qualifizieren[130]. Wer Vertragspartner des Patienten ist, richtet sich nach der jeweils zugrundeliegenden Vertragskonstellation. Soweit die Spendeentnahme in einem Krankenhaus durchgeführt wird, das den Patienten aufgrund eines sog. totalen Krankenhausvertrages behandelt, ist alleiniger Vertragspartner des spendenden Patienten der Krankenhausträger[131]. Bei einem Belegarztvertrag ist der Belegarzt Vertragspartner nur für seine Leistungen und die der ihm nachgeordneten Ärzte, im Übrigen ist das Belegkrankenhaus Vertragspartner[132]. Wer Vertragspartner des Patienten ist hängt somit davon ab, in wessen Leistungssphäre die Spendeentnahme fällt. In der Regel dürfte die Spendeentnahme Aufgabe des Belegkrankenhauses sein. Für Selbstzahler besteht die Möglichkeit, ärztliche Leistungen der zur eigenen Liquidation berechtigten leitenden Ärzte vertraglich zu vereinbaren (sog. Wahlleistungsvereinbarung). In diesem Fall ist zu differenzieren zwischen einem totalen Krankenhausvertrag mit Arztzusatzvertrag und einem gespaltenen Vertrag. Bei einem Arztzusatzvertrag kommt der Vertrag mit den leitenden Ärzten der verschiedenen Abteilungen und dem Krankenhausträger zustande. Bei dem gespaltenen Vertrag ist der Arzt ausschließlich Vertragspartner für seinen Bereich, der Krankenhausträger nur für pflegerische und nachgeordnete medizinische Leistungen[133]. Im Falle einer Wahlleistungsvereinbarung über die Spendeentnahme sind demnach bei dem totalen Krankenhausvertrag mit Arztzusatzvertrag der leitende Arzt der transfusionsmedizinischen Abteilung und der Krankenhausträger Vertragspartner des Patienten. Bei Vorliegen eines gespaltenen Vertrages ist Vertragspartner allein der leitende Arzt der transfusionsmedizinischen Abteilung. Falls die Spendeentnahme ambulant von einer gegenüber dem behandelnden Arzt oder Krankenhausträger selbständigen Spendeeinrichtung durchgeführt wird, wird diese aufgrund eines eigenständigen Behandlungsvertrages mit dem Patienten tätig. Vertragspartner ist der Betreiber der Spendeeinrichtung. Bei der Spendeeinrichtung eines Krankenhauses kann

---

[129] Beispielsweise hinsichtlich der Verteilung des Entgeltrisikos, vgl. dazu Staudinger[13]/Richardi, Vorbem zu §§ 611ff Rn. 1267.

[130] So für das ärztliche Behandlungsverhältnis im allgemeinen BGHZ 97, 273 (276); Laufs, Rn. 100f.; MünchKomm/Müller-Glöge, § 611 Rn. 44, 48; Uhlenbruck in: Laufs/Uhlenbruck, § 39 Rn. 10 m.w.N. in Rn. 34f.; anderer Ansicht Deutsch, Medizinrecht, Rn. 67: Vertrag sui generis und Staudinger[13]/Richardi, Vorbem zu §§ 611ff Rn. 54: Werkvertrag.

[131] Vgl. zum totalen Krankenhausvertrag Deutsch, Medizinrecht, Rn. 56; Laufs, Rn. 89; Staudinger[13]/Richardi, Vorbem zu §§ 611ff Rn. 1256.

[132] Deutsch, Medizinrecht, Rn. 56; Geiß/Greiner, A. Rn. 33ff.; Laufs, Rn. 90.

[133] Deutsch, Medizinrecht, Rn. 57; Geiß/Greiner, A. Rn. 49ff.; Laufs, Rn. 91; Staudinger[13]/Richardi, Vorbem zu §§ 611ff Rn. 1257ff.

Betreiber entweder der Krankenhausträger oder der leitende Arzt der transfusionsmedizinischen Abteilung sein[134].

Falls der Vertragspartner des Patienten bei der Vertragserfüllung dritte Personen einschaltet, haftet er für diese nach § 31 oder § 278 BGB, je nachdem es sich um Organe oder Erfüllungsgehilfen handelt. Daneben besteht eine deliktische Haftung gem. §§ 823, 831 BGB.

Eine bei der Behandlung des Spenders ganz oder zum Teil nicht verbrauchte Eigenblutspende wird in aller Regel nicht von dem Spender herausverlangt, sondern dem behandelnden Arzt bzw. der behandelnden Institution überlassen. In dieser Überlassung ist eine Übertragung des Eigentums an der Spende auf den Arzt oder die Institution zu sehen[135]. Causa für die Übereignung ist ein Schenkungsvertrag[136]. Für Fehler der überlassenen Eigenblutspende haftet der Spender daher ebenso wie der Spender einer Fremdblutspende gem. § 524 BGB nur im Falle arglistigen Verschweigens.

3. Ergebnis

Bei der Fremdblutentnahme bestehen hinsichtlich der Spendeentnahme keine schuldrechtlichen Beziehungen zwischen dem Spender und der Spendeeinrichtung, sie beruht allein auf der Einwilligung des Spenders. Rechtsgrund der Übertragung des Eigentums an den entnommenen Substanzen ist ein Schenkungsvertrag in der Form der Realschenkung. Für Fehler der Spende haftet der Spender nach § 524 BGB. Bei Verletzung von Rechtsgütern des Spenders kommt eine Haftung der Spendeeinrichtung aus cic, pVV, § 823 BGB, § 831 BGB in Betracht. Soweit die Ansprüche des Spenders sich auf den Ersatz von Personenschäden richten, ist eine Haftung der Spendeeinrichtung in der Regel gem. § 104 I SGB VII ausgeschlossen. Der Rechtsgrund einer eventuell gewährten Aufwandsentschädigung liegt in einer Auslobung der Spendeeinrichtung.

Die Entnahme einer Eigenblutspende erfolgt im Rahmen eines Behandlungsvertrages. Werden nicht angewendete Eigenblutspenden nicht von dem Spender herausverlangt, so liegt in dieser Überlassung eine Übertragung des Eigentums an der Spende auf den Arzt oder die Institution. Rechtsgrund für die

---

[134] Vgl. zu den vertraglichen Beziehungen bei ambulanter Behandlung in einem Krankenhaus Deutsch, Medizinrecht, Rn. 55; Staudinger[13]/Richardi, Vorbem zu §§ 611ff Rn. 1253.

[135] Vgl. Deutsch, Medizinrecht, Rn. 493; MünchKomm/Holch, § 90 Rn. 21; Schünemann, S. 160ff.; Staudinger[13]/Dilcher, § 90 Rn. 16.

[136] Ein Interesse des behandelnden Arztes bzw. der behandelnden Institution an der Erlangung des Eigentums an der Spende ergibt sich daraus, daß diese zu Qualitätskontrollen im Labor und zur Herstellung von Diagnostika verwendet werden kann. Die Anwendung nicht verbrauchter Eigenblutspenden an anderen Personen ist allerdings unzulässig, § 17 I 3 TFG.

Übereignung ist ein Schenkungsvertrag. Für Fehler der überlassenen Spende haftet der Spender gem. § 524 BGB.

IV. Die weitere Nutzung der Spende

Gem. § 13 I 1 TFG sind Blutprodukte nach dem Stand der medizinischen Wissenschaft und Technik anzuwenden. Die Anwendung von Eigenblut richtet sich dabei nach den Besonderheiten dieser Blutprodukte, § 13 I 4 TFG. Nicht bei dem Spender angewendete Eigenblutprodukte dürfen gem. § 17 I 3 TFG nicht bei anderen Personen angewendet werden. Regelungen über die Zulässigkeit anderer Nutzungsformen als der Anwendung enthält das Transfusionsgesetz nicht. Gleichfalls nicht im Transfusionsgesetz normiert sind Nutzungsbeschränkungen, die sich aus den Rechtsbeziehungen zwischen Spender und Spendeeinrichtung ergeben. Diesen Fragen ist im folgenden nachzugehen.

1. Fremdblutspende

Ohne Frage zulässig ist zunächst eine Nutzung der gespendeten Substanzen, in die der Spender eingewilligt hat. Welche Nutzungsformen dies bei der Fremdblutentnahme sind, erscheint allerdings fraglich, da der Spender in der Regel nicht ausdrücklich erklärt, mit welcher Nutzung seiner Spende er einverstanden ist. In welche Nutzung der gespendeten Substanzen der Spender eingewilligt hat, ist deshalb im Wege der Auslegung nach §§ 133, 157 BGB aus den gesamten Umständen der Spendeentnahme zu ermitteln. Eine genaue Vorstellung darüber, wie ihre Spende im einzelnen genutzt werden wird, werden die Spender häufig nicht haben. Aufgrund der Aufklärung vor der Spendeentnahme und des in der Bevölkerung vorhandenen Allgemeinwissens sowie aufgrund der von der Bundeszentrale für gesundheitliche Aufklärung und den Spendeeinrichtungen durchgeführten Informationskampagnen[137] werden die Spender aber allgemein die Vorstellung haben, daß ihre Spende zu Zwecken der Heilbehandlung Verwendung finden wird. Zulässig ist deshalb die unmittelbare Anwendung der gespendeten Substanzen bei Patienten und ihre Weiterverarbeitung zu Arzneimitteln. Als von der Einwilligung umfaßt wird man auch die Veräußerung an Pharmaunternehmen zum Zwecke der Herstellung von Arzneimitteln ansehen müssen, da der Spender nicht davon ausgehen kann und wird, daß die Spendeeinrichtung die gespendeten Materialien ausschließlich selbst verwertet.

Probleme ergeben sich jedoch dann, wenn die Spende in einer Weise genutzt wird, die nicht der üblichen Verwendung entspricht, mit der der Spender nicht rechnen

---

[137] Etwa die Kampagnen „Blut + Plasmaspende. Jeder Tropfen hilft." der Bundeszentrale für gesundheitliche Aufklärung, „Mein Blut für Dich" des Deutschen Roten Kreuzes oder „Blut – der Saft der Leben schafft" des Universitätsklinikums Göttingen.

konnte und mußte und in die er deshalb nicht eingewilligt hat. Zu denken ist hier an eine Verwendung zu Forschungszwecken, wobei insbesondere die Genomanalyse in Betracht kommt, oder eine atypische industrielle Nutzung, wie beispielsweise die Erzeugung von Zellinien.

a) Grenzen der zulässigen Nutzung

Die Zulässigkeit der Nutzung von Blut und Blutbestandteilen zu Zwecken, in die der Spender nicht eingewilligt hat, kann durch die zwischen dem Spender und der Spendeeinrichtung bestehenden Rechtsbeziehungen sowie durch Persönlichkeitsrechte des Spenders begrenzt sein.

aa) Begrenzung aus Vertrag

(1) Vertragliche Vereinbarung

Wie oben gezeigt, besteht zwischen dem Spender und der Spendeeinrichtung ein Schenkungsvertrag. Dieser enthält aber grundsätzlich keine ausdrückliche Vereinbarung darüber, daß die Spendeeinrichtung verpflichtet ist, die Spende in einer bestimmten Weise zu verwenden oder eine bestimmte Nutzung zu unterlassen. Eine solche Vereinbarung ergibt sich auch nicht aufgrund einfacher erläuternder Auslegung gem. §§ 133, 157 BGB. Zwar geht der Spender für die Spendeeinrichtung erkennbar davon aus, daß seine Spende zu Zwecken der Heilbehandlung verwendet werden wird. Bei dieser Vorstellung handelt es sich aber nur um ein Motiv des Spenders, eine vertragliche Einigung über eine entsprechende Nutzungsbeschränkung liegt hingegen nicht vor. Denn einerseits wird sich die Spendeeinrichtung nicht zu einer solchen, zudem sehr wenig spezifizierten, Nutzungsbeschränkung verpflichten wollen. Und andererseits wird auch der Spender nicht den Willen haben, jede andere Nutzung seiner Spende als zu Heilzwecken pauschal auszuschließen, etwa falls die Spende nicht mehr zu diesen Zwecken verwendet werden kann.

Eine Beschränkung der zulässigen Nutzung läßt sich dem Vertrag des weiteren nicht im Wege der ergänzenden Auslegung nach §§ 133, 157 BGB entnehmen. Zweck der ergänzenden Auslegung ist die Schließung von Lücken einer rechtsgeschäftlichen Regelung auf der Basis der von den Parteien getroffenen Wertungen[138]. Voraussetzung ist das Vorliegen einer ausfüllungsbedürftigen Regelungslücke. Eine solche besteht, wenn in der Regelung der Parteien Bestimmungen über

---

[138] BGHZ 77, 301 (304); Larenz/Wolf, § 33 Rn. 11; MünchKomm/Mayer-Maly, § 157 Rn. 28; Palandt/Heinrichs, § 157 Rn. 7; Soergel[13]/Wolf, § 157 Rn. 103f. Larenz/Wolf, a.a.O. sprechen zutreffend davon, daß die von den Parteien zugrundegelegten Wertungen zu Ende zu denken sind.

bestimmte Punkte nicht getroffen worden sind, diese Unterlassung die Erreichung des Vertragszwecks gefährdet oder unmöglich macht und sich eine Regelung auch nicht aus dem dispositiven Gesetzesrecht ergibt[139]. Zweck des zwischen Spender und Spendeeinrichtung bestehenden Vertrages ist die schenkweise Zuwendung von Eigentum und Besitz an der Spende, um der Spendeeinrichtung die weitere Nutzung der Spende zu ermöglichen. Dieser Vertragszweck wird durch die fehlende Regelung der Zulässigkeit des Vertrages nicht vereitelt oder gefährdet. Die Frage der Begrenzung zulässiger Nutzungsformen stellt sich vielmehr im Hinblick auf den Schutz von Rechtsgütern des Spenders. Der Schutz von Rechtsgütern der Vertragspartner im Rahmen des Vertragsverhältnisses ist aber grundsätzlich nicht Gegenstand des Regelungsplanes eines Schenkungsvertrages, sondern eine Frage vertraglicher Nebenpflichten, die nicht Gegenstand der ergänzenden Auslegung sind[140]. Es liegt somit keine ausfüllungsbedürftige Regelungslücke vor. Eine Nutzungsbeschränkung aufgrund vertraglicher Vereinbarung besteht demnach nicht.

(2) Begrenzung aus vertraglichen Nebenpflichten

Eine Beschränkung der zulässigen Nutzungsformen kann sich aber aus vertraglichen Nebenpflichten ergeben. Unabhängig von der dogmatischen Begründung[141] ist in Rechtsprechung und Literatur anerkannt, daß sich aus Verträgen von den Leistungspflichten unabhängige Schutzpflichten ergeben, deren Inhalt darin besteht, das Interesse des Vertragspartners an der Unversehrtheit seiner Rechtsgüter zu respektieren und ihn vor aus der eigenen Sphäre drohenden Gefahren zu schützen[142]. Diese Schutzpflicht existiert solange nach Durchführung des Vertrages fort, wie die durch das Vertragsverhältnis begründeten Einwirkungsmöglichkeiten auf den Rechtskreis des Vertragspartners fortbestehen[143]. Die Spendeeinrichtung ist somit aufgrund der sich aus dem Vertrag ergebenden Schutzpflichten verpflichtet, die Spende in einer Weise zu nutzen, daß Rechtsgüter des Spenders nicht verletzt werden.

Als Rechtsgut, das durch eine bestimmte Nutzung der Spende verletzt werden kann, kommt das allgemeine Persönlichkeitsrecht des Spenders in Betracht. Aufgabe des allgemeinen Persönlichkeitsrechts ist es, die speziellen Freiheitsrechte zu

---

[139] BGHZ 77, 301 (304); 16, 71 (76); Larenz, AT, § 29 I; MünchKomm/Mayer-Maly, § 157 Rn. 29ff.; Staudinger[13]/Roth, § 157 Rn. 15.

[140] Kötz, 219 (237f.); Staudinger[13]/Roth, § 157 Rn. 15.

[141] Vgl. dazu Hoffmanns, S. 133ff.

[142] BGH, NJW 1983, 2813 (2814); Palandt/Heinrichs, § 242 Rn. 35; Soergel/Teichmann, § 242 Rn. 178; Staudinger[12]/Schmidt, § 242 Rn. 1250, 1252ff.; Staudinger[13]/Löwisch, Vorbem zu §§ 275ff Rn. 35.

[143] Hoffmanns, S. 176ff. m.w.N.; Soergel/Wiedemann, Vor § 275 Rn. 518; vgl. auch RGRK/Alff, § 242 Rn. 50; Staudinger[13]/Löwisch, Vorbem zu §§ 275ff Rn. 37.

ergänzen, indem es im Sinne eines obersten Konstitutionsprinzips der Würde des Menschen die engere persönliche Lebenssphäre des Menschen und die Einhaltung ihrer Grundbedingungen gewährleistet, die sich durch die traditionellen Freiheitsgarantien nicht vollständig erfassen lassen[144]. Das allgemeine Persönlichkeitsrecht verbürgt hierzu das Recht des einzelnen auf Achtung seiner Menschenwürde und auf Entfaltung seiner individuellen Persönlichkeit[145]. Als Ausprägung des allgemeinen Persönlichkeitsrechts hat insbesondere das Recht auf informationelle Selbstbestimmung Bedeutung erlangt, das die Befugnis des einzelnen gewährleistet, grundsätzlich selbst zu entscheiden, wann und innerhalb welcher Grenzen persönliche Lebenssachverhalte offenbart werden[146]. Aufgrund der generalklauselartigen Weite des allgemeinen Persönlichkeitsrechts und der mit ihr notwendig einhergehenden inhaltlichen Unbestimmtheit bedarf es zum Vorliegen einer tatbestandlichen Persönlichkeitsrechtsverletzung einer umfassenden Güter- und Interessenabwägung[147]. Besonders zu berücksichtigen sind bei dieser Abwägung die Schwere des Eingriffs, seine Rechtfertigung durch die Wahrnehmung von Grundrechten sowie der betroffene Rechtskreis[148].

Die Nutzung der Spende zu Zwecken, in die der Spender nicht eingewilligt hat, ist demnach nur insoweit zulässig, als in der Nutzung bei Abwägung aller Umstände keine Verletzung der personalen Integrität und Würde des Spenders liegt. Da Grundlage der Abwägung die Umstände des konkreten Falls sind[149], ist eine generelle Aussage darüber, welche Nutzungsformen mit der personalen Integrität und Würde des Spenders vereinbar sind, nicht möglich. Regelmäßig werden jedoch bei der fremdnützigen Spendeentnahme die Umstände und die Interessenlage hinsichtlich der weiteren Nutzung im Einzelfall nicht wesentlich differieren, so daß es möglich und sinnvoll erscheint, Fallgruppen von Nutzungsformen zu bilden, die grundsätzlich mit dem allgemeinen Persönlichkeitsrecht des Spenders vereinbar sind bzw. dieses grundsätzlich verletzen.

Von Schröder/Taupitz ist eingehend untersucht worden, welche Nutzungen von zu Untersuchungszwecken entnommenen Blutproben mit dem Persönlichkeitsrecht des Patienten, dem die entnommen worden sind, zu vereinbaren sind[150]. Abgese-

---

[144] BVerfGE 54, 148 (153).

[145] BGHZ 24, 72 (76); MünchKomm/Schwerdtner, § 12 Rn. 186; Staudinger[12]/Schäfer, § 823 Rn. 201.

[146] BVerfGE 65, 1 (41f.); 63, 131 (142); Dreier/Dreier, Art. 2 I Rn. 52.

[147] BGHZ 50, 133 (143); Deutsch, Allg. Haftungsrecht[2], Rn. 70; MünchKomm/Schwerdtner, § 12 Rn. 203; RGRK/Dunz, § 823 Anh. I Rn. 10.

[148] MünchKomm/Schwerdtner, § 12 Rn. 203; Palandt/Thomas, § 823 Rn. 184ff.

[149] BGHZ 24, 73 (80); MünchKomm/Schwerdtner, § 12 Rn. 188f; Staudinger[12]/Schäfer, § 823 Rn. 205.

[150] Schröder/Taupitz, S. 63ff; siehe auch Taupitz, AcP 191 (1991), 201 (208ff.).

hen von den Unterschieden, die sich daraus ergeben, daß die bei der fremdnützigen Spendeentnahme gewonnen Substanzen von vornherein zur Anwendung an anderen Menschen oder zur Weiterverarbeitung zu Arzneimitteln bestimmt sind, besteht in beiden Fällen eine vergleichbare Lage: Das allgemeine Persönlichkeitsrecht des Spenders bzw. Patienten kollidiert mit der Berufsfreiheit und/oder, falls die entnommenen Substanzen zu Forschungszwecken verwendet werden sollen, der Forschungsfreiheit des Nutzers und eventuell dessen Eigentümerrechten. Die von Schröder/Taupitz für die Nutzung von Blutproben gewonnenen Ergebnisse sind deshalb insoweit auf die Problematik der weiteren Nutzung von fremdnützigen Spendeentnahmen übertragbar, als sie sich nicht auf der besonderen Zweckbestimmung der Blutproben beruhen[151]. Danach ist das allgemeine Persönlichkeitsrecht des Spenders in folgenden Fallgruppen verletzt[152]:

1. Wenn aufgrund der Spende originär personenbezogene Daten gewonnen werden, die dem Spender zugeordnet werden können.
2. Wenn die Spende wegen ihrer individuellen Eigenschaften physisch perpetuiert oder vervielfältigt wird (beispielsweise durch die Gewinnung einer Zellinie).
3. Wenn die Spende zu Forschungen genutzt wird, über deren rechtliche oder ethische Zulässigkeit oder Vertretbarkeit unter Ärzten bzw. in der Öffentlichkeit keine Übereinstimmung herrscht.

Eine Nutzung der Spende, die sich einer dieser Fallgruppen zuordnen läßt, ist demnach aufgrund der vertraglichen Schutzpflichten unzulässig.

bb) Begrenzung aus dem Prinzip des „neminem laedere"

Unabhängig von dem bestehenden Vertrag kann sich eine Begrenzung der zulässigen Nutzungsformen aus dem ethischen Personalismus und aus dem Prinzip des „neminem laedere" ergeben. Der ethische Personalismus, der, wie Art. 1 I GG zeigt, konstituierendes Prinzip unserer Rechtsordnung ist, erkennt dem Menschen, allein und eben weil er Person im ethischen Sinne ist, einen Wert an sich zu[153]. Daraus folgt, daß jeder Mensch ein Recht darauf hat, als Person geachtet zu werden, und jeder jedem anderen in entsprechender Weise verpflichtet ist[154]. Das

---

[151] Nicht zuzustimmen ist allerdings der Behandlung dieser Frage im Rahmen der ergänzenden Vertragsauslegung, da es sich bei der Begrenzung der zulässigen Nutzungsformen um eine Frage vertraglicher Nebenpflichten handelt, die nicht Gegenstand der ergänzenden Vertragsauslegung sind. Vgl. dazu oben (1).

[152] Vgl. Schröder/Taupitz, S. 69. Anderer Ansicht ist, ausgehend von der abzulehnenden Prämisse, daß der Spender seine persönlichkeitsrechtlichen Beziehungen zu der Spende aufgeben will, Schünemann, S. 167ff., nach dem die Nutzung keinen Beschränkungen unterliegt.

[153] Zu dem auf Kant und Hegel zurückgehenden Begriff des ethischen Personalismus siehe Larenz/Wolf, § Rn. 2ff.

[154] Larenz, AT, § 2 Rn. 4.

Prinzip des „neminem laedere" verbietet als Elementarsatz der Rechtsordnung die rechtswidrige Verletzung fremder Rechtsgüter[155]. Aus dem ethischen Personalismus und dem Prinzip des „neminem laedere" ergibt sich somit, daß eine Nutzung der Spende, die zu einer Mißachtung der Person des Spenders oder einer rechtswidrigen Verletzung von Rechtsgütern des Spenders führt, unzulässig ist. In den oben unter aa) (2) genannten Fallgruppen liegt grundsätzlich eine Verletzung des allgemeinen Persönlichkeitsrechts des Spenders vor. Soweit eine Verwendung einer dieser Fallgruppen unterfällt, ist sie mithin aufgrund des ethischen Personalismus und des Prinzips des „neminem laedere" unzulässig.

b) Rechtsfolgen unzulässiger Nutzung

Bei der unzulässigen Nutzung von bei der fremdnützigen Spendeentnahme gewonnenen Substanzen ergeben sich folgende Ansprüche des Spenders gegen den Nutzer[156]: Der Spender kann zunächst die Zahlung der Summe verlangen, die er üblicherweise als Entgelt für seine Einwilligung in die Nutzung erhalten hätte. Grundlage des Anspruchs sind § 823 I BGB, § 812 I 1 Alt. 2 BGB und bei vorsätzlichem Handeln des Nutzers §§ 687 II, 678 BGB. Soweit die unzulässige Nutzung durch die Spendeeinrichtung erfolgt, ergibt sich ein solcher Anspruch gegen diese auch aus pVV des Schenkungsvertrages[157]. Bei vorsätzlich unzulässiger Nutzung steht dem Spender ein Anspruch auf Herausgabe des erzielten Gewinns aus §§ 687 II, 681, 667 BGB gegen den Nutzer zu. Unter der Voraussetzung, daß die Nutzung einen schwerwiegenden Eingriff in das allgemeine Persönlichkeitsrecht des Spenders darstellt und ein anderweitiger Ausgleich nicht möglich ist, besteht des weiteren ein Anspruch auf Zahlung eines Schmerzensgeldes aus § 847 BGB. Falls die unzulässige Nutzung erst bevorsteht oder noch andauert, hat der Spender einen Unterlassungs- oder Beseitigungsanspruch entsprechend §§ 1004, 823 I BGB[158].

---

[155] Picker, AcP 183 (1983), 369 (461ff.); ders., JZ 1987, 1041 (1048).

[156] Zu den Ansprüchen des ursprünglichen Trägers bei der unzulässigen Nutzung seiner Körpersubstanzen vgl. Taupitz, AcP 191 (1991), 201 (224ff.); ders., Kommerzialisierung, 51 (72ff.).

[157] Umstritten ist, ob ein Anspruch auf Zahlung des üblicherweise gewährten Entgelts aus pVV, § 823 I BGB und §§ 687 II, 678 BGB nur besteht, wenn der Spender darlegt und gegebenenfalls beweisen kann, daß die Zahlung eines solchen Entgelts zwischen ihm und dem Nutzer mit Wahrscheinlichkeit vereinbart worden wäre. Vgl. dazu Taupitz, Kommerzialisierung, 51 (77ff.).

[158] Zum Unterlassungs- und Beseitigungsanspruch bei Verletzung des allgemeinen Persönlichkeitsrechts vgl. BGHZ 30, 7 (14); MünchKomm/Mertens, § 1004 Rn. 6; Staudinger[12]/Schäfer, § 823 Rn. 277f.

2. Eigenblutspende

Bei der Beurteilung der Zulässigkeit der Verwendung von Eigenblutspenden und der sich aus einer unzulässigen Nutzung ergebenden Rechtsfolgen ist zu differenzieren zwischen Eigenblutspenden, die noch zur Anwendung an dem Spender bestimmt sind, und solchen Spenden, die zu diesem Zweck nicht mehr benötigt werden.

a) Zur Anwendung an dem Spender bestimmte Eigenblutspenden

aa) Grenzen zulässiger Nutzung

Solange eine Eigenblutspende dazu bestimmt ist, dem Spender im Verlauf der Behandlung eventuell transfundiert zu werden, steht sie im Eigentum des Spenders. Jede Verwendung der Spende, die anderen Zwecken als der Heilbehandlung des Spenders dient, ist unzulässig. Diese Begrenzung ergibt sich zum einem für den Vertragspartner des Spenders aus der in dem Behandlungsvertrag enthaltenen Zweckbestimmung und zum anderen aus dem Eigentum des Spenders, dessen Respektierung der Vertragspartner als Nebenpflicht aus dem Behandlungsvertrag und jedermann aufgrund des Prinzips des „neminem laedere" schuldet.

bb) Rechtsfolgen unzulässiger Nutzung

Bei unzulässiger Verwendung der Spende durch einen Vertragspartner des Spenders hat dieser einen Anspruch auf Ersatz des Wertes der Spende aus pVV des Behandlungsvertrages, § 823 I BGB, § 812 I 1 Alt. 2 BGB und bei vorsätzlichem Handeln aus §§ 687 II, 678 BGB. Bei vorsätzlich unzulässiger Nutzung kann der Spender gem. §§ 687 II, 681, 667 BGB den aus ihr gezogenen Gewinn herausverlangen. Falls die Spende für eine Gegenleistung veräußert worden ist, besteht ein Anspruch aus § 816 I 1 BGB auf Herausgabe der erlangten Gegenleistung[159]. Sofern die unzulässige Nutzung das allgemeine Persönlichkeitsrecht des Spenders verletzt[160], hat dieser einen Anspruch auf Zahlung eines Schmerzensgeldes aus § 847 BGB, wenn es sich um einen schweren Eingriff in das Persönlichkeitsrecht handelt und ein anderweitiger Ausgleich nicht möglich ist. Falls die unzulässige Nutzung bevorsteht oder andauert, besteht ein Unterlassungs- oder Beseitigungsanspruch gem. § 1004 I BGB und entsprechend §§ 1004 I, 823 I BGB.

---

[159] So die herrschende Meinung. Zum Streit über den Bereicherungsgegenstand des § 816 I 1 BGB vgl. nur MünchKomm/Lieb, § 816 Rn. 27ff. m.w.N.

[160] Eine Verletzung des allgemeinen Persönlichkeitsrechts des Spenders liegt hier außer in den oben unter 1. a) aa) (2) genannten Fallgruppen bereits dann vor, wenn die Spende bei anderen Patienten angewendet wird. Vgl. Deutsch, Medizinrecht, Rn. 493; Schröder/Taupitz, S. 70.

Gegen einen Nutzer der Spende, der nicht Vertragspartner des Spenders ist, bestehen mit Ausnahme des Anspruchs aus pVV die gleichen Ansprüche, wenn in der Nutzung der Spende eine Verletzung des Eigentums oder des allgemeinen Persönlichkeitsrechts des Spenders liegt. Falls der Nutzer nicht gutgläubig das Eigentum an der Spende erworben hat, hat der Spender einen Anspruch auf Herausgabe der Spende aus § 985 BGB.

Ansprüche gegen einen Patienten, dem die Eigenblutspende transfundiert worden ist[161], bestehen grundsätzlich nicht. Der allein in Betracht kommende Anspruch aus § 812 I 1 Alt. 2 BGB[162] wird in aller Regel aufgrund des zwischen dem Patienten und seinem behandelnden Arzt bestehenden Leistungsverhältnisses hinsichtlich der Übertragung von Eigentum und Besitz an der Spende ausgeschlossen sein[163]. Ausnahmen von dem Ausschluß der Nichtleistungskondiktion bei Vorliegen eines Leitungsverhältnisses hinsichtlich des Bereicherungsgegenstandes bestehen nur aufgrund der Wertung der §§ 816 I 2, 932, 935 BGB[164]. Ansprüche gegen den Patienten existieren somit nur bei Bösgläubigkeit des Patienten, bei einem Abhandenkommen der Spende i.S.v. § 935 BGB oder bei einem unentgeltlichen Erwerb durch den Patienten.

b) Nicht mehr zur Anwendung an dem Spender bestimmte Eigenblutspenden

aa) Grenzen zulässiger Nutzung

Eigenblutspenden, die nicht mehr zur Behandlung des Spenders benötigt werden, werden üblicherweise nicht von dem Spender herausverlangt, sondern dem behandelnden Arzt bzw. der behandelnden Institution überlassen. In dieser Überlassung liegt eine Übereignung der Spende an den Arzt bzw. die Institution[165]. In welcher Weise die Spende genutzt werden darf, wird in der Regel nicht ausdrücklich vereinbart.

---

[161] Gem. § 17 I 3 TFG ist die Anwendung von Eigenblutspenden an anderen Personen als dem Spender verboten, eine rechtmäßige Anwendung kommt demnach nur in Notstandsfällen in Betracht.

[162] Vgl. Deutsch, Medizinrecht, Rn. 493, der § 812 I 1 Alt. 2 BGB allerdings nur analog anwenden will.

[163] Zum Ausschluß einer Nichtleistungskondiktion bei Vorliegen eines Leistungsverhältnisses siehe BGHZ 40, 272 (278); Larenz/Canaris, § 67 IV 3, § 70 III 2 d.

[164] Larenz/Canaris, § 70 III 2 a, b; Medicus, Bürgerliches Recht, Rn. 729f.; MünchKomm/Lieb, § 812 Rn. 236f.

[165] Deutsch, Medizinrecht, Rn. 493; MünchKomm/Holch, § 90 Rn. 21; Staudinger[13]/Dilcher, § 90 Rn. 16; Schröder/Taupitz, S. 84ff., Schünemann, S. 160ff.

Schröder/Taupitz haben untersucht, wie zu Untersuchungszwecken entnommene Blutproben durch den Arzt bzw. die Institution, denen sie nach Erfüllung ihres Diagnosezwecks überlassen worden sind, verwendet werden dürfen[166]. Die dort gefundenen Ergebnisse sind auf die hier in Rede stehende Problematik der zulässigen Nutzung von überlassenen Eigenblutspenden übertragbar. In beiden Fällen ist fraglich, wie Körpersubstanzen genutzt werden dürfen, die im Interesse ihres bisherigen Trägers entnommen worden und nach Erfüllung dieses Zwecks dem behandelnden Arzt bzw. der Institution überlassen worden sind, ohne daß eine explizite Bestimmung über die weitere Nutzung getroffen wurde.

Für die Verwendung überlassener Eigenblutspenden gilt demnach: Die Vernichtung der Spende ist zulässig. Unzulässig ist jede Verwendung, die das allgemeine Persönlichkeitsrecht des Spenders verletzt. Eine Verletzung des Persönlichkeitsrechts liegt sowohl bei einer Verwendung vor, die sich einer der oben unter 1. a) aa) (2) genannten Fallgruppen zuordnen läßt, als auch bei der Anwendung der Spende bei anderen Patienten[167]. Die Überlassung der Spende an Dritte ist zulässig, wenn die Spende nicht unzulässig kommerzialisiert wird, also wenn die Spende für den Spender keinen erheblichen Wert aufweist und der Arzt bzw. die Institution kein Entgelt erhält, und die Weitergabe an und die Verwendung durch den Dritten nicht persönlichkeitsrechtliche Interessen des Spenders verletzt.

bb) Rechtsfolgen unzulässiger Nutzung

Bei unzulässiger Nutzung besteht gegen den behandelnden Arzt bzw. die Institution ein Anspruch aus pVV des Behandlungsvertrages auf Zahlung der Summe, die üblicherweise als Entgelt für die Einwilligung in die Nutzung gewährt wird. Anderweitige Ansprüche gegen den Arzt bzw. die Institution und den Nutzer kommen nur in Betracht, wenn in der unzulässigen Verwendung der Spende eine Verletzung des allgemeinen Persönlichkeitsrechts liegt. In diesem Fall steht dem Spender aus § 823 I BGB, § 812 I 1 Alt. 2 BGB und bei vorsätzlichem Handeln aus §§ 687 II, 678 BGB ein Anspruch auf Zahlung des für die Einwilligung normalerweise gezahlten Entgelts. Bei vorsätzlich unzulässiger Nutzung hat der Spender einen Anspruch auf Herausgabe des durch sie erlangten Gewinns aus §§ 687 II, 681, 667 BGB. Des weiteren kommt ein Anspruch auf Zahlung eines Schmerzensgeldes aus § 847 BGB in Betracht. Bei bevorstehender oder andauernder unzulässiger Nutzung besteht ein Unterlassungs- oder Beseitigungsanspruch entsprechend § 1004 I, 823 I BGB.

---

[166] Schröder/Taupitz, S. 59ff., Zusammenfassung S. 82f.

[167] Zur Verletzung des allgemeinen Persönlichkeitsrechts bei der nichtkonsentierten Anwendung der Spende bei anderen Patienten siehe Deutsch, Medizinrecht, Rn. 493; Schröder/Taupitz, S. 70. Die Anwendung von Eigenblutspenden an anderen Personen als dem Spender ist auch nach § 17 I 3 TFG unzulässig.

3. Ergebnis

Eigenblutspenden, die noch zu der Anwendung bei dem Spender bestimmt sind, dürfen nur zu diesen Zwecken verwendet werden. Bei unzulässiger Verwendung der Spende kommen Ansprüche aus pVV des Behandlungsvertrages, § 823 I BGB, § 687 II, § 812 I 1 Alt. 2 BGB, § 816 I 1 BGB, § 847 BGB, § 985 BGB, § 1004 I BGB und entsprechend §§ 1004 I, 823 I BGB in Betracht.

Fremdblutspenden und Eigenblutspenden, die nicht mehr bei dem Spender angewendet werden sollen, dürfen ohne Einwilligung des Spenders folgenden Verwendungen nicht zugeführt werden:

1. Verwendungen aufgrund derer originär personenbezogene Daten gewonnen werden, die dem Spender zugeordnet werden können.
2. Verwendungen durch die die Spende wegen ihrer individuellen Eigenschaften physisch perpetuiert oder vervielfältigt wird (beispielsweise durch die Gewinnung einer Zellinie).
3. Forschungen, über deren rechtliche oder ethische Zulässigkeit oder Vertretbarkeit unter Ärzten bzw. in der Öffentlichkeit keine Übereinstimmung herrscht.

Bei der unzulässigen Nutzung können sich Ansprüche des Spenders aus pVV des Schenkungsvertrages, § 823 I BGB, § 687 II BGB, § 812 I 1 Alt. 2 BGB, § 847 BGB und entsprechend §§ 1004, 823 I BGB ergeben.

V. Der Stand der medizinischen Wissenschaft und Technik

Fachlich-medizinische Einzelheiten regelt das Transfusionsgesetz grundsätzlich nicht selbst, sondern verweist auf den Stand der medizinischen Wissenschaft und bzw. oder Technik[168]. Der Grund für den weitgehenden Verzicht auf eine gesetzliche Regelung fachlich-medizinischer Einzelheiten liegt in der Dynamik der Entwicklung der medizinischen Erkenntnisse und Technik sowie darin, daß die Regelung fachlicher Details in erster Linie Aufgabe der Fachkreise ist, so daß eine gesetzliche Normierung als weder praktikabel noch sinnvoll erscheint.

Der Stand der medizinischen Wissenschaft und Technik ist ein Rechtsbegriff, der den juristischen Maßstab für eine ordnungsgemäße ärztliche Behandlung, und damit den haftungsrechtlichen Verschuldensmaßstab, bezeichnet[169]. Er wird defi-

---

[168] Rechtsprechung und Literatur ziehen es vor, an Stelle des „Standes der medizinischen Wissenschaft und Technik" den Terminus „Standard" zu verwenden. Sachliche Abweichungen ergeben sich aus dieser terminologischen Differenz nicht. Durch die Verwendung des Begriffs „Standard" soll lediglich die Dynamik der Anforderungen besser zum Ausdruck gebracht werden. Vgl. Deutsch, NJW 1987, 1480f.; Laufs in: Laufs/Uhlenbruck, § 99 Rn. 3.

[169] Deutsch, Medizinrecht, Rn. 180; Giesen, Rn. 107; Laufs in: Laufs/Uhlenbruck, § 99 Rn. 6; Schreiber, DMW 1984, 1458; Voß, S. 56ff. Trotz der Einordnung als Rechtsbegriff handelt es sich bei dem Stand der medizinischen Wissenschaft und Technik primär um eine medizinische Fragestellung, deren Beantwortung im wesentlichen dem medizinischen Sachverständigen ob-

niert als der jeweilige Stand naturwissenschaftlicher Erkenntnis und ärztlicher Erfahrung, der zur Erreichung des ärztlichen Behandlungsziels erforderlich ist und sich in der Erprobung bewährt hat[170]. Maßgeblich für den Stand der medizinischen Wissenschaft und Technik sind somit wissenschaftliche Erkenntnis, ärztliche Erfahrung und professionelle Akzeptanz[171]. Darüber hinaus sind die allgemeinen Grenzen der Krankenversorgung einschließlich der Finanzierbarkeit und Wirtschaftlichkeit zu berücksichtigen[172].

Wissenschaftliche Erkenntnisse und Erfahrungen sowie die aus ihnen zu ziehenden Konsequenzen sind oftmals streitig, so daß der Stand der medizinischen Wissenschaft und Technik im tatsächlichen Sinne durch Kontroversität geprägt ist[173]. Zur Bestimmung des Standes der Wissenschaft und Technik wird deshalb auf die allgemeine Anerkennung rekurriert[174]. Dieser Rekurs auf die allgemeine Anerkennung ist jedoch nur wenig weiterführend, da offenbleibt, was unter allgemeiner Anerkennung zu verstehen und wie sie festzustellen ist.

Ausgangspunkt für die nähere Definition des Standes der medizinischen Wissenschaft und Technik hat die Funktion dieses Begriffs zu sein, den normativen Maßstab für eine ordnungsgemäße ärztliche Behandlung darzustellen. Den Stand der medizinischen Wissenschaft und Technik bilden demnach diejenigen Erkenntnisse und Erfahrungen, die das Vorgehen eines sorgfältigen Arztes in der Weise determinieren, daß jede Behandlungsweise, die zu ihnen im Widerspruch steht, als nicht ordnungsgemäß angesehen werden muß. Derart zwingend kann die ärztliche Behandlung nur durch Erkenntnisse und Erfahrungen bestimmt werden, die entweder unter den Angehörigen des betreffenden Fachgebiets unumstritten oder zumindest unter den führenden Experten des Fachgebiets im wesentlichen unumstritten und praktisch bewährt sind[175]. In Präzisierung der oben angeführten

---

liegt. Vgl. Hart, MedR 1998, 8 (9f.); Laufs, Rn. 471; Schreiber, DMW 1984, 1458; Steffen/Dressler, Rn. 150f. So auch die Rechtsprechung, siehe Groß, VersR 1996, 657 (663f.). Anderer Ansicht ist Giesen, Rn. 108, der dies in erster Linie für eine Rechtsfrage hält. Dem ist nicht zuzustimmen, da das Recht, wie Schreiber, a.a.O., zutreffend ausgeführt hat, nicht von sich aus sagen kann, was medizinische möglich und nötig ist.

[170] So die Definition von Carstensen, DÄBl. 1986, B-1736 (1737); zustimmend Hart, MedR 1998, 8 (9f.); Laufs, Rn. 470 (Rn. 15); Uhlenbruck, ArztR 1989, 223 (238). Daß es sich dabei in der Sache nicht um eine spezifisch medizinische Definition handelt, zeigt ein Vergleich mit dem Begriff des Standes der Wissenschaft und Technik im Produkthaftungsrecht. Siehe dazu Schmidt-Salzer in: Schmidt-Salzer/Hollmann, Art. 7 Rn. 126ff.; von Westphalen/Foerste, § 24 Rn. 16ff.

[171] Francke/Hart, S. 25ff.; Hart, MedR 1998, 8 (10).

[172] BGHZ 102, 17 (24f.); OLG Oldenburg, Urteil vom 27. Juli 1993 – 5 U 49/93 –, AHRS Kza 1220/104; Steffen, MedR 1995, 190; Steffen/Dressler, Rn. 134; Voß, S. 149ff.

[173] Vgl. Kriele, NJW 1976, 355f; Schreiber, DMW 1984, 1458; Voß, S. 46.

[174] Vgl. BT-Drks. 13/9594; S.17; BGHZ 102, 17 (24); Laufs in: Laufs/Uhlenbruck, § 99 Rn. 21; Schreiber, VersMed 1995, 3; Staudinger[13]/Hager, § 823 Rn. I 21.

stritten und praktisch bewährt sind[175]. In Präzisierung der oben angeführten Formel von Carstensen repräsentiert der Stand der medizinischen Wissenschaft und Technik den jeweiligen Stand der wissenschaftlichen Erkenntnis und ärztlichen Erfahrung, der entweder unter den Angehörigen des betreffenden Fachgebiets unumstritten oder zumindest unter den führenden Experten des Fachgebiets im wesentlichen unumstritten und in der Praxis bewährt ist. In der Sache ergeben sich aus dieser Formel keine Abweichungen gegenüber dem Rekurs auf die allgemeine Anerkennung. Auf den Begriff der allgemeinen Anerkennung sollte aber wegen seiner Diffusität verzichtet werden.

Während in dem gesamten Transfusionsgesetz der Stand der medizinischen Wissenschaft und bzw. oder Technik in Bezug genommen wird, wird in §§ 12 I, 18 I TFG auf den allgemein anerkannten Stand der medizinischen Wissenschaft und Technik verwiesen. Es fragt sich, welche Bedeutung dieser divergierenden Terminologie zukommt. In der rechtswissenschaftlichen Literatur wird zum Teil zwischen dem „Stand" und dem „allgemein anerkannten Stand" der medizinischen Wissenschaft und Technik differenziert, wobei letzterer einen progressiveren Maßstab bildet[176]. Ob dem zu folgen ist, kann hier dahinstehen. Denn ausweislich der Gesetzesbegründung meint das Transfusionsgesetz mit dem „Stand" und dem „allgemein anerkannten Stand" denselben Standard[177]. Der divergierenden Terminologie kommt somit keine Bedeutung zu.

In gesetzestechnischer Hinsicht ist die uneinheitliche Terminologie des Transfusionsgesetzes zu kritisieren. Da kein Unterschied in der Sache besteht, ist eine divergierende Terminologie nicht gerechtfertigt[178].

VI. Die Richtlinien der Bundesärztekammer

§§ 12 I, 18 I TFG ermächtigen die Bundesärztekammer, im Einvernehmen mit der zuständigen Bundesoberbehörde den allgemein anerkannten Stand der medizinischen Wissenschaft und Technik zur Gewinnung von Blut und Blutbestandteilen sowie zur Anwendung von Blutprodukten unter angemessener Beteiligung der betroffenen Fach- und Verkehrskreise festzustellen.

---

[175] Ähnlich stellt das OLG Köln, PharmaR 1991, 18 (20f.) auf die wissenschaftliche Erprobung und die gängige Praxis, und insofern auf die allgemeine Anerkennung, ab.

[176] Kallmann, VersR 1997, 529f.; Voß, S. 141. Ebenso der Sachverständige Dr. Schacht in der Anhörung zum Transfusionsgesetz, vgl. Protokoll Nr. 117 des Ausschusses für Gesundheit, S. 7, 9f.

[177] Vgl. BT-Drks. 13/9594, S. 17, 21.

[178] Zutreffend die Terminologie des § 16 I TPG, nach dem die Bundesärztekammer den „Stand der medizinischen Wissenschaft und Technik" im Bereich des Transplantationswesens in Richtlinien feststellt.

1. Die Bedeutung der Richtlinien nach §§ 12 I, 18 I TFG

Wie sich aus dem Wortlaut der §§ 12 I, 18 I TFG und der Vermutungsregelung der §§ 12 II, 18 II TFG ergibt, definieren die Richtlinien der Bundesärztekammer den Stand der medizinischen Wissenschaft und Technik nicht, sondern stellen ihn nur fest. Der Stand der Wissenschaft und Technik kann somit von dem sich aus den Richtlinien ergebenden Standard abweichen. Die Existenz der Richtlinien entbindet den Arzt demzufolge nicht von der Verpflichtung, die Fortentwicklung der wissenschaftlichen Erkenntnisse zu beobachten und gegebenenfalls zu beachten. Gesetzliche Vorschriften und Anordnungen der zuständigen Behörden gehen den Richtlinien vor[179].

Richtlinien im allgemeinen kommt eine dreifache Funktion zu: Für den behandelnden Arzt bilden sie einen Orientierungspunkt hinsichtlich einer ordnungsgemäßen ärztlichen Behandlung[180]. Indem die Richtlinien dem Arzt einen Orientierungspunkt im Hinblick auf eine dem Stand der Wissenschaft und Technik entsprechende Behandlung geben, tragen sie zur Qualitätssicherung der ärztlichen Behandlung bei[181]. Für den medizinischen Sachverständigen, der im Prozeß ärztliches Handeln zu begutachten hat, bilden die Richtlinien die Basis der gutachtlichen Bewertung[182]. Dem Rechtsanwender erleichtern die Richtlinien die notwendige Plausibilitätsbewertung des Sachverständigengutachtens[183]. Im Ergebnis kommt den Richtlinien somit eine Orientierungsfunktion, eine Qualitätssicherungsfunktion und eine prozessuale Rationalisierungsfunktion zu.

Für die Richtlinien nach §§ 12 I, 18 II TFG ergeben sich aufgrund der §§ 12 II, 18 II TFG Besonderheiten in haftungsrechtlicher und prozessualer Hinsicht. Nach §§ 12 II, 18 II TFG wird vermutet, daß der allgemein anerkannte Stand der medizinischen Wissenschaft und Technik eingehalten worden ist, soweit die Richtlinien beachtet worden sind. Die Einhaltung der Richtlinien begründet somit die gesetzliche (widerlegliche) Vermutung, daß der normativ erforderliche Standard eingehalten worden ist. Anders als die Richtlinien im allgemeinen sind die Richtlinien nach §§ 12 I, 18 I TFG demnach bei der gerichtlichen Entscheidung nicht nur im Sinne eines antizipierten Sachverständigengutachtens hinsichtlich des Standes der medizinischen Wissenschaft und Technik im Rahmen der freien Beweiswürdigung zu berücksichtigen, sondern für das Gericht verbindlich. Insoweit ist also die freie Beweiswürdigung des Gerichts gem. § 286 ZPO eingeschränkt. Eine Behandlung, die den in den Richtlinien niedergelegten Anforderungen entspricht,

---

[179] BT-Drks. 13/9594, S. 21.

[180] Vgl. BT-Drks. 13/9594, S. 21, wo von einer Entscheidungshilfe im Hinblick auf die Verpflichtung zur gewissenhaften Berufsausübung gesprochen wird.

[181] Zur Qualitätssicherungsfunktion von Richtlinien vgl. Hart, MedR 1998, 8 (14).

[182] Vgl. dazu Hart, MedR 1998, 8 (12).

[183] Vgl. zu dieser Funktion von Richtlinien Hart, MedR 1998, 8 (14).

stellt demnach keinen Behandlungsfehler dar, sofern die gesetzliche Vermutung nicht widerlegt wird. Umgekehrt ist eine im Widerspruch zu den Richtlinien stehende Behandlung als nicht dem Stand der Wissenschaft und Technik entsprechend, also als Behandlungsfehler zu qualifizieren, wenn keine Widerlegung der Vermutung erfolgt. Widerlegt werden kann die gesetzliche Vermutung der §§ 12 II, 18 II TFG nur dadurch, daß dargelegt und zur vollen Überzeugung des Gerichts bewiesen wird, daß entweder die Richtlinien nicht den Stand der medizinischen Wissenschaft und Technik wiedergeben (etwa weil sie durch die wissenschaftliche Entwicklung überholt sind[184]) oder im konkreten Fall ein Sonderfall vorlag, der eine Abweichung von den Richtlinien notwendig gemacht hätte bzw. der die Abweichung von den Richtlinien rechtfertigt.

Die Bedeutung der gesetzlichen Vermutung liegt mithin einerseits in einer erhöhten Bindung der Gerichte an die Richtlinien durch Einschränkung der freien Beweiswürdigung, und somit in einer Aufwertung der Bedeutung der Richtlinien. Bei richtlinien-nonkonformem Verhalten führt die Vermutung des weiteren zu einer erheblichen prozessualen Besserstellung des Patienten bzw. Spenders, der nur noch den – in aller Regel ohne Probleme zu führenden – Beweis einer Abweichung von den Richtlinien erbringen muß. Es obliegt dann dem Arzt zur vollen Überzeugung des Gerichts zu beweisen, daß sein Vorgehen trotz der Abweichung von den Richtlinien dem Stand der Wissenschaft und Technik entsprochen hat[185]. Von ihrer faktischen Bedeutung dürfte die Vermutung damit einer Umkehr der Beweislast nahekommen.

Eine Vermutung hinsichtlich der haftungsbegründenden Kausalität begründet die Nichtbeachtung der in den Richtlinien niedergelegten Anforderungen nicht[186].

---

[184] So wohl auch Deutsch, NJW 1998, 3377 (3380). Anders noch ders., NJW 1998, 777 (780), wonach eine Widerlegung der Richtlinien gem. § 16 TPG nur in Fällen offensichtlichen Irrtums, etwa wesentlicher Druckfehler, möglich ist.

[185] Diese Regelung entspricht in der Sache dem Urteil des BGH, NJW 1987, 2927, nach dem der Arzt bei einer Abweichung vom Standard dafür beweispflichtig ist, daß kein Behandlungsfehler vorliegt. Nicht gefolgt werden kann der Ansicht von Giesen, Rn. 74; Laufs, Rn. 589; RGRK/Nüßgens, § 823 Anh. II Rn. 179 und Staudinger[13]/Hager, § 823 Rn. I 19, nach denen dem Arzt generell die Beweispflicht dafür obliegt, daß sein Vorgehen dem Stand der Wissenschaft und Technik entsprochen hat. Denn das Abweichen von dem Stand der Wissenschaft und Technik stellt einen Behandlungsfehler dar, der nach den allgemeinen Grundsätzen der Beweislast von dem Kläger zu beweisen ist, vgl. dazu BGH, VersR 1999, 60; Deutsch, Medizinrecht, Rn. 302; Steffen/Dressler, Rn. 492. Aus der von Giesen, Laufs, Hager und Nüßgens angeführte Rechtsprechung des BGH in NJW 1980, 1333; NJW 1980, 2751 und NJW 1987, 2927 ergibt sich nichts anderes. Soweit die Entscheidungen sich nicht lediglich mit den an die gerichtliche Beweiswürdigung zu stellenden Anforderungen befassen, ergibt sich aus ihnen nur, daß im Fall der Abweichung von dem Standard der Arzt das Nichtvorliegen eines Behandlungsfehlers beweisen muß.

[186] So aber Hart, MedR 1998, 8 (13f.) für Richtlinien im allgemeinen.

Denn zum einen bezieht sich die gesetzliche Vermutung dem Wortlaut nach nur auf die Einhaltung des Standes der medizinischen Wissenschaft und Technik. Eine extensive Auslegung verbietet sich, da ausweislich der Gesetzesmaterialien Regelungen zur haftungsrechtlichen Besserstellung von Geschädigten durch das Transfusionsgesetz grundsätzlich nicht getroffen werden sollten[187]. Und zum anderen wird der volle Beweis, daß die eingetretene Verletzung nicht auf der Nichtbeachtung der Richtlinien, sondern auf einem schicksalhaften Verlauf beruht, von dem Arzt wohl niemals geführt werden können. Die Folge einer gesetzlichen Vermutung hinsichtlich der haftungsbegründenden Kausalität wäre mithin de facto eine Gefährdungshaftung bei richtlinien-nonkonformem Verhalten. Eine solche Gefährdungshaftung erscheint aber aufgrund der mit einem Eingriff in den lebenden Organismus verbundenen Unberechenbarkeiten und damit der Vielzahl der möglichen Faktoren, die zu einem Mißlingen einer ärztlichen Behandlung führen können, als nicht sachgerecht[188]. Da die Richtlinien jedoch unter dem Aspekt der Schadensvermeidung konzipiert sind, spricht ein Beweis des ersten Anscheins dafür, daß eine Verletzung auf der Nichteinhaltung der Richtlinien beruht. Im Gegensatz zu einer gesetzlichen Vermutung bleibt durch den Anscheinsbeweis die Beweislastverteilung unberührt. Zu erschüttern ist der Beweis des ersten Anscheins zudem durch einfachen Gegenbeweis, d.h. indem ein Sachverhalt dargetan wird, der die ernsthafte Möglichkeit begründet, daß die Verletzung nicht auf der Nichtbeachtung der Richtlinien beruht[189].

2. Die Bedeutung der vor Erlaß des Transfusionsgesetzes aufgestellten Richtlinien

Die Bundesärztekammer hat, bereits bevor ihr diese Aufgabe durch §§ 12 I, 18 I TFG übertragen worden ist, Richtlinien und Leitlinien für den Bereich des Transfusionswesens aufgestellt. Im einzelnen sind dies die Leitlinien zur Therapie mit Blutkomponenten und Plasmaderivaten, 1995; die Richtlinien zur Blutgruppenbestimmung und Bluttransfusion (Hämotherapie), überarbeitete Fassung 1996[190]; die Richtlinien für die Herstellung von Plasma für besondere Zwecke (Hyperimmunplasma), 1997 und die Richtlinien zur Transplantation peripherer Blutstammzellen, 1997. Diese Leitlinien und Richtlinien sind in Zusammenarbeit und Abstimmung mit den betroffenen Fachkreisen und staatlichen Stellen erstellt worden[191].

---

[187] Vgl. Protokoll Nr. 125 des Ausschusses für Gesundheit, S. 14.

[188] Zur Ablehnung einer Gefährdungshaftung des Arztes vgl. BGH, NJW 1980, 1333; Deutsch, Medizinrecht, Rn. 302, 304; Laufs, Rn. 590; anders Giesen, Rn. 383.

[189] Vgl. zum Anscheinsbeweis Rosenberg/Schwab/Gottwald, § 115 III 4.

[190] Zu der geplanten Neufassung dieser Richtlinien im Hinblick auf den Erlaß des Transfusionsgesetzes siehe den Tätigkeitsbericht der Bundesärztekammer 1999, S. 322f.

[191] Siehe jeweils das Vorwort zu den einzelnen Leitlinien und Richtlinien, das die an ihrer Erstellung beteiligten Organisationen und staatlichen Stellen aufführt.

Aufgrund der umfassenden Beteiligung der betroffenen Fachkreise und staatlichen Stellen ist davon auszugehen, daß die Leitlinien und Richtlinien den zur Zeit ihrer Aufstellung bestehenden Stand der medizinischen Wissenschaft und Technik wiedergeben und ihnen als antizipiertes Sachverständigengutachten Orientierungsfunktion, Qualitätssicherungsfunktion und prozessuale Rationalisierungsfunktion zukam. Prozessuale Verbindlichkeit im Sinne einer Einschränkung der freien richterlichen Beweiswürdigung kam ihnen aufgrund des Fehlens einer entsprechenden gesetzlichen Vermutung allerdings nicht zu. Die von der Bundesärztekammer erlassenen Leitlinien und Richtlinien erfüllten demnach mit Ausnahme der sich aus der Vermutungsregelung der §§ 12 II, 18 II TFG ergebenden Konsequenzen die gleichen Funktionen, wie sie die nach §§ 12 I, 18 I TFG zu erlassenden Richtlinien erfüllen.

Es fragt sich jedoch, welche Bedeutung diesen Leitlinien und Richtlinien nach Erlaß des Transfusionsgesetzes zukommt. Nach Uhlenbruck sind die bestehen Leitlinien und Richtlinien durch den Erlaß des Transfusionsgesetzes hinfällig geworden[192]. Das ist aber so pauschal nicht richtig. Die Leitlinien und Richtlinien stellten bisher, wie soeben gezeigt, im Sinne eines antizipierten Sachverständigengutachtens den Stand der medizinischen Wissenschaft und Technik fest, also die normativen Anforderungen an eine ordnungsgemäße ärztliche Behandlung. Diese normativen Anforderungen werden durch den Erlaß des Transfusionsgesetzes aber nur insoweit beeinflußt, als das Transfusionsgesetz verbindlich abweichende Regelungen getroffen hat. Hinfällig sind die Leitlinien und Richtlinien deshalb nur insoweit, als sie im Widerspruch zu Regelungen des Transfusionsgesetzes stehen. Im übrigen stellen sie auch nach Erlaß des Transfusionsgesetzes den Stand der medizinischen Wissenschaft und Technik fest. Soweit die Leitlinien nicht lediglich Regelungen des Transfusionsgesetzes wiederholen – dann ist ein Rekurs auf sie überflüssig – kommt ihnen die Bedeutung wie nach §§ 12 I, 18 I TFG erlassenen Richtlinien zu. Verbindlichkeit im Hinblick auf die Beweiswürdigung bezüglich des Standes der medizinischen Wissenschaft und Technik kommt ihnen allerdings nicht zu.

3. Ergebnis

Die nach §§ 12 I, 18 I TFG erlassenen Richtlinien stellen den Stand der medizinischen Wissenschaft und Technik fest, definieren ihn aber nicht. Die Beachtung der in den Richtlinien festgestellten Anforderungen begründet gem. §§ 12 II, 18 II TFG die widerlegliche Vermutung, daß der Stand der medizinischen Wissenschaft und Technik eingehalten worden ist. Den Richtlinien kommt somit eine Orientierungsfunktion, eine Qualitätssicherungsfunktion, eine prozessuale Rationalisierungsfunktion zu. Im Hinblick auf die Ermittlung des Standes der medizinischen

---

[192] Uhlenbruck, ArztR 1998, 311 (314).

Wissenschaft und Technik binden die Richtlinien die Gerichte und schränken die freie richterliche Beweiswürdigung ein. Die vor dem Erlaß des Transfusionsgesetzes von der Bundesärztekammer aufgestellten Richtlinien stellen auch nach Erlaß des Transfusionsgesetzes im Sinne eines antizipierten Sachverständigengutachtens den Stand der medizinischen Wissenschaft und Technik fest, sofern das Transfusionsgesetz nicht verbindlich abweichende Regelungen getroffen hat. Sie haben, sofern sie nicht nur Regelungen des Transfusionsgesetzes wiederholen, die gleiche Funktion wie nach §§ 12 I, 18 I TFG erlassene Richtlinien. Im Gegensatz zu jenen sind sie für die Gerichte allerdings nicht verbindlich.

VII. Zusammenfassung

1. Im Körper eines lebenden Menschen befindliches Blut ist keine Sache und nicht Gegenstand des Rechtsverkehrs. Das Herrschaftsrecht über das Blut steht kraft ihres Persönlichkeitsrechts der Person zu, in deren Körper es sich befindet. Fremdblutspenden und Eigenblutspenden sind als Sachen i.S.v. § 90 BGB zu qualifizieren, an denen der Spender entsprechend § 953 BGB mit der Entnahme Eigentum erwirbt. Neben dem Eigentum bestehen persönlichkeitsrechtliche Beziehungen des Spenders zu der Spende.

2. Blut und Blutbestandteile, die unmittelbar an Patienten angewendet werden sollen, sind Arzneimittel i.s.v. § 2 I AMG. Zur Weiterverarbeitung bestimmte Spenden sind keine Arzneimittel i.S.v. § 2 I AMG. Soweit sie bei der Herstellung von Arzneimitteln als arzneilich wirksame Bestandteile verwendet werden sollen, handelt es sich bei ihnen um Wirkstoffe gem. § 4 XIX AMG.

3. a) Bei der Fremdblutentnahme bestehen hinsichtlich der Spendeentnahme keine schuldrechtlichen Beziehungen zwischen dem Spender und der Spendeeinrichtung, sie beruht allein auf der Einwilligung des Spenders. Rechtsgrund der Übertragung des Eigentums an den entnommenen Substanzen ist ein Schenkungsvertrag in der Form der Realschenkung. Für Fehler der Spende haftet der Spender nach § 524 BGB. Bei Verletzung von Rechtsgütern des Spenders kommt eine Haftung der Spendeeinrichtung aus cic, pVV, § 823 BGB, § 831 BGB in Betracht. Soweit die Ansprüche des Spenders sich auf den Ersatz von Personenschäden richten, ist eine Haftung der Spendeeinrichtung in der Regel gem. § 104 I SGB VII ausgeschlossen. Der Rechtsgrund einer eventuell gewährten Aufwandsentschädigung liegt in einer Auslobung der Spendeeinrichtung.

b) Die Entnahme einer Eigenblutspende erfolgt im Rahmen eines Behandlungsvertrages. Werden nicht angewendete Eigenblutspenden nicht von dem Spender herausverlangt, so liegt in dieser Überlassung eine Übertragung des Eigentums an der Spende auf den Arzt oder die Institution. Rechtsgrund für die

Übereignung ist ein Schenkungsvertrag. Für Fehler der überlassenen Spende haftet der Spender gem. § 524 BGB.

4. a) Eigenblutspenden, die noch zu der Anwendung bei dem Spender bestimmt sind, dürfen nur zu diesen Zwecken verwendet werden. Bei unzulässiger Verwendung der Spende kommen Ansprüche aus pVV des Behandlungsvertrages, § 823 I BGB, § 687 II, § 812 I 1 Alt. 2 BGB, § 816 I 1 BGB, § 847 BGB, § 985 BGB, § 1004 I BGB und entsprechend §§ 1004 I, 823 I BGB in Betracht.

b) Fremdblutspenden und Eigenblutspenden, die nicht mehr bei dem Spender angewendet werden sollen, dürfen ohne Einwilligung des Spenders folgenden Verwendungen nicht zugeführt werden:

(1) Verwendungen aufgrund derer originär personenbezogene Daten gewonnen werden, die dem Spender zugeordnet werden können.

(2) Verwendungen durch die die Spende wegen ihrer individuellen Eigenschaften physisch perpetuiert oder vervielfältigt wird (beispielsweise durch die Gewinnung einer Zellinie).

(3) Forschungen, über deren rechtliche oder ethische Zulässigkeit oder Vertretbarkeit unter Ärzten bzw. in der Öffentlichkeit keine Übereinstimmung herrscht.

Bei der unzulässigen Nutzung können sich Ansprüche des Spenders aus pVV des Schenkungsvertrages, § 823 I BGB, § 687 II BGB, § 812 I 1 Alt. 2 BGB, § 847 BGB und entsprechend §§ 1004, 823 I BGB ergeben.

5. Der Stand der medizinischen Wissenschaft und Technik repräsentiert den jeweiligen Stand der wissenschaftlichen Erkenntnis und ärztlichen Erfahrung, der entweder unter den Angehörigen des betreffenden Fachgebiets unumstritten oder zumindest unter den führenden Experten des Fachgebiets im wesentlichen unumstritten und in der Praxis bewährt ist.

6. Die nach §§ 12 I, 18 I TFG erlassenen Richtlinien stellen den Stand der medizinischen Wissenschaft und Technik fest, definieren ihn aber nicht. Die Beachtung der in den Richtlinien festgestellten Anforderungen begründet gem. §§ 12 II, 18 II TFG die widerlegliche Vermutung, daß der Stand der medizinischen Wissenschaft und Technik eingehalten worden ist. Den Richtlinien kommt somit eine Orientierungsfunktion, eine Qualitätssicherungsfunktion, eine prozessuale Rationalisierungsfunktion zu. Im Hinblick auf die Ermittlung des Standes der medizinischen Wissenschaft und Technik binden die Richtlinien die Gerichte und schränken die freie richterliche Beweiswürdigung ein.

Die vor dem Erlaß des Transfusionsgesetzes von der Bundesärztekammer aufgestellten Richtlinien stellen auch nach Erlaß des Transfusionsgesetzes im Sinne eines antizipierten Sachverständigengutachtens den Stand der medizinischen Wissenschaft und Technik fest, sofern das Transfusionsgesetz nicht verbindlich abweichende Regelungen getroffen hat. Sie haben, sofern sie nicht nur Regelungen des Transfusionsgesetzes wiederholen, die gleiche Funktion wie nach §§ 12 I, 18 I

TFG erlassene Richtlinien. Im Gegensatz zu jenen sind sie für die Gerichte allerdings nicht verbindlich.

E. EINWILLIGUNG UND AUFKLÄRUNG

I. Vorbemerkung

Im Gesetzgebungsverfahren sind, soweit aus den Materialien ersichtlich, Fragen der Aufklärung und Einwilligung – mit Ausnahme der Möglichkeit der Einwilligung des gesetzlichen Vertreters an Stelle einwilligungsunfähiger Personen – kaum Gegenstand der Diskussion gewesen. Der Grund dafür dürfte wohl in der Ansicht des Gesetzgebers zu finden sein, daß durch das Transfusionsgesetz nur die bisher bestehenden Regeln für die Gewinnung von Blut und Blutbestandteilen sowie für das Transfusionswesen auf eine gesetzliche Grundlage gestellt worden sind[193]. Daß dies zu einer in Teilen wenig stringenten und unsachgerechten Regelung der Einwilligung und Aufklärung im Bereich des Transfusionswesens geführt hat, ist im folgenden zu zeigen.

II. Einwilligung und Aufklärung bei ärztlichen Heileingriffen

Die Dogmatik von Einwilligung und Aufklärung bei ärztlichen Eingriffen ist anhand der Heileingriffe entwickelt worden. Vor der Untersuchung der Einwilligung im Rahmen der §§ 6, 8, 14, 19 TFG ist deshalb zunächst die Rechtslage bei der Einwilligung in ärztliche Heileingriffe und Diagnosemaßnahmen darzustellen.

1. Rechtsnatur, verfassungsrechtliche Grundlagen und praktische Relevanz der Einwilligung

Die Einwilligung ist die dem Arzt gegenüber von dem Patienten erteilte Erlaubnis, bei der Heilbehandlung oder Diagnosemaßnahme in dessen körperliche Integrität und Persönlichkeitssphäre einzugreifen. Ihrer Rechtsnatur nach ist die Einwilligung weder Willenserklärung noch geschäftsähnliche Handlung[194]. Mit unterschiedlichen Formulierungen, aber in der Sache übereinstimmend wird sie als Disposition über ein höchstpersönliches Rechtsgut[195], als willentliche Erklärung, daß im Rahmen der ärztlichen Behandlung in bestimmter Weise auf Personengüter eingewirkt werden darf[196] oder als Gestattung oder Ermächtigung zur Vornah-

---

[193] BT-Drks. 13/9594, S. 15.

[194] BGHZ 29, 33 (36); 105, 45 (47f.); Deutsch, Medizinrecht, Rn. 105; ders., Allg. Haftungsrecht², Rn. 282; Giesen, Rn. 250; Laufs in: Laufs/Uhlenbruck, § 66 Rn. 9; RGRK/Steffen, § 823 Rn. 377; Staudinger¹²/Schäfer, § 823 Rn. 458; anderer Ansicht Kothe, AcP 185 (1985), 105 (152ff.) und Voll, S. 42, nach denen die Einwilligung als Willenserklärung zu qualifizieren ist.

[195] Laufs in: Laufs/Uhlenbruck, § 66 Rn. 9.

[196] Deutsch, Medzinrecht, Rn. 105; ders., Allg. Haftungsrecht², Rn. 282.

me tatsächlicher Handlungen, die in den Rechtskreis des Gestattenden eingreifen[197], definiert.

Die verfassungsrechtlichen Grundlagen der Einwilligung liegen in Art. 1 I GG und Art. 2 GG. Die Menschenwürde (Art. 1 I GG), das Recht auf freie Entfaltung der Persönlichkeit (Art. 2 I GG) und das Recht auf körperliche Unversehrtheit (Art. 2 II 1 GG) garantieren jedermann das Recht, über sich selbst und seinen Körper grundsätzlich frei bestimmen zu können[198].

Die praktische Relevanz der Einwilligung ergibt sich daraus, daß von der Rechtsprechung und herrschenden Meinung in der Literatur jede invasive Heilbehandlung und Diagnosemaßnahme als tatbestandliche Körperverletzung angesehen wird[199]. Einer Ansicht, der trotz gegen sie vorgebrachter beachtlicher materieller[200] und dogmatischer[201] Bedenken zuzustimmen ist, weil ärztliches Handeln aufgrund des Selbstbestimmungsrechts des Patienten nicht allein durch seine Ziele, sondern erst und vor allem durch die Einwilligung des Patienten legitimiert[202] und das Rechtsgut der Persönlichkeit insoweit in den Schutz von Körper und Gesundheit einbezogen ist[203]. Da es sich also bei invasiven Heileingriffen und Diagnosemaßnahmen um tatbestandliche Körperverletzungen handelt, bedürfen sie der Rechtfertigung, will der Arzt sich nicht strafbar und zivilrechtlich haftbar machen. Diese Rechtfertigung bewirkt die Einwilligung. Inhaltlich lassen sich bei der Einwilligung drei Ausrichtungen unterscheiden: die Einwilligung in den Eingriff, in die Gefahr und in die Erhebung von Daten[204].

---

[197] BGHZ 105, 45 (47f.); 29, 33 (36); Giesen, Rn. 204.

[198] BGHZ 106, 391 (397); 29, 176 (179ff.); Deutsch, AcP 192 (1992), 161 (166f.); Giesen, Rn. 203; Laufs in: Laufs/Uhlenbruck, § 61 Rn. 14f.; RGRK/Nüßgens, § 823 Anh. II Rn. 62; Rössler, EthikMed 1996, 59 (60ff.).

[199] St. Rspr. BGHZ 29, 46 (49), 106, 391 (394); Deutsch, Medizinrecht, Rn. 103; Giesen, Rn. 204; Kloesel/Cyran, § 40 Nr. 4f; MünchKomm/Mertens, § 823 Rn. 360ff.; Sander, § 41 Nr. 7; Soergel/Zeuner, § 823 Rn. 18; Staudinger[12]/Schäfer, § 823 Rn. 22.

[200] Es wird eingewandt, der objektiv indizierte und lege artis durchgeführte Eingriff könne schon begrifflich keine Körperverletzung sein, da er im Gegenteil gerade auf die Verbesserung des körperlichen Zustandes und Heilung gerichtet sei. Ohne Einwilligung vorgenommene Eingriffe könnten deshalb nur als ärztliche Eigenmächtigkeit, also als Verletzung des allgemeinen Persönlichkeitsrechts angesehen werden. So Laufs, Rn. 176; ders., NJW 1974, 2025 (2026) m.w.N. Dagegen zutreffend Deutsch, AcP 192 (1992), 161 (165).

[201] Insbesondere im Hinblick auf das Verhältnis von Tatbestand und Rechtswidrigkeit und die Funktion der Unrechtstypisierung des Tatbestandes, vgl. Deutsch, NJW 1965, 1985 (1986f.).

[202] Geiß/Greiner, C. Rn. 1; Rössler, EthikMed 1996, 59f.; Soergel/Zeuner, § 823 Rn. 18.

[203] Deutsch, AcP 192 (1992), 161 (165); ders., NJW 1965, 1985ff.

[204] Deutsch, Medizinrecht, Rn. 104; ders., AcP 192 (1992), 161 (166f.).

2. Die tatsächliche Grundlage der Einwilligung: Aufklärung

Durch die Einwilligung ermächtigt der Patient den Arzt zum Eingriff in seine Personengüter. Soll die Einwilligung nicht bloßer Verzicht, sondern Ausdruck der Selbstbestimmung sein, muß der Patient wissen, wozu er den Arzt ermächtigt[205]. Da dem Patienten in aller Regel hinreichende medizinische Kenntnisse zur sachgerechten Beurteilung des geplanten Eingriffs fehlen, ist er auf Aufklärung angewiesen. Die Aufklärung hat durch den behandelnden Arzt zu erfolgen; eine Übertragung auf einen anderen Arzt ist möglich, sofern die volle Information gewährleistet bleibt[206]. Der Arzt muß den Patienten über alle für dessen Entscheidungsfindung maßgeblichen Umstände informieren, um ihm eine selbstbestimmte Entscheidung zu ermöglichen (sog. Selbstbestimmungsaufklärung)[207]. Die Reichweite der Aufklärungspflicht läßt sich nicht allgemeingültig bestimmen. Der notwendige Umfang der Aufklärung orientiert sich an der Erforderlichkeit, der Dringlichkeit und den Auswirkungen des Eingriffs, den mit ihm verbundenen Risiken sowie dem Wissen und dem Informationsbedürfnis des konkreten Patienten[208].

Die Aufklärung muß so rechtzeitig erfolgen, daß sie ihre Funktion erfüllen kann, den Patienten eine selbstbestimmte Entscheidung zu ermöglichen. Sie muß demnach so zeitig durchgeführt werden, daß der Patient Für und Wider des geplanten Eingriffs und mögliche Alternativen ohne Entscheidungsdruck bedenken kann. Generelle Festlegungen verbieten sich auch hier. Als Leitlinie wird aber zu gelten haben, daß die Zeit zwischen Aufklärung und Eingriff um so kürzer sein kann, je vitaler und dringender der Eingriff indiziert ist und je weniger gravierend seine Risiken und Konsequenzen sind[209].

3. Voraussetzungen

Wie oben gezeigt, handelt es sich bei der Einwilligung in invasive Heileingriffe und Diagnosemaßnahmen nicht um eine Willenserklärung oder geschäftsähnliche

---

[205] BGH, NJW 1983, 333; Deutsch, Medizinrecht, Rn. 100, 111; RGRK/Nüßgens, § 823 Anh. II Rn. 60; Tempel, NJW 1980, 609 (611). Vgl. zum Ganzen auch die Empfehlungen der Bundesärztekammer zur Patientenaufklärung vom 9. März 1990, abgedruckt bei Ratzel/Lippert, S. 272ff.

[206] BGH, VersR 1990, 1010 (1011); Bergmann, S. 68; Deutsch, Medizinrecht, Rn. 137; Laufs, Rn. 210; Tempel, NJW 1980, 609 (615).

[207] BGHZ 90, 96 (99); Geiß/Greiner, C. Rn. 85; Deutsch, Medizinrecht, Rn. 111.

[208] Zum Umfang der Aufklärungspflicht vgl. die Nachweise bei Deutsch, Medizinrecht, Rn. 120ff.; Francke/Hart, S. 128ff.; Geiß/Greiner, C. Rn. 7f.; Giesen, Rn. 215ff; Tempel, NJW 1980, 608 (611ff.); weitere Nachweise aus der Rechtsprechung bei Steffen/Dressler, Rn. 395ff.

[209] Vgl. zum Ganzen Deutsch, Medizinrecht, Rn. 140; Laufs, Rn. 247; ders. in: Laufs/Uhlenbruck, § 66 Rn. 5; MünchKomm/Mertens, § 823 Rn. 440; Tempel, NJW 1980, 609 (615); weitere Nachweise aus der Rechtsprechung bei Steffen/Dressler, Rn. 407.

Handlung. Zivilrechtliche Geschäftsfähigkeit ist deshalb nicht Voraussetzung einer wirksamen Einwilligung[210]. Notwendig ist vielmehr die Fähigkeit, nach geistiger und sittlicher Reife die Bedeutung und Tragweite des Eingriffs sachgerecht zu erfassen[211]. Als wesentlicher Orientierungspunkt sind allerdings die Regeln über die Geschäftsfähigkeit heranzuziehen[212].

Bei minderjährigen, unter elterlicher Sorge stehenden Patienten ist grundsätzlich auch die Einwilligung der Eltern erforderlich[213]. Bei nicht willensfähigen Patienten ist die Einwilligung von demjenigen einzuholen, der an Stelle der nicht willensfähigen Person zu entscheiden hat. Das sind bei Minderjährigen die Personensorgeberechtigten, also die Eltern (§§ 1626, 1626a BGB) oder der Vormund (§ 1773 BGB), bei Volljährigen der Betreuer (§ 1896 BGB) oder die im Wege einer Vorsorgevollmacht ermächtigte Person (vgl. § 1896 II 2 BGB)[214].

Wirksamkeitsvoraussetzung ist weiterhin die Freiheit der Einwilligung von Täuschung, Zwang und Drohung[215]. Die Einwilligung bedarf keiner Form[216] und ist jederzeit widerruflich[217].

III. Einwilligung und Aufklärung bei der Spendeentnahme

1. Gesetzliche Regelung und Gesetzgebungsverfahren

a) Gesetzliche Regelung

Nach § 6 I 1 TFG ist die Durchführung einer Spendeentnahme nur zulässig, wenn der Spender in sie und die mit ihr verbundenen Untersuchungen (vgl. § 5 TFG)

---

[210] BGHZ 29, 33 (36); 105, 45 (47f.); Deutsch, Medizinrecht, Rn. 105; Giesen, Rn. 250; Laufs in: Laufs/Uhlenbruck, § 66 Rn. 9; MünchKomm/Mertens, § 823 Rn. 39; Staudinger[12]/Schäfer, § 823 Rn. 458.

[211] BGHZ 29, 33 (36); Deutsch, Medizinrecht, Rn. 105; Giesen, Rn. 250; Laufs, Rn. 222; RGRK/Nüßgens, § 823 Anh. II Rn. 70.

[212] Deutsch, Medizinrecht, Rn. 105; Kern, NJW 1994, 753 (755); ähnlich MünchKomm/ Mertens, § 823 Rn. 39.

[213] BGH, NJW 1988, 2946 (2948); Francke/Hart, S. 146ff.; Giesen, Rn. 253; Kern, NJW 1994, 753 (755); RGRK/Nüßgens, § 823 Anh. II Rn. 71; Staudinger[12]/Schäfer, § 823 Rn. 470.

[214] Zum Ganzen Giesen, Rn. 252ff.; Kern, NJW 1994, 753 (756f.); Laufs, Rn. 223ff.

[215] Kothe, AcP 185 (1985), 105 (139f.); Staudinger[12]/Schäfer, § 823 Rn. 464; Ulsenheimer in: Laufs/Uhlenbruck, § 139 Rn. 34.

[216] BGHZ 67, 48 (55f.); Deutsch, Medizinrecht, Rn. 106; Laufs, Rn. 179; RGRK/Nüßgens, § 823 Anh. II Rn. 95; Ulsenheimer in: Laufs/Uhlenbruck, § 139 Rn. 34.

[217] Deutsch, Medizinrecht, Rn. 106; MünchKomm/Mertens, § 823 Rn. 446.

eingewilligt hat. Der Spendeentnahme hat eine sachkundige Aufklärung des Spenders in einer für ihn verständlichen Weise über Wesen, Bedeutung und Durchführung der Spendeentnahme und der Untersuchungen vorauszugehen. Aufklärung und Einwilligung sind schriftlich zu bestätigen, § 6 I 2 TFG. Der Spender muß zugleich mit der Einwilligung erklären, daß seine Spende verwendbar ist, sofern er nicht von der Möglichkeit des vertraulichen Selbstausschlusses Gebrauch macht, § 6 I 3 TFG. Gem. § 6 II 1 TFG ist der Spender über die mit der Spendeentnahme verbundene Erhebung, Nutzung und Verarbeitung personenbezogener Daten aufzuklären. Die Aufklärung ist schriftlich zu bestätigen, § 6 II 2 TFG.

b) Gesetzgebungsverfahren

Die Regelung der Einwilligung in die Spendeentnahme hat im Laufe des Gesetzgebungsverfahren erhebliche Änderungen erfahren. Es dürfte sich um eine der in qualitativer wie auch quantitativer Hinsicht am weitgehendsten geänderten Vorschriften des Transfusionsgesetzes handeln.

Nach § 7 I 3 E(1)-TFG mußte der Spender in jede Spendeentnahme einwilligen und gleichzeitig erklären, daß seine Spende verwendbar ist, sofern er nicht von dem freiwilligen Selbstausschluß Gebrauch macht. Vor der ersten Spende war der Spender gem. § 7 I 1 E(1)-TFG durch einen Arzt über Wesen, Bedeutung und Tragweite der Spendeentnahme aufzuklären. Die Aufklärung war von dem Spender schriftlich zu bestätigen, § 7 I 2 E(1)-TFG.

§ 7 II E(1)-TFG enthielt eine detaillierte Regelung der Wirksamkeitsvoraussetzungen der Einwilligung. Die Einwilligung war danach nur wirksam, wenn der Spender in der Lage ist, Wesen, Bedeutung und Tragweite der Spendeentnahme einzusehen und seinen Willen nach dieser Einsicht zu bestimmen, § 7 II 1 Nr. 1 E(1)-TFG. Bei geschäftsunfähigen oder in der Geschäftsfähigkeit beschränkten Spendern war gem. § 7 II 1 Nr. 2 E(1)-TFG zusätzlich die Einwilligung des gesetzlichen Vertreters als Wirksamkeitsvoraussetzung vorgesehen. Die Einwilligung war nach § 7 II 1 Nr. 3 E(1)-TFG jederzeit widerruflich.

Speziell geregelt war in § 7 III E(1)-TFG die Einwilligung bei nicht einwilligungsfähigen Personen. Bei ihnen sollte die Einwilligung allein durch den gesetzlichen Vertreter erteilt werden, § 7 III 1 E(1)-TFG. Wirksamkeitsvoraussetzung war nach § 7 III 2 E(1)-TFG die Aufklärung des gesetzlichen Vertreters über Wesen, Bedeutung und Tragweite der Spendeentnahme durch einen Arzt. Gem. § 7 III 3 E(1)-TFG konnte die Einwilligung jederzeit widerrufen werden.

Die Regelung des § 7 II E(1)-TFG ist in der Literatur zu Recht als überflüssig, da nur die allgemein geltenden Grundsätze wiederholend, und als unsachgemäß, weil unter Umständen eine Sonderbehandlung suggerierend, kritisiert worden[218]. Ge-

---

[218] Bender, ZRP 1997, 353 (354).

gen § 7 III E(1)-TFG wurde gleichfalls mit Recht eingewandt, daß er die einwilligungsunfähige Person zum Objekt fremder Interessen mache und mit dem allgemeinen Grundsatz nicht zu vereinbaren sei, daß eine Einwilligung bei Einwilligungsunfähigen nur wirksam erteilt werden kann, wenn dies in deren Interesse liegt[219].

In § 7 E(2)-TFG sind daraufhin die Regelung der Wirksamkeitsvoraussetzungen der Einwilligung und die Möglichkeit der Einwilligung des gesetzlichen Vertreters bei einwilligungsunfähigen Personen entfallen. Das Erfordernis der Aufklärung durch einen Arzt nach § 7 I 1 E(1)-TFG ist fortgefallen. Statt dessen ist gem. § 7 S. 1 E(2)-TFG eine sachkundige Aufklärung in einer für den Spender verständlichen Form erforderlich. Die zumindest dem Wortlaut nach bestehende Beschränkung der Aufklärungspflicht auf die erste Spendeentnahme gem. § 7 I 1 E(1)-TFG ist in den Zweiten Entwurf nicht übernommen worden. Aufklärung und Einwilligung müssen sich nach § 7 S. 1 E(2)-TFG nun auch auf die mit der Spendeentnahme verbundenen Untersuchungen erstrecken. Der freiwillige Selbstausschluß wird in § 7 S. 3 E(2)-TFG sachlich zutreffender als vertraulicher Selbstausschluß bezeichnet.

Weitere Änderungen folgten im Dritten Entwurf des Transfusionsgesetzes. § 6 I 1 E(3)-TFG spricht statt der Aufklärung über die Tragweite der Spendeentnahme und der mit ihr verbundenen Untersuchungen von der Aufklärung über die Durchführung der Spendeentnahme und der Untersuchungen. Das Erfordernis der schriftlichen Bestätigung wird in § 6 I 2 E(3)-TFG auf die Einwilligung ausgedehnt. Nach § 6 II E(3)-TFG ist zudem eine Aufklärung des Spenders über die mit der Spendeentnahme verbundene Erhebung, Verarbeitung und Nutzung personenbezogener Daten erforderlich, die von dem Spender schriftlich zu bestätigen ist. § 6 E(3)-TFG ist unverändert geltendes Gesetz geworden.

2. Einwilligung

a) Inhalt der Einwilligung

Ihrem Inhalt nach muß sich die Einwilligung des Spenders auf die Spendeentnahme und die mit ihr verbundenen Untersuchungen erstrecken. Die Notwendigkeit der Einwilligung in die Spendeentnahme ergibt sich daraus, daß es sich bei dieser um einen invasiven Eingriff handelt, der ohne Rechtfertigung durch die Einwilligung grundsätzlich eine Verletzung der Menschenwürde des Spenders, seines Rechts auf freie Entfaltung der Persönlichkeit und körperliche Unversehrtheit so-

---

[219] Bender, ZRP 1997, 353 (354f.); kritisch auch Deutsch, NJW 1998, 3377 (3380).

wie eine tatbestandliche Körperverletzung darstellt[220]. Gegenüber der Einwilligung in einen Heileingriff und in die Eigenblutentnahme kommt der Einwilligung in die fremdgerichtete Spendeentnahme eine gesteigerte Bedeutung zu, weil der Spendeentnahme in diesem Fall aufgrund der Fremdnützigkeit die Legitimation der medizinischen Indikation fehlt[221].

Das Erfordernis der Einwilligung in die mit der Spendeentnahme verbundenen Untersuchungen folgt aus dem Recht auf informationelle Selbstbestimmung, das als Teil des allgemeinen Persönlichkeitsrechts durch Art. 2 I i.V.m. 1 I GG gewährleistet ist. Das Recht auf informationelle Selbstbestimmung verbürgt das Recht des Einzelnen, grundsätzlich selbst zu entscheiden, wann und innerhalb welcher Grenzen persönliche Lebenssachverhalte offenbart werden[222]. Indem durch die im Zusammenhang mit der Spendeentnahme durchgeführten Untersuchungen mögliche Erkrankungen des Spenders offengelegt werden, wird in das Recht auf informationelle Selbstbestimmung eingegriffen[223]. Dies gilt insbesondere für die nach § 5 III 1 TFG zwingend vorgeschriebene Untersuchung auf HIV-Infektionsmarker.

b) Formbedürftigkeit der Einwilligung

aa) Formbedürftigkeit

Es stellt sich die Frage, ob die Einwilligung in die Spendeentnahme und die Untersuchungen einem Formzwang unterliegt. Anhaltspunkte für eine Formbedürftigkeit der Einwilligung ergeben sich aus der amtlichen Begründung zum Transfusionsgesetz. Dort heißt es: „Dies (scil. die schriftliche Bestätigung der Aufklärung) kann zusammen mit der Einwilligungserklärung geschehen."[224]. Der Gesetzgeber scheint also von einer schriftlichen Verkörperung der Einwilligungserklärung ausgegangen zu sein.

Einer Formbedürftigkeit steht jedoch der Wortlaut des § 6 I TFG entgegen. Das Transfusionsgesetz differenziert zwischen der Einwilligung und der Bestätigung der Einwilligung. So ist nach § 6 I 1 TFG erforderlich, daß der Spender „eingewilligt hat", während nach § 6 I 2 TFG „die Einwilligung ... zu bestätigen" ist. Eben-

---

[220] Das Vorliegen einer tatbestandlichen Körperverletzung ist hier wohl unstreitig, da die Spendeentnahme anders als der Heileingriff nicht auf die Erhaltung oder Wiederherstellung der Gesundheit des Spenders gerichtet ist.

[221] Kaatsch/Schewe in: Mueller-Eckhardt, 13.1; Laufs in: Laufs/Uhlenbruck, § 65 Rn. 12.

[222] BVerfGE 63, 131 (142); 65, 1 (41f.); Dreier/Dreier, Art. 2 I Rn. 52.

[223] OLG Köln, NJW 1995, 1621; Deutsch, Medizinrecht, Rn. 104; Eberbach, NJW 1987, 1470 (1471); Giesen, Rn. 245ff.; Laufs, Rn. 229.

[224] BT-Drks. 13/9594, S. 18.

so wird in § 8 II 1 Nr. 2 TFG zwischen der Einwilligung und der Bestätigung der Einwilligung unterschieden. Allein für die Bestätigung der Einwilligung ist nach § 6 I 2 TFG die Schriftform vorgesehen. Gegen die Formbedürftigkeit streitet auch die Gesetzgebungsgeschichte. § 7 II 1 Nr. 2 E(1)-TFG sah ausdrücklich die Schriftform der Einwilligung als Wirksamkeitsvoraussetzung vor. Diese Regelung ist im Zweiten Entwurf fortgefallen. Es ist deshalb anzunehmen, daß der Gesetzgeber zu der bisher geltenden Rechtslage, nach der eine formlose Einwilligung möglich war, zurückkehren wollte. Aus der amtlichen Begründung kann somit angesichts des eindeutigen Gesetzeswortlauts und der Gesetzgebungsgeschichte ein Formerfordernis nicht abgeleitet werden. Die Einwilligung in die Spendeentnahme und die Untersuchungen ist damit formlos wirksam[225].

bb) Sachgerechtigkeit

Fraglich erscheint, ob die Formlosigkeit der Einwilligung in die Spendeentnahme sachgerecht ist. Anlaß zu Zweifeln besteht im Hinblick auf die Regelung des § 40 II 1 Nr. 2 AMG und des § 17 II 1 Nr. 2 MPG. Diese Normen machen die Wirksamkeit der Einwilligung in die Durchführung der klinischen Prüfung von Arzneimitteln und Medizinprodukten von der Einhaltung der Schriftform abhängig. Das rechtfertigt sich daraus, daß der Proband besonders schutzbedürftig ist, da die Prüfung von Arzneimitteln und Medizinprodukten für den Probanden keinen medizinischen Nutzen hat und mit nicht unerheblichen Risiken verbunden ist. Dieser besonderen Schutzbedürftigkeit wird durch die Schriftform der Einwilligung Rechnung getragen, indem durch sie eine zusätzliche Warnung des Probanden bewirkt und dieser vor einer unüberlegten und übereilten Einwilligung geschützt wird[226]. Wenn diese Erwägungen gleichfalls auf die Entnahme von Blut und Blutbestandteilen zuträfen, wäre die Formlosigkeit der Einwilligung in die Spendeentnahme nicht sachgerecht.

Eine Vergleichbarkeit der klinischen Prüfung von Arzneimitteln und Medizinprodukten mit der Entnahme von Blut und Blutbestandteilen besteht jedoch nicht. Zwar weist auch die Spendeentnahme für den Spender keinen medizinischen Nutzen auf. Im Gegensatz zu der Prüfung von Arzneimitteln und Medizinprodukten

---

[225] So im Ergebnis auch Deutsch, NJW 1998, 3377 (3380).

[226] Vgl. allgemein zur Warnfunktion der Schriftform MünchKomm/Förschler, § 125 Rn. 3; RGRK/Krüger-Nieland, § 125 Rn. 1. Anderer Ansicht ist Deutsch, Medizinrecht, Rn. 787, der der Schriftform im Rahmen des § 40 AMG jede Warnfunktion abspricht und ihren Zweck allein in der Dokumentation der Einwilligung und der Erinnerung des Arztes an die Aufklärung sieht. Diese Ansicht vermag aber nicht zu erklären, weshalb die Wirksamkeit der Einwilligung unabhängig davon, ob die Aufklärung erfolgt und die Einwilligung dokumentiert worden ist, von der Einhaltung der Schriftform abhängt. Konsequenterweise nimmt Deutsch deshalb an, daß die Schriftform nicht Wirksamkeitsvoraussetzung ist. Mit dem klaren Wortlaut des § 40 AMG und des § 17 MPG erscheint dies allerdings kaum vereinbar.

ist sie aber nur mit sehr geringen Risiken verbunden[227]. Es fehlt demnach an einer vergleichbaren Schutzbedürftigkeit des Spenders. Aufgrund dieser erheblich geringeren Schutzbedürftigkeit erscheint eine zusätzliche Warnung des Spenders nicht in so dringendem Maße erforderlich, daß die Einwilligung der Schriftform unterworfen werden müßte. Die Formlosigkeit der Einwilligung in die Spendeentnahme ist mithin sachgerecht.

c) Schriftliche Bestätigung der Einwilligung

aa) Zweck

Nach § 6 I 2 TFG unterliegt, wie gezeigt, die Einwilligung in die Spendeentnahme und die mit verbundenen Untersuchungen keiner Form, sondern ist lediglich schriftlich zu bestätigen. Über die Zwecke, denen die schriftliche Bestätigung zu dienen bestimmt ist, enthalten die Begründung zum Transfusionsgesetz und die Materialien des Gesetzgebungsverfahrens keine Angaben.

Nach Ansicht des Bundesministeriums für Gesundheit verfolgt das Erfordernis der schriftlichen Bestätigung drei Zwecke[228]: Zunächst soll sich der Spender durch die Erteilung der schriftlichen Bestätigung noch einmal bewußt werden, worin er einwilligt. Zum anderen soll die Pflicht zur schriftlichen Bestätigung den Arzt dazu zwingen, seinen Pflichten besonders sorgfältig nachzukommen, da er sonst mit einer Verweigerung der Unterschriftsleistung rechnen muß. Schließlich soll die schriftliche Bestätigung den Beweis dafür erbringen, daß die Einwilligung erfolgt ist.

Diese Bestimmung des Zwecks der schriftlichen Bestätigung der Einwilligung kann aber nur teilweise überzeugen. Es erscheint zweifelhaft, ob die schriftliche Bestätigung tatsächlich dem Zweck dient, dem Spender die Bedeutung der Einwilligung bewußt zu machen. Denn üblicherweise unterwirft der Gesetzgeber, wenn er dem Erklärenden die Bedeutung seiner Erklärung besonders vor Augen führen will, die betreffende Erklärung selbst einer bestimmten Form[229]. Die schriftliche Bestätigung dient demgegenüber der Beweissicherung sowie der Gewährleistung, daß der Bestätigende von einem Umstand Kenntnis genommen hat[230]. Ebenso

---

[227] Siehe oben C. III. 1. Für die mit besonderen Risiken behaftete Vorbehandlung und Entnahme bestimmter Blutbestandteile bestehen in Sonderregelungen in §§ 8, 9 TFG.

[228] Schreiben des Leiters des Referates 115 „Blut und Blutprodukte", Bundesministerium für Gesundheit, Regierungsdirektor von Auer an den Verfasser vom 23. September 1999.

[229] Siehe beispielsweise § 40 II 1 AMG; § 17 II 1 MPG; §§ 311, 313 S. 1, 518 I, 766 S. 1 BGB; § 4 I 1 VerbrKrG.

[230] Vgl. z.B. § 7 II 2 VerbrKrG; § 2 I 2 HaustürWG; sowie dazu MünchKomm/Ulmer, § 7 VerbrKrG Rn. 39; § 2 HaustürWG Rn. 7.

fraglich erscheint, ob die schriftliche Bestätigung den Zweck verfolgt, den Arzt zu einer besonders sorgfältigen Erfüllung seiner Pflichten zu zwingen. In der Regel wird nämlich der Spender nicht ermessen können, ob der Arzt seinen Pflichten sorgfältig nachgekommen ist. Das Erfordernis der schriftlichen Bestätigung kann dann keinen Zwang auf den Arzt bewirken, seine Pflichten sorgfältig zu erfüllen, da der Spender aufgrund seiner Unkenntnis von der Pflichtverletzung die Bestätigung erteilen wird. Sofern der Spender aber, etwa aufgrund eigener Sachkunde oder weil der Arzt seine Pflichten in offensichtlicher Weise verletzt, in der Lage ist die Pflichtgemäßheit des ärztlichen Handelns zu beurteilen, ist die Pflicht zur schriftlichen Bestätigung untauglich, einen eigenständigen Zwang zur sorgfältigen Pflichterfüllung auf den Arzt zu begründen. Denn in diesem Fall würde der Spender entweder sowieso, d.h. ohne daß es dafür des Erfordernisses der schriftlichen Bestätigung bedürfte, auf einer sorgfältigen Erfüllung der ärztlichen Pflichten bei der Spendeentnahme bestehen oder aber, wenn er keinen Wert auf eine sorgfältige Pflichterfüllung legt und trotzdem zur Durchführung der Spendeentnahme bereit ist, auch die schriftliche Bestätigung erteilen. Die schriftliche Bestätigung ist demnach ungeeignet, um den Arzt zur sorgfältigen Erfüllung seiner Verpflichtungen zu zwingen. Es ist deshalb davon auszugehen, daß der Gesetzgeber diese Zwecke mit der schriftlichen Bestätigung nicht verfolgen wollte.

Die schriftliche Bestätigung dient somit zunächst der Dokumentation der Einwilligung zu Beweiszwecken. Daß hier mit der Dokumentation neben der Beweissicherung weitere Zwecke wie die Therapiesicherung und die Rechenschaftslegung[231] verfolgt werden, ist nicht anzunehmen, da diese Zwecke durch die Dokumentation der Einwilligung offensichtlich nicht erreicht werden können[232]. Die schriftliche Bestätigung dient demnach der Dokumentation der Einwilligung allein im Interesse der Beweissicherung. Darüber hinaus wird durch das Erfordernis der schriftlichen Bestätigung sichergestellt, daß die auf Seiten der Spendeeinrichtung an der Durchführung der Spendeentnahme beteiligten Personen an die Notwendigkeit der Einwilligung des Spenders erinnert werden, wodurch sichergestellt wird, daß die Spendeentnahme nicht ohne Einwilligung des Spenders erfolgt[233]. Die schriftliche Bestätigung der Einwilligung nach § 6 I 2 TFG dient somit auch dem Schutz des Selbstbestimmungsrechts des Spenders.

---

[231] Vgl. zu den Zwecken der Dokumentation ärztlicher Eingriffe Uhlenbruck in: Laufs/Uhlenbruck, § 59 Rn. 5ff.

[232] Aus diesem Grund umfaßt die Dokumentationspflicht bei Heileingriffen nicht die Einwilligung des Patienten, vgl. Bergmann, S. 154; Laufs, Rn. 455; Ratzel in: Ratzel/Lippert, § 10 Rn. 4f.; Steffen/Dressler, Rn. 458 m.w.N. aus der Rechtsprechung; Uhlenbruck in: Laufs/Uhlenbruck, § 59 Rn. 9; anderer Ansicht Stegers, Rn. 20.

[233] Es läßt sich hier von Rechtsgüterschutz durch formelle Erfordernisse sprechen.

bb) Zeitpunkt

§ 6 I 2 TFG regelt nicht, bis zu welchem Zeitpunkt die schriftliche Bestätigung der Einwilligung vorliegen muß. Aus dem Zweck des § 6 I 2 TFG, das Selbstbestimmungsrecht des Spenders zu schützen, indem das Vorliegen der Einwilligung gewährleistet wird, folgt jedoch, daß die Erteilung der schriftlichen Bestätigung vor der Spendeentnahme zu erfolgen hat, da durch eine Bestätigung nach Durchführung der Spendeentnahme der Schutz des Selbstbestimmungsrechts nicht zu erreichen ist.

cc) Bedeutung der schriftlichen Bestätigung

Es fragt sich, welche Bedeutung dieser schriftlichen Bestätigung zukommt. In Betracht zu ziehen sind folgende drei Alternativen: Die schriftliche Bestätigung kann zum einen Voraussetzung für die Wirksamkeit der Einwilligung sein. Zum anderen kann in ihr eine Beweismittelbeschränkung liegen. Schließlich kann es sich bei der schriftlichen Bestätigung um ein formelles Erfordernis für die Rechtmäßigkeit der Spendeentnahme handeln.

(1) Wirksamkeitsvoraussetzung der Einwilligung

Zunächst ist stellt sich die Frage, ob es sich bei der schriftlichen Bestätigung um eine Voraussetzung für die Wirksamkeit der Einwilligung handelt. Das Bundesministerium für Gesundheit bejaht diese Frage und sieht eine ohne schriftliche Bestätigung der Einwilligung erteilte Einwilligung als unwirksam an, so daß eine nachfolgende Spendeentnahme als rechtwidrige Körperverletzung qualifiziert werden muß[234].

Mit dem Wortlaut des § 6 I 2 TFG ist die Annahme einer Wirksamkeitsvoraussetzung jedoch, entgegen der Ansicht des Bundesministeriums für Gesundheit, nicht zu vereinbaren. Nach dem Wortlaut des § 6 I 2 TFG ist die Einwilligung von dem Spender schriftlich zu bestätigen. Dies spricht gegen die Annahme einer Wirksamkeitsvoraussetzung, da sich aus diesem Wortlaut nach der üblichen Terminologie des Gesetzgebers eine Abhängigkeit der Wirksamkeit der Einwilligung von der schriftlichen Bestätigung nicht ergibt[235]. Für eine Wirksamkeitsvoraussetzung

---

[234] Schreiben des Leiters des Referates 115 „Blut und Blutprodukte", Bundesministerium für Gesundheit, Regierungsdirektor von Auer an den Verfasser vom 23. September 1999.

[235] Um die Abhängigkeit der Wirksamkeit einer Erklärung von der Einhaltung einer bestimmten Form abhängig zu machen, verwendet der Gesetzgeber u.a. folgende Formulierungen: „bedarf der notariellen Beurkundung"; „ist die notarielle Beurkundung erforderlich"; „zur Gültigkeit ist die schriftliche Erteilung erforderlich"; „bedarf der schriftlichen Form"; „ist nur wirksam, wenn die Einwilligung schriftlich erteilt [worden ist]". Vgl. nur § 40 II 1 AMG; § 17 II 1 MPG; §§ 311, 313 S. 1, 518 I, 766 S. 1 BGB; § 4 I 1 VerbrKrG. Für einen Wirksamkeitszusammenhang

läßt sich auch nicht die Schutzfunktion der schriftlichen Bestätigung – unabhängig davon, welchen Umfang man ihr zubilligt – anführen. Dem steht entgegen, daß der Gesetzgeber einen Schutz des Spenders durch die Schriftform der Einwilligung nicht für so notwendig gehalten hat, daß er die Einwilligung der Schriftform unterworfen und ihre Wirksamkeit von deren Einhaltung abhängig gemacht hat. Mit dieser Wertung ist es nicht zu vereinbaren, dem durch die schriftliche Bestätigung bewirkten Schutz solche Bedeutung beizumessen, daß ohne sie die Einwilligung unwirksam ist. Zudem wäre es auch in hohem Maße inkonsequent, einerseits eine formlose Einwilligung vorzusehen und andererseits deren Wirksamkeit von einer schriftlichen Bestätigung abhängig zu machen.

Sofern der Gesetzgeber tatsächlich den Willen hatte, die Wirksamkeit der Einwilligung in die Spendeentnahme an die schriftliche Bestätigung zu binden, wie dies das Bundesministerium für Gesundheit vertritt[236], so ist dieser Wille jedenfalls in dem Gesetzeswortlaut und der Begründung zum Transfusionsgesetz sowie in den Materialien des Gesetzgebungsverfahrens nicht zum Ausdruck gekommen, er ist deshalb unbeachtlich. Die schriftliche Bestätigung ist demnach nicht Wirksamkeitsvoraussetzung der Einwilligung.

(2) Beweismittelbeschränkung

Nach einer von Deutsch vertretenen Auffassung handelt es sich bei der schriftlichen Bestätigung um eine Beweismittelbeschränkung. Der Beweis der Einwilligung in die Spendeentnahme und die Untersuchungen kann nach dieser Ansicht im Prozeß also nur in Form des Urkundenbeweises durch Vorlage der Bestätigung geführt werden[237].

Dieser Ansicht kann nicht gefolgt werden. Im Zivilprozeß gilt allgemein keine Beweismittelbeschränkung, die Parteien haben unter den Beweismitteln vielmehr grundsätzlich die freie Wahl[238]. Beweismittelbeschränkungen bestehen nur in den Ausnahmefällen der §§ 80 I, 165, 314, 592, 595 ZPO, Art. 40 ScheckG und Art. 44 I WechselG, in denen sie durch besondere Gründe gerechtfertigt sind.

Überwiegend beruhen Beweismittelbeschränkungen auf prozessualen Gründen. So dient § 80 I ZPO einer ordnungsgemäßen Durchführung des Prozesses, indem er sicherstellt, daß vor Gericht nur solche Personen als Prozeßvertreter auftreten, die tatsächlich bevollmächtigt sind und damit wirksam Prozeßhandlungen vornehmen

---

zwischen einer Erklärung und ihrer schriftlichen Bestätigung finden sich jedenfalls keine gesetzlichen Beispiele.

[236] Schreiben des Leiters des Referates 115 „Blut und Blutprodukte", Bundesministerium für Gesundheit, Regierungsdirektor von Auer an den Verfasser vom 23. September 1999.

[237] Deutsch, NJW 1998, 3377 (3380).

[238] Musielak/Foerste, § 284 Rn. 8; Stein/Jonas/Leipold, § 284 Rn. 33.

können. Zudem sind an den Bevollmächtigten Zustellungen und Ladungen zu bewirken, § 176 ZPO[239].

Die Beweismittelbeschränkung des § 165 ZPO sichert eine zügige Durchführung des Prozesses, indem er einen Streit über Förmlichkeiten, die von zentraler Bedeutung für den weiteren Prozeßverlauf sind, verhindert[240].

Einer zügigen Durchführung des Prozesses in der Rechtmittelinstanz dient § 314 ZPO. Er befreit das Rechtsmittelgericht von der Notwendigkeit, aufwendige Ermittlungen über das Parteivorbringen im vorausgegangenen Prozeß im Hinblick auf §§ 528, 529, 561 ZPO anzustellen[241].

Die Beweismittelbeschränkung der §§ 592, 595 ZPO resultiert daraus, daß es sich bei dem Scheck- und Wechselprozeß um ein besonderes Verfahren handelt, in dem der Kläger auf besonders schnellem Weg seinen Anspruch soll durchsetzen können. Aus diesem Grund sind die Beweismittel auf den in der Regel problemlos und schnell zu erhebenden Urkundenbeweis beschränkt[242].

Auf materiellen Erwägungen beruhen die Beweismittelbeschränkungen des Art. 40 ScheckG und des Art. 44 I WechselG. Ihr Zweck liegt in der einwandfreien Feststellung des Rückgriffsgrundes und der Verhinderung verspäteter Rückgriffe[243]. Das ist erforderlich, um die gewünschte hohe Zirkulationsfähigkeit von Schecks und Wechseln zu gewährleisten.

Beweismittelbeschränkungen existieren demnach, um eine ordnungsgemäße und zügige Durchführung des Prozesses sicherzustellen, um ein besonderes beschleunigtes Verfahren zu ermöglichen oder um die Verkehrsfähigkeit bestimmter Wertpapiere zu gewährleisten. Auf die schriftliche Bestätigung der Einwilligung in die Spendeentnahme und die Untersuchungen treffen diese Erwägungen, die eine Beweismittelbeschränkungen rechtfertigen könnten, nicht zu. Die schriftliche Bestätigung sichert nicht die Voraussetzungen zur ordnungsgemäßen Durchführung des gerichtlichen Verfahrens. Bei dem Arzthaftungsprozeß, in dem die schriftliche Bestätigung ihre primäre Relevanz erlangt, handelt es sich auch nicht um ein beschleunigtes Verfahren, sondern um das ordentliche Zivilverfahren. Eine Beweismittelbeschränkung ist schließlich nicht im Interesse einer zügigen Durchführung des Prozesses gerechtfertigt, denn diese Aufgabe kann die schriftliche Bestätigung nicht leisten. Durch sie kann lediglich die tatsächliche Erteilung der Einwilligung

---

[239] Vgl. Hartmann in: Baumbach/Lauterbach/Albers/Hartmann, § 80 Rn. 1; Stein/Jonas/Bork, § 80 Rn. 3.

[240] Hartmann in: Baumbach/Lauterbach/Albers/Hartmann, § 165 Rn. 1.

[241] Stein/Jonas/Leipold, § 314 Rn. 10.

[242] Stein/Jonas/Schlosser, vor § 592 Rn. 2; Zöller/Greger, Vor § 592 Rn. 1.

[243] Gursky, S. 89.

nachgewiesen werden, nicht aber deren Wirksamkeit[244]. Die tatsächliche Erteilung der Einwilligung wird jedoch kaum jemals zweifelhaft sein, erscheint doch eine Spendeentnahme ohne Einverständnis und Mitwirkung des Spenders nur schwer vorstellbar. Ersichtlich nicht in Betracht kommt eine Beweismittelbeschränkung mit dem Ziel, eine hohe Zirkulationsfähigkeit zu gewährleisten. Es bestehen demnach keine Gründe, die eine Beweismittelbeschränkung rechtfertigen könnten.

Die Annahme einer Beweismittelbeschränkung würde außerdem zu dem kaum verständlichen Ergebnis führen, daß die Einwilligung zwar wirksam formlos erteilt werden kann, aber bei fehlender Bestätigung im Prozeß nicht beweisbar und damit de facto unwirksam ist. Das widerspräche auch dem Willen des Gesetzgebers, der die Wirksamkeit der Einwilligung nicht von der Einhaltung einer Schriftform abhängig machen wollte. In dem Erfordernis der schriftlichen Bestätigung liegt mithin keine Beweismittelbeschränkung.

(3) Formelles Rechtmäßigkeitserfordernis

§ 6 I 2 TFG konstituiert mithin ein formelles Erfordernis, dessen Einhaltung Voraussetzung für die Rechtmäßigkeit der Spendeentnahme ist. Er begründet damit Pflichten für die die Spendeentnahme durchführenden und für sie verantwortlichen Personen. Zu unterscheiden ist zwischen Organisationspflichten, Überwachungspflichten und der Pflicht zur tatsächlichen Einholung der schriftlichen Bestätigung.

Wer Adressat der Pflicht zur Einholung der schriftlichen Bestätigung ist, regelt das Transfusionsgesetz zutreffend nicht, da dies eine Frage der Organisation der jeweiligen Spendeeinrichtung darstellt. Soweit keine anderweitigen Regeln getroffen worden sind, ist die Person als verpflichtet anzusehen, der gegenüber die Einwilligung erklärt wird. Für den Leiter der Spendeeinrichtung, den leitenden Arzt der Spendeeinrichtung und den Herstellungsleiter begründet § 6 I 2 TFG Organisations- und Überwachungspflichten. Sie sind verpflichtet, die Spendeentnahme so zu organisieren, daß die Einholung der schriftlichen Bestätigung gewährleistet ist. Die von ihnen mit dieser Aufgabe betrauten Personen sind zu überwachen. Für die Person, die die Spendeentnahme durchführt und für den Arzt, der nach § 7 II TFG für die Durchführung verantwortlich ist, ergeben sich aus § 6 I 2 TFG Kontrollpflichten im konkreten Fall. Es ist von ihnen vor der Spendeentnahme zu kontrollieren, daß die schriftliche Bestätigung der Einwilligung vorliegt.

---

[244] Zum beschränkten Beweiswert BGH, NJW 1985, 1399.

dd) Auswirkungen

(1) Berufsrechtliche Auswirkungen

Die durch § 6 I 2 TFG begründeten Pflichten stellen für die Personen, die die Spendeentnahme durchführen oder für sie verantwortlich sind, Berufspflichten dar. Soweit die verpflichteten Personen Mitglieder einer berufsständischen Kammer sind, was für die an der Spendeentnahme beteiligten Ärzte und Apotheker zutrifft, kommt bei Verletzung dieser Pflichten eine berufsrechtliche Ahndung in Betracht, da in der Verletzung von Berufspflichten ein Berufsvergehen liegt, vgl. § 60 I nds. HKG. Die Kompetenz des Bundesgesetzgebers zur Konstituierung ärztlicher bzw. apothekerlicher Berufspflichten für den Bereich des Blutspende- und Transfusionswesens ergibt sich als Kompetenz kraft Sachzusammenhangs aus der gem. Art. 74 I Nr. 26 GG dem Bundesgesetzgeber zustehenden Kompetenz zur Regelung des Transplantationswesens, da der Begriff der Transplantation auch die Transfusion umfaßt[245].

Geahndet werden kann das Berufsvergehen gem. § 60 I nds. HKG durch berufsgerichtliche Maßnahmen oder durch eine Rüge der Kammer. Als berufsgerichtliche Maßnahmen kommen nach § 63 I 1 nds. HKG ein Verweis, eine Geldbuße bis 100.000,- DM, die Entziehung des Berufswahlrechts für die Dauer von mindestens fünf Jahren oder die Feststellung, daß der betreffende Arzt oder Apotheker unwürdig ist, seinen Heilberuf auszuüben, in Betracht. Als einschneidenste Sanktion ist schließlich der Widerruf der Approbation gem. § 5 II BÄO bzw. § 6 II BApO möglich, da die Verletzung der Berufspflichten dazu führen kann, daß der Arzt bzw. Apotheker als unzuverlässig anzusehen ist, er also nicht mehr die Gewähr dafür bietet, den Beruf des Arztes oder Apothekers zukünftig ordnungsgemäß auszuüben[246]. Aufgrund des Verhältnismäßigkeitsgrundsatzes kommt ein Entzug der Approbation aber nur bei massiver Pflichtverletzung in Frage, etwa bei vorsätzlicher und wiederholter Verletzung der Berufspflicht.

(2) Verwaltungsrechtliche Auswirkungen

Die Verletzung der Pflicht zur Einholung der schriftlichen Bestätigung der Einwilligung hat zur Folge, daß die Spendeentnahme nicht den Vorschriften des Transfusionsgesetzes entspricht und damit rechtswidrig ist. Sofern es in einer Spendeeinrichtung wiederholt zu solchermaßen rechtswidrigen Spendeentnahmen kommt, kann dies die Annahme begründen, daß der Herstellungsleiter die zur Ausübung seiner Tätigkeit erforderliche Zuverlässigkeit nicht besitzt bzw. nicht in

---

[245] Begründung zum Antrag der CDU/CSU-Mitglieder in der Gemeinsamen Verfassungskommission zur Ergänzung des Art. 74 I Nr. 26 (neu) GG, Kommissionsdrucksache Nr. 16.

[246] Vgl. Narr, Band I, Rn. 79 (S. 104.4).

der Lage ist, seine Verpflichtungen ständig zu erfüllen, oder der Hersteller nicht in der Lage ist zu gewährleisten, daß die Herstellung nach dem Stand der Wissenschaft vorgenommen wird. In diesem Fall kann die zuständige Behörde im Einvernehmen mit dem Paul-Ehrlich-Institut als zuständiger Bundesoberbehörde gem. § 18 I i.V.m. § 14 I Nr. 4, 5 oder 6a AMG die Herstellungserlaubnis des Trägers der Spendeeinrichtung aufheben oder ihr Ruhen anordnen.

(3) Zivilprozessuale Auswirkungen

Zivilprozessuale Bedeutung, insbesondere im Arzthaftungsprozeß, kommt der schriftlichen Bestätigung nicht zu. Zwar erscheint es denkbar, daß das Fehlen einer schriftlichen Bestätigung im Wege des prima facie-Beweises das Fehlen der Einwilligung beweist. Gegen diese Annahme spricht jedoch, daß Voraussetzung für die Anwendung des Anscheinsbeweises ein typischer Geschehensablauf ist, also ein sich aus der allgemeinen Lebenserfahrung bestätigender gleichförmiger Vorgang[247]. Es müßte also der Erfahrungssatz bestehen, daß bei fehlender schriftlicher Bestätigung eine Einwilligung des Spenders in die Spendeentnahme typischerweise nicht vorgelegen hat. Ein solcher Erfahrungssatz besteht aber nicht. Da in Deutschland über Spendeentnahmen ohne Einwilligung des Spenders nichts bekannt ist, wird bei fehlender schriftlicher Bestätigung nach allgemeiner Lebenserfahrung vielmehr darauf zu schließen sein, daß die Erteilung der Bestätigung schlicht vergessen worden ist.

Der Annahme eines Anscheinsbeweises steht weiterhin entgegen, daß dessen Anwendung nur in Fällen objektiver Beweisnot angebracht ist[248]. Eine solche Beweisnot besteht für den Spender nicht, da es sich bei der Einwilligung um die Rechtfertigung der durch die Spendeentnahme tatbestandlich verwirklichten Körperverletzung handelt, also um eine Einwendung. Diese ist entsprechend den allgemeinen Grundsätzen von dem zu beweisen, der sich auf sie beruft[249]. Die Beweislast für die Einwilligung trifft mithin die die Spendeentnahme durchführenden Personen. Eine Beweisnot des Spender im Hinblick auf Existenz und Inhalt der Einwilligung ist deshalb ausgeschlossen.

Im entgegengesetzten Fall der vorliegenden schriftlichen Bestätigung begründet diese zu Gunsten der die Spendeentnahme durchführenden Personen den Anscheinsbeweis dafür, daß die Einwilligung erteilt worden ist[250]. Im Hinblick dar-

---

[247] MünchKomm-ZPO/Prütting, § 286 Rn. 47; Rosenberg/Schwab/Gottwald, § 115 III.

[248] BGHZ 24, 308 (313); Huber, JR 1985, 177 (179); Rosenberg/Schwab/Gottwald, § 115 III 2 d.

[249] Rosenberg/Schwab/Gottwald, § 117 II 2; speziell zur Beweislastverteilung im Arzthaftpflichtprozeß BGH, NJW 1985, 1399; Deutsch, Medizinrecht, Rn. 320; Giesen, Rn. 358; Laufs in: Laufs/Uhlenbruck, § 63 Rn. 3.

[250] Vgl. OLG München, VersR 1988, 525f. für die schriftliche Bestätigung der Aufklärung.

auf, daß in Deutschland Spendeentnahmen ohne Einwilligung des Spenders typischerweise nicht vorkommen, dürfte diesem Anscheinsbeweis jedoch nur geringe praktische Bedeutung zukommen.

(4) Deliktsrechtliche Auswirkungen

Aus deliktsrechtlichem Blickwinkel stellt § 6 I 2 TFG ein Schutzgesetz i.S.v. § 823 II BGB dar und die durch ihn begründeten Pflichten Verkehrspflichten. Die praktische Bedeutung dieser Verkehrspflichten ist freilich gering. Das ergibt sich zum einen daraus, daß weder die schriftliche Bestätigung Wirksamkeitsvoraussetzung der Einwilligung ist noch aus der Unterlassung der Dokumentation der Einwilligung eine Verletzung von durch § 823 I BGB geschützten Rechtsgütern resultieren kann. Die Verletzung der Pflicht als solcher hat demnach keine deliktsrechtlich relevanten Auswirkungen. Zum anderen ist in einer Spendeentnahme ohne Einwilligung des Spenders ohne Zweifel grundsätzlich eine rechtswidrige und schuldhafte Verletzung des Rechts des Spenders auf Selbstbestimmung zu sehen, so daß es insoweit zur Begründung einer rechtswidrigen und schuldhaften Verletzung i.S.v. § 823 I BGB eines Rückgriffs auf die Mißachtung der Verkehrspflicht nicht bedarf[251]. Nur geringe Bedeutung kommt § 6 I 2 TFG auch unter dem Aspekt des Schutzgesetzes zu, da die Verletzung der Pflicht zur Dokumentation der Einwilligung kaum jemals zu einem nach § 823 II BGB ersatzfähigen Schaden führen wird.

ee) Sachgerechtigkeit

Die Sachgerechtigkeit des Erfordernisses der schriftlichen Bestätigung der Einwilligung unterliegt erheblichen Bedenken. Nach allgemeinen medizinrechtlichen Grundsätzen existiert keine Pflicht, die Einwilligung zu dokumentieren[252]. Ein Interesse der Spender an der schriftlichen Bestätigung zum Zweck der Dokumentation der Einwilligung zur Beweissicherung besteht aufgrund der Beweislastverteilung nicht[253]. Auch zum Schutz des Selbstbestimmungsrechts der Spender erscheint die schriftliche Bestätigung nicht erforderlich, da sie nur fahrlässige Verletzungen des Selbstbestimmungsrechts zu verhindern vermag, eine Spendeentnahme ohne Einwilligung des Spenders, die nicht auf einer bewußten Mißachtung

---

[251] Vgl. zu dieser Konkretisierungsfunktion der Verkehrspflichten Larenz/Canaris, § 76 III; Soergel/Zeuner, § 823 Rn. 154ff.

[252] Vgl. Bergmann, S. 154; Laufs, Rn. 455; Ratzel in: Ratzel/Lippert, § 10 Rn. 4f.; Steffen/Dressler, Rn. 458 m.w.N. aus der Rechtsprechung; Uhlenbruck in: Laufs/Uhlenbruck, § 59 Rn. 9, die eine Pflicht zur Dokumentation der Einwilligung nicht erwähnen. Anderer Ansicht ist Stegers, Rn. 20.

[253] Zur Beweislastverteilung siehe oben dd) (3).

des Selbstbestimmungsrechts des Spenders beruht, jedoch kaum denkbar ist. Die Einholung der schriftlichen Bestätigung der Einwilligung liegt somit allein im Interesse der die Spendeentnahme durchführenden oder für sie verantwortlichen Personen. In Anbetracht dieses Umstandes sollte die Entscheidung darüber, ob eine schriftliche Bestätigung der Einwilligung eingeholt wird, diesen Personen überlassen bleiben.

Als Rechtfertigung für das Erfordernis der schriftlichen Bestätigung könnte allerdings angeführt werden, daß bei der Spendeentnahme üblicherweise eine schriftliche Bestätigung der Einwilligung vom Spender eingeholt wird, so daß § 6 I 2 TFG lediglich eine Kodifizierung der bestehenden Praxis darstellt. Dieses Argument kann aber nicht überzeugen. Weder bestand bisher eine mit Sanktionen bewehrte Pflicht, die Einwilligung schriftlich bestätigen zu lassen. Noch bietet allein der Umstand, daß ein bestimmtes Verhalten üblicherweise praktiziert wird, eine hinreichende Rechtfertigung dafür, daß die Befolgung dieses Verhaltens zur Pflicht zu erheben und an ihre Verletzung Sanktionen zu knüpfen. Das durch § 6 I 2 TFG begründete Erfordernis der schriftlichen Bestätigung der Einwilligung des Spenders ist mithin nicht sachgerecht.

ff) Ergebnis

Das Erfordernis der schriftlichen Bestätigung der Einwilligung vor Durchführung der Spendeentnahme ist ein formelles Rechtmäßigkeitserfordernis der Spendeentnahme, das der Beweissicherung und dem Schutz des Selbstbestimmungsrechts des Spenders dient. § 6 I 2 TFG begründet für die an der Spendeentnahme beteiligten Personen Pflichten. Der Inhalt der Pflicht besteht für den Leiter der Spendeeinrichtung, den leitenden Arzt der Spendeeinrichtung und den Herstellungsleiter in der Schaffung der organisatorischen Voraussetzungen, um die Einholung der schriftlichen Bestätigung zu gewährleisten, und in der Überwachung der mit dieser Aufgabe betrauten Personen. Inhalt der Pflicht der Person, die die Spendeentnahme durchführt, und des Arztes, unter dessen Verantwortung die Spendeentnahme erfolgt, ist die Kontrolle, daß eine schriftliche Bestätigung im konkreten Fall vorliegt. Die zur Einholung der schriftlichen Bestätigung verpflichtete Person ergibt sich aus der Organisation der jeweiligen Spendeeinrichtung. Bei Verletzung der sich aus § 6 I 2 TFG ergebenden Pflichten kann gem. § 18 I AMG die Herstellungserlaubnis des Trägers der Spendeeinrichtung aufgehoben oder ihr Ruhen angeordnet werden. Soweit es sich bei den verpflichteten Personen um Ärzte oder Apotheker handelt, kann eine Pflichtverletzung berufsrechtlich nach §§ 60ff. nds. HKG und § 5 II BÄO bzw. § 6 II BApO geahndet werden.

d) Einwilligung bei einwilligungsunfähigen Personen

Voraussetzung der Einwilligung in die Spendeentnahme und die Untersuchungen ist die Einwilligungsfähigkeit des Spenders. Dieser muß in der Lage sein, Wesen, Bedeutung und Tragweite der Spendeentnahme und der Untersuchungen sachgerecht abzuschätzen und sein Handeln nach dieser Einsicht zu bestimmen. Zwar ist die Regelung des § 7 II 1 Nr. 1 E(1)-TFG, die die Einwilligungsfähigkeit ausdrücklich als Wirksamkeitsvoraussetzung der Einwilligung nannte, fortgefallen. Die Notwendigkeit der Einwilligungsfähigkeit ergibt sich aber zum einen daraus, daß die Einwilligung als Ausfluß der Selbstbestimmung bereits begrifflich Einwilligungsfähigkeit voraussetzt. Zum anderen verlangt § 6 I 1 TFG, daß der Spender in einer *für ihn verständlichen* Weise über Wesen, Bedeutung und Durchführung der Spendeentnahme aufzuklären ist, womit implizit die Einwilligungsfähigkeit vorausgesetzt wird.

Einwilligungsunfähige Personen können demnach nicht wirksam in eine Spendeentnahme einwilligen. § 7 III E(1)-TFG sah vor, daß bei ihnen die Einwilligung des gesetzlichen Vertreters genügte. Diese Regelung ist nicht Gesetz geworden. Für die Einwilligung in die Spendeentnahme und die Untersuchungen bei Einwilligungsunfähigen gelten somit die allgemeinen Grundsätze[254].

Nach den allgemeinen Regeln darf der gesetzliche Vertreter seine Einwilligung nur zu solchen medizinischen Eingriffen erteilen, die im Interesse der einwilligungsunfähigen Person geboten, d.h. medizinisch indiziert sind[255]. Diese Beschränkung folgt aus der gesetzlichen Grundlage der Einwilligungsbefugnis des gesetzlichen Vertreters. Die Einwilligungsbefugnis der Eltern beruht auf der elterlichen Sorge, §§ 1626, 1626a BGB. Die elterliche Sorge ist ein dem Wohl und der Entwicklung des Kindes dienendes Schutzverhältnis[256], sie ist im wesentlichen „kindnützige" Fürsorge für das Kind[257]. Die Rechtsposition des Vormundes ist dem elterlichen Sorgerecht strukturell nachgebildet und an dem Wohl des Mündels orientiert[258]. Die Befugnisse des Betreuers sind gleichfalls fremdnützig motiviert und an dem Wohl des Betreuten ausgerichtet, vgl. § 1901 I 1 BGB. Im Interesse des Spenders kann grundsätzlich nur eine Eigenblutentnahme liegen. Allein zu ihr darf deshalb der gesetzliche Vertreter seine Einwilligung erteilen. Von der Entnahme von Fremdblutspenden sind nicht einwilligungsfähige Personen ausgeschlossen[259]. Das erscheint als richtig, weil die einwilligungsunfähige Person an-

---

[254] BT-Drks. 13/9594, S. 18; Deutsch, NJW 1998, 3377 (3380).

[255] Bender, ZRP 1997, 353 (355); Giesen, Rn. 253; Kern, NJW 1994, 753 (756); vgl. in diesem Sinne auch §§ 40, 41 AMG und §§ 17, 18 MPG.

[256] BGHZ 66, 334 (337); 73, 131 (132).

[257] BVerfGE 75, 201 (218); MünchKomm/Hinz, § 1626 Rn. 4f; Soergel/Strätz, § 1626 Rn. 3.

[258] MünchKomm/Schwab, § 1793 Rn. 1.

[259] So auch Bender, ZRP 1997, 353 (355); Deutsch, NJW 1998, 3377 (3380).

sonsten in einer mit Art. 1 I GG nicht zu vereinbarenden Weise zum Objekt fremder Interessen gemacht würde[260].

Allerdings fragt sich, ob nicht in Ausnahmefällen die Einwilligung des gesetzlichen Vertreters in eine Fremdblutspende einwilligungsunfähiger Personen von der Rechtsordnung zuzulassen ist. Zu denken ist hier an Fallkonstellationen, in denen die Fremdblutspende auch im Interesse der einwilligungsunfähigen Person liegt – etwa wenn ein Elternteil aufgrund eines Unfalls eine Transfusion benötigt, geeignetes Blut oder geeignete Blutbestandteile aber nicht zur Verfügung stehen. Der Gesetzgeber hat eine besondere Regelung dieses Problems im Transfusionsgesetz nicht getroffen. Zu entscheiden ist deshalb nach den allgemeinen zivilrechtlichen Grundsätzen. Die Zulässigkeit der Einwilligung hängt demnach davon ab, ob in den genannten Fällen die Fremdblutspende dem Kindeswohl bzw. dem Wohl des Mündels oder Betreuten entspricht. Hierbei sind auf der einen Seite die mit dem Eingriff verbundenen Risiken und die aus ihm resultierenden Konsequenzen zu berücksichtigen. Auf der anderen Seite sind die persönlichen Nachteile, die der einwilligungsunfähigen Person aus dem eventuellen Verlust der betreffenden Person erwachsen, in die Abwägung einzustellen. Auch ist hier zu beachten, welche wirtschaftlichen Auswirkungen aus dem Verlust für den Einwilligungsunfähigen folgen.

Als Leitlinie ergibt sich demnach, daß eine Fremdblutspende desto eher dem Wohl der einwilligungsunfähigen Person entspricht, je geringer die mit der Spendeentnahme für sie verbundenen Risiken sind und je enger und für die weitere Entwicklung des Einwilligungsunfähigen bedeutender die persönlichen Beziehungen zu dem potentiellen Empfänger der Spende sind. In zweiter Linie sind auch wirtschaftliche Erwägungen zu berücksichtigen. So kann ein zusätzliches Argument für die Fremdblutspende darin liegen, daß der einwilligungsunfähigen Person andernfalls unter Umständen die finanzielle Lebensgrundlage verloren geht. In diesen Fällen liegt dann auch kein Verstoß gegen die Menschenwürde vor, weil der Einwilligungsunfähige nicht zum Objekt fremder Interessen degradiert wird, sondern der Eingriff zugleich durch seine Interessen gerechtfertigt ist.

In Anbetracht der grundsätzlich nur geringen Risiken der Spendeentnahme und der erheblichen Nachteile, die aus dem Verlust einer nahestehenden Person resultieren können, ist es nicht ausgeschlossen, daß die Abwägung ergibt, daß auch eine Fremdblutspende dem Wohl einer einwilligungsunfähigen Person entspricht. Die Abwägung dürfte in der Regel allerdings nur dann zugunsten einer Spendeentnahme ausfallen, wenn es sich bei dem Empfänger um eine Person handelt, die zum Kreis der engsten Verwandten zu zählen ist.

---

[260] Bender, ZRP 1997, 353 (355); zustimmend zum Ausschluß der fremdnützigen Spende auch Deutsch, NJW 1998, 3377 (3380).

Es ist somit eine Einwilligung des gesetzlichen Vertreters in eine Fremdblutentnahme bei einwilligungsunfähigen Personen möglich, wenn dies deren Wohl dient. Sie muß aber auf Ausnahmefälle beschränkt bleiben. Die Berufung auf das Wohl der einwilligungsunfähigen Person darf die grundsätzliche Entscheidung gegen eine Fremdblutentnahme bei Einwilligungsunfähigen nicht konterkarieren. Soweit eine wirksame Einwilligung nicht vorliegt, stellt sich hier die Frage, ob die in der Spendeentnahme liegende Körperverletzung nach § 34 StGB gerechtfertigt sein kann[261].

e) Volljährigkeit

Das Transfusionsgesetz macht die Wirksamkeit der Einwilligung in die Spendeentnahme nicht von der Volljährigkeit des Spenders abhängig[262]. Die Regelung des Transfusionsgesetzes stimmt damit mit der bei ärztlichen Heileingriffen geltenden Rechtslage überein. Es fragt sich, ob diese Regelung angemessen ist. Bedenken ergeben sich aus § 40 AMG, § 17 MPG und § 8 TPG. Diese sehen vor, daß die Einwilligung in die klinische Prüfung von Arzneimitteln und Medizinprodukten und die Einwilligung in die Lebendorganspende nur von volljährigen Personen wirksam erteilt werden können. Aus diesen Vorschriften könnte zu entnehmen sein, daß die Einwilligung in fremdnützige medizinische Eingriffe stets Volljährigkeit voraussetzt. Die Anwendung der für Heileingriffe geltenden Grundsätze auf die fremdnützige Spendeentnahme wäre dann nicht sachgerecht.

Aus § 40 AMG, § 17 MPG und § 8 TPG läßt sich jedoch weder ein dahingehender Grundsatz ableiten noch treffen die Erwägungen, die dort die Wirksamkeitsvoraussetzung der Volljährigkeit rechtfertigen, auf die Spendeentnahme zu. Ein allgemeiner Grundsatz, daß die Einwilligung in fremdnützige Eingriffe die Volljährigkeit des Einwilligenden voraussetzt, läßt sich § 40 AMG, § 17 MPG und § 8 TPG nicht entnehmen, weil das Erfordernis der Volljährigkeit nicht auf allgemeinen, übergreifenden Gründen beruht, die einen allgemeinen Grundsatz tragen könnten. Das Erfordernis der Volljährigkeit ergibt sich bei § 40 AMG und § 17 MPG daraus, daß der Proband geschäftsfähig sein muß, was nur bei volljährigen Personen der Fall ist. Es dient dem Zweck, die Wirksamkeit der vertraglichen Beziehungen zwischen Prüfer und Proband (Behandlungs- bzw. Prüfvertrag) mit der Wirksamkeit der Einwilligung in die klinische Prüfung zu synchronisieren[263]. Die Einwilligung des Probanden soll also nur wirksam sein, wenn ihm zugleich die Ansprüche aus dem Behandlungs- bzw. Prüfvertrag zustehen. § 8 TPG hingegen

---

[261] Siehe zu den Fragen der Rechtfertigung unten J.

[262] Nach dem, in den Richtlinien der Bundesärztekammer zur Hämotherapie, 3.1. festgestellten Stand der medizinischen Wissenschaft sind allerdings minderjährige Spender von der Spendeentnahme grundsätzlich auszuschließen.

[263] Deutsch, Medizinrecht, Rn. 781 [zu § 40 AMG].

macht die Volljährigkeit zur Wirksamkeitsvoraussetzung, um den Lebendorganspender zu schützen. Nach Ansicht des Gesetzgeber sind die Risiken und Konsequenzen der Lebendorganspende für den Spender so gravierend, daß die Einwilligung nur von volljährigen Personen erteilt werden kann, weil grundsätzlich nur diese die erforderliche Einsichtsfähigkeit aufweisen[264].

Diese Erwägungen treffen auch nicht auf die fremdnützige Spendeentnahme zu, so daß sie dort das Wirksamkeitserfordernis der Volljährigkeit rechtfertigen könnten. Zwischen Spender und Spendeeinrichtung bestehen im Zusammenhang mit der Spendeentnahme grundsätzlich keine vertraglichen Beziehungen, die Leistungsansprüche des Spenders begründen[265]. Das Argument der Synchronisierung der Wirksamkeit der vertraglichen Beziehungen und der Wirksamkeit der Einwilligung im Interesse des Spenders trägt somit nicht. Auch sind die Risiken und möglichen Folgen der Spendeentnahme in keiner Weise so gravierend, als daß generell nur volljährigen Personen das notwendige Maß an Einsichtsfähigkeit zuerkannt werden kann. Es ist deshalb sachgerecht, die Wirksamkeit der Einwilligung in die fremdnützige Spendeentnahme nicht von der Volljährigkeit des Spenders abhängig zu machen.

Bei einwilligungsfähigen minderjährigen Spendern ist zusätzlich zu deren Einwilligung die Einwilligung des gesetzlichen Vertreters erforderlich. Die Notwendigkeit der Einwilligung des gesetzlichen Vertreter ergibt sich argumentum a maiore ad minus daraus, daß diese bei ärztlichen Heileingriffen erforderlich ist: Wenn die zusätzliche Einwilligung des gesetzlichen Vertreters zum Schutz des Minderjährigen bei Eingriffen erforderlich ist, die der Heilung und Wiederherstellung der Gesundheit des Minderjährigen zu dienen bestimmt sind, so muß dies erst recht bei Eingriffen gelten, die nicht der Gesundheit des Minderjährigen nützen, sondern für ihn nur mit Risiken verbunden sind.

f) Geschäftsfähigkeit

Die Einwilligung in die Spendeentnahme setzt nicht die Geschäftsfähigkeit des Spenders zu ihrer Wirksamkeit voraus. Dies ergibt sich bereits daraus, daß auch Minderjährige wirksam in die Spendeentnahme einwilligen können.

Die Unabhängigkeit der Einwilligung von der Geschäftsfähigkeit ist sachgerecht. Wie bereits dargelegt, machen § 40 AMG und § 17 MPG die Wirksamkeit der Einwilligung aus dem Grund von der Geschäftsfähigkeit abhängig, um im Interesse des Probanden eine Gleichschaltung der vertraglichen Beziehungen zwischen

---

[264] Voll, S. 235f. m.w.N.

[265] Der Anspruch auf Zahlung der Aufwandsentschädigung beruht auf der Auslobung, vgl. oben D. III. 1. cc). Bei ihr handelt es sich nach herrschender Meinung nicht um einen Vertrag, sondern um ein einseitiges Rechtsgeschäft, s. MünchKomm/Seiler, § 657 Rn. 3ff.

Prüfer und Proband mit der Einwilligung zu erreichen. Dazu besteht bei der Spendeentnahme kein Anlaß, da es bei der Spendeentnahme in aller Regel an vertraglichen Beziehungen zwischen Spender und Spendeeinrichtung fehlt, die Leistungsansprüche des Spenders begründen.

g) Verwahrte

Anders als § 40 I 1 Nr. 3 AMG und § 17 I Nr. 3 MPG sieht – und hat dies auch nie vorgesehen – das Transfusionsgesetz keinen Ausschluß von auf gerichtlicher oder behördlicher Anordnung verwahrten Personen von der Spendeentnahme vor. Der Ausschluß verwahrter Personen in § 40 AMG und § 17 MPG beruht darauf, daß bei ihnen grundsätzlich zu unterstellen ist, daß sie aufgrund des bestehenden Gewaltverhältnisses zu einer freien Willensentscheidung nicht in der Lage sind. Insbesondere bei Strafgefangenen ist die Wahrscheinlichkeit groß, daß das Motiv für die Teilnahme an einer klinischen Prüfung nicht auf einer freien Willensentscheidung beruht, sondern in der Erwartung von Vergünstigungen oder einer Haftverkürzung begründet ist[266].

Diese Erwägungen treffen auch auf die fremdnützige Spendeentnahme bei verwahrten Personen zu. Erwägenswert ist allenfalls, die möglicherweise reduzierte Entscheidungsfreiheit mit Rücksicht auf die geringen Risiken der Spendeentnahme hinzunehmen. Dagegen spricht jedoch die Bedeutung der Freiheit der Selbstbestimmung und die dem Gesetzgeber durch das Grundgesetz auferlegte Pflicht, diese zu schützen. Es wäre mithin sachgerecht, auf gerichtliche oder behördliche Anordnung verwahrte Personen von der fremdnützigen Spendeentnahme auszuschließen.

Der Verzicht des Transfusionsgesetzes auf eine entsprechende Regelung liegt wohl darin begründet, daß verwahrte Personen als Angehörige einer Risikogruppe gelten und deshalb nach dem Stand der medizinischen Wissenschaft zur Spendeentnahme untauglich und von ihr auszuschließen sind[267]. Dem Fehlen eines Ausschlusses verwahrter Personen im Transfusionsgesetz kommt damit keine praktische Bedeutung zu. Die Normierung eines Ausschlusses verwahrter Personen von der Spendeentnahme wäre aber im Interesse einer Klarstellung bedeutsam und wünschenswert. Zudem handelt es sich bei der Frage des Ausschlusses verwahrter Personen nicht um eine ausschließlich oder überwiegend medizinische Entscheidung, sondern in zumindest gleichem Maße um eine Frage der staatlichen Schutzpflicht für die Freiheit der Selbstbestimmung. Die Entscheidung dieser Frage sollte deshalb nicht der medizinischen Wissenschaft allein überlassen bleiben.

---

[266] Begründung zum Regierungsentwurf eines AMG, BT-Drks. 7/3060, S. 54.

[267] Richtlinien zur Hämotherapie, 3.2.2.1. (insbes. Rn. 3).

h) Widerruflichkeit der Einwilligung

Im Gegensatz zu § 7 II 3 E(1)-TFG, § 40 II 2 AMG, § 17 II 2 MPG und § 8 II 5 TPG bestimmt § 6 TFG nicht ausdrücklich, daß die Einwilligung jederzeit widerrufen werden kann. Daraus läßt sich aber nicht im Gegenschluß entnehmen, daß die Einwilligung in die Spendeentnahme nicht widerruflich ist. Auch läßt sich nicht e contrario schließen, daß ein Ausschluß der Widerruflichkeit durch Vertrag möglich ist.

Die Einwilligung in ärztliche Eingriffe, sowohl Heileingriffe als auch fremdnützige Eingriffe, ist generell frei widerruflich. Das ist so selbstverständlich, daß eine Begründung dafür in aller Regel nicht gegeben wird[268]. Der Grund für die jederzeitige Widerruflichkeit und den Ausschluß einer vertraglichen Bindung liegt darin, daß die Einwilligung in einen Eingriff in die körperliche Integrität das Persönlichkeitsrecht in so starkem Maße berührt, daß der Einwilligende in seiner Entscheidung, den Eingriff hinzunehmen, zu jeder Zeit frei sein muß[269].

Dieses gilt ebenfalls für die Einwilligung in die Spendeentnahme. Die Spendeentnahme stellt einen Eingriff in die körperliche Integrität des Spenders dar, der über dessen Hinnahme aufgrund seines Persönlichkeitsrechts immer frei entscheiden können muß. Anders als bei § 40 AMG, § 17 MPG und § 8 TPG erscheint eine ausdrückliche gesetzliche Normierung der Widerruflichkeit der Einwilligung bei der Spendeentnahme jedoch nicht erforderlich. Im Rahmen des § 40 AMG und § 17 MPG ist eine ausdrückliche Normierung angebracht, weil bei der klinischen Prüfung von Arzneimitteln und Medizinprodukten zwischen Prüfer und Proband grundsätzlich ein Behandlungs- bzw. Prüfvertrag abgeschlossen wird. Daß dieser Vertrag die Widerruflichkeit nicht ausschließt und sie durch ihn auch nicht ausschlossen kann, ist zum Schutz des Probanden notwendig hervorzuheben. Bei der Spendeentnahme wird hingegen kein Vertrag zwischen Spendeeinrichtung und Spender geschlossen, der den Eindruck einer vertraglichen Pflicht zur Duldung der Spendeentnahme und des Ausschlusses der Widerruflichkeit hervorrufen könnte. Einer Klarstellung bedarf es deshalb nicht.

Auch der Grund, der die ausdrückliche Normierung der freien Widerruflichkeit in § 8 II 5 TPG trägt, trifft bei der Spendeentnahme nicht zu. Bei der Lebendorganspende ist eine Klarstellung geboten, um sicherzustellen, daß der Spender sich unter keinen Umständen in einer solch existentielle Belange berührenden Entscheidung wie der Lebendorganspende gebunden fühlt. Im Hinblick auf die gerin-

---

[268] Vgl. z.B. Deutsch, Medizinrecht, Rn. 106; MünchKomm/Mertens, § 823 Rn. 446; zu § 40 AMG: BT- Drks 7/3060 S. 54; Laufs, Rn. 680; Sander, § 40 Nr. 7.

[269] Vgl. zum Ausschluß der Bindung im höchstpersönlichen Bereich BGHZ 97, 372 (379); Medicus, Bürgerliches Recht, Rn. 372a; MünchKomm/Mayer-Maly, § 138 Rn. 16; Palandt/Brudermüller, § 1353 Rn. 14.

ge Bedeutung der Spendeentnahme für den Spender ist eine Klarstellung unter diesem Aspekt bei § 6 TFG nicht erforderlich.

3. Aufklärung

a) Inhalt und Umfang der Aufklärung

Gem. § 6 I 1 TFG ist der Spender über Wesen, Bedeutung und Durchführung der Spendeentnahme und der damit verbundenen Untersuchungen aufzuklären. Unter „Wesen" ist das Besondere, das Kennzeichnende einer Sache, ihre Natur, ihr Charakter zu verstehen[270]. Das Wesen der Spendeentnahme liegt darin, daß es sich um einen fremdnützigen Eingriff handelt, der nicht im Interesse des Spenders indiziert ist. Der Spender muß also darüber aufgeklärt werden, daß die Spendeentnahme ihm selbst keinerlei medizinischen Vorteil bringt[271].

„Bedeutung" meint Sinn, Wichtigkeit, Ernst oder Tragweite[272]. Aus dem Nebeneinander der Begriffe „Bedeutung" und „Risiken" in § 8 II 1 Nr. 2 TFG läßt sich schließen, daß die medizinische Bedeutung der Spendeentnahme für den Spender nicht von dem Begriff „Bedeutung" erfaßt ist. Unter „Bedeutung" ist somit nur die Bedeutung der Spendeentnahme in ihrer sozialen Dimension zu verstehen. Die Bedeutung für den konkreten Spender, d.h. die medizinischen Risiken, wird demgegenüber, wie sogleich darzulegen ist, in § 6 I 1 TFG von der „Durchführung" erfaßt. Im Rahmen der Aufklärung über die Bedeutung der Spendeentnahme muß dem Spender mithin erläutert werden, daß das Blut oder die Blutbestandteile, die durch die Spendeentnahme gewonnen werden, für die Behandlung bestimmter Krankheiten oder die Gewinnung bestimmter Arzneimittel unverzichtbar sind.

Unter „Durchführung" ist die Ausführung, Verwirklichung und Umsetzung in die Tat zu verstehen[273]. Der Spender ist folglich darüber aufzuklären, wie die Spendeentnahme im einzelnen erfolgt. Es handelt sich also um eine Verlaufsaufklärung[274]. Da eine Aufklärung allein über den Verlauf eines Eingriffs für den medizinischen Laien nicht ausreichend ist, um zu einer sachgerechten Einschätzung des Eingriffs zu gelangen, muß die Aufklärung über den Verlauf des Eingriffs auch

---

[270] Duden, Stichwort Wesen; Wahrig, Stichwort Wesen.

[271] Die mit dem Blutspenden verbundene Kontrolle des Gesundheitszustandes des Spenders, die aus der Untersuchung des gespendeten Blutes oder der gespendeten Blutbestandteile resultiert, kann insoweit nicht als Vorteil angesehen werden, da eine Spendeentnahme in diesem Umfang für sie nicht notwendige Voraussetzung ist.

[272] Duden, Stichwort Bedeutung; Wahrig, Stichwort Bedeutung.

[273] Duden, Stichwort Durchführung; Wahrig, Stichwort Durchführung.

[274] Vgl. zu ihr Deutsch, Medizinrecht, Rn. 114; Laufs in: Laufs/Uhlenbruck, § 63 Rn. 16.

eine Darlegung der mit diesem verbundenen Risiken enthalten, sog. Risikoaufklärung[275].

Aus der abweichenden Formulierung gegenüber § 7 I 1 E(1)-TFG, § 7 S. 1 E(2)-TFG, § 40 I 1 Nr. 2 AMG und § 17 I Nr. 2 MPG, die eine Aufklärung über Wesen, Bedeutung und Tragweite verlangen, ergeben sich somit keine inhaltlichen Unterschiede[276].

Wie oben gezeigt, muß die Aufklärung um so umfangreicher ausfallen, je weniger vital und dringlich der Eingriff indiziert ist. Die Aufklärungspflicht reicht demnach bei fremdnützigen Eingriffen weiter als bei Eingriffen, die im Interesse des Patienten liegen[277]. Da die Fremdblutentnahme für den Spender überhaupt keinen medizinischen Nutzen aufweist, ist eine weitreichende Aufklärung erforderlich[278]. Das bedeutet, daß auch über relativ unwahrscheinliche, fernliegende Risiken aufzuklären ist. Für den Umfang der Aufklärung bei der Eigenblutspende gelten die für Heileingriffe allgemein maßgeblichen Regeln.

Kein Bestandteil der Aufklärung ist die Unterrichtung des Spenders bei einer fremdgerichteten Spendeentnahme über die Risiken, die sich für die Empfänger von Blutprodukten daraus ergeben, daß der Spender zu einer Risikogruppe gehört. Denn diese Information dient nicht der Ermöglichung einer selbstbestimmten Entscheidung des Spenders. Sie erfolgt vielmehr im Interesse einer möglichst hohen Sicherheit der Spenden, indem Angehörigen von Risikogruppen die möglichen Konsequenzen ihres Handelns vor Augen geführt und sie dadurch zu einem freiwilligen Verzicht auf die Spendeentnahme bewegt werden sollen[279].

b) Zeitpunkt der Aufklärung

§ 7 I 1 E(1)-TFG verlangte, in Übereinstimmung mit Nr. 3.1. der Richtlinie der Bundesärztekammer zur Hämotherapie, eine Aufklärung des Spenders vor der ersten Spendeentnahme. Gegen diese Regelung sind verfassungsrechtliche Bedenken im Hinblick auf eine Verkürzung des Selbstbestimmungsrechts von Dauerspendern vorgebracht worden[280]. Die Vorschrift ist im Zweiten Entwurf des

---

[275] Vgl. zu ihr Deutsch, Medizinrecht, Rn. 115; Laufs in: Laufs/Uhlenbruck, § 63 Rn. 21.

[276] Vgl. zu § 40 AMG Kloesel/Cyran, § 40 Nr. 5; Sander, § 40 Nr. 7.

[277] Laufs in: Laufs/Uhlenbruck, § 63 Rn. 12.

[278] So auch Jansen, S. 63; Kaatsch/Schewe in: Mueller-Eckhardt, 13.1.

[279] Vgl. dazu BGHZ 114, 284 (291ff.). Angesichts des Kenntnisstandes in der Bevölkerung über HIV ist heute allerdings nicht mehr davon auszugehen, daß eine Pflicht der Spendeeinrichtungen besteht, die Spender gesondert auf die Gefahren hinzuweisen, die sich für die Empfänger von Blutprodukten aus einer HIV-Infektion ergeben.

[280] Bender, ZRP 1997, 353 (354).

Transfusionsgesetzes fortgefallen. Statt dessen ist nach § 6 I 1 TFG der Spender nunmehr „vor der Spendeentnahme" aufzuklären.

Die Regelung des § 6 I 1 TFG gibt keine eindeutige Antwort auf die Frage, ob eine Aufklärung vor jeder Spendeentnahme erforderlich ist oder ob eine Aufklärung vor der ersten Spendeentnahme, die nur unter bestimmten Voraussetzungen zu wiederholen ist, genügt[281]. Man wird sich bei der Beantwortung dieser Frage an der Funktion der Aufklärung, dem Spender das Wissen zu vermitteln, das er für eine selbstbestimmte Einwilligung in die Spendeentnahme benötigt, zu orientieren haben. Eine Pflicht zur Aufklärung besteht somit nur, wenn dies im Interesse der Selbstbestimmung des Spenders erforderlich ist. Danach wird grundsätzlich eine Aufklärung vor der ersten Spendeentnahme ausreichend sein, denn die wiederholte Aufklärung eines bereits informierten Spenders ist nach dem Zweck der Aufklärung weder sinnvoll noch geboten; sie wäre reine Förmelei[282]. Eine Pflicht zur erneuten Aufklärung kann sich aber aus neuen wissenschaftlichen Erkenntnissen oder aus Gründen, die in der Person des Spenders liegen, ergeben[283]. Als in der Person des Spenders liegender Grund kommt insbesondere in Betracht, daß die letzte Spendeentnahme bereits so lange zurückliegt, daß sich der Spender der mit der Spendeentnahme verbundenen Risiken nicht mehr voll bewußt ist[284].

c) Aufklärende Person

§ 7 I 1 E(1)-TFG sah vor, daß die Aufklärung durch einen Arzt vorgenommen werden mußte, und befand sich damit in Übereinstimmung mit § 40 I 1 Nr. 2 AMG, § 17 I Nr. 2 MPG, § 8 II 1 TPG und § 8 II 1 Nr. 2 TFG. Seit dem Zweiten Entwurf fordert das Transfusionsgesetz nur noch eine sachkundige Aufklärung, § 6 I 1 TFG. Wie sich aus der Begründung zum Dritten Entwurf ergibt, ist die Aufklärung sachkundig, wenn sie von einem Arzt oder einer entsprechend geschulten Person durchgeführt wird[285]. Die Aufklärung durch einen Arzt ist mithin nicht notwendig.

Dieser Verzicht auf das Erfordernis einer Aufklärung durch einen Arzt erscheint nicht frei von Bedenken. Zwar ist die Durchführung der Spendeentnahme so einfach zu erläutern und sind die aus ihr resultierenden Risiken im allgemeinen so gering, daß eine sachgerechte Aufklärung wohl auch durch eine entsprechend geschulte nichtärztliche Personen erteilt werden kann. Andererseits aber handelt es sich bei der Spendeentnahme um einen ärztlichen Eingriff, über den nach allge-

---

[281] Kritisch wegen der Unbestimmtheit Deutsch, NJW 1998, 3377 (3380).
[282] So auch Bender, ZRP 1997, 353 (354).
[283] Bender, ZRP 1997, 353 (354); Deutsch, NJW 1998, 3377 (3380).
[284] Bender, ZRP 1997, 353 (354).
[285] BT-Drks. 13/9594, S. 18.

meinen Grundsätzen von einem Arzt aufzuklären ist. Bei der Aufklärung über die fremdgerichtete Spendeentnahme von diesem Grundsatz abzuweichen, erscheint in Anbetracht dessen, daß der Spender im Interesse der Allgemeinheit tätig wird und deshalb besonders schutzwürdig ist, also alles getan werden sollte, um eine möglichst optimale Aufklärung sicherzustellen, erst recht nicht als angemessen. Der Verzicht auf das Erfordernis der Aufklärung durch einen Arzt ist somit nicht sachgerecht.

d) Formbedürftigkeit der Aufklärung

Die Aufklärung über Wesen, Bedeutung und Durchführung der Spendeentnahme sowie über die mit ihr verbundenen Untersuchungen bedarf keiner Form. Das ergibt sich daraus, daß das Transfusionsgesetz, das, wie §§ 6 I 1, 2 und 8 II 1 Nr. 2 TFG zeigen, zwischen der Aufklärung und der Bestätigung der Aufklärung differenziert, eine bestimmte Form nur für die Bestätigung der Aufklärung, nicht aber für die Aufklärung selbst vorsieht.

e) Schriftliche Bestätigung der Aufklärung

aa) Zweck

Ausweislich der Begründung zum Transfusionsgesetz soll die schriftliche Bestätigung der Aufklärung bewirken, daß dem Spender „das Geschehen voll bewußt wird"[286]. Ihre Funktion liegt somit darin sicherzustellen, daß der Spender der Aufklärung die gehörige Bedeutung beimißt und sich bei der Erteilung der Einwilligung über Wesen, Bedeutung und Durchführung der Spendeentnahme im Klaren ist, so daß die Einwilligung Ausdruck seiner Selbstbestimmung ist. Weiterhin bezweckt die schriftliche Bestätigung die Dokumentation der Aufklärung im Interesse der Beweissicherung[287]. Nach Ansicht des Bundesministeriums für Gesundheit soll die Pflicht zur schriftlichen Bestätigung den Arzt außerdem dazu zwingen, seiner Pflicht zur Aufklärung sorgfältig nachzukommen, weil er sonst mit einer Verweigerung der Bestätigung rechnen muß[288]. Ob das Erfordernis der schriftlichen Bestätigung diesem Zweck zu dienen bestimmt ist, erscheint jedoch zweifelhaft. Denn entweder kann der Spender nicht beurteilen, ob der Arzt seine Pflicht zur Aufklärung sorgfältig erfüllt hat – in diesem Fall ist die schriftliche Bestätigung untauglich, den Arzt zu einer ordnungsgemäßen Pflichterfüllung zu

---

[286] BT-Drks. 13/9594, S. 18.

[287] Ebenso das Bundesministerium für Gesundheit: Schreiben des Leiters des Referates 115 „Blut und Blutprodukte", Bundesministerium für Gesundheit, Regierungsdirektor von Auer an den Verfasser vom 23. September 1999.

[288] a.a.O. (vorhergehende Fn.).

zwingen. Oder aber der Spender ist in der Lage, die Qualität der Aufklärung zu bewerten – dann würde er auch ohne das Erfordernis der schriftlichen Bestätigung eine weitere Aufklärung verlangen bzw. die Bestätigung erteilen, wenn er trotz nicht ordnungsgemäßer Aufklärung keine weitere Aufklärung wünscht. Das Erfordernis der schriftlichen Bestätigung ist somit ungeeignet, den Arzt zu einer sorgfältigen Aufklärung zu zwingen. Es ist deshalb nicht anzunehmen, daß es diesem Zweck zu dienen bestimmt ist. Schließlich werden durch das Erfordernis der schriftlichen Bestätigung die die Spendeentnahme durchführenden Personen an die Notwendigkeit der Aufklärung erinnert. Zweck der schriftlichen Bestätigung ist somit der Schutz des Selbstbestimmungsrechts des Spenders.

bb) Zeitpunkt

Bis zu welchem Zeitpunkt die schriftliche Bestätigung der Aufklärung vorliegen muß, ist in § 6 I 2 TFG nicht geregelt. Aus dem Zweck, das Selbstbestimmungsrecht des Spenders zu schützen, folgt jedoch, daß die Erteilung der schriftlichen Bestätigung vor der Spendeentnahme zu erfolgen hat.

cc) Bedeutung der schriftlichen Bestätigung

Fraglich ist, welche Bedeutung der schriftlichen Bestätigung der Aufklärung zukommt. Die schriftliche Bestätigung könnte Wirksamkeitsvoraussetzung der Einwilligung, Beweismittelbeschränkung oder formelle Voraussetzung der Rechtmäßigkeit der Spendeentnahme sein.

Nach Ansicht des Bundesministeriums für Gesundheit handelt es sich bei der schriftlichen Bestätigung um eine Voraussetzung für die Wirksamkeit der Aufklärung[289]. Der Wortlaut des § 6 I 2 TFG spricht aber gegen die Annahme einer Wirksamkeitsvoraussetzung, da nach ihm die Aufklärung von dem Spender nur schriftlich zu bestätigen ist. Nach der üblichen Terminologie des Gesetzgebers läßt sich diesem Wortlaut keine Abhängigkeit der Wirksamkeit der Einwilligung von der schriftlichen Bestätigung entnehmen[290]. Für die Annahme einer Wirksamkeitsvoraussetzung läßt sich aber anführen, daß die schriftliche Bestätigung der Aufklärung sicherstellen soll, daß die Aufklärung durchgeführt wird der Spender die Aufklärung ernst nimmt und seine Einwilligung im vollen Bewußtsein von Bedeutung, Wesen und Durchführung der Spendeentnahme erteilt. Da dies bei einer ohne schriftliche Bestätigung der Aufklärung erteilten Einwilligung nicht gewährleistet ist, könnte zum Schutz des Selbstbestimmungsrechts des Spenders eine solchermaßen erteilte Einwilligung unwirksam sein. Dagegen spricht aber,

---

[289] Schreiben des Leiters des Referates 115 „Blut und Blutprodukte", Bundesministerium für Gesundheit, Regierungsdirektor von Auer an den Verfasser vom 23. September 1999.

[290] Vgl. oben 2. c) cc) (1).

daß der Gesetzgeber den Schutz des Spenders durch die Schriftform nicht für so notwendig gehalten hat, daß er die Wirksamkeit der Einwilligung von der Einhaltung einer Schriftform bei der Aufklärung abhängig gemacht hat. Dieser Wertung widerspricht es, der Schutz- und Warnfunktion der schriftlichen Bestätigung eine so hohe Bedeutung zuzumessen, daß bei Fehlen der schriftlichen Bestätigung die Einwilligung als unwirksam angesehen werden muß. Gegen die Qualifikation als Wirksamkeitsvoraussetzung spricht weiterhin ein Vergleich mit § 40 AMG und § 17 MPG. Obwohl der Proband bei der klinischen Prüfung aufgrund der höheren Risiken schutzbedürftiger ist als der Spender bei der Spendeentnahme, ist nach § 40 AMG und § 17 MPG die Wirksamkeit der Einwilligung nicht von einer schriftlichen Bestätigung der Aufklärung abhängig. Die schriftliche Bestätigung ist mithin nicht Voraussetzung für die Wirksamkeit der Einwilligung. Eine Qualifizierung der schriftlichen Bestätigung als Beweismittelbeschränkung ist abzulehnen, da Gründe, die die Annahme einer Beweismittelbeschränkung rechtfertigen könnten, nicht bestehen[291]. Die Einholung der schriftlichen Bestätigung der Aufklärung ist damit als formelle Rechtmäßigkeitsvoraussetzung der Spendeentnahme zu qualifizieren.

Für den Leiter der Spendeeinrichtung, den leitenden Arzt der Spendeeinrichtung und den Herstellungsleiter liegt der Inhalt der Pflicht in der Schaffung der organisatorischen Voraussetzungen, um die Einholung der schriftlichen Bestätigung zu gewährleisten, und in der Überwachung der mit dieser Aufgabe betrauten Personen. Inhalt der Pflicht der Person, die die Spendeentnahme durchführt, und des Arztes, unter dessen Verantwortung die Spendeentnahme erfolgt, ist die Kontrolle, daß eine schriftliche Bestätigung im konkreten Fall vorliegt. Die zur Einholung der schriftlichen Bestätigung verpflichtete Person ergibt sich aus der Organisation der jeweiligen Spendeeinrichtung.

dd) Auswirkungen

Bei Verletzung der sich aus § 6 I 2 TFG ergebenden Pflichten kann gem. § 18 I AMG die Herstellungserlaubnis des Trägers der Spendeeinrichtung aufgehoben oder ihr Ruhen angeordnet werden. Soweit es sich bei den verpflichteten Personen um Ärzte oder Apotheker handelt, kann eine Pflichtverletzung berufsrechtlich nach §§ 60ff. nds. HKG und § 5 II BÄO bzw. § 6 II BApO geahndet werden. Deliktsrechtliche Bedeutung kommt der durch § 6 I 2 TFG begründeten Pflicht nicht zu[292]. Zivilprozessual begründet die schriftliche Bestätigung der Aufklärung einen Beweis des ersten Anscheins, daß und in welchem Umfang die Aufklärung erfolgt ist[293]. Das Fehlen einer schriftlichen Bestätigung begründet demgegenüber keinen

---

[291] Vgl. oben 2. c) cc) (2).

[292] Vgl. dazu oben 2. c) dd) (4).

[293] Vgl. OLG München, VersR 1988, 525).

Anscheinsbeweis für das Unterbleiben der Aufklärung, da es aufgrund der Beweislastverteilung nicht zu einer Beweisnot des Spenders kommen kann, die die Anwendung des Anscheinsbeweises rechtfertigte[294].

ee) Sachgerechtigkeit

Die Sachgerechtigkeit des Erfordernisses der schriftlichen Bestätigung der Aufklärung erscheint allerdings zweifelhaft. In § 40 AMG und § 17 MPG ist die Aufklärung weder an eine Form geknüpft noch schriftlich zu bestätigen, obwohl die Schutzbedürftigkeit des Probanden bei der klinischen Prüfung größer ist als die des Spenders bei der Spendeentnahme. Daß aufgrund des fehlenden Formzwanges bzw. der Notwendigkeit der schriftlichen Bestätigung kein ausreichender Schutz der Probanden bestehe, wird soweit ersichtlich dennoch nicht vertreten. Des weiteren sehen auch die Richtlinien der Bundesärztekammer zur Hämotherapie nicht vor, daß die Aufklärung über die Spendeentnahme schriftlich zu bestätigen ist. Für die schriftliche Bestätigung der Aufklärung läßt sich somit nur anführen, daß üblicherweise bei der Spendeentnahme eine schriftliche Bestätigung der Aufklärung von dem Spender eingeholt wird, so daß § 6 I 2 TFG nur eine Kodifikation der bestehenden Praxis darstellt. Das überzeugt aber nicht. Zum einen bestand bisher keine mit Sanktionen belegte Pflicht, die Aufklärung über die Spendeentnahme schriftlich bestätigen zu lassen. Zum anderen rechtfertigt allein die Tatsache, daß ein bestimmtes Verhalten üblicherweise praktiziert wird, nicht die Konstituierung einer entsprechenden Pflicht, an deren Verletzung Sanktionen geknüpft sind. Die Pflicht zur Einholung einer schriftlichen Bestätigung der Aufklärung ist demnach nicht sachgerecht.

4. Datenerhebung, -verarbeitung und -nutzung, § 6 II TFG

Das Transfusionsgesetz fordert seit dem Dritten Entwurf in § 6 II TFG, daß der Spender über die mit der Spendeentnahme verbundene Erhebung, Verarbeitung und Nutzung personenbezogener Daten aufzuklären ist und er diese Aufklärung schriftlich zu bestätigen hat. Die Vorschrift dient der Umsetzung des Art. 10 der EG-Richtlinie 95/46/EG vom 24.10.1995[295]. Zweck ist der Schutz der Privatsphäre natürlicher Personen bei der Verarbeitung personenbezogener Daten, vgl. Art. 1 I der Richtlinie 95/46/EG. Des weiteren ist die Aufklärung erforderlich, weil die Erhebung, Verarbeitung und Nutzung personenbezogener Daten einen Eingriff in das durch das allgemeine Persönlichkeitsrecht gewährleistete Recht auf informationelle Selbstbestimmung darstellt[296].

---

[294] Siehe auch oben 2. c) dd) (3).

[295] ABlEG Nr. L 281/31 vom 23.11.1995.

[296] BT-Drks. 13/9594, S. 18; Deutsch, Medizinrecht, Rn. 104; Laufs, Rn. 229.

Inhaltlich erstreckt sich die Aufklärung darauf, daß und in welchem Umfang personenbezogene Daten erhoben, verarbeitet und genutzt werden. Aufzuklären ist insbesondere über die Möglichkeit der Weitergabe personenbezogener Daten nach § 14 II 2 TFG sowie aufgrund anderer Gesetze, wie etwa dem Bundesseuchengesetz.

a) Einwilligung

Es fällt auf, daß § 6 II TFG nur die Aufklärung über die Erhebung, Verarbeitung und Nutzung personenbezogener Daten sowie die schriftliche Bestätigung dieser Aufklärung fordert. Von der Einwilligung und ihrer Bestätigung ist hingegen nicht die Rede. Der Grund dafür liegt im Bundesdatenschutzgesetz, das gem. § 1 II BDSG Anwendung findet, da die Verarbeitung und Nutzung der im Zusammenhang mit der Spendeentnahme erhobenen personenbezogenen Daten durch die Spendeeinrichtungen geschäftsmäßig oder zu beruflichen oder gewerblichen Zwecken erfolgt[297]. Dort ist in § 4 I BDSG geregelt, daß eine Einwilligung des Betroffenen nicht erforderlich ist, sofern eine Rechtsvorschrift die Verarbeitung und Nutzung personenbezogener Daten erlaubt oder anordnet. Eine solche Erlaubnis und Verpflichtung ergibt sich für die Spendeeinrichtungen aus § 11 TFG.

b) Schriftliche Bestätigung der Aufklärung

aa) Zweck

Zweck der schriftlichen Bestätigung ist einerseits die Dokumentation der Aufklärung zu Beweiszwecken und andererseits der Schutz des Rechts des Spenders auf informationelle Selbstbestimmung, indem ihm deutlich gemacht wird, daß im Zusammenhang mit der Spendeentnahme personenbezogene Daten erhoben, verarbeitet und genutzt werden, und indem die für die Aufklärung verantwortlichen Personen an die Notwendigkeit der Aufklärung erinnert werden.

bb) Zeitpunkt

Einen Zeitpunkt, bis zu dem die schriftliche Bestätigung der Aufklärung vorliegen muß, nennt § 6 II 2 TFG nicht. Aus dem mit dem Erfordernis der schriftlichen Bestätigung verfolgten Zweck, das Recht des Spenders auf informationelle Selbstbestimmung zu schützen, indem er auf die im Zusammenhang mit der Spendeentnahme erfolgende Erhebung, Verarbeitung und Nutzung personenbezogener Daten

---

[297] Dies gilt auch, wenn die Erhebung, Verarbeitung und Nutzung personenbezogener Daten durch gemeinnützige Vereinigungen wie etwa das Rote Kreuz erfolgt, vgl. dazu Auernhammer, § 27 Rn. 6; Gola/Schomerus, § 27 Nr. 3.1.

hingewiesen wird und indem die für die Aufklärung verantwortlichen Personen an die Notwendigkeit der Aufklärung erinnert werden, ergibt sich aber, daß die schriftliche Bestätigung vor Durchführung der Spendeentnahme vorliegen muß.

cc) Bedeutung der schriftlichen Bestätigung
Es stellt sich die Frage, welche Bedeutung die schriftliche Bestätigung der Aufklärung hat. In Betracht kommt die Qualifizierung als Beweismittelbeschränkung, als Rechtmäßigkeitsvoraussetzung der Spendeentnahme oder als Rechtmäßigkeitsvoraussetzung der Erhebung, Verarbeitung und Nutzung der personenbezogenen Daten.

Über die Bedeutung der schriftlichen Bestätigung ergibt sich aus dem Wortlaut des § 6 II 2 TFG nichts, ihm läßt sich lediglich das Erfordernis der schriftlichen Bestätigung entnehmen. Anhaltspunkte zur Ermittlung ihrer Bedeutung ergeben sich weiterhin weder aus der Begründung zum Transfusionsgesetz noch aus der Gesetzgebungsgeschichte. Der Vergleich des § 6 II 2 TFG mit § 8 II 1 Nr. 2 TFG deutet darauf hin, daß bei § 6 II 2 TFG die schriftliche Bestätigung nicht Voraussetzung für die Rechtmäßigkeit der Spendeentnahme ist. Denn bei § 6 II 2 TFG besteht – anders als bei § 8 II 1 Nr. 2 TFG, nach dem die schriftliche Bestätigung der Aufklärung Voraussetzung dafür ist, daß das Immunisierungsprogramm durchgeführt werden darf – eine solche Beziehung zwischen der Zulässigkeit der Spendeentnahme und der schriftlichen Bestätigung dem Wortlaut nach nicht. Ob diese Abweichung im Wortlaut die Auslegung zu tragen vermag, daß es sich bei der schriftlichen Bestätigung der Aufklärung im Fall des § 6 II 2 TFG im Gegensatz zu § 8 II 1 Nr. 2 TFG nicht um eine Voraussetzung für die Rechtmäßigkeit der Spendeentnahme handelt, erscheint jedoch zweifelhaft. Die Zweifel resultieren daraus, daß bei Spendeentnahme und Hyperimmunisierung im wesentlichen die gleichen Daten erhoben, verarbeitet und genutzt werden und ein identischer Schutzzweck verfolgt wird. Ein Grund für eine unterschiedliche Regelung ist deshalb nicht ersichtlich. Auch ist anzunehmen, daß der Gesetzgeber es in der Begründung zum Transfusionsgesetz klargestellt hätte, wenn er trotz vergleichbaren Sachverhalts und identischen Schutzzwecks bei § 6 II 2 TFG und § 8 II 1 Nr. 2 TFG eine unterschiedliche Regelung hätte treffen wollen. Dies legt es nahe, § 6 II 2 TFG übereinstimmend mit § 8 II 1 Nr. 2 TFG dahingehend auszulegen, daß es sich bei der schriftlichen Bestätigung um eine Voraussetzung für die Rechtmäßigkeit der Spendeentnahme handelt. Für die Annahme einer Rechtmäßigkeitsvoraussetzung der Spendeentnahme spricht schließlich, daß das Erfordernis der schriftlichen Bestätigung im Zusammenhang mit der Spendeentnahme in § 6 TFG geregelt worden ist, nicht hingegen im Rahmen der Dokumentation und des Datenschutzes in § 11 TFG. Das Erfordernis der schriftlichen Bestätigung der Aufklärung ist mithin als Rechtmäßigkeitsvoraussetzung der Spendeentnahme zu qualifizieren[298].

Es fragt sich, ob das Erfordernis der schriftlichen Bestätigung des weiteren Voraussetzung für die Rechtmäßigkeit der Erhebung, Verarbeitung und Nutzung der personenbezogenen Daten ist. Dem Wortlaut des § 6 II 2 TFG nach ist die Rechtmäßigkeit der Erhebung, Verarbeitung und Nutzung personenbezogener Daten nicht vom Vorliegen der schriftlichen Bestätigung abhängig. Im Gegenteil verpflichtet und ermächtigt § 11 TFG die Spendeeinrichtungen unabhängig von dem Vorliegen der schriftlichen Bestätigung zur Datenerhebung, -verarbeitung und -nutzung. Dies steht der Annahme einer Rechtmäßigkeitsvoraussetzung entgegen, denn andernfalls wäre bei Fehlen der schriftlichen Bestätigung die Erhebung, Verarbeitung und Nutzung der personenbezogenen Daten rechtswidrig, obwohl die Spendeeinrichtungen zugleich gesetzlich zu ihr verpflichtet wären. Gegen die Annahme einer Rechtmäßigkeitsvoraussetzung ist außerdem die systematische Stellung des Erfordernisses der schriftlichen Bestätigung anzuführen, das nicht im Zusammenhang mit der Dokumentation und dem Datenschutz in § 11 TFG geregelt ist. Das Erfordernis der schriftlichen Bestätigung der Aufklärung ist somit nicht Voraussetzung für die Rechtmäßigkeit der Erhebung, Verarbeitung und Nutzung der personenbezogenen Daten.

Die Annahme einer Beweismittelbeschränkung ist zu verneinen, da keine Gründe existieren, die eine Beschränkung der zulässigen Beweismittel zum Nachweis der Aufklärung auf den Urkundenbeweis rechtfertigen könnten. Das Erfordernis der schriftlichen Bestätigung der Aufklärung ist demnach allein als Rechtmäßigkeitsvoraussetzung der Spendeentnahme zu qualifizieren.

Für den Leiter der Spendeeinrichtung, den leitenden Arzt der Spendeeinrichtung, den Herstellungsleiter und für den Arzt, unter dessen Verantwortung die Spendeentnahme stattfindet, ergibt sich die Pflicht, die organisatorischen Voraussetzungen zu schaffen, um die Einholung der schriftlichen Bestätigung zu gewährleisten, und die mit dieser Aufgabe betrauten Personen zu überwachen. Für die Person, die die Spendeentnahme durchführt und für den Arzt, der für ihre Durchführung verantwortlich ist, ergeben sich aus § 6 II TFG Kontrollpflichten im Einzelfall. Es ist von ihnen vor der Spendeentnahme zu kontrollieren, daß die schriftliche Bestätigung vorliegt. Wer zur Einholung der schriftlichen Bestätigung verpflichtet ist, bestimmt sich nach der Organisation der konkreten Spendeeinrichtung.

---

[298] So im Ergebnis auch die Ansicht des Bundesministeriums für Gesundheit: Schreiben des Leiters des Referates 115 „Blut und Blutprodukte", Bundesministerium für Gesundheit, Regierungsdirektor von Auer an den Verfasser vom 23. September 1999.

dd) Auswirkungen

Die fehlende schriftliche Bestätigung der Aufklärung führt, da die Erhebung, Verarbeitung und Nutzung personenbezogener Daten aufgrund von § 4 I BDSG i.V.m. § 11 TFG rechtmäßig ist, nicht dazu, daß diese als Verletzung des Rechts auf informationelle Selbstbestimmung anzusehen ist, sondern hat allein die Rechtswidrigkeit der Spendeentnahme zur Folge. Bei Verletzung der sich aus § 6 II TFG ergebenden Pflichten kann gem. § 18 I AMG die Herstellungserlaubnis des Trägers der Spendeeinrichtung aufgehoben oder ihr Ruhen angeordnet werden. Soweit es sich bei den verpflichteten Personen um Ärzte oder Apotheker handelt, kann eine Pflichtverletzung berufsrechtlich nach §§ 60ff. nds. HKG und § 5 II BÄO bzw. § 6 II BApO geahndet werden. Vertrags-, delikts- oder prozeßrechtliche Bedeutung kommt den Pflichten aus § 6 II 2 TFG nicht zu.

ee) Sachgerechtigkeit

Die Regelung des § 6 II 2 TFG ist sachgerecht, soweit sie das Erfordernis der schriftlichen Bestätigung der Aufklärung konstituiert. Aufgrund des Umstandes, daß nach § 4 I BDSG keine Einwilligung des Spenders in die Erhebung, Verarbeitung und Nutzung seiner personenbezogenen Daten erforderlich ist, besteht die Gefahr, daß die Notwendigkeit der Aufklärung des Spenders den zu ihr verpflichteten Personen nicht hinreichend bewußt ist und die Aufklärung deshalb unterbleibt. Dieser Gefahr durch das Erfordernis einer schriftlichen Bestätigung der Einwilligung vorzubeugen, erscheint sachgerecht.

Es fragt sich aber, ob die Abhängigkeit der Rechtmäßigkeit der Spendeentnahme von der schriftlichen Bestätigung der Aufklärung sachgerecht ist. Zweifel an der Sachgerechtigkeit bestehen, weil die Spendeentnahme ein klar von der Erhebung, Verarbeitung und Nutzung der personenbezogenen Daten zu unterscheidender Vorgang ist, der selbst nicht zu einem Eingriff in das Recht des Spenders auf informationelle Selbstbestimmung führt. Es erscheint deshalb auf den ersten Blick sachgerechter, nicht die Rechtmäßigkeit der Spendeentnahme von dem Vorliegen der schriftlichen Bestätigung abhängig zu machen, sondern die Rechtmäßigkeit der Datenerhebung, -verarbeitung und -nutzung. Dagegen spricht jedoch, daß die Erhebung, Verarbeitung und Nutzung der personenbezogenen Daten unverzichtbar ist, um die Sicherheit bei Blut und Blutprodukten zu gewährleisten – am deutlichsten wird dies bei dem Verfahren der Rückverfolgung, das ohne entsprechende Daten nicht durchführbar ist. Aufgrund dieser Bedeutung der personenbezogenen Daten für die Sicherheit bei Blut und Blutprodukten ist es nicht angängig, die Rechtmäßigkeit von deren Erhebung, Verarbeitung und Nutzung von dem Vorliegen der schriftlichen Bestätigung der Aufklärung abhängig zu machen. Um das Recht des Spenders auf informationelle Selbstbestimmung zu schützen, bleibt somit nur die Möglichkeit, die Rechtmäßigkeit derjenigen Handlung von der schriftlichen Bestätigung abhängig zu machen, die die Notwendigkeit der Datenerhebung, -verarbeitung und -nutzung begründet. Die Abhängigkeit der Rechtmäßigkeit der Spendeentnahme von der schriftlichen Bestätigung der Aufklärung ist demnach sachgerecht.

5. Erklärung der Verwendbarkeit, § 6 I 3 TFG

Gem. § 6 I 3 TFG muß der Spender zusammen mit der Einwilligung in die Spendeentnahme erklären, daß die Spende verwendbar ist, sofern er nicht von dem vertraulichen Selbstausschluß Gebrauch macht. Zweck der Erklärung der Verwendbarkeit ist es, das Eigentum an dem gespendeten Blut oder den Blutbestandteilen auf die Spendeeinrichtung zu übertragen und ihr so die Verfügung über die Spende zu ermöglichen[299]. Dies ist notwendig, da Körperbestandteile mit ihrer Trennung vom Körper entsprechend § 953 BGB ipso facto in das Eigentum ihres bisherigen Trägers fallen. Es handelt sich bei der Erklärung der Verwendbarkeit demnach um ein Übereignungsangebot des Spenders. Einem solchen steht nicht entgegen, daß im Zeitpunkt seiner Abgabe aufgrund der noch bestehenden Verbindung zwischen dem menschlichen Körper und den zu spendenden Substanzen diese noch keine rechtsfähigen Sachen darstellen[300]. Der Eigentumsübergang erfolgt, sobald eine rechtsfähige Sache entstanden ist und die weiteren Voraussetzungen des Erwerbstatbestandes erfüllt sind[301].

Konstruktiv bieten sich für die Eigentumsübertragung zwei Wege an[302]. In der Verwendbarkeitserklärung kann zum einen entsprechend § 956 BGB eine Gestattung der Aneignung zu sehen sein. Zum anderen kann es sich um eine Übereignung gem. § 929 S. 1 BGB handeln, bei der die Einigung über den Eigentumsübergang antezipiert ist. Der Unterschied zwischen den Alternativen liegt darin, daß bei der Aneignungsgestattung entsprechend § 956 BGB die Spendeeinrichtung unmittelbar mit der Trennung der Spende das Eigentum erlangt, während bei der Übereignung nach § 929 S. 1 BGB zunächst für eine juristische Sekunde ein Eigentumserwerb des Spenders entsprechend § 953 BGB stattfindet (sog. Durchgangserwerb), bevor das Eigentum auf die Spendeeinrichtung übergeht.

---

[299] BT-Drks. 13/9594, S. 18.

[300] Zur Möglichkeit der dinglichen Einigung bezüglich zukünftiger Sachen siehe Erman/Michalski, § 929 Rn. 18 und Wieling, § 9 I 1 b.

[301] Erman/Michalski, § 929 Rn. 18; Wieling, § 9 I 1 b.

[302] Als dritte Möglichkeit des Eigentumserwerbs der Spendeeinrichtung ist denkbar, daß der Spender sein Eigentum an der Spende gem. § 959 BGB aufgibt und die Spendeeinrichtung gem. § 958 BGB durch Inbesitznahme der herrenlosen Spende das Eigentum erwirbt. Diese Möglichkeit entspricht jedoch angesichts des in der Verwendbarkeitserklärung eindeutig zum Ausdruck kommenden Willens des Spenders, das Eigentum an der Spende auf die Spendeeinrichtung zu übertragen, nicht dem Parteiwillen.

Im Fall der Spendeentnahme bei einem Minderjährigen liegt in der Einwilligung des gesetzlichen Vertreters in die Spendeentnahme zugleich eine Einwilligung gem. § 182 BGB in die Eigentumsübertragung. Einwilligungsfähige betreute Personen wird man hinsichtlich der Übertragung des Eigentums an der Spende als geschäftsfähig anzusehen haben.

6. Vertraulicher Selbstausschluß

§ 6 I 3 TFG ermöglicht dem Spender den vertraulichen Selbstausschluß[303]. Darunter ist die dem Spender eingeräumte Möglichkeit zu verstehen, die weitere Verwendung der Spende zu untersagen. Der vertrauliche Selbstausschluß dient einerseits dem Schutz von Personen, die in einer Gruppe zur Spendeentnahme erscheinen (beispielsweise Soldaten oder Mitglieder eines Sportvereins), deren Spende aber aus medizinischen Gründen nicht verwendet werden darf, vor Diskriminierung[304]. Diese Personen sollen nicht gezwungen sein, ihre Spendeuntauglichkeit und damit Umstände, die möglicherweise ihre Intimsphäre berühren, wie z.B. eine HIV-Infektion oder die Zugehörigkeit zu einer Risikogruppe[305], zu offenbaren. Andererseits dient der vertrauliche Selbstausschluß der Sicherheit von Blutprodukten, da die Vertraulichkeit die Wahrscheinlichkeit erhöht, daß von der Möglichkeit des Selbstausschlusses Gebrauch gemacht wird[306]. Praktisch wird der vertrauliche Selbstausschluß in der Weise ermöglicht, daß auf einem von jedem Spender nach der Spendeentnahme abzugebenden Bogen die Verwendbarkeit der Spende bzw. den Ausschluß der Verwendbarkeit erklären muß.

IV. Einwilligung in die Hyperimmunisierung

1. Gesetzliche Regelung und Gesetzgebungsverfahren

a) Gesetzliche Regelung

Nach § 8 II 1 Nr. 2 TFG darf ein Immunisierungsprogramm nur durchgeführt werden, wenn und solange die zu immunisierenden Personen ihre schriftliche Einwilligung erteilt haben. Der Einwilligung vorauszugehen hat eine Aufklärung über Wesen, Bedeutung und Risiken der Immunisierung sowie über die Erhebung, Ver-

---

[303] Dieser wurde in § 7 I 3 E(1)-TFG noch sachlich weniger geglückt als freiwilliger Selbstausschluß bezeichnet.

[304] BT-Drks. 13/9594, S. 18.

[305] Vgl. zu Ausschlußgründen die Richtlinien zur Hämotherapie, 3.2.2.1. (inbes. Rn. 3).

[306] Zweifel an der Effektivität des vertraulichen Selbstausschlusses in dieser Hinsicht äußern Caspari/Gerlich/Kühnl in: Mueller-Eckhardt, 35.3.1.

arbeitung und Nutzung personenbezogener Daten. Die Aufklärung ist von einem Arzt durchzuführen und von der zu immunisierenden Person schriftlich zu bestätigen.

b) Gesetzgebungsverfahren

§ 11 II 1 Nr. 2 E(1)-TFG sah vor, daß eine Immunisierung nur durchgeführt werden darf, wenn und solange die Person, bei der sie durchgeführt werden soll, ihre Einwilligung erteilt hat, nachdem sie von einem Arzt über Wesen, Bedeutung und Tragweite der Immunisierung aufgeklärt worden ist und das schriftlich bestätigt hat. § 11 III i.V.m. § 7 II E(1)-TFG regelte detailliert die Wirksamkeitsvoraussetzungen der Einwilligung. Danach mußte die zu immunisierende Person einwilligungsfähig sein und die Einwilligung selbst und schriftlich erteilen. Bei geschäftsunfähigen oder beschränkt geschäftsfähigen Personen war zusätzlich die Einwilligung des gesetzlichen Vertreters als erforderlich vorgesehen. Die Einwilligung war jederzeit widerruflich. § 11 III i.V.m. § 7 III E(1)-TFG eröffnete die Möglichkeit der Einwilligung des gesetzlichen Vertreters in die Immunisierung bei einwilligungsunfähigen Personen.

Im Zweiten Entwurf des Transfusionsgesetzes sind die Regelung der Wirksamkeitsvoraussetzungen und die Möglichkeit der Einwilligung des gesetzlichen Vertreters in die Immunisierung bei einwilligungsunfähigen Personen entfallen. Der Dritte Entwurf führte die Pflicht ein, die zu immunisierende Person über die mit der Immunisierung verbundene Erhebung, Verarbeitung und Nutzung personenbezogener Daten aufzuklären und dies schriftlich bestätigen zu lassen. Statt der Aufklärung über die Tragweite der Immunisierung forderte § 8 II 1 Nr. 2 E(3)-TFG die Aufklärung über die Risiken der Immunisierung. Die Fassung des Dritten Entwurfs ist unverändert Gesetz geworden.

2. Einwilligung

a) Wirksamkeit der Einwilligung in die Hyperimmunisierung

Das Transfusionsgesetz geht ohne weiteres von der Wirksamkeit der Einwilligung in die Hyperimmunisierung aus. Nicht problematisiert worden ist im Gesetzgebungsverfahren die Wirksamkeit der Einwilligung[307] unter dem Aspekt der Fremdnützigkeit der Hyperimmunisierung und der mit ihr verbundenen nicht un-

---

[307] Soweit aus den Materialien ersichtlich, ist auch die ethische Dimension der Hyperimmunisierung im Gesetzgebungsverfahren kaum Gegenstand der Diskussion gewesen, obschon mehrfach betont worden ist, daß es sich bei der Hyperimmunisierung um einen „ethisch anspruchsvollen Sachverhalt" handele (BT-Drks. 13/10643, S. 24) bzw. um einen Sachverhalt, der besonderen ethischen Anforderungen unterliege (BT-Dr. 13/9594, S.13f., 19).

erheblichen Risiken[308]. Dies erscheint nicht unbedenklich, da nach allgemeinen Grundsätzen der Wirksamkeit einer Einwilligung in die Verletzung der körperlichen Integrität durch die Rechtsgüter Leben und körperliche Unversehrtheit (Art. 2 II 1 GG) Grenzen gesetzt sind.

Nach ganz herrschender Ansicht wird, unter Berufung auf § 216 StGB, der Einwilligung eines Menschen in seine Tötung keine Wirksamkeit zuerkannt[309]. Die Einwilligung in eine Körperverletzung wird demgegenüber grundsätzlich als wirksam angesehen, da die Rechtsordnung vom Recht zur freien Verfügung über den eigenen Körper ausgeht[310]. Wirksam eingewilligt werden kann demnach auch in ärztliche Eingriffe, die medizinisch nicht indiziert sind[311]. Beschränkungen der Wirksamkeit der Einwilligung ergeben sich allerdings daraus, daß die Körperverletzung nicht gegen die guten Sitten verstoßen darf, vgl. § 228 StGB. Nach richtiger und wohl herrschender Ansicht beurteilt sich die Sittenwidrigkeit einerseits nach Art und Umfang der Rechtsgutsverletzung und andererseits nach dem mit der Körperverletzung verfolgten Zweck[312]. Bei der Frage nach der Sittenwidrigkeit

---

[308] Es besteht bei jeder Immunisierung die Möglichkeit eines anaphylaktischen Schocks, der im Extremfall zum Tode führen kann. Siehe zu den Risiken weiterhin oben C. III. 2.

[309] Jescheck/Weigend, § 34 II 3; Kühl, § 9 Rn. 28; Roxin, § 13 Rn. 35.

[310] Arg. e § 228 StGB. Siehe Roxin, § 13 Rn. 36; Weigend, ZStW 98 (1986), 44 (64f.). A maiore ad minus ist deshalb erst recht die Einwilligung in eine Gefährdung der körperlichen Unversehrtheit wirksam.

[311] Die fehlende medizinische Indikation nimmt dem ärztlichen Eingriff zwar den Charakter eines Heileingriffs, schließt aber eine wirksame Einwilligung nicht generell aus. Vgl. Horn, JuS 1979, 29 (31); Rogall, NJW 1978, 2344 (2345); Roxin, § 13 Rn. 58; Schönke/Schröder/Eser, § 223 Rn. 50; Tröndle in: Tröndle/Fischer, § 228 Rn. 9d. So kann beispielsweise wirksam in eine kosmetische Operation, die Sterilisation aus Gründen der Familienplanung, die Teilnahme an einer klinischen Arzneimittelprüfung oder eine Organentnahme zum Zwecke der Transplantation eingewilligt werden. Das BVerfG hat in seinem Beschluß vom 11. August 1999 (teilweise abgedruckt in NJW 1999, 3399) Bedenken hinsichtlich der Wirksamkeit einer Einwilligung in die Organexplantation bei Lebenden nicht einmal erwähnt. Zu Zweifeln an dem Grundsatz, daß eine Einwilligung auch in medizinisch nicht indizierte Eingriffe wirksam erteilt werden kann, hat allerdings das Urteil des BGH, NJW 1978, 1206 geführt, in dem sich der BGH zwar zu diesem Grundsatz bekannte, jedoch dann an die Wirksamkeit der Einwilligung derart übersteigerte Anforderungen stellte, die nahelegen, daß dem Arzt nicht indizierte Eingriffe schlechthin untersagt sein sollen. Insoweit kritisch zu diesem Urteil die o.g. Literaturstimmen.

[312] So mit unterschiedlicher Schwerpunktsetzung OLG Düsseldorf, NStZ-RR 1997, 325 (327); Göbel, S. 55f.; Roxin, § 13 Rn. 37ff.; Schönke/Schröder/Stree, § 226a Rn. 7f.; Tröndle in: Tröndle/Fischer, § 228 Rn. 9. Nach anderer Ansicht kommt es für die Bewertung der Sittenwidrigkeit allein auf Art und Umfang der Rechtsgutsverletzung an, Jescheck/Weigend, § 34 II 3; LK/Hirsch, § 226a Rn. 9 jeweils m.w.N. Allerdings sieht sich auch diese Gegenmeinung – in von ihrem Ausgangspunkt inkonsequenter Weise – dazu gezwungen, gelegentlich den mit der Tat verfolgten Zweck zu berücksichtigen, siehe etwa Jescheck/Weigend, § 34 III 3b; LK/Hirsch, § 226a Rn. 41. Nach einer dritten Ansicht ist für die Frage der Sittenwidrigkeit al-

der Tat gelangt man freilich auf ein Gebiet mit erheblichen Wertungs- und Entscheidungsspielräumen. Die Antwort hängt letzten Endes davon ab, welches Gewicht man der Autonomie des Individuums gegenüber der Schutzpflicht des Staates und dem Interesse der Allgemeinheit an der körperlichen Unversehrtheit des einzelnen zumißt. Da diese Gewichtung verfassungsrechtlich nicht vorgezeichnet ist und gesetzliche Wertentscheidungen nur in Einzelfällen vorliegen, sollte die Rechtsordnung – im Hinblick auf ihre primäre Aufgabe der Gewährleistung der Freiheit des einzelnen – bei der Einschränkung der Autonomie zurückhaltend verfahren, die Körperverletzung also nur in eindeutigen, objektivierbaren Fällen als sittenwidrig bewerten[313]. Als unwirksam wird somit nur die Einwilligung in schwere Körperverletzungen anzusehen sein.

Nach neuerer Ansicht wird auch eine Einwilligung in eine Gefährdung des Lebens für wirksam gehalten. Als Grenze der Wirksamkeit wird entsprechend der Einwilligung in Körperverletzungen der Maßstab der guten Sitten herangezogen[314].

Bei der Beurteilung der Wirksamkeit der Einwilligung in die Hyperimmunisierung nach den allgemeinen Grundsätzen kommt es demnach auf die mit der Durchführung der Immunisierung verbundenen Risiken an, wobei der im Allgemeininteresse liegende Zweck der Gewinnung von Hyperimmunplasma zur Herstellung von Arzneimitteln zu berücksichtigen ist. Bei Abwägung der Risiken und des durch die Rechtsordnung positiv bewerteten Zwecks der Gewinnung von Hyperimmunplasma wird man bei Anwendung des oben dargelegten Maßstabs eine Einwilligung in die Hyperimmunisierung als sittenwidrig und damit unwirksam anzusehen müssen, wenn mit der Hyperimmunisierung die konkrete Gefahr des Todes oder einer schweren Körperverletzung der immunisierten Personen verbunden ist[315]. Die bei jeder Immunisierung bestehende Möglichkeit eines anaphylaktischen Schocks mit der im schlimmsten Fall möglichen Folge des Todes ist keine solche, zur Sittenwidrigkeit der Einwilligung führende Gefahr, da die Wahrscheinlichkeit

---

lein der mit der Rechtsgutverletzung verfolgte Zweck relevant, RGSt 74, 91 (94); SK/Horn, § 228 Rn. 9.

[313] So im Ergebnis auch Roxin, § 13 Rn. 37.

[314] Fischer, S. 16f.; Kühl, § 17 Rn. 87f.; Schönke/Schröder/Lenckner, § Vorbem §§ 32 Rn. 104 jeweils m.w.N. Zur älteren Ansicht, die der Einwilligung in die Lebensgefährdung die Wirksamkeit versagte: BGHSt 7, 112 (114) sowie die Nachweise bei Fischer, S. 16 (Fn. 50). Dieser Gleichbehandlung ist schon aus praktischen Erwägungen zuzustimmen, denn ab wann eine Verletzung des Körpers bzw. eine Gefährdung der körperlichen Integrität in eine Gefährdung des Lebens umschlägt, wird sich oftmals nicht genau bestimmen lassen, vgl. etwa den Fall OLG Düsseldorf, NStZ-RR 1997, 325.

[315] So für die Wirksamkeit der Einwilligung bei Versuchen an Menschen Deutsch, VersR 1983, 1 (2f.); Fischer, S. 16f. Die Begrenzung der Wirksamkeit der Einwilligung stimmt demnach mit der Begrenzung der Zulässigkeit der Durchführung eines Immunisierungsprogramms unter dem Aspekt der ärztlichen Vertretbarkeit gem. § 8 II 1 Nr. 1 TFG überein, vgl. unten G. IV.

eines anaphylaktischen Schocks bei sorgfältiger Auswahl der zu immunisierenden Personen gering und der Schock bei hinreichender Vorbereitung behandelbar ist, so daß das Risiko schwerwiegender Folgen zwar nicht ausgeschlossen, aber gering erscheint.

Da die Durchführung einer Hyperimmunisierung mithin im Regelfall nicht mit der konkreten Gefahr des Todes oder einer schweren Körperverletzung der immunisierten Personen belastet ist, bestehen somit im Ergebnis gegen die Wirksamkeit der Einwilligung in die Hyperimmunisierung grundsätzlich keine Bedenken.

b) Inhalt der Einwilligung

Die Einwilligung erstreckt sich auf die Hyperimmunisierung, d.h. auf die Impfung mit einem Impfstoff zur Erzielung eines möglichst hohen Antikörper-Titers gegen den jeweiligen Krankheitserreger. Eine besondere Einwilligung in die mit der Immunisierung verbundenen Untersuchungen ist nicht erforderlich, weil andere Untersuchen als solche, in die bereits im Rahmen des § 6 I TFG eingewilligt wird, nicht vorgenommen werden.

c) Form der Einwilligung

aa) Zweck

Nach § 8 II 1 Nr. 2 TFG muß die zu immunisierende Person die Einwilligung schriftlich erteilen. Die Einwilligung unterliegt somit der Schriftform. Zweck der Schriftform ist zum einen der Schutz der zu immunisierenden Spender, die vor unüberlegten und übereilten Einwilligungen geschützt werden sollen. Des weiteren dient die Schriftform der Dokumentation der Einwilligung im Interesse der Beweissicherung[316].

bb) Bedeutung der Schriftform

Es fragt sich, welche Bedeutung diesem Schriftformerfordernis zukommt. Die Schriftform kann Wirksamkeitsvoraussetzung der Einwilligung, Beweismittelbeschränkung oder formelle Rechtmäßigkeitsvoraussetzung für die Durchführung der Immunisierung sein.

Dem Wortlaut des § 8 II 1 Nr. 2 TFG nach ist das Vorliegen der schriftlichen Einwilligung Voraussetzung dafür, daß das Immunisierungsprogramm durchgeführt werden darf. Dieser Wortlaut deutet eher darauf hin, daß es sich bei der Schriftform allein um eine Voraussetzung für die Rechtmäßigkeit der Immunisie-

---

[316] Vgl. allgemein zu den Zwecken der Schriftform MünchKomm/Förschler, § 125 Rn. 3f.; RGRK/Krüger-Nieland, § 125 Rn. 1.

rung handelt, als – ohne diese Möglichkeit allerdings auszuschließen – um eine Voraussetzung für die Wirksamkeit der Einwilligung. Für eine Qualifikation der Schriftform als Wirksamkeitsvoraussetzung der Einwilligung läßt sich aber anführen, daß die Regelung des § 8 TFG sich ausweislich der amtlichen Begründung ausdrücklich an den §§ 40ff. AMG orientiert[317], und dort nach § 40 II 1 Nr. 2 AMG die Einhaltung der Schriftform Voraussetzung für die Wirksamkeit der Einwilligung ist[318]. Andererseits jedoch hat der Gesetzgeber trotz expliziter Orientierung an den §§ 40ff. AMG in § 8 II 1 Nr. 2 TFG eine abweichende Formulierung gewählt und im Gegensatz zu § 40 II 1 Nr. 2 AMG dem Wortlaut nach die Wirksamkeit der Einwilligung nicht von der Schriftform abhängig gemacht. Dieser Umstand legt den Schluß nahe, daß die Regelung der §§ 40ff. AMG insoweit nicht in das Transfusionsgesetz übernommen werden sollte, also die Einwilligung nach § 8 TFG zu ihrer Wirksamkeit nicht die Wahrung der Schriftform erfordert. Einer solchen Interpretation des Wortlauts steht jedoch entgegen, daß ein Hinweis in der amtlichen Begründung zu erwarten wäre, wenn der Gesetzgeber von der Regelung, die er ausdrücklich zum Vorbild genommen hat, hätte abweichen wollen. Ein solcher Hinweis fehlt aber in der Begründung zum Transfusionsgesetz. Für eine übereinstimmende Auslegung des § 8 II 1 Nr. 2 TFG und des § 40 II 1 Nr. 2 AMG und damit für die Annahme einer Wirksamkeitsvoraussetzung spricht weiterhin, daß beide Vorschriften eine ähnliche Zielrichtung haben und den gleichen Schutzzweck verfolgen[319]. Schließlich spricht für die Qualifizierung als Wirksamkeitsvoraussetzung § 125 S. 1 BGB, nach dem eine Erklärung nichtig ist, wenn sie der gesetzlich vorgeschriebenen Form ermangelt. Zwar ist § 125 S. 1 BGB auf die Einwilligung nicht unmittelbar anwendbar, da es sich bei dieser nicht um eine Willenserklärung handelt. Es sind aber die Voraussetzungen für eine analoge Anwendung des § 125 S. 1 BGB auf die Einwilligung gegeben, nämlich eine Regelungslücke sowie eine Vergleichbarkeit des Sachverhalts von dem und des Sachverhalts auf den die Regelung übertragen werden soll[320]. Eine Regelung der Konsequenzen, die sich aus der Verletzung der durch § 8 II 1 Nr. 2 TFG vorgeschriebenen Form ergeben, existiert nicht. Die Sachverhalte sind vergleichbar, da Zweck der Schriftform sowohl im Fall der Willenserklärung und als auch im Fall der Einwilligung der Schutz des Erklärenden vor übereilten und unüberlegten rechtlich relevanten Erklärungen ist. Die Einhaltung der Schriftform ist demnach

---

[317] BT-Drks. 13/9594, S. 19.

[318] Kloesel/Cyran, § 40 Nr. 6; Laufs in: Laufs/Uhlenbruck, § 130 Rn. 8; Sander, § 40 Nr. 7. Anderer Ansicht Deutsch, Medizinrecht, Rn. 787, der in der Schriftform lediglich eine Beweisform sieht.

[319] BT-Drks. 13/9594, S. 19; Votum des Arbeitskreises Blut vom 24.10.1995, BGesundhBl. 1995, 494.

[320] Zu den Voraussetzungen der Analogie Larenz, Methodenlehre, S. 365f.

als Wirksamkeitsvoraussetzung der Einwilligung in die Hyperimmunisierung zu qualifizieren[321].

§ 8 II 1 Nr. 2 TFG konstituiert für den Leiter der Spendeeinrichtung, den leitenden Arzt der Spendeeinrichtung, den Herstellungsleiter und für den Arzt, der das Immunisierungsprogramm leitet, die Pflicht, die organisatorischen Voraussetzungen zu schaffen, um die Einholung der schriftlichen Einwilligung zu gewährleisten, und die mit dieser Aufgabe betrauten Personen zu überwachen. Für den die Hyperimmunisierung durchführenden Arzt ergibt sich aus § 8 II 1 Nr. 2 TFG die Pflicht, das Vorliegen der schriftlichen Einwilligung im konkreten Fall zu kontrollieren. Die zur Einholung der schriftlichen Einwilligung verpflichtete Person bestimmt sich aus der Organisation der jeweiligen Spendeeinrichtung.

cc) Auswirkungen

Auswirkung der fehlenden Schriftform ist, daß die Durchführung der Hyperimmunisierung eine tatbestandliche und, soweit keine Rechtfertigungsgründe eingreifen, rechtswidrige Körperverletzung darstellt, die eine Haftung nach § 823 BGB und eine Strafbarkeit nach §§ 223ff. BGB begründen kann. Sofern die verpflichteten Personen Mitglieder einer Ärzte- oder Apothekerkammer sind, kommt eine berufsrechtliche Ahndung nach §§ 60ff. nds. HKG und § 5 II BÄO bzw. § 6 II BApO geahndet werden. Des weiteren kann gem. § 18 I AMG die Herstellungserlaubnis des Trägers der Spendeeinrichtung aufgehoben oder ihr Ruhen angeordnet werden.

dd) Sachgerechtigkeit

In Anbetracht der mit der Immunisierung verbundenen nicht unerheblichen Risiken[322] erscheint eine Warnung durch die Schriftform der Einwilligung als so notwendig, daß es gerechtfertigt ist, eine ohne Wahrung der Schriftform erteilte Einwilligung als unwirksam anzusehen. Auch ein Vergleich mit § 40 AMG und § 17 MPG, die eine vergleichbare Situation regeln und gleichfalls die Schriftform als Wirksamkeitsvoraussetzung der Einwilligung vorsehen, spricht für die Sachgerechtigkeit des § 8 II 1 Nr. 2 TFG.

---

[321] Im Ergebnis ebenso die Ansicht des Bundesministeriums für Gesundheit: Schreiben des Leiters des Referates 115 „Blut und Blutprodukte", Bundesministerium für Gesundheit, Regierungsdirektor von Auer an den Verfasser vom 23. September 1999.

[322] Vgl. oben C. III. 2.

d) Einwilligung bei einwilligungsunfähigen Personen

Selbstverständliche Voraussetzung der Einwilligung ist die Einwilligungsfähigkeit desjenigen, der die Einwilligung erteilt. § 11 III E(1)-TFG ermöglichte es durch Verweis auf § 7 III E(1)-TFG, auch bei einwilligungsunfähigen Personen eine Immunisierung durchzuführen, wenn der gesetzliche Vertreter eingewilligt hatte. Diese Regelung ist im Zweiten Entwurf entfallen und nicht Gesetz geworden. Für die Einwilligung bei einwilligungsunfähigen Personen gelten deshalb die allgemeinen Regeln.

Nach diesen darf der gesetzliche Vertreter seine Einwilligung nur zu solchen Eingriffen erteilen, die im Interesse der einwilligungsunfähigen Person geboten sind[323]. Da die Hyperimmunisierung immer fremdnützig ist, ist sie niemals medizinisch indiziert und demzufolge nie im Interesse der einwilligungsunfähigen Person geboten. Der gesetzliche Vertreter kann deshalb zu der Hyperimmunisierung eines Einwilligungsunfähigen niemals wirksam seine Einwilligung erteilen. Die Durchführung eines Immunisierungsprogramms an einwilligungsunfähigen Personen ist mithin ausgeschlossen. Das ergibt sich auch bereits zwingend daraus, daß einwilligungsunfähige Personen grundsätzlich von der Spendeentnahme ausgeschlossen sind, eine Gewinnung der aufgrund der Immunisierung erzeugten Immunglobuline somit nicht möglich ist. Dem Ausschluß Einwilligungsunfähiger ist zuzustimmen, da diese ansonsten in einer mit Art. 1 I GG nicht zu vereinbarenden Weise zum Objekt fremder Interessen gemacht würden.

e) Volljährigkeit

Das Transfusionsgesetz macht die Wirksamkeit der Einwilligung in die Hyperimmunisierung nicht von der Volljährigkeit der zu immunisierenden Person abhängig. Da die Wirksamkeit der Einwilligung in einen fremdnützigen medizinischen Eingriff auch nach allgemeinen Grundsätzen keine Volljährigkeit voraussetzt[324], können auch Minderjährige wirksam in eine Hyperimmunisierung einwilligen.

Im Vergleich mit dem Arzneimittelgesetz und dem Transplantationsgesetz erscheint der Verzicht auf die Volljährigkeit als Wirksamkeitsvoraussetzung als angemessen. Anders als die Lebendspende von Organen ist die Hyperimmunisierung nicht mit Auswirkungen und Risiken verbunden, die nach Art und Ausmaß so gravierend sind, daß man generell nur volljährige Personen als einwilligungsfähig ansehen kann. Im Unterschied zu §§ 40ff. AMG ist die Volljährigkeit als Wirksamkeitsvoraussetzung auch nicht im Interesse einer Synchronisierung der Wirksamkeit von vertraglichen Beziehungen zwischen Spender und Spendeeinrichtung und der Einwilligung in die Spendeentnahme mit dem Ziel des Schutzes

---

[323] Siehe oben III. 2. d).

[324] Siehe oben III. 2. e).

der zu immunisierenden Person erforderlich. Es besteht demnach kein Grund, Minderjährigen die Fähigkeit zur Einwilligung in die Hyperimmunisierung generell abzusprechen[325]. Nach dem in den Richtlinien der Bundesärztekammer für die Herstellung von Hyperimmunplasma, 3.1. i.V.m. den Richtlinien zur Hämotherapie, 3.1. festgestellten Stand der medizinischen Wissenschaft sollen Minderjährige aber grundsätzlich von der Spendeentnahme ausgeschlossen werden.

f) Geschäftsfähigkeit

Eine wirksame Einwilligung erfordert nicht die Geschäftsfähigkeit des Einwilligenden, was sich schon daraus ergibt, daß auch Minderjährige wirksam in die Spendeentnahme einwilligen können. Für das Erfordernis der Geschäftsfähigkeit besteht des weiteren im Interesse des Schutzes der zu immunisierenden Person kein Anlaß, da grundsätzlich keine vertraglichen Beziehungen existieren, die Leistungsansprüche der zu immunisierenden Person begründen.

g) Verwahrte

Im Gegensatz zu § 40 AMG, an dem sich die Regelung des § 8 TFG ausdrücklich orientiert, enthält § 8 TFG keinen Ausschluß von Personen, die aufgrund gerichtlicher oder behördlicher Anordnung verwahrt sind. Wie oben gezeigt[326], wäre der Ausschluß verwahrter Personen von der fremdnützigen Spendeentnahme durch das Transfusionsgesetz wünschenswert, da dieser Personenkreis aufgrund des bestehenden Gewaltverhältnisses grundsätzlich als zur freien Willensentschließung nicht fähig anzusehen sind. Diese Erwägung muß erst recht für die mit größeren Risiken als die Spendeentnahme belastete Hyperimmunisierung gelten, weil aufgrund der größeren Risiken eine erhöhte Schutzbedürftigkeit der verwahrten Personen besteht.

Da verwahrte Personen nach den Richtlinien für die Herstellung von Hyperimmunplasma, 3.1. i.V.m. den Richtlinien zur Hämotherapie, 3.2.2.1. nach dem Stand der medizinischen Wissenschaft von der Hyperimmunisierung ausgeschlossen sind, kommt dem fehlenden Ausschluß durch das Transfusionsgesetz keine praktische Relevanz zu. Ein Ausschluß verwahrter Personen von der Hyperimmunisierung durch das Transfusionsgesetz wäre aber im Interesse der Klarstellung wünschenswert, insbesondere weil § 40 AMG, an dem sich die Regelung explizit orientiert, einen solchen Ausschluß enthält und des Fehlen in § 8 TFG deshalb

---

[325] So im Ergebnis auch die Richtlinien für die Herstellung von Hyperimmunplasma, 3.1. i.V.m. den Richtlinien zur Hämotherapie, 3.1., nach denen Minderjährige nur grundsätzlich von der Hyperimmunisierung ausgeschlossen werden sollen, woraus sich entnehmen läßt, daß auch Minderjährige wirksam in die Immunisierung einwilligen können.

[326] Siehe oben III. 2. g).

einen Gegenschluß nahelegt. Es handelt es sich bei der Frage des Ausschlusses verwahrter Personen außerdem nicht um eine allein medizinische Entscheidung, sondern zumindest auch um eine Frage der staatlichen Schutzpflicht für die Freiheit der Selbstbestimmung. Die Entscheidung dieser Frage sollte deshalb nicht der medizinischen Wissenschaft überlassen bleiben.

h) Widerruflichkeit

Die Einwilligung in die Hyperimmunisierung ist jederzeit frei widerruflich. Das ergibt sich zum einen daraus, daß die Einwilligung in einen Eingriff in die körperliche Integrität das Persönlichkeitsrecht in so hohem Maße berührt, daß jederzeitige Entscheidungsfreiheit bestehen muß und eine Bindung in diesem Bereich deshalb ausgeschlossen ist. Zum anderen folgt die freie Widerruflichkeit aus dem Wortlaut des § 8 II 1 Nr. 2 TFG, nachdem die Immunisierung nur durchgeführt werden darf, wenn und solange die Einwilligung der zu immunisierenden Person vorliegt.

3. Aufklärung

a) Inhalt der Aufklärung

Nach § 8 II 1 Nr. 2 TFG muß die zu immunisierende Person vor Erteilung der Einwilligung über Wesen, Bedeutung und Risiken der Hyperimmunisierung aufgeklärt werden. Hinsichtlich des Wesens ist die zu immunisierende Person darüber aufzuklären, daß die Hyperimmunisierung fremdnützig ist und es sich nicht um ein Impfprogramm zum Schutz vor Infektionskrankheiten handelt, sondern daß Dosis, Anzahl und Anwendung der Impfstoffe von dem Vorgehen bei einer Schutzimpfung abweichen können, um Plasma mit möglichst hohen Antikörper-Titern gewinnen zu können[327]. Im Hinblick auf die Bedeutung ist darauf hinzuweisen, daß bestimmte Immunglobuline auf andere Weise als durch Hyperimmunisierung nicht gewonnen werden können, Hyperimmunplasma als Ausgangsmaterial für die Herstellung bestimmter Arzneimittel somit unverzichtbar ist. Schließlich muß die zu immunisierende Person über die mit der Immunisierung verbundenen Risiken unterrichtet werden. Es fällt auf, daß § 8 TFG eine Aufklärung über die Risiken verlangt und nicht wie § 6 TFG von der Durchführung oder wie § 40 I AMG und § 11 II E(1,2)-TFG von der Tragweite spricht. Einschränkungen im Umfang der Aufklärung ergeben sich aufgrund dieses abweichenden Wortlauts aber nicht. Eine Aufklärung allein über die Risiken der Hyperimmunisierung genügt nicht. Ebenso wie bei § 6 I TFG und § 40 I AMG ist über die Art und Weise des geplanten Eingriffs aufzuklären. Das folgt daraus, daß eine sachge-

---

[327] Richtlinien für die Herstellung von Hyperimmunplasma, 3.2.

rechte Einschätzung der Risiken ohne das Wissen darüber, wie der Eingriff durchgeführt werden soll, nicht möglich ist. Das Wissen über die Art und Weise der Durchführung des Eingriffs ist deshalb konstitutive Voraussetzung einer selbstbestimmten Einwilligung. Die zu immunisierende Person muß also über die Impfstoffdosen, die Anzahl der voraussichtlich notwendigen Impfstoffgaben zur Erreichung der geplanten Höhe des Antikörper-Titers, die Impfstoffgaben zur Aufrechterhaltung der Höhe des Antikörper-Titers und den Abstand der Impfstoffgaben informiert werden. Diese Angaben ergeben sich aus dem Immunisierungsplan. Aufgrund des gegenüber § 6 I TFG und § 40 I AMG divergierenden Wortlauts ist bei der Aufklärung nach § 8 II 1 Nr. 2 TFG besonderes Gewicht auf die Erläuterung der mit der Hyperimmunisierung verbundenen Risiken zu legen.

b) Zeitpunkt der Aufklärung

Die Aufklärung muß vor Beginn des Immunisierungsprogramms erfolgen. In welchen Fällen eine erneute Aufklärung der immunisierten Spender erforderlich ist, ergibt sich aus § 8 II 1 Nr. 2 TFG nicht. Die Frage ist aus der Funktion der Aufklärung, die tatsächliche Grundlage für eine selbstbestimmte Einwilligung zu liefern, zu beantworten. Entsprechend der Aufklärung nach § 6 I 1 TFG ist demnach eine erneute Aufklärung nur dann erforderlich, wenn dies im Interesse einer selbstbestimmten Einwilligung des Spenders in die weitere Teilnahme an dem Immunisierungsprogramm geboten ist. Eine erneute Aufklärung ist somit dann notwendig, wenn neue wissenschaftliche Erkenntnisse (etwa neue Erkenntnisse über Risiken des verwendeten Impfstoffs) oder Gründe existieren, die in der zu immunisierenden Person liegen (z.B. Umstände bekannt werden, die ein erhöhtes Risiko für den immunisierten Spender nahelegen).

c) Aufklärende Person

Die Aufklärung muß durch einen Arzt vorgenommen werden. Dies kann jeder an der Durchführung des Immunisierungsprogramms beteiligte Arzt sein, eine Beschränkung auf den für die Durchführung des Programms verantwortlichen Arzt besteht nicht[328]. Im Gegensatz zu der Aufklärung über die Spendeentnahme ist die Aufklärung durch eine andere sachkundige Person nicht ausreichend. Die Aufklärung durch einen Arzt soll eine besonders qualifizierte Aufklärung gewährleisten und der besonderen Gefährdung der zu immunisierenden Person Rechnung tragen. Die Regelung ist im Hinblick auf die besondere Schutzbedürftigkeit der zu immunisierenden Spender sachgerecht und im Vergleich mit § 40 I 1 Nr. 2 AMG und §

---

[328] v. Auer/Seitz, A 2.2 § 8 Rn. 9.

17 I Nr. 2 MPG, die bei vergleichbarer Gefährdungslage ebenfalls die Aufklärung durch einen Arzt verlangen, konsequent.

d) Formbedürftigkeit der Aufklärung

§ 8 II 1 Nr. 2 TFG spricht lediglich von dem Erfordernis einer schriftlichen Bestätigung der Aufklärung. Die Aufklärung über die Hyperimmunisierung unterliegt demnach keiner Form. Im Gegensatz dazu sehen die von der Bundesärztekammer veröffentlichten Richtlinien für die Herstellung von Hyperimmunplasma, 3.2. vor, daß die Aufklärung schriftlich zu erfolgen hat. Aufgrund der vorrangigen Regelung des § 8 II 1 Nr. 2 TFG ist die Richtlinie insoweit hinfällig.

e) Schriftliche Bestätigung

aa) Zweck

Die Aufklärung muß gem. § 8 II 1 Nr. 2 TFG von der zu immunisierenden Person schriftlich bestätigt werden. Zweck des Erfordernisses der schriftlichen Bestätigung ist einerseits der Schutz des Selbstbestimmungsrechts der zu immunisierenden Person, indem ihr durch die schriftliche Bestätigung die Bedeutung der Aufklärung vor Augen geführt[329] und die die Immunisierung durchführenden Personen an die Notwendigkeit der Aufklärung erinnert werden. Daneben ist die Dokumentation zur Beweissicherung bezweckt.

bb) Zeitpunkt

Nach § 8 II 1 Nr. 2 TFG darf das Immunisierungsprogramm nur durchgeführt werden, wenn die zu immunisierende Person die Aufklärung schriftlich bestätigt hat. Die schriftliche Bestätigung muß somit vor Beginn der Immunisierung vorliegen.

cc) Bedeutung der schriftlichen Bestätigung

Es fragt sich, welche Bedeutung der schriftlichen Bestätigung zukommt. Sie kann Wirksamkeitsvoraussetzung der Einwilligung, Beweismittelbeschränkung oder Rechtmäßigkeitsvoraussetzung für die Durchführung des Immunisierungsprogramms sein.

---

[329] Vgl. BT-Drks. 13/9594, S. 18 zur schriftlichen Bestätigung der Aufklärung über die Spendeentnahme.

Nach Meinung des Bundesministeriums für Gesundheit handelt es sich bei der schriftlichen Bestätigung um eine Wirksamkeitsvoraussetzung der Aufklärung[330]. Dagegen spricht jedoch der Wortlaut des § 8 II 1 Nr. 2 TFG, nach dem die schriftliche Bestätigung der Aufklärung Voraussetzung für die Zulässigkeit der Durchführung eines Immunisierungsprogramm durchist, nicht aber für die Wirksamkeit der Einwilligung. Der Wortlaut des § 8 II 1 Nr. 2 TFG steht somit einer Qualifizierung als Wirksamkeitsvoraussetzung entgegen. Gegen sie spricht des weiteren, daß der Gesetzgeber für die Aufklärung kein Formerfordernis vorgesehen hat. Er hat die mit der Schriftform verbundene Schutz- und Warnfunktion sowie die Beweissicherung demnach nicht für so bedeutsam erachtet, daß er die Wirksamkeit der Einwilligung von der Einhaltung der Schriftform bei der Aufklärung abhängig machen wollte. Diese gesetzgeberische Wertung verbietet es, die schriftliche Bestätigung als Wirksamkeitsvoraussetzung der Einwilligung anzusehen. Schließlich steht ein Vergleich mit § 40 AMG einer Qualifikation als Wirksamkeitsvoraussetzung entgegen. Auch nach § 40 AMG, an dem sich die Regelung des § 8 TFG orientiert, hängt die Wirksamkeit der Einwilligung nicht von deren schriftlicher Bestätigung ab. Die schriftliche Bestätigung ist demnach nicht Voraussetzung für die Wirksamkeit der Einwilligung. Die Annahme einer Beweismittelbeschränkung ist abzulehnen, weil Gründe, die eine Beschränkung der Beweismittel rechtfertigen könnten, nicht existieren[331]. Die schriftliche Bestätigung der Aufklärung ist mithin als formelle Rechtmäßigkeitsvoraussetzung der Hyperimmunisierung anzusehen.

§ 8 II 1 Nr. 2 TFG begründet damit für den Leiter der Spendeeinrichtung, die das Immunisierungsprogramm durchführt, für den leitenden Arzt der Spendeeinrichtung, für den Herstellungsleiter und für den Arzt, der das Immunisierungsprogramm leitet, die Pflicht, die Durchführung des Immunisierungsprogramms so zu organisieren, daß die Einholung der schriftlichen Bestätigung gewährleistet ist, und die mit dieser Aufgabe betrauten Personen zu überwachen. Für den Arzt, der die Immunisierung durchführt, ergibt sich aus § 8 II 1 Nr. 2 TFG die Pflicht, das Vorliegen der schriftlichen Bestätigung im Einzelfall zu kontrollieren. Die zur Einholung der schriftlichen Bestätigung verpflichtete Person ergibt sich aus der Organisation der einzelnen Spendeeinrichtung.

dd) Auswirkungen

Bei Verstoß gegen das Erfordernis der schriftlichen Bestätigung der Aufklärung kann gem. § 18 I AMG die Herstellungserlaubnis des Trägers der Spendeeinrichtung aufgehoben oder ihr Ruhen angeordnet werden. Sofern die verpflichteten

---

[330] Schreiben des Leiters des Referates 115 „Blut und Blutprodukte", Bundesministerium für Gesundheit, Regierungsdirektor von Auer an den Verfasser vom 23. September 1999.
[331] Vgl. oben III. 2. c) cc) (2).

Personen Mitglieder einer Ärzte- oder Apothekerkammer sind, kommt bei Verletzung ihrer Pflichten eine berufsrechtliche Ahndung nach §§ 60ff. nds. HKG und § 5 II BÄO bzw. § 6 II BApO in Betracht. Zivilprozessuale oder deliktsrechtliche Bedeutung kommt dem Erfordernis der schriftlichen Bestätigung der Aufklärung nicht zu.

ff) Sachgerechtigkeit

Die Pflicht zur Einholung einer schriftlichen Bestätigung der Aufklärung ist nicht sachgerecht. § 40 AMG und § 17 MPG sehen für die Aufklärung weder eine Form noch die Notwendigkeit einer schriftlichen Bestätigung vor, obwohl die Schutzbedürftigkeit des Probanden bei der klinischen Prüfung vergleichbar ist mit der des zu immunisierenden Spenders. Daß § 40 AMG und § 17 MPG wegen des fehlenden Formzwanges bzw. der Notwendigkeit der schriftlichen Bestätigung keinen ausreichenden Schutz der Probanden gewährleisteten, wird jedoch nicht vertreten. Des weiteren sehen auch die Richtlinien der Bundesärztekammer für die Herstellung von Hyperimmunplasma nicht vor, daß die Aufklärung über die Hyperimmunisierung schriftlich zu bestätigen ist. Für die schriftliche Bestätigung der Aufklärung läßt sich auch nicht auch anführen, daß bei der Hyperimmunisierung üblicherweise eine schriftliche Bestätigung der Aufklärung eingeholt wird, so daß es sich nur um eine gesetzliche Festschreibung der bestehenden tatsächlichen Lage handelt. Dieses Argument ist weder zutreffend noch überzeugend, denn weder bestand bisher eine Pflicht, die Aufklärung schriftlich bestätigen zu lassen, noch kann der Umstand allein, daß ein bestimmtes Verhalten üblicherweise praktiziert wird, die Konstituierung einer Pflicht dieses Inhalts rechtfertigen.

4. Erhebung, Verarbeitung und Nutzung personenbezogener Daten

Nach § 8 II 1 Nr. 2 TFG darf ein Immunisierungsprogramm nur durchgeführt werden, wenn die zu immunisierende Person über die mit der Durchführung der Hyperimmunisierung verbundene Erhebung, Verarbeitung und Nutzung personenbezogener Daten aufgeklärt worden ist und dies schriftlich bestätigt hat. Die Vorschrift dient wie § 6 II TFG der Umsetzung des Art. 10 der EG-Richtlinie 95/46/EG vom 24.10.1995[332] und ist ebenso wie dieser im Dritten Entwurf in das Transfusionsgesetz eingefügt worden.

Es fällt zunächst auf, daß die Aufklärung über die Erhebung, Verarbeitung und Nutzung personenbezogener Daten nach § 8 II 1 Nr. 2 TFG im Gegensatz zu § 6 II 2 TFG durch einen Arzt zu erfolgen hat, die Aufklärung durch eine entsprechend geschulte Person somit den gesetzlichen Anforderungen nicht genügt. Der Grund für diese divergierende Regelung dürfte darin zu sehen sein, daß die Aufklärung

---

[332] ABlEG Nr. L 281/31 vom 29.11.1995.

über die Datenerhebung, -verarbeitung und -nutzung typischerweise durch die Person erfolgt, die auch die Aufklärung über die Immunisierung durchführt, und es sich bei dieser nach § 8 TFG anders als bei § 6 TFG um einen Arzt handeln muß. Eine gesetzliche Pflicht zur Aufklärung durch einen Arzt erscheint dennoch nicht gerechtfertigt, da in beiden Fällen im wesentlichen die gleichen Daten erhoben, verarbeitet und genutzt werden.

Im Hinblick auf die schriftliche Bestätigung der Aufklärung sind § 8 II 1 Nr. 2 TFG und § 6 II 2 TFG aufgrund des vergleichbaren Regelungsgegenstandes und des identischen Schutzzwecks übereinstimmend auszulegen[333]. Zweck der schriftlichen Bestätigung ist einerseits die Dokumentation der Aufklärung zu Beweiszwecken und andererseits der Schutz des Rechts des Spenders auf informationelle Selbstbestimmung, indem ihm bewußt gemacht wird, daß im Zusammenhang mit der Hyperimmunisierung personenbezogene Daten erhoben, verarbeitet und genutzt werden, und indem die für die Aufklärung verantwortlichen Personen an die Notwendigkeit der Aufklärung erinnert werden. Wie sich aus dem Wortlaut ergibt, muß die schriftliche Bestätigung vor Durchführung der Hyperimmunisierung vorliegen.

Entsprechend § 6 II TFG ist das Erfordernis der schriftlichen Bestätigung der Aufklärung § 8 II 1 Nr. 2 TFG allein als Rechtmäßigkeitsvoraussetzung der Hyperimmunisierung zu qualifizieren. Für den Leiter der Spendeeinrichtung, den leitenden Arzt der Spendeeinrichtung, den Herstellungsleiter und für den Arzt, der das Immunisierungsprogramm leitet, ergibt sich aus § 8 II 1 Nr. 2 TFG die Pflicht, die organisatorischen Voraussetzungen zu schaffen, um die Einholung der schriftlichen Bestätigung zu gewährleisten, und die mit dieser Aufgabe betrauten Personen zu überwachen. Für den Arzt, der die Hyperimmunisierung durchführt, ergeben sich Kontrollpflichten im Einzelfall. Es ist von ihm vor der Hyperimmunisierung zu kontrollieren, daß die schriftliche Bestätigung vorliegt. Wer zur Einholung der schriftlichen Bestätigung verpflichtet ist, bestimmt sich nach der Organisation der konkreten Spendeeinrichtung.

Bei Verletzung der sich aus § 8 II 1 Nr. 2 TFG ergebenden Pflichten kann gem. § 18 I AMG die Herstellungserlaubnis des Trägers der Spendeeinrichtung aufgehoben oder ihr Ruhen angeordnet werden. Soweit es sich bei den verpflichteten Personen um Ärzte oder Apotheker handelt, kann eine Pflichtverletzung berufsrechtlich nach §§ 60ff. nds. HKG und § 5 II BÄO bzw. § 6 II BApO geahndet werden. Vertrags-, delikts- oder prozeßrechtliche Bedeutung kommt den Pflichten aus § 6 II 2 TFG nicht zu.

---

[333] Siehe oben III. 4. b) cc).

V. Einwilligung in die Anwendung von Blutprodukten, § 14 TFG

1. Einleitung

Die Anwendung von Blutprodukten dient der Erhaltung oder Wiederherstellung der Gesundheit des Patienten, sie ist also Heileingriff. Die Aufklärung über und die Einwilligung in die Anwendung von Blutprodukten richten sich deshalb nach den für Heileingriffe allgemein geltenden Grundsätzen[334]. Zweifelhaft ist die Geltung der allgemeinen Grundsätze lediglich hinsichtlich der Form von Aufklärung und Einwilligung[335].

Für die Aufklärung gilt demnach folgendes: Der Patient muß über Wesen, Bedeutung und Tragweite der Anwendung von Blutprodukten aufgeklärt werden, sobald ernsthaft die Möglichkeit einer Bluttransfusion besteht[336]. Insbesondere ist der Patient im Rahmen der Risikoaufklärung auf die Möglichkeit der Übertragung von Erregern von Infektionskrankheiten wie z.B. HIV und HCV hinzuweisen. Nach § 13 I 5 TFG muß der Patient auf die Alternative der Eigenblutspende aufmerksam gemacht werden, soweit dies nach dem Stand der medizinischen Wissenschaft vorgesehen ist[337]. Die Aufklärung muß von einem Arzt durchgeführt werden und hat – sofern möglich – so rechtzeitig zu erfolgen, daß der Patient seine Entscheidung ohne Entscheidungsdruck treffen kann. Zur Aufklärung verpflichtet ist in erster Linie der den Eingriff vornehmende Arzt. Falls in Folge horizontaler Arbeitsteilung die Anwendung von Blutprodukten durch einen anderen als den den Eingriff vornehmenden Arzt durchgeführt wird, z.B. durch den Anästhesisten, so ist auch dieser aufklärungspflichtig. Letzterer wird aber grundsätzlich, d.h. sofern keine entgegenstehenden Anhaltspunkte vorliegen oder anderweitige Absprachen

---

[334] Siehe oben II.

[335] Siehe sogleich im Text unter 2.

[336] BGHZ 116, 379 (383); OLG Zweibrücken, ArztR 1999, 196. Nach den Richtlinien der Bundesärztekammer zur Hämotherapie, 6. sowie den Hinweisen der Deutschen Krankenhausgesellschaft zur Eigenblutspende im Krankenhaus besteht eine solche ernsthafte Möglichkeit, wenn bei einem regelhaften Operationsverlauf erfahrungsgemäß Transfusionen mit einer Wahrscheinlichkeit von mindestens 5% erforderlich werden. Die Transfusionswahrscheinlichkeit ergibt sich aus der Anzahl der erfolgten Transfusionen bei an der konkreten Einrichtung der Krankenversorgung durchgeführten Eingriffen wie dem geplanten. Sie ist also für jede Einrichtung der Krankenversorgung individuell zu bestimmen.

[337] Vgl. auch BGHZ 116, 379 (384ff.); OLG Köln, VersR 1997, 1534f.; Deutsch, JZ 1992, 423; Francke/Hart, S. 132; Giesen, JR 1993, 21 (22); ablehnend Laufs, NJW 1993, 1497 (1502). Auf die Möglichkeit der Anwendung autologer Hämotherapieverfahren ist ab einer Transfusionswahrscheinlichkeit von mindestens 5% hinzuweisen, Richtlinien zur Hämotherapie, 6. Empfohlen wird die Bereitstellung von Eigenblut und/oder Eigenblutkomponenten jedoch erst ab einer Transfusionswahrscheinlichkeit von mindestens 10%, siehe die Richtlinien zur Hämotherapie, 8.2. sowie das Votum des Arbeitskreises Blut vom 14.3.1994, BGesundhBl. 1994, 176.

bestehen, darauf vertrauen dürfen, daß eine ordnungsgemäße Aufklärung auch hinsichtlich der Anwendung von Blutprodukten durch den den Eingriff vornehmenden Arzt erfolgt ist[338].

Die Einwilligung in die Anwendung von Blutprodukten setzt allein die Einwilligungsfähigkeit des Patienten voraus, nicht notwendig sind Volljährigkeit und Geschäftsfähigkeit. Bei einsichtfähigen minderjährigen Personen ist zusätzlich zu deren Einwilligung auch die Einwilligung des Personensorgeberechtigten erforderlich. Für einwilligungsunfähige Personen ist der gesetzliche Vertreter zur Einwilligung berufen. Personensorgeberechtigter sowie gesetzlicher Vertreter dürfen die Einwilligung nur erteilen, wenn die Anwendung der Blutprodukte dem Wohl des Einwilligungsunfähigen dient, was zu bejahen ist, wenn sie medizinisch indiziert ist.

2. Formbedürftigkeit der Aufklärung und Einwilligung

Das Transfusionsgesetz sieht seit dem Ersten Entwurf vor, daß die Dokumentation der Anwendung von Blutprodukten die Aufklärung und die Einwilligungserklärungen zu umfassen hat (§ 14 I 2 TFG, § 14 I 2 E(3)-TFG, § 16 I 2 E(2)-TFG, § 17 I 2 E(1)-TFG). Daraus ergibt sich die Frage, ob Aufklärung und Einwilligung der Schriftform unterliegen oder ob § 14 I 2 TFG nur zu entnehmen ist, daß die Dokumentation Aufzeichnungen über die Tatsache, daß der Patient aufgeklärt worden ist, und über den Inhalt der Aufklärung und Einwilligung enthalten muß.

Für die Auslegung im erstgenannten Sinn spricht der Wortlaut des § 14 I 2 TFG, nach dem Aufklärung und Einwilligungserklärungen Bestandteil der (schriftlich verkörperten) Dokumentation sein müssen. Diese Formulierung legt nahe, daß Aufklärung und Einwilligungserklärungen selbst schriftlich verkörpert sein müssen, und nicht lediglich die Tatsache ihres Vorliegens und ihr Inhalt zu dokumentieren sind. Für diese Auslegung läßt sich zudem anführen, daß nach der allgemein geübten medizinischen Praxis bei Eingriffen von einiger Erheblichkeit in aller Regel Aufklärung und Einwilligung schriftlich erfolgen.

Gegen die Annahme der Formbedürftigkeit von Aufklärung und Einwilligung in die Anwendung von Blutprodukten bestehen jedoch erhebliche Bedenken. Auch wenn Aufklärung und Einwilligung in Eingriffe von einiger Erheblichkeit im allgemeinen schriftlich erfolgen, ist nach allgemeinen Grundsätzen die Aufklärung und die Einwilligung in ärztliche Heileingriffe, zu denen auch die Anwendung von Blutprodukten zählt, keiner Form unterworfen[339]. In der amtlichen Begrün-

---

[338] Zum Vertrauensgrundsatz bei horizontaler Arbeitsteilung BGH, VersR 1991, 694 (695); NJW 1980, 649 (650); Deutsch, Medizinrecht, Rn. 239.

[339] BGHZ 67, 48 (55f.); Deutsch, Medizinrecht, Rn. 106; Geiß/Greiner, C. Rn. 87; Laufs, Rn. 179; RGRK/Nüßgens, § 823 Anh. II Rn. 95; Ulsenheimer in: Laufs/Uhlenbruck, § 139 Rn. 34.

dung zum Dritten Entwurf und den Materialien des Gesetzgebungsverfahrens finden sich keinerlei Hinweise darauf, daß der Gesetzgeber von diesen Grundsätzen abweichen wollte. Solche Hinweise wären aber in Anbetracht dessen, daß eine Abweichung von der in Rechtsprechung und Literatur bisher einhellig vertretenen Ansicht vorläge, zu erwarten gewesen. Gegen die Erforderlichkeit der Schriftform läßt sich weiterhin anführen, daß § 13 I 1 TFG ohne weitere Ausführungen die Einhaltung der Anforderungen, die an die Aufklärung und Einwilligung zu stellen sind, fordert. Aufgrund der fehlenden weiteren Ausführungen kann darin nur ein Verweis auf die allgemeinen Grundsätze gesehen werden, nach denen die Einhaltung der Schriftform gerade nicht erforderlich ist.

Die Einwilligung in die Anwendung von Blutprodukten der Schriftform zu unterwerfen, wäre des weiteren auch nicht sachgerecht. Das Schriftformerfordernis der Einwilligung erscheint nicht sachgerecht, weil die Einwilligung in andere Heileingriffe, die vergleichbare oder höhere Risiken als die Anwendung von Blutprodukten aufweisen (beispielsweise Operationen am offenen Herzen), nicht der Schriftform unterliegen. Die Risiken, die mit der Anwendung von Blutprodukten verbunden sind, sind mithin nach allgemeiner gesetzlicher Wertung nicht so groß, daß aufgrund der Schutzbedürftigkeit des Patienten eine zusätzliche Warnung durch die Schriftform erforderlich ist. Auch das Interesse der Beweissicherung kann die Schriftform der Einwilligung nicht rechtfertigen, weil hinsichtlich des Nachweises der Einwilligung in die Anwendung von Blutprodukten im Prozeß keine über das normale Maß hinausgehenden Schwierigkeiten bestehen. Gleichfalls nicht sachgerecht wäre die Unterwerfung der Aufklärung unter die Schriftform. Nach herrschender Ansicht soll die Aufklärung im Gespräch zwischen Arzt und Patient erfolgen, die Übergabe von vorformulierten Aufklärungsformularen kann das Gespräch in der Regel nicht ersetzen, sondern nur vorbereiten und ergänzen[340]. Besondere Schwierigkeiten bei der Aufklärung über die Anwendung von Blutprodukten, die es notwendig erscheinen lassen, zur Vorbereitung und Ergänzung der Aufklärung die Schriftform gesetzlich vorzuschreiben, bestehen nicht. Über das allgemeine Maß hinausgehende Beweisschwierigkeiten sind gleichfalls nicht gegeben, so daß auch der Zweck der Beweissicherung die Notwendigkeit der Schriftform nicht zu begründen vermag. Dies alles spricht dagegen, § 14 I 2 TFG in dem Sinne auszulegen, daß Aufklärung und Einwilligung in die Anwendung von Blutprodukten der Schriftform unterliegen. Nach § 14 I 2 TFG muß deshalb die Dokumentation über die Anwendung von Blutprodukten lediglich Aufzeichnungen über die Durchführung und den Inhalt der Aufklärung sowie die Abgabe und den Inhalt der Einwilligung enthalten. Der Schriftform unterliegen Einwilligung und Aufklärung hingegen nicht.

---

[340] Deutsch, Medizinrecht, Rn. 138f.; 142ff.; Giesen, Rn. 334f.; Laufs, Rn. 179, 248; kritisch gegenüber Aufklärungsformularen auch die Rechtsprechung, vgl. BGHZ 90, 103 (110); BGH, NJW 1985, 1399.

Bei der durch § 14 I 2 TFG konstituierten Pflicht handelt es sich um eine Berufspflicht des behandelnden Arztes, deren Verletzung nach §§ 60ff. nds. HKG und § 5 II BÄO geahndet werden kann. Vertrags-, delikts- oder prozeßrechtliche Auswirkungen ergeben sich aus der Pflicht zur Dokumentation der Einwilligung und Aufklärung nicht. Ein eigenständiger Schadensersatzanspruch des Patienten kommt nicht in Betracht, da die Verletzung der Dokumentationspflichten aus § 14 I 2 TFG nicht zu einer Verletzung von Rechtsgütern des Patienten führen kann. Prozeßrechtlich ist die Pflicht ohne Bedeutung, da die Einwilligung in und die Aufklärung über die Anwendung von Blutprodukten nach allgemeinen Grundsätzen von dem behandelnden Arzt zu beweisen ist, so daß aus der Pflichtverletzung weder eine Umkehr der Beweislast noch die Annahme eines Anscheinsbeweises resultieren kann.

3. Sachgerechtigkeit

Im Hinblick auf die nach § 10 I MBO-Ä und nach ganz herrschender Meinung[341] bestehende Pflicht zur Dokumentation der Aufklärung bei ärztlichen Heileingriffen[342] ist die Regelung des § 14 I 2 TFG sachgerecht, soweit sie die Pflicht zur Dokumentation der Aufklärung enthält. Soweit § 14 I 2 TFG jedoch eine Pflicht zur Dokumentation der Einwilligung begründet, ist dies nicht sachgerecht. Nach ganz herrschender Meinung besteht bei ärztlichen Heileingriffen keine Pflicht des Arztes zur Dokumentation der Einwilligung[343]. Gründe, die eine andere Regelung bei der Anwendung von Blutprodukten rechtfertigen könnten, existieren nicht. Weder ist die Dokumentation der Einwilligung zur Therapiesicherung oder Rechenschaftslegung erforderlich, noch besteht aufgrund der Beweislastverteilung ein Interesse des Patienten an der Dokumentation zu Zwecken der Beweissicherung. Die Dokumentation der Einwilligung liegt somit allein im Interesse des behandelnden Arztes. Die Entscheidung darüber, ob die Einwilligung dokumentiert wird, sollte deshalb ihm überlassen bleiben.

---

[341] Deutsch, Medizinrecht, Rn. 355; Giesen, Rn. 420; Laufs, Rn. 455; RGRK/Nüßgens, § 823 Anh. II Rn. 261; Stegers, Rn. 20; Steffen/Dressler, Rn. 458 mit Nachweisen zur Rechtsprechung; Uhlenbruck in: Laufs/Uhlenbruck, § 59 Rn. 9. Aufgrund der Beweislastverteilung müßte man im Bereich der Selbstbestimmungsaufklärung allerdings eher von einer Obliegenheit sprechen, vgl. Francke/Hart, S. 192.

[342] Zur umstrittenen Rechtsgrundlage – vertraglich, deliktisch oder persönlichkeitsrechtlich – dieser Pflicht siehe Uhlenbruck in: Laufs/Uhlenbruck, § 59 Rn. 1ff.

[343] Vgl. Bergmann, S. 154; Laufs, Rn. 455; Ratzel in: Ratzel/Lippert, § 10 Rn. 4f.; Steffen/Dressler, Rn. 458 m.w.N. aus der Rechtsprechung; Uhlenbruck in: Laufs/Uhlenbruck, § 59 Rn. 9, die eine Pflicht zur Dokumentation der Einwilligung nicht erwähnen; anderer Ansicht nur Stegers, Rn. 20.

VI. Einwilligung in die Testung auf Infektionserreger, § 19 I 7 TFG

Gem. § 19 I 6 TFG sind die Einrichtungen der Krankenversorgung verpflichtet, im Fall der Anwendung von Blutprodukten, bei denen der begründete Verdacht besteht, daß sie Infektionserreger übertragen, die behandelten Personen unverzüglich zu unterrichten und ihnen eine Testung zu empfehlen. Ob eine Testung durchgeführt wird, steht im Belieben der behandelten Person, es gilt das Prinzip der Freiwilligkeit[344]. Vor der Testung ist nach § 19 I 7 TFG die schriftliche Einwilligung der behandelten Person einzuholen[345]. Die Einwilligung in die Testung unterliegt demnach der Schriftform. Über den Zweck der Schriftform schweigt sich die Begründung zum Transfusionsgesetz aus. Man wird ihn einerseits in der Dokumentation der Einwilligung und andererseits in dem Schutz des Selbstbestimmungsrechts der zu testenden Person, dadurch daß die die Testung durchführenden Personen an das Erfordernis der Einwilligung erinnert werden, zu sehen haben.

1. Bedeutung der Schriftform

Es fragt sich, welche Bedeutung der Schriftform zukommt. Sie kann Wirksamkeitsvoraussetzung der Einwilligung, Beweismittelbeschränkung oder Rechtmäßigkeitsvoraussetzung der Testung sein.

Für die Qualifizierung als Wirksamkeitsvoraussetzung spricht, daß gem. § 125 S. 1 BGB, der auf die Einwilligung entsprechend anwendbar ist[346], eine Erklärung, die der gesetzlich vorgeschriebenen Form ermangelt, nichtig ist. Einer solchen Einordnung steht jedoch entgegen, daß es sich bei der Testung um einen ärztlichen Diagnoseeingriff handelt. Die Einwilligung in Diagnoseeingriffe ist in ihrer Wirksamkeit nach allgemeinen medizinrechtlichen Grundsätzen aber nicht von der Einhaltung der Schriftform abhängig. Daß der Gesetzgeber von diesen Grundsätzen abweichen wollte, läßt sich der Begründung zum Transfusionsgesetz und der Gesetzgebungsgeschichte nicht entnehmen. Der Annahme einer Wirksamkeitsvoraussetzung steht weiterhin ein Vergleich mit § 6 I TFG entgegen. Dort unterliegt die Einwilligung des Spenders in die mit der Spendeentnahme verbundenen Un-

---

[344] BT-Drks. 13/9594, S. 25.

[345] So auch § 22 I 7 i.V.m. § 16 II 5 E(1)-TFG, § 21 I 7 E(2)-TFG, § 19 I 7 E(3)-TFG. Nach Ansicht des Bundesministeriums für Gesundheit (Schreiben des Leiters des Referates 115 „Blut und Blutprodukte", Bundesministerium für Gesundheit, Regierungsdirektor von Auer an den Verfasser vom 23. September 1999) soll sich aus § 19 I 7 TFG die Pflicht zur Einholung einer schriftlichen Bestätigung der Einwilligung ergeben. Das ist jedoch aufgrund des Wortlauts, der eine schriftliche Einwilligung verlangt, sowie aufgrund der im Transfusionsgesetz durchgeführten Differenzierung zwischen der Schriftform der Einwilligung und der schriftlichen Bestätigung der Einwilligung (siehe oben III. 2. b) aa)) abzulehnen.

[346] Siehe oben IV. 2. c) bb).

tersuchungen, die auch die Testung auf Infektionskrankheiten umfassen[347], nicht der Schriftform, obwohl der Spender schutzbedürftiger ist als die behandelte Person, weil die Testung hinsichtlich der Infektionserreger, auf die getestet wird, nicht primär im Interesse des Gesundheitsschutzes des Spenders erfolgt und sie nicht auf die konkreten Infektionserreger beschränkt ist, von denen der Verdacht besteht, daß sie durch die Anwendung der Blutprodukte übertragen worden sind. Die Schriftform ist mithin nicht Wirksamkeitsvoraussetzung der Einwilligung. Gründe, die für eine Beschränkung der Beweismittel auf den Urkundenbeweis sprechen, existieren nicht. Eine Einordnung als Beweismittelbeschränkung ist deshalb abzulehnen. Das Erfordernis der schriftlichen Einwilligung in die Testung stellt demnach eine Rechtmäßigkeitsvoraussetzung der Testung dar. Für den behandelnden Arzt ist die Einholung der schriftlichen Einwilligung eine Berufspflicht, deren Verletzung gem. §§ 60ff. nds. HKG und § 5 II BÄO sanktioniert werden kann.

2. Sachgerechtigkeit

Die Sachgerechtigkeit des § 19 I 7 TFG erscheint fraglich. Die Testung nach § 19 I 7 TFG ist eine ärztliche Diagnosemaßnahme, die dem Schutz der Gesundheit des Getesteten dient. Wie oben dargelegt, unterliegt nach allgemeinen Grundsätzen die Einwilligung in ärztliche Diagnosemaßnahmen keiner Form. Ein Grund für die Abweichung von diesen Grundsätzen ist nicht ersichtlich. Ein über das allgemeine Maß hinausgehende Risiko, daß die Testung nach § 19 I 7 TFG ohne Einwilligung der betroffenen Person vorgenommen wird, besteht nicht, da für sie die Entnahme einer Blutprobe bei der zu untersuchenden Person notwendig ist, die kaum ohne Aufklärung über den Zweck und ohne Einwilligung des Betroffenen wird erfolgen können. An der Dokumentation der Einwilligung besteht auch kein Interesse der zu untersuchenden Person im Hinblick auf die Therapiesicherung, die Rechenschaftslegung oder die Beweissicherung. Für die Schriftform läßt sich somit nur anführen, daß üblicherweise bei der Spendeentnahme eine schriftliche Bestätigung der Aufklärung von dem Spender eingeholt wird und damit durch § 19 I 7 TFG nur die tatsächliche Lage kodifiziert wird. Dieses Argument trifft aber weder zu, noch kann es überzeugen. Eine Pflicht, die Einwilligung in die Testung auf Infektionserreger, die zu schwerwiegenden Krankheitsverläufen führen können, schriftlich einzuholen, bestand bisher nicht. Außerdem rechtfertigt der Umstand allein, daß ein bestimmtes Verhalten üblicherweise praktiziert wird, nicht die Konstituierung einer entsprechenden, mit Sanktionen belegten Pflicht. § 19 I 7 TFG steht des weiteren im Widerspruch zu § 6 I 2 TFG, nach dem die Einwilligung des Spenders in die mit der Spendeentnahme verbundenen Untersuchungen, die auch die Te-

---

[347] Vgl. § 5 III 1 TFG; Richtlinien zur Hämotherapie, 3.2.5.

stung auf Infektionserreger umfassen[348], nicht der Schriftform unterliegt. Die Regelung des § 19 I 7 TFG ist mithin nicht sachgerecht.

3. Ergebnis

Die Einwilligung in eine Testung auf Infektionserreger unterliegt der Schriftform. Diese ist Rechtmäßigkeitsvoraussetzung der Testung, nicht Wirksamkeitsvoraussetzung der Einwilligung. Für den behandelnden Arzt ist die Einholung der schriftlichen Einwilligung eine Berufspflicht, deren Verletzung gem. §§ 60ff. nds. HKG und § 5 II BÄO sanktioniert werden kann.

VII. Zusammenfassung

1. Die Einwilligung in und die Aufklärung über die Spendeentnahme sowie die Aufklärung über die mit der Spendeentnahme verbundene Erhebung, Verarbeitung und Nutzung personenbezogener Daten unterliegen keiner Form. Sie sind vor Durchführung der Spendeentnahme schriftlich zu bestätigen.

2. Die Einwilligung in die Hyperimmunisierung unterliegt der Schriftform, deren Einhaltung Voraussetzung für die Wirksamkeit der Einwilligung ist. Die Aufklärung über die Hyperimmunisierung und die mit ihr verbundene Erhebung, Verarbeitung und Nutzung personenbezogener Daten sind formlos wirksam und müssen vor Durchführung der Hyperimmunisierung schriftlich bestätigt werden.

3. Das Erfordernis der schriftlichen Bestätigung ist ein formelles Rechtmäßigkeitserfordernis der Spendeentnahme und Hyperimmunisierung, das der Beweissicherung und dem Schutz des Selbstbestimmungsrechts des Spenders dient. Bei Verletzung der Pflicht zur Einholung einer schriftlichen Bestätigung kann gem. § 18 I AMG die Herstellungserlaubnis des Trägers der Spendeeinrichtung aufgehoben oder ihr Ruhen angeordnet werden. Soweit es sich bei den verpflichteten Personen um Ärzte oder Apotheker handelt, kann eine Pflichtverletzung berufsrechtlich nach §§ 60ff. nds. HKG und § 5 II BÄO bzw. § 6 II BApO geahndet werden. Im Falle der nicht schriftlich erteilten Einwilligung liegt in der Hyperimmunisierung eine tatbestandliche Körperverletzung.

4. Die Einwilligung in und die Aufklärung über die Anwendung von Blutprodukten unterliegen keiner Form. Sie müssen dokumentiert werden. Bei der Dokumentationspflicht handelt es sich um eine Berufspflicht des behandelnden Arztes, deren Verletzung nach §§ 60ff. nds. HKG und § 5 II BÄO geahndet werden kann.

5. Die Einwilligung in eine Testung auf Infektionserreger muß von einer Person, bei der Blutprodukte angewendet worden sind, bei denen der begründete Verdacht besteht, daß sie Infektionserreger übertragen, schriftlich erteilt werden. Die Ein-

---

[348] Vgl. § 5 III 1 TFG; Richtlinien zur Hämotherapie, 3.2.5.

haltung der Schriftform ist Rechtmäßigkeitsvoraussetzung der Testung, nicht Wirksamkeitsvoraussetzung der Einwilligung. Für den behandelnden Arzt ist die Einholung der schriftlichen Einwilligung eine Berufspflicht, deren Verletzung gem. §§ 60ff. nds. HKG und § 5 II BÄO sanktioniert werden kann.

F. VERFAHREN DER RÜCKVERFOLGUNG

I. Einleitung

Wie gezeigt, gehört zu der Anwendung von Blutprodukten das nicht mit völliger Sicherheit auszuschließende Risiko der Übertragung von Viren, Bakterien und in seltenen Fällen auch Parasiten[349]. Aufgrund dieser nicht auszuschließenden Möglichkeit der Übertragung von Infektionskrankheiten durch Blutprodukte ist ein Verfahren erforderlich, daß die Ermittlung eines möglicherweise infizierten Spenders, seiner Spenden und der aus seinen Spenden hergestellten Blutprodukte sowie die Feststellung der mit diesen Blutprodukten behandelten Patienten ermöglicht, um weitere Infektionen zu verhindern und die Behandlung möglicherweise infizierter Personen in die Wege zu leiten. Dieser Aufgabe dient das in § 19 TFG geregelte Verfahren der Rückverfolgung (look back). Voraussetzung für ein funktionierendes Rückverfolgungsverfahren ist die Einhaltung der Dokumentationspflichten auf allen Ebenen von den Spendeeinrichtungen über die pharmazeutische Industrie und den pharmazeutischen Großhandel bis zu den Apothekern und Ärzten.

II. Gesetzliche Regelung

1. Struktur

Grundlegendes Strukturmerkmal des § 19 TFG ist die Differenzierung nach dem Ausgangspunkt des Rückverfolgungsverfahrens. Während § 19 I TFG das Rückverfolgungsverfahren ausgehend von dem Spender regelt, betrifft § 19 II TFG den Fall des von einer behandelten oder einer zu behandelnden Person ausgehenden Rückverfolgungsverfahrens. Weiteres Merkmal des § 19 TFG ist der weitgehende Verzicht auf Festlegungen hinsichtlich der Gestaltung des Rückverfolgungsverfahrens. § 19 TFG beschränkt sich auf die Fixierung grundlegender Standards, die bei der Verfahrensgestaltung eingehalten werden müssen, und verweist im übrigen auf den Stand der wissenschaftlichen Erkenntnisse. Soweit dies zur Abwehr von Gefahren für die Gesundheit von Menschen oder zur Risikovorsorge erforderlich ist, also wenn in der Praxis Mängel auftauchen, die nicht durch die betroffenen Fachkreise oder die zuständigen Behörden bei der Überwachung behoben werden[350], eröffnet § 20 TFG dem Bundesministerium für Gesundheit mit Zustimmung des Bundesrates die Möglichkeit, eine Rechtsverordnung zur Regelung der Einzelheiten des Rückverfolgungsverfahrens zu erlassen.

---

[349] Siehe oben C. V.
[350] BT-Drks. 13/9594, S. 26.

2. Voraussetzungen für die Einleitung des Rückverfolgungsverfahrens

Voraussetzung für die Einleitung des Rückverfolgungsverfahrens nach § 19 I TFG ist die Feststellung oder der begründete Verdacht, daß ein Spender mit HIV, Hepatitis-Viren oder anderen Erregern, die zu schwerwiegenden Krankheitsverläufen führen können, infiziert ist. Nach § 19 II TFG muß ein Rückverfolgungsverfahren eingeleitet werden, wenn in einer Einrichtung der Krankenversorgung bei einer zu behandelnden oder behandelten Person festgestellt wird oder der begründete Verdacht besteht, daß sie durch ein Blutprodukt mit HIV, Hepatitis-Viren oder anderen Erregern, die zu schwerwiegenden Krankheitsverläufen führen können, infiziert worden ist.

Mit dem „begründeten Verdacht" greift das Transfusionsgesetz bewußt einen Terminus des Arzneimittelgesetzes (vgl. z.B. §§ 5 II, 25 II Nr. 5 AMG) auf[351]. Dementsprechend besteht ein begründeter Verdacht, wenn ernstzunehmende Tatsachen irgendwelcher Art den Schluß nahelegen, daß eine Infektion des Spenders vorliegt bzw. die Infektion der zu behandelnden oder der behandelten Person durch ein Blutprodukt verursacht worden ist. Der begründete Verdacht setzt also das Vorliegen konkreter Tatsachen voraus, der auf bloße Vermutungen gestützte Verdacht reicht nicht aus, um die Pflicht zur Einleitung eines Rückverfolgungsverfahrens auszulösen[352]. An das Vorliegen eines begründeten Verdachts sind allerdings keine übersteigerten Anforderungen zu stellen. Entsprechend der zum begründeten Verdacht im Arzneimittelgesetz vertretenen herrschenden Meinung sind bei § 19 TFG die Anforderungen an die Wahrscheinlichkeit, daß eine Infektion des Spenders vorliegt oder eine Infektion durch ein Blutprodukt verursacht worden ist, desto geringer anzusetzen, je größer die Gefahr ist, die von den Infektionserregern ausgeht[353]. Da die Gefahren, die von einer Infektion mit HIV, Hepatitis-Viren oder Erregern, die zu ähnlich schweren Erkrankungen führen können, ausgehen, schwerwiegend sind – es handelt sich zum Teil um mit Sicherheit zum Tode führende oder nicht heilbare Erkrankungen –, wird eine relativ geringe Wahrscheinlichkeit ausreichend sein, um einen begründeten Verdacht auszulösen.

Was unter „anderen Erregern, die zu schweren Krankheitsverläufen führen können" zu verstehen ist, konkretisiert weder das Transfusionsgesetz noch enthält die Begründung zum Transfusionsgesetz eine Definition. Bei der Auslegung des Begriffs wird man sich an den in § 19 I 1 TFG konkret benannten Infektionserregern HIV und Hepatitis-Viren zu orientieren haben. Die „anderen Erreger" müssen zu ähnlich schweren Krankheitsverläufen wie diese führen können. Kennzeichnend für die Infektion mit HIV und Hepatitis-Viren sind Krankheitsverläufe, die zwangsläufig oder mit nicht nur ganz geringer Wahrscheinlichkeit zum Tode des

---

[351] BT-Drks. 13/9594, S. 24.

[352] BT-Drks. 13/9594, S. 24; v. Auer/Seitz, A 2.1 Rn. 24.

[353] Vgl. BT-Drks. 12/8591, S. 161 f.; VG Berlin, PharmaR 1979, 21; Kloesel/Cyran, § 25 Nr. 59.

Erkrankten führen oder mit der Gefahr erheblicher Gesundheitsschädigungen verbunden sind. „Andere Erreger, die zu schwerwiegenden Krankheitsverläufen führen können" sind demnach solche, die zu Krankheitsverläufen führen können, bei denen es mit nicht nur ganz geringer Wahrscheinlichkeit zu einer Gefährdung des Lebens oder der Gefahr erheblicher Gesundheitsschädigungen kommt.

3. Anforderungen an das Verfahren

a) Vom Spender ausgehendes Verfahren

Das Transfusionsgesetz bestimmt, daß im Falle der Feststellung oder des begründeten Verdachts einer Infektion des Spenders mit HIV, Hepatitis-Viren oder anderen Erregern, die zu schwerwiegenden Krankheitsverläufen führen können, die entnommene Spende auszusondern und dem Verbleib vorangegangener Spenden nachzugehen ist. Wie das Verfahren der Rückverfolgung durchzuführen ist, regelt das Transfusionsgesetz nicht. Gem. § 19 I 2 TFG richtet sich das Verfahren zur Überprüfung des Verdachts der Infektion und zur Rückverfolgung vielmehr nach dem Stand der wissenschaftlichen Erkenntnisse. Das Transfusionsgesetz beschränkt sich in § 19 I 3 TFG auf die Festlegung von Mindeststandards, die bei der Gestaltung des Rückverfolgungsverfahrens einzuhalten sind. Zum Stand der wissenschaftlichen Erkenntnisse wird in der Begründung zum Transfusionsgesetz Bezug genommen auf die Voten des Arbeitskreises Blut[354]. Ebenso wie die Richtlinien der Bundesärztekammer nach §§ 12, 18 TFG definieren die Voten den Stand der wissenschaftlichen Erkenntnisse nicht, sondern stellen ihn nur für einen bestimmten Zeitpunkt fest. Die verantwortlichen Personen sind demnach nicht durch den Hinweis auf die Voten des Arbeitskreises Blut von der Verpflichtung entbunden, die Weiterentwicklung der wissenschaftlichen Erkenntnisse zu verfolgen und gegebenenfalls zu beachten. Die Einhaltung der in den Voten festgestellten Standards begründet jedoch die Vermutung, daß das Rückverfolgungsverfahren dem Stand der wissenschaftlichen Erkenntnisse entspricht.

§ 19 I 3 TFG legt für das Rückverfolgungsverfahren folgende Mindeststandards fest, die als Sorgfaltspflichten bezeichnet werden: Der Rückverfolgungszeitraum für vorangegangene Spenden muß zum Schutz vor den jeweiligen Übertragungsrisiken angemessen sein, § 19 I 3 Nr. 1 TFG. Unter dem Rückverfolgungszeitraum ist der Zeitraum zu verstehen, der der letzten, auf Infektionserreger negativ getesteten Spende vorausgeht[355]. Er kann je nach Erreger, insbesondere im Hinblick

---

[354] BT-Drks. 13/9594, S. 24: Voten vom 19.9.1994, BGesundhBl. 1994, 512; vom 19.6.1995, BGesundhBl. 1995, 365; vom 1.7.1996, BGesundhBl. 1996, 358.

[355] Vgl. Votum des Arbeitskreises Blut vom 19.9.1994, Nr. 1.4.1; BGesundhBl. 1994, 512 und vom 1.7.1996, Nr. 2.2, BGesundhBl. 1996, 358.

auf die Länge der Serolatenzphase, und Übertragungsrisiko des Blutprodukts, insbesondere hinsichtlich angewendeter Virusinaktivierungsverfahren, unterschiedlich sein. Der Arbeitskreis Blut empfiehlt für Einzelspenden und Kleinpool-Blutpräparate bei HIV, HCV und HBV einen einheitlichen Rückverfolgungszeitraum von sechs Monaten[356]. Bei Plasmaspenden für Plasma zur Fraktionierung wird bei HIV und HBV ein Rückverfolgungszeitraum von drei Monaten, bei HCV von vier Monaten empfohlen[357].

Nach § 19 I 3 Nr. 2 TFG muß das Rückverfolgungsverfahren sicherstellen, daß eine als infektiös verdächtige Spende gesperrt wird, bis durch Wiederholungs- oder Bestätigungstestergebnisse über das weitere Vorgehen entschieden worden ist. Über den Infektionsstatus des Spenders und seiner infektionsverdächtigen Spende muß unverzüglich Klarheit gewonnen werden, § 19 I 3 Nr. 3 TFG. Die Aussonderung einer nachweislich infektiösen Spende muß gem. § 19 I 3 Nr. 4 TFG sichergestellt werden. Nach § 19 I 3 Nr. 5 TFG müssen die notwendigen Informationsverfahren eingehalten werden, wobei von dem Spender nur Geburtsdatum und Geschlecht angegeben werden dürfen. Schließlich ist nach § 19 I 3 Nr. 6 TFG die Einleitung des Rückverfolgungsverfahrens unverzüglich der zuständigen Behörde anzuzeigen, wenn die Bestätigungstestergebnisse die Infektiosität bestätigen, fraglich sind oder eine Nachtestung nicht möglich ist.

b) Vom Empfänger ausgehendes Verfahren

Wird bei einer zu behandelnden oder einer behandelten Person festgestellt oder besteht der begründete Verdacht, daß sie durch ein Blutprodukt mit HIV, Hepatitis-Viren oder anderen Erregern, die zu schwerwiegenden Krankheitsverläufen führen können, infiziert worden ist, so ist die feststellende Einrichtung der Krankenversorgung gem. § 19 II 1, 2 TFG verpflichtet, das als Ursache der Infektion in Betracht kommende Blutprodukt zu ermitteln. Nach § 19 I 2 TFG muß sie die Unterrichtungen entsprechend § 16 II TFG vornehmen. Daneben sind weitere Meldepflichten nach § 6 MBO-Ä und eventuell dem Bundesseuchengesetz zu erfüllen. Der betroffene pharmazeutische Unternehmer muß den Spender ermitteln, ihm eine Nachtestung empfehlen und ihn eingehend beraten, § 19 II 3 TFG. Wird die Infektiosität des Spenders bestätigt oder nicht ausgeschlossen oder ist eine Nachtestung nicht möglich, ist gem. § 19 II 5 TFG das Verfahren entsprechend § 19 I TFG durchzuführen. Es ist also der Verbleib der übrigen Blutprodukte aus der Charge des Blutprodukts, von dem feststeht oder der begründete Verdacht besteht, daß es die Infektion verursacht hat, zu ermitteln. Sie sind zu sperren oder auszusondern. Mit diesen Blutprodukten behandelte Personen sind unverzüg-

---

[356] Votum des Arbeitskreises Blut vom 19.9.1994, Nr. 1.4.1; BGesundhBl. 1994, 512

[357] Vgl. Votum des Arbeitskreises Blut vom 1.7.1996, Nr. 2.2, BGesundhBl. 1996, 358.

lich zu unterrichten. Ihnen ist eine Testung zu empfehlen, sie sind eingehend zu beraten. Des weiteren ist der Verbleib vorangegangener Spenden des Spenders während des Rückverfolgungszeitraums festzustellen. Soweit aus ihnen Blutprodukte hergestellt worden sind, bei denen der begründete Verdacht besteht, daß sie Infektionserreger übertragen, sind diese zu sperren oder auszusondern. Mit ihnen behandelte Patienten sind zu unterrichten und eingehend zu beraten; es ist ihnen eine Testung zu empfehlen.

4. Umfang der Pflicht zur Rückverfolgung

Falls festgestellt worden ist oder der begründete Verdacht besteht, daß durch ein Blutprodukt eine Infektion mit den in § 19 I 1 TFG genannten Erregern verursacht worden ist, verpflichtet das Transfusionsgesetz in § 19 II TFG zur Durchführung eines Rückverfolgungsverfahrens. Eine Differenzierung zwischen Blutprodukten, die aus Einzelspenden oder Kleinpools hergestellt werden, und solchen, die aus einer Vielzahl von Spenden fraktioniert werden, findet nicht statt. Gegen diese Gleichbehandlung ist von Saame eingewandt worden, daß eine Gleichstellung von nicht-virusinaktivierten zellulären Blutbestandteilen und Frischplasma mit virusinaktivierten hochgereinigten Plasmapräparaten nicht sachgerecht und eine Nachtestung der Spender bei aus einer Vielzahl von Spenden hergestellten Blutprodukten nicht praktikabel sei[358].

Diese Kritik trifft jedoch nicht zu. Auch bei virusinaktivierten Plasmapräparaten ist eine Kontamination mit Infektionserregern nicht auszuschließen, so daß die Durchführung eines Rückverfolgungsverfahren auch bei diesen Blutprodukten erforderlich sein kann. Sofern feststeht oder der begründete Verdacht besteht, daß durch ein Blutprodukt eine Infektion mit einem der in § 19 I 1 TFG aufgeführten Erreger verursacht worden ist, ist die Durchführung eines Rückverfolgungsverfahrens unabhängig davon, ob es sich um virusinaktivierte oder um nichtvirusinaktivierte Produkte handelt, im Interesse des Schutzes von Leben und Gesundheit der Empfänger der Blutprodukte und Dritter notwendig. Von einer unsachgemäßen Gleichbehandlung kann deshalb insoweit keine Rede sein.

Allerdings kann die Durchführung des Rückverfolgungsverfahrens bei Blutprodukten, die aus einer Vielzahl von Einzelspenden fraktioniert worden sind[359], auf erhebliche Schwierigkeiten stoßen und einen erheblichen Aufwand erfordern. Es fragt sich deshalb, ob eine Begrenzung der Pflicht zur Durchführung des Rückverfolgungsverfahrens besteht. Das Transfusionsgesetz schränkt die Pflicht zur Rückverfolgung dem Wortlaut nach nicht ein. Eine selbstverständliche Begren-

---

[358] Saame, PharmaR 1997, 450 (457).

[359] Plasmaderivate werden aus Pools mit oftmals mehr als eintausend Einzelspenden gewonnen; vgl. Leitlinien zur Therapie mit Blutkomponenten und Plasmaderivaten, 10.4.

zung der Rückverfolgungspflicht ergibt sich zunächst aus den tatsächlichen Umständen. Wo die weitere Rückverfolgung im konkreten Fall objektiv unmöglich ist – der Spender läßt sich beispielsweise nicht ermitteln –, endet die Pflicht zur Rückverfolgung[360], da das Recht nichts Unmögliches verlangt (ultra posse nemo obligatur). Nach der Begründung zum Transfusionsgesetz ist die Rückverfolgungspflicht des weiteren unter dem Aspekt der Verhältnismäßigkeit begrenzt. Danach soll die Rückverfolgungspflicht enden, wenn der Aufwand zu dem zu erwartenden Erfolg der Nachforschungen unverhältnismäßig groß ist[361].

Ob sich aus dem Verhältnismäßigkeitsprinzip tatsächlich eine Einschränkung der Rückverfolgungspflicht ergibt, erscheint allerdings zweifelhaft. Eine Beschränkung ergibt sich nämlich nur dann, wenn bei Abwägung der finanziellen Interessen der zur Rückverfolgung Verpflichteten gegenüber Leben und Gesundheit der Spender, der Empfänger sowie dritter Personen die finanziellen Interessen überwiegen. In Anbetracht des Umstandes, daß eine Pflicht zur Rückverfolgung überhaupt nur existiert, wenn festgestellt worden ist oder der begründete Verdacht besteht, daß eine Infektion mit HIV, Hepatitis-Viren oder anderen Erregern, die zu schwerwiegenden Krankheitsverläufen führen können, vorliegt, also Erkrankungen in deren Verlauf mit nicht nur ganz geringer Wahrscheinlichkeit der Tod oder eine schwere Gesundheitsschädigung droht, erscheint es kaum denkbar, daß die Abwägung jemals gegen Leben und Gesundheit und zugunsten der finanziellen Interessen ausfällt. Die Abwägung wird somit praktisch niemals ergeben, daß die Pflicht zur Durchführung des Rückverfolgungsverfahrens unverhältnismäßig ist. Das Verhältnismäßigkeitsprinzip führt demnach nicht zu einer Einschränkung der Rückverfolgungspflicht.

5. Unterrichtungspflichten

§ 19 TFG konstituiert im Zusammenhang mit dem Verfahren der Rückverfolgung eine Vielzahl von Unterrichtungspflichten. Daneben können sich Unterrichtungspflichten aus anderen Normen ergeben.

a) Unterrichtung von Behörden, pharmazeutischem Unternehmer, Abnehmer der Spende und Spendeeinrichtungen

Wird von einer Spendeeinrichtung festgestellt oder hat sie den begründeten Verdacht, daß ein Spender mit einem der in § 19 I 1 TFG genannten Infektionserreger infiziert ist, so muß sie gem. § 19 I 3 Nr. 5 TFG die notwendigen Informationsverfahren durchführen. Hier ist insbesondere an eine Information des Abnehmers der Spende durch die Spendeeinrichtung zu denken, aber auch an die Unterrichtung

---

[360] BT-Drks. 13/9594, S. 25.
[361] BT-Drks. 13/9594, S. 25.

von Spendeeinrichtungen untereinander, wenn diese Kenntnis davon haben, daß der infizierte bzw. verdächtige Spender auch bei einer anderen Einrichtung gespendet hat[362]. Nach § 19 I 3 Nr. 6 TFG muß die Einleitung des Rückverfolgungsverfahrens unverzüglich der zuständigen Behörde angezeigt werden, wenn die Bestätigungstestergebnisse die Infektiosität bestätigen, fraglich sind oder eine Nachtestung nicht möglich ist. Zweck der Information ist es, der zuständigen Behörde die rechtzeitige Vorbereitung erforderlicher Maßnahmen, wie z.B. einer Rückrufanordnung, zu ermöglichen[363]. Gegen diese Regelung ist eingewandt worden, daß eine Information der Behörde nur erforderlich sei, wenn zusätzlich eine Risikobetrachtung den Verdacht bestätigt, daß potentiell infektiöse Blutzubereitungen in den Verkehr gelangt sind[364]. Diese Kritik kann aber nur dann überzeugen, wenn der Zweck der Information allein darin liegt, der zuständigen Behörde einen rechtzeitigen Rückruf von möglicherweise kontaminierten Blutprodukten zu ermöglichen. Wie sich aus der Begründung zum Transfusionsgesetz ergibt, ist dies jedoch nur ein Grund unter mehreren[365]. Daneben wird man als Zweck auch ansehen müssen, daß die Behörde überhaupt Kenntnis davon erlangt, daß ein Rückverfolgungsverfahren eingeleitet worden ist, das zu positiven oder fraglichen Bestätigungstestergebnissen geführt hat oder bei dem eine Nachtestung nicht möglich gewesen ist. Die häufigere Einleitung von Rückverfolgungsverfahren bei einer Spendeeinrichtung oder einem Hersteller, die zu positiven oder fraglichen Bestätigungstestergebnissen führen, kann nämlich ein Indiz dafür sein, daß die Spendeeinrichtung ihr Spenderkollektiv nicht hinreichend sorgfältig auswählt und überwacht bzw. daß der Hersteller Blut oder Blutbestandteile aus Quellen bezieht, die nicht die erforderliche Sicherheit gewährleisten. Sofern eine Nachtestung nicht möglich ist, kann dies unter Umständen auf eine Verletzung von Dokumentationspflichten hindeuten. Es stellt sich dann die Frage, ob eventuell die Herstellungserlaubnis nach § 18 I AMG aufzuheben oder ihr Ruhen anzuordnen ist. Die Pflicht, die Einleitung eines Rückverfolgungsverfahrens unverzüglich der zuständigen Behörde anzuzeigen, wenn die Bestätigungstestergebnisse die Infektiosität bestätigen, fraglich sind oder eine Nachtestung nicht möglich ist, dient mithin nicht allein der Ermöglichung eines rechtzeitigen Rückrufs von eventuell kontaminierten Spenden. Die Kritik an der fehlenden Abhängigkeit der Meldepflicht von einer zusätzlichen

---

[362] BT-Drks. 13/9594, S. 25.

[363] BT-Drks. 13/9594, S. 25.

[364] Stellungnahme der Arbeitsgemeinschaft Plasmaderivate herstellender Unternehmen v. 3. Februar 1998, Drucksache Nr. 995 des Ausschusses für Gesundheit, S. 3; Saame, PharmaR 1997, 450 (456).

[365] BT-Drks. 13/9594, S. 25: Die Nennung der Rückrufanordnung erfolgt ausdrücklich nur als Beispiel für die Maßnahmen der Behörde.

Risikobetrachtung, ob eine potentiell kontaminierte Spende in den Verkehr gelangt ist, trifft demnach nicht zu.

Falls von einer Einrichtung der Krankenversorgung bei einer zu behandelnden oder behandelten Person festgestellt wird oder der begründete Verdacht besteht, daß sie durch ein Blutprodukt gem. § 19 I 1 TFG infiziert worden ist, so hat die Einrichtung der Krankenversorgung gem. § 19 II 2 TFG den pharmazeutischen Unternehmer des Blutprodukts und als zuständige Bundesoberbehörde das Paul-Ehrlich-Institut zu unterrichten. Von dem betroffenen Spender bzw. Patienten dürfen in allen Fällen nur das Geburtsdatum und das Geschlecht übermittelt werden.

Sofern die Infektion in der feststellenden Einrichtung der Krankenversorgung erfolgt ist, sind gem. § 16 I TFG die transfusionsverantwortliche und die transfusionsbeauftragte Person oder die sonst nach dem Qualitätssicherungssystem verantwortliche Person zu unterrichten. Weitere Meldepflichten können sich aus § 3 BSeuchenG, nach dem eine HIV-Infektion allerdings nicht anzeigepflichtig ist, und aus § 12 GeschlKrG ergeben. Schließlich ergibt sich aus § 6 MBO-Ä die Pflicht, unerwünschte Arzneimittelwirkungen an die Arzneimittelkommission der deutschen Ärzteschaft zu melden.

b) Unterrichtung des Spenders bzw. Patienten

Neben der Information von Behörden, pharmazeutischem Unternehmer, Abnehmern der Spende und Spendeeinrichtungen ist eine Unterrichtung der betroffenen Spender und der Empfänger der Blutprodukte erforderlich. Das Transfusionsgesetz differenziert in § 19 I 4, 6 TFG zwischen der Benachrichtigung des Spenders und des Empfängers.

Nach § 19 I 4 TFG ist der Spender über den anläßlich der Spendeentnahme gesichert festgestellten Infektionsstatus durch den verantwortlichen Arzt der Spendeeinrichtung zu unterrichten. Anders als nach dem Votum des Arbeitskreises Blut vom 19.9.1994, Nr. 1.3.5[366] besteht nach dem Transfusionsgesetz keine Pflicht, den Spender auch dann über das Testergebnis zu benachrichtigen, wenn der Infektionsstatus zwar nicht gesichert festgestellt, aber ein Wiederholungs- oder Bestätigungstest nicht in angemessener Zeit erfolgt ist. Diese Beschränkung der Unterrichtungspflicht ist im Hinblick auf den Gesundheitsschutz des Spenders und dritter Personen nicht sachgerecht. Der Gesetzgeber hat dem – ohne Frage berechtigten – Interesse des Spenders, nicht mit möglicherweise falsch-positiven Testergebnissen belastet zu werden, hier zu großes Gewicht eingeräumt.

Gem. § 19 I 6 TFG muß eine mit Blutprodukten behandelte Person unverzüglich unterrichtet werden, wenn bei den angewendeten Blutprodukten der begründete Verdacht besteht, daß sie Infektionserreger übertragen. Im Gegensatz zu § 19 I 4

---

[366] BGesundhBl. 1994, 512.

TFG muß diese Unterrichtung nicht durch einen Arzt erfolgen. Der Grund dafür ist darin zu sehen, daß eine ärztliche Beratung und Betreuung der behandelten Person im Zusammenhang mit der Testung stattfindet. Ein begründeter Verdacht liegt zunächst bei nachweislich infektiösen Blutprodukten vor. Bei lediglich potentiell infektiösen Blutprodukten hängt der begründete Verdacht von einer Sicherheitsbewertung ab[367]. Diese basiert auf den Kenntnissen über die Zuverlässigkeit der angewandten Inaktivierungsverfahren, der Überprüfung der ordnungsgemäßen Herstellung sowie Art und Menge der festgestellten oder vermuteten Kontamination des Ausgangsmaterials[368]. Soweit nach der Sicherheitsbewertung kein begründeter Verdacht besteht, daß durch das angewendete Blutprodukt Infektionserreger übertragen werden, ist eine Benachrichtigung des Patienten nicht vorzunehmen.

c) Unterrichtung sonstiger Personen

Es fragt sich, ob neben den oben genannten Personen und Behörden auch andere Personen – etwa Ehegatten, Lebenspartner oder Arbeitgeber – von einer Infektion informiert werden dürfen oder sogar informiert werden müssen, um ihnen rechtzeitig Maßnahmen zum Schutz vor eigenen Infektionen oder zum Schutz Dritter vor Infektionen zu ermöglichen.

Aufgrund der standesrechtlich (§ 9 I MBO-Ä), strafrechtlich (§ 203 StGB) und vertragsrechtlich begründeten Schweigepflicht darf der Arzt das, was er bei der Behandlung über den Patienten erfahren hat, grundsätzlich nicht anderen Personen offenbaren, sofern keine Einwilligung des Patienten vorliegt oder eine gesetzliche Offenbarungspflicht besteht[369]. In Rechtsprechung und Literatur ist anerkannt, daß sich neben diesen Fällen der Einwilligung und der gesetzlichen Offenbarungspflicht eine Offenbarungsbefugnis nach den Grundsätzen des rechtfertigenden Notstandes ergeben kann[370]. Dabei wird das Interesse des Patienten an der Geheimhaltung seiner Infektion mit einer ansteckenden Krankheit grundsätzlich als nachrangig gegenüber dem Schutz Dritter vor Gefahren für Leben und Gesundheit bewertet, so daß der Arzt berechtigt ist, diese Personen zu informieren[371]. Eine

---

[367] BT-Drks. 13/9594, S. 25.

[368] Vgl. BT-Drks. 13/9594, S. 25; Votum des Arbeitskreises Blut vom 1.7.1996, Nr. 5.3.3; BGesundhBl. 1996, 358.

[369] Siehe allgemein zur Schweigepflicht Deutsch, Medizinrecht, Rn. 371ff.; Laufs, Rn. 421ff.; Schlund in: Laufs/Uhlenbruck, § 69.

[370] BGH, NJW 1968, 2288ff.; RGSt 38, 62 (63f.); OLG Bremen, MedR 1984, 112; Deutsch, Medizinrecht, Rn. 379; Eberbach, AIFO 1987, 281 (289); Laufs/Laufs, NJW 1987, 2257 (2264f.); Schlund, AIFO 1987, 401 (404f.); LK/Jähnke, § 203 Rn. 84ff.

[371] RGSt 38, 62 (63f.); Deutsch, VersR 1988, 533 (535); Eberbach, S. 33f.; Ulsenheimer in: Laufs/Uhlenbruck, § 71 Rn. 11.

solche Information kommt im Hinblick auf die Erforderlichkeit der Notstandshandlung allerdings erst dann in Betracht, wenn der Infizierte nicht von sich aus bereit ist, Schutzmaßnahmen zu ergreifen oder die gefährdeten Personen zu solchen zu veranlassen[372]. Die Offenbarungsbefugnis besteht bereits dann, wenn konkrete Anhaltspunkte vorliegen, die substantiierte Zweifel an der Bereitschaft des Infizierten zum Schutz der gefährdeten Personen begründen[373].

Sofern zwischen dem Arzt und der zu unterrichtenden Person ein Behandlungsvertrag besteht, wird außerdem eine Pflicht des Arztes zur Information bejaht[374]. Ob darüber hinaus eine Informationspflicht besteht, ist umstritten[375]. Richtiger Ansicht nach ist eine solche Pflicht zu verneinen. Eine gesetzliche Unterrichtungspflicht der betreffenden Personen existiert nicht. Sie ergibt sich auch nicht aus dem Behandlungsvertrag zwischen Arzt und Patienten bzw. aus dem Rechtsverhältnis zwischen Spender und Spendeeinrichtung. Daraus, daß eine Information nach § 34 StGB bzw. aufgrund der Kollision der Pflicht zum Schutz von Leben und Gesundheit (vgl. § 1 BÄO, § 1 I 1 MBO-Ä) und der Schweigepflicht (vgl. § 9 I MBO-Ä, § 203 StGB) gerechtfertigt ist, ergibt sich keine Pflicht zur Information, da aus einem Notstand bzw. einer Pflichtenkollision keine Handlungspflichten erwachsen können, weil niemand gezwungen werden kann, von einem Rechtfertigungsgrund Gebrauch zu machen[376]. Auch aus § 323c StGB läßt sich keine Informationspflicht ableiten, da eine Hilfeleistung nicht zumutbar ist, wenn sie nur unter Verletzung wichtiger eigener Pflichten, hier der Schweigepflicht, erbracht werden kann[377].

---

[372] LG Braunschweig, NJW 1990, 770f.; Laufs/Laufs, NJW 1987, 2257 (2265); Schönke/Schröder/Lenckner, § 203 Rn. 31; Schlund, AIFO 1987, 401 (405); Ulsenheimer in: Laufs/Uhlenbruck, § 71 Rn. 11.

[373] So zu Recht OLG Frankfurt/M., MedR 2000, 196 (197). Nach diesem liegen hinreichende Anhaltspunkte schon dann vor, wenn der Infizierte nachdrücklich auf der Geheimhaltung seiner Erkrankung gegenüber einer zu schützenden Person besteht.

[374] OLG Frankfurt/M., Beschl. vom 8. Juli 1999 – 8 U 67/99 – (unveröffentlicht); Deutsch, Medizinrecht, Rn. 379; Eberbach, S. 36f.; Laufs, Rn. 431; Schlund, AIFO 1987, 401 (404); Ulsenheimer in. Laufs/Uhlenbruck, § 71 Rn. 12.

[375] Bejahend Deutsch, NJW 1989, 1554 (anders noch VersR 1988, 533 (535)); Laufs, Rn. 432 (anders noch NJW 1987, 2257 (2265) – verneinend Eberbach, S. 36f.; ders., AIFO 1987, 281 (289); Schlund in: Laufs/Uhlenbruck, § 75 Rn. 67 (anders noch AIFO 1987, 401 (405)) sowie die Gemeinsamen Hinweise und Empfehlungen der Bundesärztekammer (BÄK) und der Deutschen Krankenhausgesellschaft (DKG) zu HIV-Infektion, V. – offen gelassen OLG Hamburg, NJW 1990, 2322.

[376] Vgl. Lenckner, NJW 1965, 321 (327); Eberbach, S. 36; LK/Jähnke, § 203 Rn. 87; anderer Ansicht OLG Frankfurt/M, MedR 2000, 196 (197).

[377] Vgl. LK/Spendel, § 323c Rn. 168.

Eine Pflicht zur Information zumindest von Angehörigen des Infizierten läßt sich des weiteren nicht damit begründen, daß diese Personen Begünstigte eines Vertrages mit Schutzwirkung zugunsten Dritter sind[378]. Zweck des Vertrages mit Schutzwirkung zugunsten Dritter ist es, Dritten, die mit der Leistungshandlung oder dem Leistungserfolg bestimmungsgemäß eng in Berührung kommen und dabei einen Schaden erleiden, einen vertraglichen Schadensersatzanspruch zu gewähren, um die Defizite im Bereich des Deliktsrechts zu kompensieren[379]. Zu diesem Zweck werden die betreffenden Personen in den Schutzbereich der bestehenden vertraglichen Obhuts- und Sorgfaltspflichten einbezogen[380], neuartige Pflichten werden durch die Rechtsfigur des Vertrages mit Schutzwirkung zugunsten Dritter hingegen nicht begründet. Aus den Grundsätzen des Vertrages mit Schutzwirkung zugunsten Dritter ergibt sich für den Schuldner gegenüber dem Dritten somit einerseits die Pflicht, die Hauptleistungspflichten und die Schutzpflichten gegenüber dem Gläubiger zu erfüllen, und andererseits die Pflicht, die aus dem Vertrag gegenüber dem Gläubiger resultierenden Schutzpflichten auch gegenüber dem Dritten zu erfüllen[381].

Die Pflicht zur Information des Patienten über eine bestehende Infektion ist als Hauptpflicht des Behandlungsvertrages zu qualifizieren, die gegenüber dem Patienten höchstpersönlich zu erfüllen ist. Es handelt sich bei ihr demnach nicht um eine Schutzpflicht, die auch gegenüber den Angehörigen zu erfüllen ist. Aus dem Vertrag mit Schutzwirkung zugunsten Dritter folgt mithin gegenüber den Angehörigen des Patienten nur die Pflicht, den Patienten über die Infektion zu informieren – nicht aber eine Pflicht zur Information der Angehörigen selbst.

Im Ergebnis besteht somit ein Recht, aber keine Pflicht zur Information von anderen Personen, die durch die Infektion des Patienten an Leben und Gesundheit gefährdet sind, wenn der Infizierte nicht von sich aus bereit ist, Schutzmaßnahmen zu ergreifen oder die gefährdeten Personen zu solchen zu veranlassen.

6. Verpflichtete

Zur Einleitung des Rückverfolgungsverfahrens nach § 19 I TFG ist die Spendeeinrichtung verpflichtet, von der festgestellt wird oder die den begründeten Verdacht hat, daß der Spender mit einem der in § 19 I 1 TFG genannten Erreger infiziert ist.

---

[378] So aber Deutsch, NJW 1989, 1554; Laufs, Rn. 432.

[379] Larenz, Schuldrecht, § 17 II; Medicus, Schuldrecht AT, Rn. 772; Soergel/Hadding, Anh § 328 Rn. 1.

[380] Larenz, Schuldrecht, § 17 II; Palandt/Heinrichs, § 328 Rn. 13.

[381] Vgl. Palandt/Heinrichs, § 328 Rn. 15; Soergel/Hadding, Anh § 328 Rn. 19. Das Forderungsrecht des Dritten beschränkt sich allerdings auf Schadensersatz, siehe Staudinger[13]/Jagmann, Vorbem zu §§ 328ff Rn. 95.

Die Rückverfolgungsverpflichtung aus § 19 II TFG trifft jede Einrichtung der Krankenversorgung, worunter auch die einzelne Arztpraxis zu verstehen ist[382], in der festgestellt oder der begründete Verdacht erlangt wird, daß bei einer behandelten oder zu behandelnden Person eine Infektion mit den in § 19 I 1 TFG bezeichneten Erregern durch ein Blutprodukt hervorgerufen worden ist. Die Unterrichtung des Spenders über den gesichert festgestellten Infektionsstatus hat gem. § 19 I 4 TFG durch den dafür verantwortlichen Arzt der Spendeeinrichtung zu erfolgen. Zur Unterrichtung nach § 19 I 6 TFG sind die Einrichtungen der Krankenversorgung verpflichtet, die den Patienten mit dem potentiell infektiösen Blutprodukt behandelt haben.

Wer innerhalb der verpflichteten Spendeeinrichtungen und Einrichtungen der Krankenversorgung für die Durchführung des Rückverfolgungsverfahrens bzw. die Unterrichtung der betroffenen Personen verpflichtet ist, richtet sich nach der Organisation der jeweiligen Einrichtung. Für den Leiter und den ärztlichen Leiter der Einrichtungen ergeben sich Organisations- und Überwachungspflichten. Sie haben die Einrichtungen so zu organisieren, daß die Einleitung des Rückverfolgungsverfahrens und die Benachrichtigung der betroffenen Personen sichergestellt ist, und die mit diesen Aufgaben betrauten Personen zu überwachen.

7. Rechtsfolgen einer Verletzung der Pflichten

Die sich aus § 19 TFG ergebenden Pflichten stellen für die verpflichteten Ärzte Berufspflichten dar, deren Verletzung nach §§ 60ff. nds. HKG und § 5 II BÄO geahndet werden können. Deliktsrechtlich ist § 19 TFG als Schutzgesetz i.S.v. § 823 II BGB zu qualifizieren. Die sich aus ihm ergebenden Pflichten sind Verkehrspflichten, deren Verletzung das Vorliegen einer rechtswidrigen und schuldhaften Vertragspflichtverletzung und/oder Verletzung nach § 823 I BGB indiziert. In strafrechtlicher Hinsicht kommt bei Verletzung der Pflichten eine Strafbarkeit aufgrund der Tötungs- und Körperverletzungsdelikte in Betracht.

---

[382] BT-Drks. 13/9594, S. 25.

G. Hyperimmunisierung, § 8 TFG[383]

I. Einleitung

1. Allgemeines

Die Hyperimmunisierung dient der Gewinnung von besonderem Plasma, d.h. Plasma mit einem hohen Anteil spezifischer Antikörper. Benötigt wird dieses Plasma zur Herstellung spezifischer Immunglobuline (Hyperimmunglobuline). Hyperimmunglobuline werden vorwiegend zur passiven Immunisierung unter anderem gegen Tetanus, Tollwut, Zeckenenzephalitis, Hepatitis A und B sowie zur Anti-D-Prophylaxe verwendet; daneben werden sie seltener für therapeutische Indikationen eingesetzt[384]. In der Bundesrepublik werden jährlich ca. 8 Millionen Dosen der verschiedenen Hyperimmunglobuline benötigt, wofür etwa 8.000 Spender immunisiert werden müssen[385].

Hyperimmunplasma wird Personen entnommen, die entweder spezifische Antikörper in ausreichender Menge bereits im Plasma aufweisen oder zu diesem Zweck mit bestimmten Arzneimitteln immunisiert worden sind[386]. Die Entnahme von Hyperimmunplasma unterliegt den allgemeinen Vorschriften über die Entnahme von Blut und Blutbestandteilen. Für die Immunisierung des Spenders gelten die hier zu behandelnden besonderen Vorschriften des § 8 TFG.

2. Gesetzliche Regelung

Die Vorschriften über die Spenderimmunisierung in § 8 TFG orientieren sich an der Regelung über die klinische Prüfung von Arzneimitteln in §§ 40ff. AMG[387].

Die für die Gewinnung von Hyperimmunplasma notwendige Spenderimmunisierung darf nur durchgeführt werden, wenn und solange sie im Interesse einer

---

[383] Die folgenden Ausführungen gelten aufgrund der Verweisung des § 9 S. 2 TFG auf § 8 II – IV TFG für die Vorbehandlung zum Zwecke der Separation von Blutstammzellen und anderen Blutbestandteilen entsprechend.

[384] Richtlinien für die Herstellung von Hyperimmunplasma, 1.; Leitlinien zur Therapie mit Blutkomponenten und Plasmaderivaten, 9.5.; Roche Lexikon Medizin, Stichwort Immunglobulinfraktion. Zu den therapeutischen Anwendungen zählen die Therapie von Infektionserkrankungen und Erkrankungen, die (auto-)immunologischen Ursachen beruhen, vgl. Mueller-Eckhardt in: ders., 26.4.

[385] Auf den Zahlen des Jahres 1993 beruhende Schätzungen, siehe den Tätigkeitsbericht der Bundesärztekammer 1998, S. 307.

[386] Richtlinien zur Hämotherapie, 4.7.6.; Richtlinien für die Herstellung von Hyperimmunplasma, 3.1., 3.3.

[387] BT-Drks. 13/9594, S. 19.

ausreichenden Versorgung der Bevölkerung mit Hyperimmunglobulinen erforderlich ist, § 8 I 1 TFG. Die mit dem Immunisierungsprogramm für die Spender vertretenen Risiken müssen ärztlich vertretbar sein (§ 8 II 1 Nr. 1 TFG). Der Spender hat zur Immunisierung seine schriftliche Einwilligung zu erteilen, nachdem er durch einen Arzt über Wesen, Bedeutung und Risiken der Immunisierung aufgeklärt worden ist; die Aufklärung über Erhebung, Verarbeitung und Nutzung personenbezogener Daten ist schriftlich zu bestätigen (§ 8 II 1 Nr. 2 TFG). Das Immunisierungsprogramm ist gem. § 8 II 1 Nr. 3 TFG durch einen nach dem Stand der medizinischen Wissenschaft und Technik sachkundigen Arzt zu leiten. Nach § 8 II 1 Nr. 4 TFG muß ein dem Stand der Wissenschaft entsprechender Immunisierungsplan vorliegen. Die ärztliche Kontrolle des Gesundheitszustandes des Spenders hat gewährleistet zu sein, § 8 II 1 Nr. 5 TFG. Schließlich ist gem. § 8 II 1 Nr. 6 TFG der zuständigen Behörde die Durchführung des Immunisierungsprogramms anzuzeigen und gem. § 8 II 1 Nr. 7 TFG das zustimmende Votum der zuständigen Ethik-Kommission einzuholen. Die Immunisierung hat nach dem Stand der medizinischen Wissenschaft und Technik durchgeführt zu werden (§ 8 I 2 TFG) und soll mit zugelassenen Arzneimitteln erfolgen (§ 8 II 3 TFG). Von der Durchführung des Immunisierungsprogramms ist gem. § 8 III TFG ein Protokoll anzufertigen. Ereignisse, die im Zusammenhang mit der Immunisierung auftreten und die Gesundheit der Spender oder den Erfolg des Immunisierungsprogramms beeinträchtigen können, sind der Ethik-Kommission, der zuständigen Behörde und dem pharmazeutischen Unternehmer unverzüglich mitzuteilen, § 8 IV TFG.

3. Gang der Untersuchung

Im folgenden ist die Angemessenheit des Versicherungsschutzes der immunisierten Spender (II.), die Regelung über die Ethik-Kommissionen (§ 8 II 1 Nr. 7, IV TFG, unten III.) und die Risiko-Nutzen-Abwägung (§ 8 II 1 Nr. 1 TFG, IV.) zu untersuchen. Die Problematik der Aufklärung über und der Einwilligung in die Hyperimmunisierung und die Erhebung, Verarbeitung und Nutzung personenbezogener Daten ist bereits oben E. IV. 2 behandelt worden.

II. Angemessenheit des Versicherungsschutzes

§ 11 I 1 Nr. 8, VI E(1)-TFG verpflichtete die Spendeeinrichtungen, für die am Immunisierungsprogramm teilnehmenden Spender eine besondere, der Probandenversicherung für die klinische Arzneimittelprüfung gem. § 40 I 1 Nr. 8, III AMG nachgebildete, Versicherung abzuschließen. Diese sollte im Fall einer durch die Hyperimmunisierung verursachten Tötung oder erheblichen Verletzung eines Menschen auch dann Leistungen gewähren, wenn kein anderer für den Schaden haftet. Die Haftungssumme sollte mindestens eine Mio. DM betragen. Die Regelung befand sich in Übereinstimmung mit den Forderungen der Bundesärztekammer und des Arbeitskreises Blut[388].

Die Verpflichtung zum Abschluß einer besonderen Spenderversicherung ist im Zweiten Entwurf weggefallen und auch nicht Gesetz geworden[389]. Ausschlaggebend dafür war die Erwägung, daß ausreichender Versicherungsschutz der Spender bereits durch die gesetzliche Unfallversicherung gewährleistet sei[390]. Ein zusätzlicher Versicherungsschutz würde zu weiteren finanziellen Belastungen der betroffenen Spendeeinrichtungen führen, die aus Hyperimmunplasma gewonnenen Produkte verteuern, ihre Konkurrenzfähigkeit zu amerikanischen Produkten verhindern, die Gewinnung von Hyperimmunplasma unwirtschaftlich machen und damit dem Ziel der Selbstversorgung entgegenstehen[391].

Im Rahmen der zum Transfusionsgesetz durchgeführten Sachverständigenanhörung ist die Notwendigkeit einer besonderen Spenderversicherung umstritten gewesen[392]. Im Ausschuß für Gesundheit ist die Einführung einer Spenderversicherung nach dem Vorbild der Probandenversicherung von den Mitgliedern der Fraktionen der SPD und Bündnis 90/Die Grünen für notwendig erachtet worden[393]. Der Bundesrat ebenso wie Stimmen in der Literatur haben das Fehlen einer besonderen Spenderversicherung kritisiert[394]. Anlaß der Kritik war der Leistungsumfang der gesetzlichen Unfallversicherung, der den berechtigten Interessen der Spender nicht gerecht werde[395]. Wirtschaftliche Erwägungen dürften gegenüber einem angemessenen Spenderschutz keinen Vorrang haben[396].

---

[388] Richtlinien der Bundesärztekammer für die Herstellung von Hyperimmunplasma, 2.5. und Votum des Arbeitskreises Blut v. 24.10.1995, BGesundhBl. 1995, 494.

[389] Entgegen der Ansicht von Deutsch, NJW 1998, 3377 (3381) kann der Abschluß einer besonderen Spenderversicherung auch nicht von der zuständigen Ethik-Kommission zur Voraussetzung für ein zustimmendes Votum gemacht werden. Siehe dazu unten III. 2. b).

[390] BT-Drks. 13/9594, S. 19, 33 sowie die Stellungnahme des Bundesverbandes der Unfallversicherungsträger der öffentlichen Hand, Drucksache Nr. 1034 des Ausschusses für Gesundheit, S. 14.

[391] BT-Drks. 13/9594, S. 19, 33.

[392] Siehe Protokoll Nr. 117 des Ausschusses für Gesundheit, S. 17f.

[393] Protokoll Nr. 125 des Ausschusses für Gesundheit, S. 14f.; Drucksache Nr. 117 des Ausschusses für Gesundheit, Nr. 4; BT-Plenarprotokolle 13/235, S. 21650ff.

[394] Stellungnahme des Bundesrates, BT-Drks. 13/9594, S. 32; Deutsch, Medizinrecht, Rn. 524; ders., NJW 1998, 3377 (3381); Saame, PharmaR 1997, 450 (455).

[395] BT-Plenarprotokolle 13/235, S. 21650ff.; Stellungnahme des Bundesrates, BT-Drks. 13/9594, S. 32; Deutsch, Medizinrecht, Rn. 524; ders., NJW 1998, 3377 (3381); Saame, PharmaR 1997, 450 (455); anderer Ansicht v. Auer/Seitz, A 2.2 § 8 Rn. 5.

[396] Deutsch, NJW 1998, 3377 (3381).

Ob der Versicherungsschutz der Spender durch die gesetzliche Unfallversicherung tatsächlich unzureichend ist und ob diese Mängel durch eine, der Versicherung des § 40 I 1 Nr. 8, III AMG nachgebildete, besondere Spenderversicherung zu beseitigen wären, soll im folgenden untersucht werden. Dazu ist die gesetzliche Unfallversicherung hinsichtlich Haftungstatbestand, Leistungsumfang, Beweislastverteilung und Verjährung mit der ursprünglich vorgesehenen Spenderversicherung zu vergleichen. Da diese Versicherung entsprechend § 40 I 1 Nr. 8, III AMG konzipiert war, wird für den Vergleich die Versicherung gem. § 40 I 1 Nr. 8, III AMG und deren nähere Ausgestaltung durch die „Allgemeinen Versicherungsbedingungen für die klinische Prüfung von Arzneimitteln (Probandenversicherung)" von 1995[397] (AVB/P) herangezogen. Falls der Schutz der gesetzlichen Unfallversicherung Mängel aufweist, die durch eine besondere Spenderversicherung auszugleichen wären, stellt sich die Frage, ob diese Mängel mit Rücksicht auf das angestrebte Ziel der Selbstversorgung hinzunehmen sind.

1. Haftungstatbestand

a) Gesetzliche Unfallversicherung

Der Haftungstatbestand der gesetzlichen Unfallversicherung setzt das Vorliegen eines Versicherungsfalls voraus. Ein solcher ist gegeben, wenn es aufgrund eines Unfalls, der kausal auf einer versicherten Tätigkeit beruht, zu einer Gesundheitsschädigung oder dem Tod eines Menschen kommt, §§ 7, 8 SGB VII. Spender von Blut – worunter auch die Spender von Blutbestandteilen[398] zu subsumieren sind – sind gem. § 2 I Nr. 13b SGB VII versichert. Unter den Versicherungsschutztatbestand des § 2 I Nr. 13b SGB VII fällt auch die unter Gewährung einer Aufwandsentschädigung entnommene Spende[399]. Unerheblich ist, ob die Spendeentnahme durch ein gewerbliches Unternehmen oder eine gemeinnützige Organisation erfolgt[400]. Von dem Versicherungsschutz umfaßt sind alle Tätigkeiten, die mit der versicherten Tätigkeit in einem inneren Zusammenhang stehen[401]. Versichert ist über § 2 I Nr. 13b SGB VII demnach auch die Spenderimmunisierung[402]. Der Anspruchsausschluß gem. § 101 II SGB VII hat bei der Spende von Blut und Blutbestandteilen keine Relevanz.

---

[397] Abgedruckt bei Sander, Anh. II/40k.
[398] Vgl. Lauterbach/Schwertfeger, § 2 Rn. 462.
[399] BSGE 57, 231 (234) [zu § 539 I Nr. 10 RVO]; KasselerKomm/Ricke, § 2 Rn. 71.
[400] BSGE 57, 231 (234) [zu § 539 I Nr. 10 RVO]; HdbSozialVers/Wiester, § 2 Rn. 658.
[401] KasselerKomm/Ricke, § 8 Rn. 3; Lauterbach/Watermann, § 8 Rn. 14, 16.
[402] BT-Drks. 13/9594, S. 19, 33; Deutsch, NJW 1998, 3377 (3381); KasselerKomm/Ricke, § 8 Rn. 163; Tätigkeitsbericht der Bundesärztekammer 1998, S. 307; Sitzung des Ausschusses für

b) Probandenversicherung gem. § 40 I 1 Nr. 8, III AMG

Haftungsvoraussetzung der Probandenversicherung ist die Tötung oder die Verletzung von Körper oder Gesundheit bei der klinischen Prüfung eines Arzneimittels, § 1 AVB/P. Versicherungsschutz besteht gem. § 2 AVB/P nur für Schädigungen, die kausal durch die angewandten Arzneimittel bzw. Stoffe verursacht sind oder kausal auf Maßnahmen beruhen, die im Zusammenhang mit der Prüfung an dem Körper des Probanden durchgeführt worden sind.

Nicht versichert sind nach § 3 (1), (2) AVB/P Gesundheitsschädigungen, die auch ohne die Teilnahme an der klinische Prüfung eingetreten wären; hypothetische Kausalverläufe sind somit beachtlich. Ausgeschlossen von der Versicherung sind genetische Schädigungen und Schädigungen, die auf vorsätzlicher Zuwiderhandlung des Probanden gegen Anweisungen der mit der Durchführung der Prüfung beauftragten Personen beruhen, § 3 (3), (4) AVB/P. Kein Versicherungsschutz besteht nach § 4 (3) AVB/P für Schädigungen, die später als fünf Jahre nach Abschluß der Prüfung auftreten (sog. Spätschäden) oder dem Versicherer später als zehn Jahre nach Beendigung der Prüfung gemeldet werden. Ein Anspruchsausschluß kann sich außerdem aus § 9 I (3) AVB/P ergeben. Nach ihm sind weitergehende Ansprüche, als sie vom Versicherer anerkannt sind, ausgeschlossen, wenn der Geschädigte bei Meinungsverschiedenheiten über Art und Umfang der Gesundheitsschädigung oder über die Kausalität der klinischen Prüfung für die Schädigung die Frist des § 9 I (2) AVB/P verstreichen läßt, ohne daß er eine Entscheidung des Ärzteausschusses verlangt oder Klage erhebt.

c) Ergebnis

Die gesetzliche Unfallversicherung erfaßt jede Schädigung, die kausal auf der Immunisierung beruht. Lücken im Haftungstatbestand bestehen somit nicht. Hinsichtlich des Haftungstatbestandes stellt sich die gesetzliche Unfallversicherung mithin als ausreichend dar. Eine besondere Spenderversicherung entsprechend § 40 I 1 Nr. 8, III AMG ist insoweit nicht erforderlich. Sie wäre aufgrund der Haftungseinschränkungen und möglichen Haftungsausschlüsse unter dem Aspekt des Haftungstatbestandes für die Spender auch nicht günstiger.

Rechtsfragen der Geschäftsführerkonferenz des BAGUV am 14./15. April 1997, - 311.132 - (unter Punkt 7 der Tagesordnung); anderer Ansicht Saame, PharmaR 1997, 450 (455).

2. Umfang der Leistungen

a) Gesetzliche Unfallversicherung

Die gesetzliche Unfallversicherung gewährt gem. § 26 SGB VII Dienst- und Sachleistungen zur Heilbehandlung und zur medizinischen, beruflichen und sozialen Rehabilitation. Daneben besteht ein Anspruch auf Geldleistungen. Diese reichen von der Kraftfahrzeug-, Wohnungs- und Haushaltshilfe (§§ 40 – 42 SGB VII) über Verletzten- (§§ 45ff. SGB VII) und Übergangsgeld (§§ 49ff. SGB VII) bis zur Rente an den Versicherten und die Hinterbliebenen (§§ 56ff. SGB VII). Die Renten sind dynamisiert, § 95 SGB VII. Eine Begrenzung der Hinterbliebenenrenten auf die Dauer der mutmaßlichen Unterhaltspflicht des Getöteten besteht nicht. Die Haftung ist der Höhe nach unbeschränkt.

Allerdings beträgt das Verletztengeld gem. § 47 I 1 Nr. 2 SGB VII nur 80% des Regelentgelts und die bei völligem Verlust der Erwerbsfähigkeit geleistete Rente nach § 56 III SGB VII lediglich zwei Drittel des Jahresarbeitsverdienstes. Verletztengeld und Rente kompensieren somit den Verdienstausfall nicht in voller Höhe. Zwar sind in den Satzungen fast aller gemeindlichen Unfallversicherungsträger für Blutspender Mehrleistungen gem. § 94 SGB VII vorgesehen[403]. Nach § 94 II SGB VII dürfen die Mehrleistungen jedoch zusammen mit den an den Versicherten gezahlten Renten 85% des Höchstjahresarbeitsverdienstes nicht überschreiten. Eine entsprechende Begrenzung gilt, auch wenn gesetzlich nicht ausdrücklich vorgesehen, für das Verletztengeld[404]. Unter Umständen können deshalb die Leistungen der gesetzlichen Unfallversicherung trotz der Mehrleistungen hinter einem Ersatz des Verdienstausfalls in voller Höhe zurückbleiben, nämlich wenn der Verdienst des Verletzten 85% des Höchstjahresarbeitsverdienstes übersteigt. Da die Leistungen der gesetzlichen Unfallversicherung jedoch nicht der Steuerpflicht (vgl. § 3 Nr. 1a EStG) und der Beitragspflicht zur Sozialversicherung unterliegen[405], dürfte sich hieraus grundsätzlich kein Vermögenschaden des Versicherten ergeben.

Nicht ausgeschlossen erscheint es aber, daß dem Versicherten infolge der abstrakten Berechnung der Minderung der Erwerbsfähigkeit gem. § 56 II 1 SGB VII, also ohne Berücksichtigung der in dem Zeitpunkt des Versicherungsfalls verrichteten Tätigkeit, des erlernten oder ausgeübten Berufs[406], ein Vermögensschaden entstehen kann, da individuelle Umstände nur im einschränkenden Rahmen des § 56 II 3

---

[403] BT-Drks. 13/9594, S. 33; Lauterbach/Schwerdtfeger, § 94 Rn. 5.

[404] KasselerKomm/Ricke, § 94 Rn. 4; Lauterbach/Schwerdtfeger, § 94 Rn. 16.

[405] Gitter, § 17 II 2 b aa (1).

[406] Zur abstrakten Berechnung vgl. Gitter, § 17 II 2 b aa (1); HdbSozialVers/Burchardt, § 56 Rn. 97; KasselerKomm/ Ricke, § 56 Rn. 16.

SGB VII Berücksichtigung finden. Eventuelle zukünftige Verdienststeigerungen werden zudem nur nach § 90 SGB VII berücksichtigt. Keinen Ersatz gewährt die gesetzliche Unfallversicherung außerdem für Sachschäden und sonstige primäre Vermögensschäden außer dem Verdienstausfallschaden. Ebensowenig besteht ein Anspruch auf Schmerzensgeld. Ein Ersatz dieser Schäden oder die Gewährung von Schmerzensgeld kann auch nicht über Mehrleistungen gem. § 94 SGB VII erlangt werden, da die Mehrleistungen sich auf die Ergänzung oder Erhöhung zustehender Leistungen beziehen müssen[407]. Der Ersatz von Schäden, deren Ausgleich von der gesetzlichen Unfallversicherung nicht vorgesehen ist, ist deshalb auch über Mehrleistungen nach § 94 SGB VII nicht möglich.

Ein Anspruch des Verletzten auf Zahlung einer Rente aufgrund der Minderung der Erwerbsfähigkeit infolge des Versicherungsfalls besteht gem. § 56 I 1 SGB VII zudem nur dann, wenn die Erwerbsfähigkeit um mindestens 20% gemindert ist. Soweit die Erwerbsfähigkeit des Spenders infolge eines Unfalls bei der Immunisierung um weniger als 20% vermindert ist, besteht demnach kein Anspruch auf Ersatz eines möglichen Verdienstausfallschadens. Ein Ersatz dieses Schadens kann gleichfalls nicht über § 94 SGB VII erlangt werden, da Voraussetzung für die Gewährung von Mehrleistungen das Bestehen eines Anspruchs aus der Unfallversicherung ist, da es sich andernfalls nicht um eine Ergänzung oder Erhöhung bestehender Leistungen handelte[408].

b) Probandenversicherung gem. § 40 I 1 Nr. 8, III AMG

Gem. § 6 I (1), (2) AVB/P wird der Unterschiedsbetrag zwischen der tatsächlichen Vermögenslage und derjenigen Vermögenslage ersetzt, die bestehen würde, wenn die Gesundheitsschädigung nicht eingetreten wäre. Es ist also der gesamte kausal auf der Gesundheitsschädigung beruhende Vermögensschaden zu ersetzen. Bei der Verletzung von Körper oder Gesundheit leistet der Versicherer Heilbehandlungskosten sowie eine Geldrente, wenn die Erwerbsfähigkeit des Probanden aufgehoben oder gemindert ist oder eine Vermehrung seiner Bedürfnisse eintritt, § 6 I (3) AVB/P. Im Falle der Tötung des Probanden werden gegenüber Dritten nach § 6 I (4) AVB/P die Bestattungskosten ersetzt und eine Geldrente an unterhaltsberechtigte Personen gewährt. Die Rente kann nur für die Zeit beansprucht werden, in der der Getötete während der mutmaßlichen Dauer seines Lebens unterhaltspflichtig gewesen wäre.
Die Haftung ist gem. § 6 III AVB/P pro Proband auf maximal 1 Mio. DM beschränkt. Die Höchstleistung für alle Versicherungsfälle aus der Prüfung eines

---

[407] KasselerKomm/Ricke, § 94 Rn. 2; Lauterbach/Schwerdtfeger, § 94 Rn. 7.
[408] KasselerKomm/Ricke, § 94 Rn. 2; Lauterbach/Schwerdtfeger, § 94 Rn. 11.

Arzneimittels ist begrenzt auf 10 Mio. DM, wenn bis zu 1000 Personen an der klinischen Prüfung teilnehmen, auf 20 Mio. DM, wenn mehr als 1000 bis zu 3000 Personen teilnehmen und auf 30 Mio. DM bei mehr als 3000 Teilnehmern, § 6 II AVB/P. Für alle in einem Versicherungsjahr begonnenen Arzneimittelprüfungen eines Versicherungsnehmers beträgt die Höchstleistung gem. § 6 IV AVB/P 50 Mio. DM. Diese Beschränkungen sind mit § 40 III AMG wohl nur schwerlich zu vereinbaren[409], als tatsächlich geltende Regelung müssen sie jedoch dieser Untersuchung zugrunde gelegt werden. Eine Begrenzung bzw. ein Ausschluß des Anspruchs kann sich schließlich aus §§ 16 II i.V.m. 14 II AVB/P ergeben, wenn der Proband Anzeige- und Mitwirkungsobliegenheiten nach Eintritt des Versicherungsfalls vorsätzlich oder grob fahrlässig nicht nachkommt.

c) Ergebnis

Hinsichtlich des Leistungsumfangs weist die gesetzliche Unfallversicherung Lükken auf. Sie gewährt kein Schmerzensgeld. Verletztengeld und Rente gewährleisten nicht in jedem Fall eine Kompensation des durch den Verdienstausfall verursachten Vermögensschaden in voller Höhe. Eine Rente wird überdies nur dann gewährt, wenn die Minderung der Erwerbsfähigkeit zumindest 20% beträgt. Ersatz für Sachschäden und sonstige primäre Vermögensschäden wird nicht geleistet.

Eine entsprechend § 40 I 1 Nr. 8, III AMG konzipierte Versicherung würde diese Sach- und Vermögensschäden des Spenders im Rahmen der Haftungshöchstsumme in vollem Umfang ersetzen. Schmerzensgeld würde auch sie allerdings nicht gewähren. Die Lücken im Schutz der gesetzlichen Unfallversicherung wären somit durch eine besondere Spenderversicherung entsprechend § 40 I 1 Nr. 8, III AMG zu schließen.

3. Beweislastverteilung

a) Gesetzliche Unfallversicherung

Ansprüche aus der gesetzlichen Unfallversicherung sind vor den Sozialgerichten geltend zu machen. Im Verfahren vor den Sozialgerichten gilt gem. § 103 SGB I der Amtsermittlungsgrundsatz, es besteht somit keine subjektive Beweislast. Die objektive Beweislast für die anspruchsbegründenden Tatsachen trägt der Klä-

---

[409] Kritisch auch Deutsch, Medizinrecht, Rn. 799; Wenkstern, S. 294; anderer Ansicht Sander, Anh. II/40k § 6 zu Ziff. II.

ger[410]. Für Kausalzusammenhänge werden aber geringere Anforderungen an den Beweis gestellt, es genügt die hinreichende Wahrscheinlichkeit[411].

b) Probandenversicherung gem. § 40 I 1 Nr. 8, III AMG

Gem. § 9 I 1 AVB/P sind für Streitigkeiten aus der Probandenversicherung die ordentlichen Gerichte zuständig. Nach den für den Zivilprozeß geltenden Regeln der Beweislastverteilung, die auch im Privatversicherungsrecht Geltung haben[412], muß der Kläger die anspruchsbegründenden Tatsachen behaupten (subjektive Beweislast). Er trägt das Risiko der Nichterweislichkeit der anspruchsbegründenden Tatsachen (objektive Beweislast)[413]. Der Kläger muß also darlegen und notfalls beweisen, daß es infolge der Arzneimittelprüfung zu einer Gesundheitsschädigung gekommen ist und daß der geltend gemachte Schaden auf der Gesundheitsschädigung beruht.

c) Ergebnis

Aufgrund der fehlenden Beweisführungslast und der verminderten Anforderungen an den Beweis von Kausalzusammenhängen ist die gesetzliche Unfallversicherung gegenüber einer Versicherung entsprechend § 40 I 1 Nr. 8, III AMG für den Spender günstiger. Das Fehlen einer besonderen Spenderversicherung stellt damit unter beweisrechtlichen Aspekten keinen Nachteil für den Spender dar.

4. Verjährung

a) Gesetzliche Unfallversicherung

Für die Ansprüche aus der gesetzlichen Unfallversicherung gilt mangels besonderer Regelung die für alle Ansprüche auf Sozialleistungen einschlägige Verjährungsfrist des § 45 I SGB I. Sie verjähren demnach in 4 Jahren nach Ablauf des Kalenderjahres, in dem sie entstanden sind. Der Lauf der Verjährungsfrist beginnt mit der Entstehung des Anspruchs[414]. Gem. § 40 I SGB I entstehen die Ansprüche, sobald ihre im Gesetz bestimmten Voraussetzungen erfüllt sind.

Bei Ansprüchen auf wiederkehrende Leistungen, wie beispielsweise dem Rentenanspruch nach § 56 SGB VII, unterliegen der Verjährung allerdings nur die An-

---

[410] KasselerKomm/Ricke, § 8 Rn. 260.
[411] KasselerKomm/Ricke, § 8 Rn. 257.
[412] Weyers, Rn. 573.
[413] Rosenberg/Schwab/Gottwald, § 117 I, II.
[414] GK-SGB I/Kretschmer, § 45 Rn. 16.

sprüche auf Auszahlung der jeweils fällig werdenden Leistungen, der Leistungsanspruch als solcher (das Stammrecht) ist hingegen unverjährbar[415].

b) Probandenversicherung gem. § 40 I 1 Nr. 8, III AMG

Als privatversicherungsvertragsrechtliche Ansprüche verjähren die Ansprüche aus der Probandenversicherung gem. § 12 I VVG in zwei Jahren nach Ablauf des Jahres, in dem der Schaden bekannt geworden ist.

c) Ergebnis

Wegen der längeren Verjährungsfrist und insbesondere der Unverjährbarkeit des Stammrechts ist die gesetzliche Unfallversicherung für den Spender günstiger. Das Fehlen einer besonderen Spenderversicherung ist deshalb für den Spender nicht nachteilig.

5. Ergebnis

Die gesetzliche Unfallversicherung weist Defizite im Schutz der immunisierten Spender auf. Sie gewährleistet nicht in jedem Fall einen Ersatz des Verdienstausfallschadens in voller Höhe. Ein Anspruch Zahlung einer Rente besteht zudem nur bei einer Minderung der Erwerbsfähigkeit um zumindest 20%. Ersatz für Sachschäden und primäre Vermögensschäden außerhalb des Verdienstausfalls sowie ein Schmerzensgeld gewährt die gesetzliche Unfallversicherung nicht.

Eine entsprechend § 40 I 1 Nr. 8, III AMG konzipierte Spenderversicherung würde den von der gesetzlichen Unfallversicherung nicht abgedeckten Verdienstausfallschaden sowie die Sach- und sonstigen primären Vermögensschäden ersetzen. Die Spenderversicherung wäre demnach geeignet, die Mängel der gesetzlichen Unfallversicherung – mit Ausnahme des fehlenden Anspruchs auf Schmerzensgeld – auszugleichen.

Der Verzicht auf eine Spenderversicherung läßt sich auch nicht mit einem Verweis auf die Haftung für Arzneimittelschäden nach §§ 84ff. AMG rechtfertigen. Diese ist nicht geeignet, in jedem Fall einen angemessenen Schutz der Spender zu gewährleisten. Denn gem. § 84 AMG greift die Haftung nach dem Arzneimittelgesetz nur ein, wenn der Schaden bei bestimmungsgemäßem Gebrauch des Arzneimittels eingetreten ist bzw. wäre. Für die Hyperimmunisierung dürfen jedoch Impfstoffe verwendet werden, die für diese Indikation überhaupt nicht zugelassen sind. Des weiteren ist es möglich, daß Impfstoffe außerhalb des vorgegebenen und zugelassenen Impfschemas für die Immunisierung genutzt werden[416].

---

[415] BSGE 34, 1 (11); GK-SGB I/Kretschmer, § 45 Rn. 15.
[416] Vgl. BT-Drks. 13/9594, S. 19; v. Auer/Seitz, A 2.2 § 8 Rn. 5.

Der Verzicht auf eine besondere Spenderversicherung und die Hinnahme der Defizite der gesetzlichen Unfallversicherung hinsichtlich des Schutzes der immunisierten Spender ist schließlich nicht mit Rücksicht auf das Ziel der Selbstversorgung mit Hyperimmunglobulinen akzeptabel. Die Selbstversorgung mit Hyperimmunglobulinen ist ein im Interesse der Allgemeinheit liegendes Ziel. Schäden, die bei der Verfolgung von Gemeininteressen entstehen, sind billigerweise von der Allgemeinheit zu tragen[417]. Sie den Spendern aufzubürden, die – wie in § 3 III 1 TFG ausdrücklich anerkannt – unentgeltlich einen wertvollen Dienst für die Gemeinschaft leisten, besteht jedenfalls kein Grund.

Die gesetzliche Regelung berücksichtigt die berechtigten Interessen der Spender somit nicht in ausreichender Weise. Im Interesse eines angemessenen Spenderschutzes ist die Einführung einer nach dem Vorbild der Probandenversicherung gestalteten besonderen Spenderversicherung wünschenswert.

III. Ethik-Kommissionen, § 8 II 1 Nr. 7, IV TFG

Nach § 8 II 1 Nr. 7 TFG ist die Durchführung eines Immunisierungsprogramms nur zulässig, wenn und solange das zustimmende Votum einer nach Landesrecht gebildeten und für die ärztliche Person nach § 8 II 1 Nr. 3 TFG zuständigen und unabhängigen Ethik-Kommission vorliegt. Ereignisse, die die Gesundheit der immunisierten Spender oder den Erfolg des Immunisierungsprogramms beeinträchtigen können, sind der Ethik-Kommission unverzüglich mitzuteilen, § 8 IV TFG.

1. Entwicklung im Gesetzgebungsverfahren

Im Gesetzgebungsverfahren war die Beteiligung von Ethik-Kommissionen von Anfang an in der Form, wie sie in § 8 TFG Gesetz geworden ist, vorgesehen (§ 11 II 3, V E(1)-TFG; § 11 II 2, IV E(2)-TFG; § 8 II 1 Nr. 7, IV E(3)-TFG) und in der Sache unumstritten. Die Regelung befindet sich in Übereinstimmung mit dem Votum des Arbeitskreises Blut vom 24.10.1995[418] und den Richtlinien der Bundesärztekammer[419].

Die Einführung der Kommissionskontrolle im Bereich der klinischen Arzneimittelprüfung am Menschen in § 40 I 2, 4 AMG, der § 8 II 1 Nr. 7, IV TFG entspricht, war von der Pharmaindustrie aufgrund befürchteter Verzögerungen kritisiert worden[420]. Vergleichbare Einwände gegen § 8 II 1 Nr. 7, IV TFG sind von

---

[417] Ausdruck dieses Grundsatzes sind die Enteignungsentschädigung gem. Art. 14 III GG und der Aufopferungsgedanke. Vgl. dazu Ossenbühl, 3. Teil I 1.

[418] BGesundhBl. 1995, 494.

[419] Richtlinien zur Hämotherapie, 4.7.6.; Richtlinien für die Herstellung von Hyperimmunplasma, 3.3., 3.7.

[420] Vgl. dazu Deutsch, Medizinrecht, Rn. 603.

den Trägern der Immunisierungsprogramme durchführenden Spendeeinrichtungen soweit ersichtlich nicht erhoben worden.

2. Aufgaben, Funktionen, Beurteilungsgegenstand und -maßstab der Ethik-Kommissionen

Als Reaktion auf das Bekanntwerden von unethischen bzw. ethisch bedenklichen Versuchen an Menschen wurden Mitte der 60er Jahre erste Ethik-Kommissionen (Institutional Review Boards) in den Vereinigten Staaten von Amerika eingerichtet. 1973 wurden an Sonderforschungsbereichen an den medizinischen Fakultäten in Göttingen und Ulm die ersten Ethik-Kommissionen in Deutschland gegründet[421].

Diese Ethik-Kommissionen waren ursprünglich Forschungskommissionen, die sich mit Recht, Ethik und Medizin der klinischen Forschung am Menschen befaßten[422]. Durch § 8 II 1 Nr. 7, IV TFG sind den Ethik-Kommissionen Aufgaben zugewiesen worden, die außerhalb ihres herkömmlichen Tätigkeitsbereichs liegen, nämlich die Beurteilung der rechtlichen, ethischen und medizinischen Vertretbarkeit einer bestimmten Behandlung im konkreten Fall[423].

Die Regelung orientiert sich ausdrücklich an den Vorschriften zur klinischen Prüfung von Arzneimitteln in § 40 I AMG[424]. Das erscheint angemessen, denn ebenso wie Probanden im Rahmen der Arzneimittelprüfung setzen sich hyperimmunisierte Spender als Gesunde freiwillig einer medizinisch nicht indizierten Behandlung im Interesse der Allgemeinheit aus, die für sie keine medizinische Vorteile bietet, aber mit nicht unerheblichen Risiken verbunden ist[425].

---

[421] Zur Entstehung und Entwicklung von Ethik-Kommissionen im einzelnen Deutsch, Medizinrecht, Rn. 590ff.; Helmchen, EthikMed 1995, 58ff.

[422] Deutsch, Medizinrecht, Rn. 588; Helmchen, EthikMed 1995, 58 (60).

[423] Allerdings sind Ethik-Kommissionen auch vorher schon außerhalb des Bereichs der Forschung tätig geworden; vgl. Helmchen, EthikMed 1995, 58 (61). Auch § 10 nds. HKG spricht allgemein von der Beratung in berufsethischen Fragen als Aufgabe der Ethik-Kommissionen.

[424] BT-Drks. 13/9594, S. 19.

[425] Vgl. zu den Risiken der Hyperimmunisierung oben C. III. 2. Der durch die Hyperimmunisierung bewirkte Schutz vor Infektionskrankheiten kann insoweit nicht als medizinischer Vorteil angesehen werden, da für die Erlangung eines solchen Immunschutzes Impfungen, wie sie im Rahmen des Immunisierungsprogramms erfolgen, weder nach Art noch nach Umfang erforderlich sind.

a) Aufgaben, Funktionen, Beurteilungsgegenstand und -maßstab der Ethik-Kommissionen nach § 40 AMG

Aufgabe der Ethik-Kommissionen im Bereich der Arzneimittelprüfung am Menschen ist es zunächst, dem verantwortlichen Arzt Hilfe bei der Beurteilung ethischer und rechtlicher Gesichtspunkte zu geben, ohne ihn allerdings von seiner Verantwortung zu entbinden[426].

Durch § 40 I 2 AMG ist das zustimmende Votum der Ethik-Kommission Voraussetzung für den Beginn der klinischen Prüfung von Arzneimitteln am Menschen geworden. Neben die ursprünglich ausschließliche Beratung tritt damit die Kontrolle des Forschers.

Ein zustimmendes Votum der Ethik-Kommission setzt gem. § 40 I 2 AMG die Beachtung der Vorschriften in § 40 I 1 Nr. 1 – 5, Nr. 6, soweit sie die Unterlagen über die pharmakologisch-toxikologische Prüfung und den Prüfplan betrifft, und Nr. 7, 8 AMG voraus. Gegenstand der Kontrolle ist somit die Einhaltung der einschlägigen gesetzlichen Vorschriften und der ethischen und medizinischen Anforderungen, die an die Forschung am Menschen zu stellen sind[427]. In gewissem Umfang ist auch die Wissenschaftlichkeit des Forschungsvorhabens Gegenstand der Prüfung durch die Ethik-Kommission[428], da unwissenschaftliche Versuche ethisch schlechthin nicht zu vertreten sind[429].

Maßstab der Kontrolle sind in rechtlicher Hinsicht die einschlägigen deutschen Normen und Richtlinien der EG. In medizinischer und ethischer Hinsicht richtet sich die Beurteilung nach den Richtlinien der Bundesärztekammer, der Revidierten Deklaration von Helsinki[430], der Bioethik-Konvention[431] und dem Stand der medizinischen Wissenschaft und Technik. Grundlage der Beurteilung sind die Unterlagen über die pharmakologisch-toxikologische Prüfung, der Prüfplan sowie gegebenenfalls weitere Auskünfte des Antragstellers.

Funktionen der Ethik-Kommissionen im Bereich der Forschung am Menschen sind somit: 1. der Schutz des Probanden vor gefährlicher oder überraschender Forschung; 2. die Beratung des Arztes in rechtlicher, ethischer und medizinischer

---

[426] Nr. 2 der Empfehlungen der Bundesärztekammer zur Errichtung von Ethikkommissionen vom 12.01.1979; abgedruckt bei Kloesel/Cyran, § 40 Nr. 4b.

[427] Deutsch/Lippert, S. 43f.; Helmchen, EthikMed 1995, 58 (60); Lippert, DMW 1995, 1296.

[428] Deutsch/Lippert, S. 45.

[429] Deutsch, NJW 1981, 614 (615).

[430] Vgl. § 15 II MBO-Ä; Laufs, Rn. 682. Die Revidierte Deklaration von Helsinki ist abgedruckt bei Deutsch, Medizinrecht, Rn. 1032 und im Originalwortlaut bei Laufs/Uhlenbruck, Anhang zu § 130.

[431] Lippert in: Ratzel/Lippert, § 15 Rn. 14. Die Bioethik-Konvention ist bei Deutsch, Medizinrecht, Rn. 1033 abgedruckt.

Hinsicht; 3. die Erfüllung der Schutzpflicht der Institution[432] und 4. der Schutz des Forschers vor der Überschreitung des ethisch Zulässigen und vor Angriffen von außen[433].

b) Aufgaben, Funktionen, Beurteilungsgegenstand und -maßstab der Ethik-Kommissionen nach § 8 TFG

Die Regelung des Transfusionsgesetzes hinsichtlich der Ethik-Kommissionen ist äußerst fragmentarisch. Anders als das Arzneimittelgesetz sagt das Transfusionsgesetz beispielsweise nicht einmal darüber etwas aus, worauf die Ethik-Kommissionen ihre Voten stützen sollen[434].

Aufgrund der sachlichen Vergleichbarkeit, der Übereinstimmung des Schutzzwecks und der Ähnlichkeit der gesetzlichen Ausgestaltung ist davon auszugehen, daß sich Aufgaben und Funktionen der Ethik-Kommissionen bei der Beurteilung einer klinischen Arzneimittelprüfung und bei der Beurteilung eines Immunisierungsprogramms entsprechen und daß die grundlegenden Beurteilungsprinzipien übereinstimmen.

Im Bereich der Hyperimmunisierung haben die Ethik-Kommissionen demnach die Aufgabe, die das Immunisierungsprogramm durchführenden Personen in ethischer, rechtlicher und medizinischer Hinsicht zu beraten und zu kontrollieren. Die Ethik-Kommissionen dienen dadurch dem Schutz der zu immunisierenden Personen, dem Schutz und der Beratung der Personen, die das Immunisierungsprogramm durchführen, sowie der Wahrnehmung der Schutzpflicht der Institution. Gegenstand der Kontrolle ist die Einhaltung der gesetzlichen Anforderungen und die ethische Vertretbarkeit. Maßstab der Beurteilung sind somit insbesondere das Transfusionsgesetz, das Arzneimittelgesetz und hinsichtlich des Standes der medizinischen Wissenschaft und Technik die Richtlinien zur Hämotherapie und die Richtlinien für die Herstellung von Hyperimmunplasma. Der die Durchführung des Immunisierungsprogramms Beantragende muß also die Notwendigkeit der Herstellung des betreffenden Plasmas begründen. Er hat die ausreichende personelle, bauliche, räumliche und technische Ausstattung des Plasmapheresezentrums nachzuweisen. Die Leitung der Durchführung des Immunisierungsprogramms durch einen nach dem Stand der medizinischen Wissenschaft sachkundigen Arzt und die ausreichende ärztliche Betreuung der Spender müssen belegt werden. Ein Immunisierungsplan ist vorzulegen. Er stellt die Grundlage für die Beurteilung des geplanten Immunisierungsprogramms in medizinischen Hinsicht dar. Die Einhal-

---

[432] Deutsch, Medizinrecht, Rn. 587, 805; Laufs in: Laufs/Uhlenbruck, § 4 Rn. 32.

[433] Deutsch, Medizinrecht, Rn. 805; ders., VersR 1989, 429 (431); Deutsch/Lippert, S. 31f.

[434] Kritisch dazu Deutsch, NJW 1998, 3377 (3380).

tung der Anforderungen an die Dokumentation, die ordnungsgemäße Durchführung der Plasmapherese und den Datenschutz müssen belegt werden.

Unter dem Aspekt der Ethik sind die Anforderungen der Revidierten Deklaration von Helsinki und der Bioethik-Konvention einzuhalten. Diese gelten unmittelbar zwar nur für die Forschung am Menschen, wie oben dargelegt ist die Situation des Probanden und des hyperimmunisierten Spenders aber vergleichbar. Die in der Revidierten Deklaration von Helsinki und der Bioethik-Konvention niedergelegten Grundsätze sind deshalb entsprechend heranzuziehen. In ethischer Hinsicht ist es insbesondere Aufgabe der Ethik-Kommissionen, die ärztliche Vertretbarkeit der mit der Durchführung des Immunisierungsprogramms für die zu immunisierenden Spender verbundenen Risiken zu bewerten. Es ist den Ethik-Kommissionen allerdings verwehrt, ein ablehnendes Votum auf das Fehlen einer besonderen Spenderversicherung zu stützen bzw. ein zustimmendes Votum von dem Abschluß einer solchen Versicherung abhängig zu machen[435]. Der Gesetzgeber hat trotz vielfacher Kritik bewußt auf eine gesetzliche Pflicht zum Abschluß einer besonderen Spenderversicherung verzichtet, da er die Ersatzleistungen der gesetzlichen Unfallversicherung als ausreichend und eine Pflicht zum Abschluß einer zusätzlichen Unfallversicherung als dem Ziel der Selbstversorgung zuwiderlaufend angesehen hat[436]. Über diese eindeutige Wertung des Gesetzgebers können sich die Ethik-Kommissionen bei ihrer Entscheidung nicht hinwegsetzen.

c) Ergebnis

Aufgabe der Ethik-Kommissionen ist die Beratung und Kontrolle der das Immunisierungsprogramm durchführenden Personen in ethischer, rechtlicher und medizinischer Hinsicht. Die Ethik-Kommissionen dienen dadurch dem Schutz der zu immunisierenden Personen, dem Schutz und der Beratung der Personen, die das Immunisierungsprogramm durchführen, sowie der Wahrnehmung der Schutzpflicht der Institution. Den Maßstab der Beurteilung bilden insbesondere das Transfusionsgesetz, das Arzneimittelgesetz, die Richtlinien zur Hämotherapie und die Richtlinien für die Herstellung von Hyperimmunplasma sowie die Revidierte Deklaration von Helsinki und die Bioethik-Konvention. Grundlage der Beurteilung sind der Immunisierungsplan und ergänzende Angaben des Antragstellers.

---

[435] Anderer Ansicht Deutsch, NJW 1998, 3377 (3381), nach dem die Ethik-Kommissionen jedenfalls in besonders gefährlichen Bereichen auf dem zusätzlichen Abschluß einer Unfallversicherung bestehen können.

[436] Siehe oben II.

3. Rechtsnatur der Kommissionstätigkeit und Handlungsform der Kommissionsvoten

a) Rechtsnatur der Kommissionstätigkeit

Nach allgemein konsentierter Ansicht üben die Ethik-Kommissionen der Ärztekammern und der Universitäten, bei denen entweder zentrale Kommissionen der Universität oder aber Kommissionen der medizinischen Fakultäten eingerichtet sein können, bei der Erfüllung ihrer Aufgaben hoheitliche Gewalt aus, werden also in öffentlich-rechtlicher Form tätig[437].

Dem ist zuzustimmen. Hoheitliches Handeln liegt bei jedem Tätigwerden nach Maßgabe des öffentlichen Rechts vor[438]. Als öffentlich-rechtlich sind nach der modifizierten Subjektstheorie alle Normen zu verstehen, die als Berechtigten oder Verpflichteten zwingend einen Hoheitsträger als solchen zum Zuordnungssubjekt haben[439].

Die Ethik-Kommissionen werden aufgrund des § 8 II 1 Nr. 7, IV TFG, der Landeshochschulgesetze und der Landesgesetze über die Kammern für das Heilwesen tätig. Diese Normen berechtigen und verpflichten ausschließlich die Länder, die Ärztekammern und die Universitäten bzw. medizinischen Fakultäten. Ihr Zuordnungssubjekt ist mithin zwingend ein Hoheitsträger. Mangels entgegenstehender Anhaltspunkte ist auch davon auszugehen, daß die genannten Hoheitsträger gerade in ihrer Funktion als Personen des öffentlichen Rechts berechtigt und verpflichtet werden sollen[440]. Es handelt sich demnach um öffentlich-rechtliche Normen. Das Handeln der Ethik-Kommissionen ist deshalb als öffentlich-rechtlich zu qualifizieren.

b) Handlungsform der Kommissionsvoten

Umstritten ist dagegen, in welcher Handlungsform die Kommissionsvoten ergehen.

---

[437] Bork, S. 68f.; Classen, MedR 1995, 148 (149); Czwalinna, S. 138; Deutsch, Medizinrecht, Rn. 639; ders., VersR 1989, 429 (432); Kloesel/Cyran, § 40 Nr. 4c; Kreß, S. 142f.; Laufs in: Laufs/Uhlenbruck, § 130 Rn. 47; Wenckstern, S. 174.

[438] Erichsen in: Erichsen, § 12 Rn. 22; MünchKomm/Papier, § 839 Rn. 141; Wolf/Bachof/Stober, § 22 Rn. 25f.

[439] Ehlers in: Erichsen, § 2 Rn. 26; Maurer, § 3 Rn. 17f.; MünchKomm/Papier, § 839 Rn. 144.

[440] Vgl. zu dieser Vermutung Ehlers in: Erichsen, § 2 Rn. 28; Papier in: Maunz/Dürig, Art. 34 Rn. 131.

aa) Handlungsform der Kommissionsvoten nach § 40 AMG

Vertreten wird einerseits, daß es sich bei den Voten der Ethik-Kommissionen um Verwaltungsakte handelt, andererseits, daß sie als rein tatsächliches Verwaltungshandeln (sog. Realakte) zu qualifizieren sind.

Die wohl überwiegende Meinung hält die Kommissionsvoten mit unterschiedlicher Begründung für Realakte. Die fehlende Verwaltungsakts-qualität der Voten wird zum einen damit begründet, daß es sich bei ihnen um Stellungnahmen mit Gutachtencharakter handele, die nicht auf die Setzung einer Rechtsfolge gerichtet seien, denen also das für Verwaltungsakte erforderliche Merkmal der Regelung i.S.v. § 35 S. 1 VwVfG fehle[441]. Classen lehnt die Qualifizierung der Kommissionsvoten als Verwaltungsakte ab, weil ihnen keine Außenwirkung zukomme[442]. Nach Stamer handelt es sich nicht um Verwaltungsakte, weil positive Kommissionsvoten keine Regelung enthielten und negative Voten nicht auf Außenwirkung gerichtet seien[443].

Die Gegenansicht bejaht demgegenüber die Verwaltungsaktsqualität der Kommissionsvoten. Deutsch rekurriert darauf, daß ein „zustimmende Bewertung" mehr als eine unverbindliche Beratung sei, also eine rechtliche Regelung vorliege[444]. Ähnlich argumentiert Wenckstern, daß das Kommissionsvotum darauf gerichtet sei, in rechtsverbindlicher Weise das gesetzliche Verbot, klinische Prüfungen am Menschen durchzuführen, im Einzelfall aufzuheben bzw. zu bestätigen[445].

---

[441] Laufs in: Laufs/Uhlenbruck, § 4 Rn. 32; Hennies, ArztR 1996, 95 (98); Bork, S. 69f. (allerdings als das zustimmende Kommissionsvotum noch nicht gem. § 40 I 2 AMG Voraussetzung für den Beginn der Prüfung war); Kreß, S. 143 (ohne Begründung).

[442] Classen, MedR 1995, 148 (149). Classen begründet dies allerdings damit, daß eine negative Kommissionsentscheidung die Durchführung der Prüfung wegen der dann gem. § 40 I 3 AMG gegebenen Entscheidungszuständigkeit der Bundesoberbehörde nicht hindere, was eher für das Fehlen einer Regelung spricht. Im übrigen trifft diese Argumentation für positive Voten nicht zu, da in diesem Fall keine Entscheidungszuständigkeit außer derjenigen der Ethik-Kommission begründet ist.

[443] Stamer, S. 116ff. Die Ablehnung der Verwaltungsaktsqualität positiver Voten mit dem Argument, die Annahme eines Verwaltungsakts würde zur Haftungsfreizeichnung der Forscher führen, überzeugt aber nicht. Die Argumentation beruht offensichtlich auf der Annahme, daß Verwaltungsakten eine zivilrechtliche Legalisierungswirkung zukommt. Diese Ansicht wird jedoch von der Rspr. und dem überwiegenden Teil der Literatur zu Recht nicht geteilt (BGHZ 112,363 (365ff.); 117, 159 (166ff.); zum Streitstand in der Literatur Wagner, S. 8ff.).

[444] Deutsch, Medizinrecht, Rn. 626; ders., VersR 1995, 121 (124); Deutsch/Lippert, S. 54.

[445] Wenckstern, S. 174f.; Wenckstern folgert allerdings in unzulässiger Weise daraus, daß das Votum faktisch zur Aufhebung bzw. Bestätigung des Verbots führt, daß es auch final darauf gerichtet sei.

bb) Handlungsform der Kommissionsvoten nach § 8 TFG

Die Regelung des § 8 TFG über die Kommissionskontrolle unterscheidet sich insoweit von der des § 40 AMG, als ein Ersatzverfahren entsprechend § 40 I 3 AMG nicht vorgesehen ist. Es besteht mithin nicht die Möglichkeit, ein negatives Kommissionsvotum dadurch zu ersetzen, daß die Bundesoberbehörde ein ihr zustehendes Widerspruchsrecht ungenutzt verstreichen läßt. Im Falle einer negativen Kommissionsentscheidung darf das Immunisierungsprogramm somit endgültig nicht durchgeführt werden[446].

Dieser Unterschied führt aber bei der Anwendung der oben dargestellten Meinungen auf die Voten nach § 8 TFG zu keinen anderen Ergebnissen als bei § 40 AMG. Nach der überwiegenden Ansicht sind auch die Kommissionsvoten nach § 8 TFG als rein tatsächliches Verwaltungshandeln zu qualifizieren. Dieser Ansicht ist im Ergebnis zu folgen.

Der Verwaltungsakt ist gem. § 35 S. 1 VwVfG als hoheitliche Regelung eines Einzelfalls durch eine Verwaltungsbehörde mit unmittelbarer Außenwirkung definiert. Zweifelhaft ist bei den Voten der Ethik-Kommissionen das Vorliegen einer Regelung. Unter einer Regelung ist die einseitig angeordnete, verbindliche, rechtsfolgenbegründende, hoheitliche Ordnung eines Lebenssachverhalts zu verstehen; also eine Anordnung, die feststellend oder gestaltend bestimmt, was für den Betroffenen rechtens sein soll[447]. Eine Regelung liegt nur vor, wenn der Wille der Behörde auf die Setzung einer Rechtsfolge gerichtet ist. Rein tatsächliche Auswirkungen auf die Rechtsstellung des Betroffenen sind nicht genügend[448].

An einem solchen, auf die Setzung einer Rechtsfolge gerichteten Willen fehlt es bei den Voten der Ethik-Kommissionen. Weder ist der Wille der Ethik-Kommissionen darauf gerichtet, die Durchführung eines Immunisierungsprogramms im Einzelfall verbindlich zu genehmigen bzw. zu versagen, noch bezwecken sie die rechtsverbindliche Feststellung der Vereinbarkeit bzw. Nichtvereinbarkeit des Immunisierungsprogramms mit den Anforderungen des Transfusionsgesetzes. Das ergibt sich aus folgenden Erwägungen: Läge in dem Kommissionsvotum eine rechtsverbindliche Genehmigung oder Feststellung in Form eines Verwaltungsakts, wären andere Behörden hinsichtlich der Existenz und des Regelungsinhalts des Verwaltungsakts gebunden (sog. Tatbestandswirkung)[449]. Konsequenz dessen wäre, daß die zuständige Behörde die Durchführung eines Immunisierungsprogramms nicht untersagen könnte, wenn die Voraussetzungen des § 8 TFG nicht erfüllt sind, aber fehlerhafterweise ein zustimmendes Votum der zu-

---

[446] Siehe unten 5.
[447] Wolff/Bachof/Stober, § 45 Rn. 43.
[448] Erichsen in: Erichsen, § 12 Rn. 26; Wolff/Bachof/Stober, § 45 Rn. 43.
[449] Erichsen in: Erichsen, § 13 Rn. 4; Knack/Henneke, Vor § 35 Rn. 6.12.

ständigen Ethik-Kommission vorliegt. Maßnahmen der Behörde wären erst möglich, wenn die Ethik-Kommission ihr zustimmendes Votum aufgehoben hat. Ein solches Ergebnis stimmt aber weder mit der geltenden Rechtslage überein noch ist es sachgerecht. Nach geltendem Recht stehen der zuständigen Behörde unmittelbare, von dem Votum der Ethik-Kommission unabhängige Eingriffsbefugnisse zu[450]. Die Notwendigkeit der vorherigen Aufhebung des Kommissionsvotums würde außerdem erforderliche Maßnahmen der Behörde verzögern, was mit einem möglichst optimalen Schutz der immunisierten Spender nicht zu vereinbaren ist.

Gegen die Qualifikation der Voten der Ethik-Kommissionen als Verwaltungsakte streitet auch der Wortlaut des § 8 II 1 Nr. 7 TFG. Dieser spricht von dem Vorliegen des „zustimmenden Votums" der Ethik-Kommission. Zustimmen bedeutet nach allgemeinem Sprachverständnis „mit etwas einverstanden sein, etwas billigen, gutheißen, akzeptieren"[451], nicht aber etwas „erlauben" bzw. „genehmigen". Unter einem Votum ist „das Urteil, die Entscheidung für jemanden" zu verstehen[452], jedoch nicht die „Erlaubnis" oder „Genehmigung".

In der juristischen Terminologie ist es darüber hinaus üblich, von Genehmigung bzw. Erlaubnis zu sprechen, so beispielsweise § 13 AMG, § 2 GaststättenG, § 75 NBauO. Es ist anzunehmen, daß der Gesetzgeber sich dieser üblichen Terminologie bedient und von Erlaubnis oder Genehmigung gesprochen hätte, wenn er gewollt hätte, daß die Ethik-Kommissionen in rechtsverbindlicher Weise die Durchführung von Immunisierungsprogrammen genehmigen sollten.

Bei den Voten der Ethik-Kommissionen handelt es sich mithin nicht um Verwaltungsakte, sondern um rein tatsächliches Verwaltungshandeln.

c) Ergebnis

Die Ethik-Kommissionen werden bei der Wahrnehmung ihrer Aufgaben öffentlich-rechtlich tätig. Ihre Voten sind als Realakte zu qualifizieren.

4. Zuständigkeit

Die Zuständigkeit der Ethik-Kommission richtet sich nach der Person des Leiters des Immunisierungsprogramms. Die für ihn zuständige Ethik-Kommission ist zur Bewertung des Immunisierungsprogramms berufen, § 8 II 1 Nr. 7 TFG. Zuständig ist diejenige Ethik-Kommission, in deren Zuständigkeitsbereich der Leiter des Immunisierungsprogramms sein Hauptbetätigungsfeld hat[453].

---

[450] Vgl. BT-Drks. 13/9594, S. 19.

[451] Duden, Stichwort zustimmen; Wahrig, Stichwort zustimmen.

[452] Duden, Stichwort Votum; Wahrig, Stichwort Votum.

[453] v. Auer/Seitz, A 2.2 § 8 Rn. 14.

Entsprechend § 40 I 2 AMG kommen als zuständige Ethik-Kommissionen nur solche in Betracht, die nach Landesrecht gebildet sind. Das sind die aufgrund des Satzungsrechts der Ärztekammern oder der Organisationsgewalt der medizinischen Fakultäten eingesetzten Ethik-Kommissionen, vgl. § 10 nds. HKG. Anders als nach § 17 VI 1, VII MPG sind sog. freie Ethik-Kommissionen, d.h. private Gremien, die nicht an eine öffentlich-rechtliche Institution gebunden sind, nicht zuständig. Die ausschließliche Zuständigkeit der nach Landesrecht gebildeten Ethik-Kommissionen war im Gesetzgebungsverfahren von Beginn an vorgesehen (§ 11 II 3 E(1)-TFG; § 11 II 2 E(2)-TFG; § 8 II 1 Nr. 7 E(3)-TFG).

Diese Regelung hat in der Literatur Zustimmung gefunden[454]. Allerdings sind gegen die durch § 10 nds. HKG begründete ausschließliche Zuständigkeit der öffentlich-rechtlichen Ethik-Kommissionen und den Ausschluß der freien Ethik-Kommissionen im Zusammenhang mit § 40 AMG verfassungsrechtliche Bedenken erhoben worden, die in entsprechender Weise auch im Bereich des § 8 TFG gelten.

Der Ausschluß der freien Ethik-Kommissionen soll die Berufsfreiheit der Mitglieder dieser Gremien verletzen und ein mit Art. 12 I GG nicht zu vereinbarendes staatliches Monopol begründen[455]. Verletzt sein sollen des weiteren die allgemeine Handlungsfreiheit und die durch den EGV gewährleistete Dienstleistungsfreiheit der Mitglieder der freien Ethik-Kommissionen[456]. Der Ausschluß der freien Ethik-Kommissionen soll außerdem die Berufs- und Forschungsfreiheit der betroffenen Ärzte und Unternehmen in verfassungswidriger Weise einschränken[457]. Schließlich soll den Ärztekammern die Kompetenz zur Einrichtung von Ethik-Kommissionen fehlen, da durch sie Personen betroffen werden, die nicht Mitglieder der Ärztekammern sind und deshalb nicht deren Satzungsgewalt unterliegen[458].

Diese verfassungsrechtlichen Bedenken sind jedoch nicht begründet. Eine Verletzung der Berufs- oder Dienstleistungsfreiheit der Mitglieder der freien Ethik-Kommissionen liegt nicht vor, weil die Tätigkeit in einer Ethik-Kommission nicht als Beruf i.S.v. Art. 12 I GG oder als Dienstleistung i.S.d. Art. 59ff. EGV angesehen werden kann, der sachliche Schutzbereich dieser Freiheitsrechte mithin überhaupt nicht eröffnet ist.

---

[454] Deutsch, NJW 1998, 3377 (3380).

[455] Pfeiffer, ZRP 1998, 43 (46); ders., VersR 1994, 1377 (1382f.); Schenke, NJW 1996, 745 (749ff.); Tiedemann, ZRP 1991, 54 (59).

[456] Pfeiffer, ZRP 1998, 43 (46); ders., VersR 1994, 1377 (1382).

[457] Pfeiffer, ZRP 1998, 43 (46); ders., VersR 1994, 1377 (1383); Tiedemann, ZRP 1991, 54 (58f.).

[458] Pfeiffer, ZRP 1998, 43 (45); ders., VersR 1994, 1377 (1382).

Unter Beruf i.S.v. Art. 12 I GG ist jede auf eine gewisse Dauer angelegte Tätigkeit zu subsumieren, die der Schaffung oder Erhaltung der Lebensgrundlage zu dienen bestimmt und nicht schlechthin, d.h. ohne Rücksicht auf ihre berufliche Ausübung, verboten ist[459]. Schutzgegenstand der Dienstleistungsfreiheit sind gem. Art. 60 S. 1 EGV alle Leistungen, die in der Regel gegen Entgelt erbracht werden, soweit sie nicht den Vorschriften über den freien Waren- und Kapitalverkehr und über die Freizügigkeit der Person unterliegen. Sowohl die Berufs- als auch die Dienstleistungsfreiheit setzen somit eine entgeltliche Tätigkeit voraus, durch die ein Erwerbszweck verfolgt und am wirtschaftlichen Leben teilgenommen wird[460].

Die Tätigkeit in einer Ethik-Kommission zum Zwecke des Erwerbs oder im Rahmen des wirtschaftlichen Wettbewerbs auszuüben, ist aber durch den Charakter dieser Tätigkeit von vornherein ausgeschlossen[461]. Es handelt sich um eine Tätigkeit, deren ausschließliche oder zumindest vorrangige Motivation in der Verwirklichung humanitärer Ziele liegt[462]. Die Verfolgung von Erwerbs- und Gewinninteressen ist damit nicht zu vereinbaren. Die Aufgaben der Ethik-Kommission setzen außerdem neben der fachlichen Kompetenz der Mitglieder deren persönliche Integrität und Unabhängigkeit voraus. Persönliche Integrität und Unabhängigkeit werden durch den Zweck der Gewinnerzielung in Frage gestellt[463]. Das gilt insbesondere, wenn die Tätigkeit, was für das Vorliegen eines Berufs i.S.v. Art. 12 GG erforderlich ist, der Schaffung oder Erhaltung der Lebensgrundlage zu dienen bestimmt ist. Ein mit dem Erwerbsstreben notwendig verbundener Wettbewerb unter den Ethik-Kommissionen beinhaltet zudem die Gefahr, daß die Ethik-Kommissionen im Hinblick auf weitere Aufträge einen großzügigen Maßstab bei der Prüfung anlegen.

Diesen Erwägungen läßt sich nicht entgegenhalten, daß öffentlich bestellte und vereidigte Sachverständige ihre Gutachten gleichfalls gegen Entgelt erstatten, ohne daß die Qualität dieser Gutachten in Zweifel gezogen wird. Zum einen handelt es sich bei der Tätigkeit dieser Sachverständigen nicht um eine Tätigkeit, die primär auf humanitären Motiven beruht. Zum anderen ist in diesem Bereich ein Wettbewerb aufgrund der am Bedarf orientierten Zulassung und den vorgegebenen Gebührensätzen weitgehend ausgeschlossen. Eine Verletzung der Berufs- und Dienstleistungsfreiheit der Mitglieder der freien Ethik-Kommissionen liegt mithin nicht vor.

---

[459] BVerfGE 7, 377 (397); Pieroth/Schlink, Rn. 810ff.

[460] Pieroth/Schlink, Rn. 812 (zur Berufsfreiheit) Troberg in: v.d. Groeben/Thiesing/Ehlermann, Art. 60 Rn. 7 (zur Dienstleistungsfreiheit)

[461] So im Ergebnis auch Deutsch, Medizinrecht, Rn. 805; anderer Ansicht, allerdings ohne auf diese Problematik einzugehen, Schenke, NJW 1996, 745 (747).

[462] Tiedemann, ZRP 1991, 54 (56).

[463] So auch Tiedemann, ZRP 1991, 54 (56).

Der Ausschluß freier Ethik-Kommissionen verstößt auch nicht gegen die allgemeine Handlungsfreiheit der Mitglieder freier Ethik-Kommissionen sowie die Berufs- und Forschungsfreiheit der Ärzte und Unternehmen. Es liegt zwar ein Eingriff in diese Rechte vor, angesichts des überragenden Wertes, der den geschützten Rechtsgütern Leben und Gesundheit zukommt, ist dieser aber verhältnismäßig[464].

Keine Bedenken bestehen hinsichtlich der Kompetenz der Ärztekammern zur Errichtung der Ethik-Kommissionen. Die den Ärztekammern durch die Satzungsermächtigung übertragene Regelungsgewalt ist zwar in personaler Hinsicht auf deren Mitglieder beschränkt. Es unterliegt deshalb durchaus Zweifeln, ob die Ärztekammern allein aufgrund der Satzungsermächtigung die Konsultierung von Ethik-Kommissionen verlangen können, da dadurch mit den Patienten und Unternehmen Personen betroffen sind, die den Kammern nicht angehören[465]. Darum geht es hier jedoch nicht. Den Ärztekammern ist die Befugnis zur Bildung von Ethik-Kommissionen durch Gesetz zugewiesen. Sie werden demnach bei der Bildung von Ethik-Kommissionen nicht aufgrund der allgemeinen Satzungsermächtigung tätig, sondern aufgrund konkreter gesetzlicher Aufgabenzuweisung. Einer solchen Aufgabenzuweisung steht die personale Beschränkung der Satzungsgewalt nicht entgegen.

Gegen den Ausschluß der freien Ethik-Kommissionen bestehen somit keine durchgreifenden verfassungsrechtlichen Bedenken[466]. Er erscheint vielmehr auch sachlich gerechtfertigt. Der rechtliche Status einer Kommission bietet zwar keine Gewähr für die Güte und Zuverlässigkeit der Kommissionskontrolle, doch ist die öffentlich-rechtliche Organisationsform und die Einbindung in eine Körperschaft des öffentlichen Rechts am besten geeignet, ein Maximum an Qualität und Unabhängigkeit zu gewährleisten.

Auch der Begriff „Kommission" legt einen Ausschluß freier Ethik-Kommissionen nahe. Unter einer „Kommission" ist ein mit einer bestimmten Aufgabe offiziell betrautes Gremium[467], ein gewählter Ausschuß[468] zu verstehen. Auf eine schlichte Mehrheit von Sachverständigen, die sich privat zur Begutachtung medizinischer Vorhaben zusammenschließen, trifft dies nicht zu.

---

[464] So auch Classen, MedR 1995, 148 (149) m.w.N.

[465] Bejahend Laufs/Reiling, MedR 1991, 1ff.; verneinend Schenke, NJW 1991, 2313ff.

[466] So im Ergebnis auch Classen, MedR 1995, 148f.; Deutsch, NJW 1998, 3377 (3380); ders., VersR 1995, 121 (123).

[467] Duden, Stichwort Kommission.

[468] Wahrig, Stichwort Kommission.

5. Ersetzbarkeit eines negativen Kommissionsvotums

§ 40 I 3 AMG erlaubt den Beginn der klinischen Arzneimittelprüfung trotz fehlender zustimmender Bewertung der Ethik-Kommission, wenn die zuständige Bundesoberbehörde nicht innerhalb von 60 Tagen nach Eingang der Unterlagen der Prüfung widersprochen hat (sog. Ersatzverfahren). Eine entsprechende Regelung war in keinem Entwurf des Transfusionsgesetzes enthalten und fehlt auch in der Gesetz gewordenen Fassung.

Aufgrund der expliziten Orientierung an § 40 AMG kann das Fehlen eines Ersatzverfahrens nur so verstanden werden, daß nach dem Willen des Gesetzgebers die Durchführung eines Immunisierungsprogramms ohne zustimmendes Votum der Ethik-Kommission nicht möglich ist. Der Grund für das Fehlen der Möglichkeit eines Ersatzverfahrens liegt darin, daß nach Ansicht des Gesetzgebers die Durchführung eines Immunisierungsprogramms ethisch und fachlich so anspruchsvoll ist, daß auf das zustimmende Votum der zuständigen Ethik-Kommission nicht verzichtet werden kann[469].

Die Sachgerechtigkeit des Verzichts auf die Möglichkeit eines Ersatzverfahren ist jedoch zweifelhaft. Es handelt sich bei der Durchführung einer klinischen Prüfung von Arzneimitteln und eines Immunisierungsprogramms um Sachverhalte, die in ethischer Hinsicht vergleichbare Probleme aufwerfen und in fachlicher Hinsicht vergleichbar hohe Anforderungen stellen. Eine abweichende Regelung im Transfusionsgesetz ist deshalb nur dann gerechtfertigt, wenn sich die Möglichkeit des Ersatzverfahrens als unsachgemäß erwiesen hat, also entweder das Ersatzverfahren den Probanden keinen hinreichenden Schutz vor unethischen oder fachlich nicht ordnungsgemäßen klinischen Prüfungen bietet oder die Durchführung eines Ersatzverfahrens aus sonstigen, z.B. verwaltungsinternen, Gründen nicht angemessen durchführbar ist. Daß das Ersatzverfahren in dieser Weise unsachgemäß ist, ist aber weder ersichtlich noch ist dies geltend gemacht worden. Es besteht deshalb kein Grund für eine ungleiche Regelung im Arzneimittelgesetz und im Transfusionsgesetz. Die fehlende Möglichkeit eines Ersatzverfahren ist deshalb nicht sachgerecht.

6. Befugnisse der Ethik-Kommission im Fall des § 8 IV TFG

Gem. § 8 IV 1 TFG müssen alle Ereignisse, die im Zusammenhang mit der Durchführung des Immunisierungsprogramms auftreten und die Gesundheit der spendenden Personen oder den gewünschten Erfolg des Immunisierungsprogramms beeinträchtigen können, neben der zuständigen Behörde und dem pharmazeutischen Unternehmer des zur Immunisierung verwendeten Arzneimittels auch un-

---

[469] Schreiben des Leiters des Referates 115 „Blut und Blutprodukte", Bundesministerium für Gesundheit, Regierungsdirektor von Auer an den Verfasser vom 23. September 1999.

verzüglich der Ethik-Kommission mitgeteilt werden. Welche Maßnahmen die Ethik-Kommission ergreifen darf oder muß, ergibt sich aus dem Transfusionsgesetz nicht[470].

a) Befugnisse der Ethik-Kommission nach § 40 AMG

Entsprechend § 8 IV 1 TFG sieht § 40 I 4 AMG eine Unterrichtung der Ethik-Kommission über unerwünschte Ereignisse vor. Welche Befugnisse der Ethik-Kommission in diesem Fall zukommen, ist gleichfalls nicht geregelt.

Nach der in der Literatur herrschenden Ansicht kommt den Ethik-Kommissionen ein umfassendes Interventionsrecht zu[471]. Als Maßnahmen kommen in Betracht: die Einberufung des Prüfungsleiters zur Erörterung; die Anforderung einer dem unerwünschten Ereignis entsprechenden Modifizierung oder Ergänzung des Prüfungsplans, eventuell verbunden mit Auflagen; der Widerruf der zustimmenden Bewertung mit der Erwartung des Abbruchs der klinischen Prüfung, verbunden gegebenenfalls mit der Empfehlung über Nachuntersuchung und Nachbetreuung der Probanden; und schließlich die Unterrichtung anderer Stellen[472]. Allerdings steht es den Ethik-Kommissionen nicht zu, die Durchführung der Prüfung unmittelbar zu untersagen. Dies ist Aufgabe der zuständigen Überwachungsbehörde. Auch führt die Rücknahme des zustimmenden Votums nicht automatisch zur Unzulässigkeit der Weiterführung der Prüfung.

Die Gegenansicht verneint eine Interventionsbefugnis der Ethik-Kommissionen nach Beginn der klinischen Prüfung. Nach ihr erschöpft sich die Aufgabe der Ethik-Kommissionen in der Weiterleitung der Meldung über das unerwünschte Ereignis an die zuständige staatliche Überwachungsbehörde[473].

b) Befugnisse der Ethik-Kommission nach § 8 TFG

Für die Befugnisse der Ethik-Kommission nach § 8 TFG ist der oben geschilderten herrschenden Meinung zu folgen, die ein umfassendes Interventionsrecht annimmt[474]. Die Gegenansicht ist hier nicht vertretbar.

Anders als § 40 I 4 AMG und § 11 II 3 E(1)-TFG, die den Beginn der Prüfung bzw. des Immunisierungsprogramms von der zustimmenden Bewertung der Ethik-Kommission abhängig machen, ist nach § 8 II 1 Nr. 7 TFG die Durchführung des

---

[470] Kritisch deshalb Deutsch, NJW 1998, 3377 (3380).
[471] Deutsch, Medizinrecht, Rn. 635; ders., NJW 1994, 2381 (2382); Helmchen, EthikMed 1995, 58 (61f.); Lippert, DMW 1995, 1296 (1297).
[472] Lippert, DMW 1995, 1296 (1297).
[473] Classen, MedR 1995, 148 (149).
[474] So auch v. Auer/Seitz, A 2.2 § 8 Rn. 19; Deutsch, NJW 1998, 3377 (3380).

Immunisierungsprogramms nur zulässig, wenn und solange das zustimmende Votum der Ethik-Kommission vorliegt. Aus der Formulierung „solange" ist zu entnehmen, daß den Ethik-Kommissionen die Befugnis zustehen muß, ihr zustimmendes Votum auch nach Beginn des Immunisierungsprogramms zurückzunehmen. Das ergibt sich auch aus der Begründung zum Regierungsentwurf, nach der die Unterrichtung über unerwünschte Ereignisse der Ethik-Kommission die Möglichkeit geben soll, ihr Votum zu überdenken[475]. Eine Beschränkung der Aufgabe der Ethik-Kommissionen auf die bloße Weiterleitung der Mitteilung über das unerwünschte Ereignis an die zuständige Überwachungsbehörde ist überdies auch sinnlos, da die Behörde gem. § 8 IV 1 TFG bereits durch die leitende ärztliche Person zu informieren ist.

Mit der Rücknahme des zustimmenden Votums wird die Weiterführung des Immunisierungsprogramms ohne weiteres unzulässig. Obwohl den Ethik-Kommissionen nicht die Kompetenz zusteht, die weitere Durchführung eines Immunisierungsprogramms unmittelbar zu untersagen[476], können sie somit de facto die Weiterführung verhindern. Als weniger einschneidende Maßnahme gegenüber der vollständigen Rücknahme steht den Ethik-Kommissionen auch die Befugnis zu, das zustimmenden Votums nur unter Änderungen aufrecht zu erhalten und dadurch Modifizierungen oder Ergänzungen des Immunisierungsplans oder die Erfüllung von Auflagen durchzusetzen. Um die für ihre Entscheidung notwendigen Informationen zu beschaffen, kann die Ethik-Kommission Berichte anfordern oder die leitende ärztliche Person zur Erörterung einbestellen. Die Ethik-Kommissionen haben demnach ein umfassendes Interventionsrecht.

c) Ergebnis

Den Ethik-Kommissionen steht ein umfassendes Interventionsrecht zu. Sie können ihr zustimmendes Votum zurücknehmen oder es nur unter Änderungen aufrecht erhalten, Berichte anfordern und die leitende ärztliche Person zur Erörterung einbestellen. Im Fall der Zurücknahme des zustimmenden Votums oder seiner Modifikation ist die weitere Durchführung des Immunisierungsprogramms ohne weiteres rechtswidrig bzw. rechtswidrig, sofern nicht die Änderungen des Votums umgesetzt werden.

---

[475] BT-Drks. 13/9594, S. 19.

[476] Vgl. BT-Drks. 13/9594, S. 19, nach der die Handlungskompetenz bei der zuständigen Behörde liegt.

7. Aufsicht

Die Ethik-Kommissionen sind bei der Erfüllung ihrer Aufgaben unabhängig, sie unterstehen aber der Aufsicht. Diese wird von der Leitung der Institution ausgeübt, bei der Ethik-Kommission eingerichtet ist[477].

Für die an den Universitäten zentral eingerichteten Ethik-Kommissionen sind zuständige Aufsichtsorgane demnach der Präsident und das Ministerium, vgl. §§ 79, 87 NHG. Soweit die Kommissionen an den medizinischen Fakultäten eingerichtet sind, unterliegen sie zudem der Aufsicht des Dekans, § 107 NHG. Die Aufsicht über die von den Ärztekammern eingerichteten Ethik-Kommissionen obliegt dem Kammerpräsidenten und den nach § 86 nds. HKG zuständigen Aufsichtsbehörden[478].

8. Haftung

a) Haftung der Träger der Ethik-Kommissionen

aa) Haftung für Pflichtverletzungen eigener Mitarbeiter

Eine Haftung der Träger der Ethik-Kommissionen kommt zunächst für Pflichtverletzungen eigener Mitarbeiter auf der Grundlage des § 839 BGB, Art. 34 S. 1 GG in Betracht. Eine haftungsbegründende Pflichtverletzung könnte sich daraus ergeben, daß überhaupt keine Ethik-Kommission eingerichtet wird oder eingerichtete Kommissionen nicht ordnungsgemäß organisiert oder nicht hinreichend überwacht werden.

Voraussetzung der Haftung nach § 839 BGB ist die vorsätzliche oder fahrlässige Verletzung einer einem Dritten gegenüber obliegenden Amtspflicht durch einen Beamten. Art. 34 S. 1 GG modifiziert diese Haftungsvoraussetzungen insoweit, als Beamter in diesem Sinne jede Person ist, die im Außenverhältnis öffentliche Gewalt ausübt (sog. haftungsrechtlicher Beamtenbegriff). Nicht erforderlich ist, daß die Person in einem besonderen Dienst- oder Treueverhältnis zum Staat oder einer anderen juristischen Person des öffentlichen Rechts steht, in das sie unter Aushändigung der gesetzlich vorgeschriebenen Ernennungsurkunde berufen worden ist, vgl. §§ 2 I, 6 BBG, §§ 2 I, 5 BRRG (sog. staatsrechtlicher Beamtenbegriff). Es kommt somit maßgeblich auf die nach außen wahrgenommene Funktion

---

[477] Deutsch, Medizinrecht, Rn. 638; ders., NJW 1981, 614 (616).
[478] Vgl. zum Vorstehenden auch Lippert in: Ratzel/Lippert, § 15 Rn. 22.

an, nicht hingegen auf das persönliche Rechtsverhältnis zu der öffentlich-rechtlichen Körperschaft[479].

Fraglich ist demnach, ob die Einrichtung, Überwachung und Organisation von Ethik-Kommissionen als Ausübung öffentlicher Gewalt zu qualifizieren ist. Unter Ausübung öffentlicher Gewalt ist jedes Tätigwerden aufgrund des öffentlichen Recht zu verstehen[480].

Bei Errichtung, Betrieb und Überwachung der Ethik-Kommissionen werden die Ärztekammern, Universitäten und medizinischen Fakultäten nach Maßgabe des jeweiligen Landesgesetzes über die Kammern für das Heilwesen und des Landeshochschulgesetzes tätig. Diese berechtigen und verpflichten ausschließlich die Ärztekammern, Universitäten und medizinischen Fakultäten in ihrer Funktion als Hoheitsträger. Sie sind deshalb nach der modifizierten Subjektstheorie als öffentlich-rechtliche Normen zu qualifizieren. Einrichtung, Betrieb und Überwachung von Ethik-Kommissionen stellen demnach die Ausübung öffentlicher Gewalt dar.

Die den Trägern der Ethik-Kommissionen obliegenden Amtspflichten zur Errichtung, ordnungsgemäßen Organisation und angemessenen Überwachung derselben[481] müssen drittbezogen sein. Amtspflichten sind drittbezogen, wenn sie nicht lediglich im Allgemeininteresse bestehen, sondern dem Schutz bestimmter Individualinteressen zu dienen bestimmt sind[482].

Die genannten Amtspflichten dienen dem Schutz von Leben und Gesundheit der zu immunisierenden Spender und dem Schutz der Berufsfreiheit der Ärzte und der Träger der Spendeeinrichtungen, die Immunisierungsprogramme durchzuführen beabsichtigen. Sie schützen damit konkrete Individualrechtsgüter und sind mithin drittbezogen.

Im Rahmen des Verschuldens gilt gem. § 276 I 2 BGB ein objektiver Maßstab. Maßgebend sind die Kenntnisse und Fähigkeiten, die für die Führung des jeweiligen Amtes im Durchschnitt erforderlich sind[483]. Eine Individualisierung und Nominierung des schuldhaft handelnden Amtsträgers ist nicht erforderlich, ausreichend ist das Vorliegen eines schuldhaften Verhaltens der Verwaltung[484]. Es ge-

---

[479] St. Rspr. BGHZ 2, 350 (353); BGH, NJW 1996, 2431f.; MünchKomm/Papier, § 839 Rn. 128f.; Ossenbühl, 2. Teil III; Staudinger[12]/Schäfer, § 839 Rn. 65.

[480] MünchKomm/Papier, § 839 Rn. 141; Wolf/Bachof/Stober, § 22 Rn. 25f.

[481] Zu diesen Amtspflichten vgl. Deutsch, Medizinrecht, Rn. 641; ders., NJW 1981, 614 (616f.); Deutsch/Lippert, S. 67.

[482] St. Rspr. BGHZ 1, 388 (394); 134, 268 (276); MünchKomm/Papier, § 839 Rn. 226; RGRK/Kreft, § 839 Rn. 213ff.

[483] BGHZ 106, 323 (329f.); MünchKomm/Papier, § 839 Rn. 284.

[484] BGH, WM 1960, 1304 (1305); MünchKomm/Papier, § 839 Rn. 288; Soergel/Vinke, § 839 Rn. 201.

nügt somit die Feststellung, daß eine Ethik-Kommission nicht eingerichtet, nicht ordnungsgemäß organisiert oder nicht hinreichend überwacht worden ist.

Gem. § 839 I 2 BGB ist der Anspruch ausgeschlossen, wenn der Amtswalter lediglich fahrlässig gehandelt hat und dem Geschädigten eine anderweitige Ersatzmöglichkeit offensteht. Dieses sog. Verweisungsprivileg gilt nicht nur für die persönliche Haftung des Amtswalters, sondern auch im Rahmen der Haftung des Dienstherren nach § 839 BGB, Art. 34 S. 1 GG[485]. Als anderweitige Ersatzmöglichkeit kommen für den Spender insbesondere Ansprüche gegen die das Immunisierungsprogramm durchführenden Personen und Träger der Spendeeinrichtungen in Frage. Diese Ansprüche dürften allerdings in der Regel durch §§ 104, 105 SGB VII ausgeschlossen sein.

Keine anderweitigen Ersatzansprüche i.S.v. § 839 I 2 BGB sind Ansprüche des Spenders aus der gesetzlichen Unfallversicherung gem. § 2 I Nr. 13b SBG VII[486] und solche Ansprüche, die sich gegen einen anderen Verwaltungsträger richten[487], also beispielsweise ein Universitätskrankenhaus als Träger der Spendeeinrichtung. In aller Regel dürfte deshalb der Anspruchsausschluß gem. § 839 I 2 BGB zugunsten der Träger der Ethik-Kommissionen nicht eingreifen.

Der Amtshaftungsanspruch aus § 839 BGB richtet sich gem. § 34 S. 1 GG gegen die öffentliche Hand. Sie trifft diejenige Körperschaft, die dem Amtsträger die Aufgabe anvertraut hat, bei deren Wahrnehmung die Amtspflichtverletzung vorgekommen ist (sog. Anvertrauenstheorie). Dies ist grundsätzlich die Anstellungskörperschaft[488]. Für Pflichtverletzungen von Universitätsmitarbeitern haftet demnach das Land, die Haftung für Kammermitarbeiter trifft die Ärztekammer.

bb) Haftung für Pflichtverletzungen der Mitglieder der Ethik-Kommissionen

Die Träger der Ethik-Kommissionen können des weiteren für Pflichtverletzungen der Mitglieder der Ethik-Kommissionen aus § 839 BGB, Art. 34 S. 1 GG haften. Als Pflichtverletzung kommt insbesondere die Abgabe fehlerhafter Voten in Betracht, daneben auch die verzögerte Bearbeitung von Anträgen und die Verletzung von Betriebsgeheimnissen der Antragsteller.

---

[485] BGHZ 91, 48 (51); 113, 164 (166f.); Soergel/Vinke, § 839 Rn. 203; teilweise anderer Ansicht MünchKomm/Papier, § 839 Rn. 299.

[486] BGH, NJW 1983, 2191f.; MünchKomm/Papier, § 839 Rn. 297; Soergel/Vinke, § 839 Rn. 214.

[487] BGHZ 50, 271 (273); 62, 394 (396f.); Soergel/Vinke, § 839 Rn. 207.

[488] BGHZ 99, 326 (330); MünchKomm/Papier, § 839 Rn. 254; Ossenbühl, 2. Teil VI 3.

Wie oben gezeigt, werden die Ethik-Kommissionen bei der Erfüllung ihrer Aufgaben in hoheitlicher Form tätig[489]. Die Kommissionsmitglieder üben bei der Begutachtung von Anträgen mithin hoheitliche Gewalt aus[490].

Den Kommissionsmitgliedern obliegt die Amtspflicht, das geplante Immunisierungsprogramm sorgfältig in ethischer, medizinischer und rechtlicher Hinsicht zu überprüfen. Diese Pflicht dient dem Schutz von Leben und Gesundheit der zu immunisierenden Spender. Sie ist damit drittgerichtet[491]. Gegenüber den Ärzten und den Trägern der Spendeeinrichtungen, die die Durchführung eines Immunisierungsprogramms beabsichtigen, haben die Mitglieder der Ethik-Kommissionen die Pflicht, das Votum zügig zu erstellen und betriebsbezogene Informationen geheimzuhalten[492].

Eine Individualisierung des Verschuldens ist nicht erforderlich, es genügt die Feststellung eines schuldhaften Verhaltens der Ethik-Kommission als solcher. Es reicht somit aus, das Vorliegen eines fehlerhaften Votums, die ungerechtfertigt verzögerte Bearbeitung des Antrags oder die Verletzung von Betriebsgeheimnissen festzustellen.

Dem Anspruchsausschluß gem. § 839 I 2 BGB kommt aus den oben genannten Gründen nur geringe Relevanz zu[493].

Den Mitgliedern der bei den Ärztekammern eingerichteten Ethik-Kommissionen ist ihre Aufgabe von der jeweiligen Ärztekammer anvertraut worden. Diese haften deshalb für Pflichtverletzungen der Mitglieder ihrer Ethik-Kommissionen. Für die an Universitäten eingerichteten Ethik-Kommissionen ist zwischen universitätsangehörigen und externen Mitgliedern zu differenzieren. Für universitätsangehörige Mitglieder gehört die Mitwirkung in universitären Gremien zu den Dienstaufgaben, vgl. § 39 I NHG. Die Haftung für sie trifft deshalb ihren Dienstherren, also das Land[494]. Nicht universitätsangehörigen Mitglieder der Ethik-Kommissionen sind mit ihrer Aufgabe durch die Universität bzw. die medizinische Fakultät betraut worden. Für sie haftet die Universität[495].

---

[489] Siehe oben 3. a).

[490] So auch v. Bar/Fischer, NJW 1980, 2734 (2738); Deutsch, Medzinrecht, Rn. 641; Kollhosser, 79 (85); Kreß, S. 139ff.; Scheffold, S. 110ff.

[491] Vgl. zu § 40 AMG Kollhosser, 79 (85f.); Kreß, S. 146ff.; Scheffold, S. 116ff.

[492] Deutsch, Medizinrecht, Rn. 641; Deutsch/Lippert, S. 67.

[493] Siehe oben aa).

[494] Kollhosser, 79 (86); Kreß, S. 163f.

[495] Kollhosser, 79 (86); Kreß, S. 163f.

b) Haftung der Mitglieder der Ethik-Kommissionen

Neben der Haftung der Träger der Ethik-Kommissionen besteht die Möglichkeit einer persönlichen Haftung der Kommissionsmitglieder im Falle der Erteilung eines fehlerhaften Votums, der verzögerten Behandlung eines Antrags oder der Verletzung von Betriebsgeheimnissen der Antragsteller.

Vorrangig ist eine Haftung der Mitglieder der Ethik-Kommissionen nach § 839 BGB zu prüfen[496]. Im Bereich der Eigenhaftung des Beamten nach § 839 BGB gilt der staatsrechtliche Beamtenbegriff[497]. Taugliches Haftungssubjekt ist demnach nur, wer in einem öffentlich-rechtlichen Dienst- und Treueverhältnis zum Staat oder einer anderen juristischen Person des öffentlichen Rechts steht, in das er unter Aushändigung der gesetzlich vorgeschriebenen Ernennungsurkunde berufen worden ist, vgl. §§ 2 I, 6 BBG, §§ 2 I, 5 BRRG. Da die haftungsbegründende Handlung zudem in einem inneren Zusammenhang mit den Dienstverrichtungen des Beamten stehen muß, haften nach § 839 BGB nur die verbeamteten hochschulangehörigen Mitglieder der Ethik-Kommissionen an Universitäten. Bei lediglich fahrlässiger Pflichtverletzung entfällt aufgrund des Verweisungsprivilegs des § 839 I 2 BGB die persönliche Haftung des Beamten, da dann jedenfalls der Anspruch gegen den Träger der Ethik-Kommission aus § 839 BGB, Art. 34 S. 1 GG als anderweitige Ersatzmöglichkeit besteht.

Gegenüber dem Träger der Ethik-Kommission haften die Kommissionsmitglieder bei Vorsatz oder grober Fahrlässigkeit gem. Art. 34 S. 2 GG auf Ersatz der diesem durch die Pflichtverletzung entstandenen Schäden.

Nichverbeamtete Kommissionsmitglieder und Mitglieder der bei den Ärztekammern eingerichteten Ethik-Kommissionen haften nach § 823 BGB. Ein Verweisungsprivileg existiert im Rahmen der allgemeinen Haftungsnorm des § 823 BGB nicht. Den Kommissionsmitgliedern steht jedoch ein Freistellungsanspruch gegenüber dem Träger der Ethik-Kommission entsprechend den Grundsätzen des innerbetrieblichen Schadensausgleichs zu[498].

Nach diesen Grundsätzen hat der Arbeitnehmer bei Vorsatz und grober Fahrlässigkeit in der Regel den vollen Schaden zu tragen, bei leichtester Fahrlässigkeit haftet er nicht und bei normaler Fahrlässigkeit ist der Schaden grundsätzlich quotal zwischen Arbeitnehmer und Arbeitgeber zu verteilen. Ob und in welchem Umfang der Arbeitnehmer an der Schadensfolge zu beteiligen ist, richtet sich nach einer Abwägung der gesamten Umstände nach Billigkeits- und Zumutbarkeitsge-

---

[496] Zur Spezialität des § 839 BGB s. BGHZ 60, 54 (62f.); Deutsch, Allg. Haftungsrecht², Rn. 74; RGRK/Kreft, § 839 Rn. 12.

[497] BGH, VersR 1963, 925 (927); RGRK/Kreft, § 839 Rn. 16; Soergel/Vinke, § 839 Rn. 23.

[498] v. Bar/Fischer, NJW 1980, 2734 (2740).

sichtspunkten. Dabei sind insbesondere Schadensanlaß und -höhe, die Gefahrgeneigtheit der Tätigkeit und die Höhe des Arbeitsentgelts zu berücksichtigen[499].
Bei Anwendung dieser Grundsätze ergibt sich, daß die Mitglieder von Ethik-Kommissionen bei fahrlässiger Verletzung ihrer Pflichten vollständig von der Haftung freizustellen sind. Die Kommissionsmitglieder werden auf Veranlassung des Trägers der Ethik-Kommission tätig, der zu der Errichtung der Kommission verpflichtet ist. Die Tätigkeit in der Ethik-Kommission erfolgt unentgeltlich. Die Kommissionsmitglieder werden somit ohne eigenen Vorteil im Interesse des Trägers der Ethik-Kommission tätig. Dem steht das Risiko von Schadenssummen gegenüber, die unter Umständen für die Kommissionsmitglieder existenzbedrohende Höhen erreichen können (Heilungskosten, Rentenzahlungen etc.). Es erscheint demnach weder zumutbar noch angemessen, den Kommissionsmitgliedern die Haftung im Falle fahrlässiger Pflichtverletzungen aufzubürden.
Im Ergebnis besteht eine persönliche Haftung der Mitglieder von Ethik-Kommissionen damit nur bei vorsätzlichen oder grob fahrlässigen Pflichtverletzungen.
Zu betonen ist, daß die persönliche Inanspruchnahme eines Kommissionsmitgliedes sowohl nach § 839 BGB als auch nach § 823 BGB stets die Feststellung des Verschuldens des betreffenden Mitgliedes voraussetzt. Anders als bei der Haftung der Träger der Ethik-Kommissionen gem. § 839 BGB, Art. 34 S. 1 GG genügt nicht der Nachweis des Verschuldens der Kommission als solcher. Eine Kollegialhaftung der gesamten Ethik-Kommission besteht nach deutschem Recht nicht[500].

9. Rechtsschutz

Wie oben dargelegt, werden die Ethik-Kommissionen bei der Erfüllung ihrer Aufgaben in öffentlich-rechtlicher Form tätig[501]. Gem. § 40 I 1 VwGO ist deshalb der Rechtsweg zu den Verwaltungsgerichten eröffnet. Da die Kommissionsvoten als schlichtes Verwaltungshandeln zu qualifizieren sind, ist statthafte Klageart die allgemeine Leistungsklage oder die Feststellungsklage gem. § 43 VwGO.

IV. Risiko-Nutzen-Abwägung, § 8 II 1 Nr. 1 TFG

Die Zulässigkeit der Durchführung eines Immunisierungsprogramms wird durch § 8 II 1 Nr.1 TFG begrenzt. Es darf nur durchgeführt werden, wenn die Risiken für die zu immunisierenden Spender ärztlich vertretbar sind.

---

[499] Zum Ganzen BAG (GS), NJW 1993, 1732f.; BAG, NJW 1998, 1810 (1811) und NZA 1998, 140f.

[500] Kollhosser; 79 (87).

[501] Siehe oben 3. a).

1. Relative Grenze

Nach § 40 I 1 Nr. 1 AMG ist die klinische Prüfung eines Arzneimittels an Menschen nur zulässig, wenn die Risiken, die mit ihr für die Probanden verbunden sind, gemessen an der voraussichtlichen Bedeutung des Arzneimittels für die Heilkunde ärztlich vertretbar sind. Entsprechend machte § 11 II 1 Nr. 1 E(1, 2)-TFG die Zulässigkeit eines Immunisierungsprogramms von der ärztlichen Vertretbarkeit der mit der Immunisierung verbundenen Risiken gemessen an der voraussichtlichen Bedeutung des Plasmas für die Heilbehandlung abhängig.

Im Dritten Entwurf ist die Bezugnahme auf die Bedeutung des Plasmas für die Heilbehandlung fortgefallen. § 8 II 1 Nr. 1 TFG macht allein die ärztliche Vertretbarkeit der mit der Immunisierung verbundenen Risiken für die zu immunisierenden Personen zur Voraussetzung für die Zulässigkeit der Durchführung. Dies ändert jedoch nichts daran, daß die ärztliche Vertretbarkeit aufgrund einer Abwägung zwischen der voraussichtlichen Bedeutung des Plasmas für die Heilbehandlung und den Risiken für die zu immunisierenden Spender zu beurteilen ist. Die alleinige Inbezugnahme und damit Betonung der Vertretbarkeit der Risiken für die zu immunisierenden Personen legt es allerdings nahe, der Sicherheit der zu immunisierenden Spender einen besonders hohen Stellenwert einzuräumen und dementsprechend möglichen Risiken im Rahmen der Abwägung besondere Aufmerksamkeit zu widmen.

Abweichende inhaltliche Anforderungen an die ärztliche Vertretbarkeit gegenüber § 40 I 1 Nr. 1 AMG ergeben sich daraus aber nicht. Für den Bereich der Arzneimittelprüfung am Menschen ergibt sich die hervorragende Bedeutung der Belange der Versuchsperson aus Ziff. I.5., III.4. der Revidierten Deklaration von Helsinki und allgemein aus der in § 1 II MBO-Ä enthaltenen Verpflichtung des Arztes, Leben und Gesundheit zu erhalten und zu schützen. Bei der Formulierung des § 8 II 1 Nr. 1 TFG handelt sich somit lediglich um eine Klarstellung.

Die Beurteilung der Vertretbarkeit erfolgt ausschließlich aus der Sicht der ärztlichen Ethik[502]. Sie ist sowohl von dem Leiter des Immunisierungsprogramms[503] als auch von jedem an der Immunisierung beteiligten Arzt[504] zu vertreten. Der Maßstab der ethischen Beurteilung ergibt sich aus den in der Revidierten Deklaration von Helsinki niedergelegten Grundsätzen, die wie oben dargelegt im Bereich der Hyperimmunisierung entsprechend anzuwenden sind.

Die durch die Ethik-Kommissionen vorzunehmende Bewertung der Vertretbarkeit beruht auf einer abstrakten Abwägung von Risiken und Nutzen der Immunisie-

---

[502] Kloesel/Cyran, § 40 Nr. 4; Sander, § 40 Nr. 6 jeweils zu § 40 I 1 Nr. 1 AMG.

[503] Vgl. Sander, § 40 Nr. 6 zu § 40 I 1 Nr. 1 AMG.

[504] Vgl. Biermann, S. 262f.; Granitza, PharmaR 1982, 48; wohl auch Kloesel/Cyran, § 40 Nr. 4d jeweils zu § 40 I 1 Nr. 1 AMG.

rung, da gem. § 8 II 2 TFG an sie keine personenbezogenen Daten übermittelt werden dürfen. Demgegenüber hat die durch den Leiter des Immunisierungsprogramms bzw. die an ihm beteiligten Ärzte vorzunehmende Risikobeurteilung mit Bezug auf die konkreten Spender zu erfolgen. Aufgrund der individuellen Disposition kann im Einzelfall das Risiko höher als allgemein liegen, so daß dann die Immunisierung des konkreten Spenders ärztlich nicht vertretbar ist.

Wie sich aus der Formulierung „...wenn und solange die Risiken ... ärztlich vertretbar sind" in § 8 II 1 Nr. 1 TFG ergibt, ist die Risiko-Nutzen-Abwägung nicht nur zu Beginn des Immunisierungsprogramms vorzunehmen, sondern auch in dessen Verlauf ständig zu wiederholen.

2. Absolute Grenze

Soweit das Kriterium der ärztlichen Vertretbarkeit allein durch eine Abwägung der voraussichtlichen Bedeutung des Hyperimmunplasmas für die Heilbehandlung mit den Risiken für die zu immunisierenden Spender ermittelt wird, bildet es für die Zulässigkeit des Immunisierungsprogramms nur eine relative Grenze: Je größer die Bedeutung des Plasmas für die Heilbehandlung ist, desto eher und desto mehr wird man Risiken eingehen können[505]. Bei einer entsprechenden Bedeutung des Plasmas ist es nicht ausgeschlossen, daß die Risiko-Nutzen-Abwägung auch trotz ganz erheblicher Gefahren für Leben und Gesundheit der Spender zugunsten der Durchführung des Immunisierungsprogramms ausfällt.

Es fragt sich aber, ob nicht nach Maßgabe der ärztlichen Ethik die Gefährdung der Spender ab einem gewissen Grad immer – d.h. unabhängig von einer Abwägung von Nutzen und Risiko – unvertretbar ist, also eine absolute Grenze besteht. Eine absolute Grenze der Risiko-Nutzen-Abwägung, jenseits derer die Durchführung eines Immunisierungsprogramms generell ärztlich unvertretbar ist, enthält § 8 TFG nicht ausdrücklich. Sie war im Gesetzgebungsverfahren auch nicht vorgesehen.

Im Bereich der Forschung am Menschen werden nach allgemein akzeptierter Ansicht Versuche als unzulässig angesehen, die final auf die Tötung gerichtet sind[506] oder zwangsläufig mit Schäden einhergehen, die nur im Krankheitsfall einkalkuliert werden dürfen[507].

Ob darüber hinaus eine absolute Zulässigkeitsgrenze besteht, ist umstritten. Deutsch und Fischer halten Experimente für unzulässig, wenn sie mit der konkreten Möglichkeit oder Wahrscheinlichkeit des Todes oder einer schweren Körper-

---

[505] Vgl. Schreiber, 15 (22).

[506] Biermann, S. 265; Fischer, S. 15.

[507] Hasskarl/Kleinsorge, S. 30; im Ergebnis auch Deutsch, Medizinrecht, Rn. 779; ders., Recht der klinischen Forschung, S. 44; Fischer, S. 17; Schreiber, 15 (22).

verletzung belastet sind[508]. Nach Schreiber dürfen Versuche nicht durchgeführt werden, wenn ihnen ein mit an Sicherheit grenzender Wahrscheinlichkeit sich realisierendes Risiko anhaftet oder mit hoher Wahrscheinlichkeit der Tod des Probanden droht[509].

Demgegenüber verneint Biermann das Bestehen einer weitergehenden Zulässigkeitsgrenze, als sie sich aus der Risiko-Nutzen-Abwägung ergibt, mit dem Argument der unverhältnismäßigen Einschränkung der durch Art. 5 III 1 GG gewährleisteten Forschungsfreiheit[510]. Allerdings soll dies nur für Versuche gelten, in die Proband in „echter Freiwilligkeit" eingewilligt hat. In den übrigen Fällen wird die Grenze übereinstimmend mit Deutsch und Fischer bei der konkreten Möglichkeit des Todes oder einer schweren Körperverletzung gezogen[511].

Unter „echter Freiwilligkeit" wird dabei von Biermann die „voll motivierte, wissende Zustimmung mit einem Maximum an Spontaneität, Identifizierung und Verständnis, die den Versuch nicht nur erlaubt, sondern will" verstanden. Dieser soll die Einwilligung gegenüberstehen, die zwar frei von Täuschung, Zwang und Drohung erteilt worden ist, aber keine weitere innere, auf das Ziel und den Zweck des Versuchs bezogene Motivation aufweist[512].

Der Ansicht von Biermann ist jedoch nicht zu folgen. Sie überzeugt bereits in ihrem Ausgangspunkt, der Differenzierung zwischen „echter Freiwilligkeit" und (unechter?) Freiwilligkeit, nicht. Nach § 40 I 1 Nr. 2 AMG hat der Erteilung der Einwilligung die Aufklärung des Probanden über Wesen, Bedeutung und Tragweite der klinischen Prüfung vorauszugehen. Die Revidierte Deklaration von Helsinki verpflichtet in Ziff. I.9. den Arzt, die Versuchsperson über Sinn und Zweck des Versuchs zu unterrichten. Diese Pflicht zur umfassenden, Sinn und Zweck des Versuchs beinhaltenden Aufklärung ist sinnlos, wenn die Einwilligung in den Versuch nicht immer auch zugleich eine positive innere Bewertung des Versuchsziels durch den Probanden enthielte. Würde eine Einwilligung genügen, die nicht mehr als eine „passiv duldende Mitwirkung, eine bloße Erlaubnis"[513] ist, so wäre eine Pflicht zur Aufklärung über Verlauf und Risiken des Experiments vollauf ausreichend. Eine Einwilligung, die nicht mit einer auf das Versuchsziel bezogenen Motivation verbunden ist, entspricht somit nicht der Konzeption des Arzneimittelgesetzes und der Revidierten Deklaration von Helsinki. Das von Biermann eingeführt Differenzierungskriterium trägt also nicht.

---

[508] Deutsch, Medizinrecht, Rn. 779; Fischer, S. 17.

[509] Schreiber, 15 (22).

[510] Biermann, S. 270.

[511] Biermann, S. 271 ff.

[512] Biermann, S. 270 f.

[513] So aber Biermann, S. 271.

Das Fehlen einer absoluten Grenze der Risiko-Nutzen-Abwägung kann auch materiell nicht überzeugen. Die Revidierte Deklaration von Helsinki verlangt in Ziff. I.5. Satz 2, III.4., daß die Belange des Probanden immer Vorrang vor den Interessen der Wissenschaft und Gesellschaft haben müssen[514]. Damit übereinstimmend stellt Art. 2 des Übereinkommens über Menschenrechte und Biomedizin vom 4. April 1997[515] fest, daß das Interesse und das Wohl des menschlichen Lebewesens Vorrang haben gegenüber dem bloßen Interesse der Gesellschaft oder der Wissenschaft. In die gleiche Richtung geht § 1 II MBO-Ä, nach dem es Aufgabe des Arztes ist, das Leben zu erhalten und die Gesundheit zu schützen.

Mit diesen Anforderungen ist die Durchführung von Versuchen, die mit der konkreten Gefahr oder Wahrscheinlichkeit des Todes oder einer schweren Körperverletzung belastet sind, nicht zu vereinbaren. Versuche, die mit solchen Risiken verbunden sind, sind demnach unabhängig von einer Risiko-Nutzen-Abwägung immer unzulässig.

Entsprechendes muß aufgrund der Vergleichbarkeit der Situation von Spendern und Probanden und der Übereinstimmung der gesetzlichen Regelung auch für die Durchführung von Immunisierungsprogrammen nach § 8 TFG gelten. Dies um so mehr, als § 8 II 1 Nr. 1 TFG ausschließlich die Risiken für die zu immunisierenden Spender als Maßstab der ärztlichen Vertretbarkeit ausdrücklich erwähnt und damit den Spenderschutz besonders betont.

Es ist somit festzustellen, daß die Durchführung von Immunisierungsprogrammen, die mit der konkreten Gefahr oder Wahrscheinlichkeit des Todes oder einer schweren Körperverletzung verbunden sind, unabhängig von einer Risiko-Nutzen-Abwägung immer ärztlich unvertretbar und damit unzulässig sind.

3. Ergebnis

Gem. § 8 II 1 Nr. 1 TFG darf ein Immunisierungsprogramm nur durchgeführt werden, wenn die mit seiner Durchführung für die zu immunisierenden Personen verbundenen Risiken ärztlich vertretbar sind. Die ärztliche Vertretbarkeit ist aufgrund einer Abwägung zwischen der voraussichtlichen Bedeutung des Plasmas für die Heilbehandlung und den Risiken für die zu immunisierenden Spender zu beurteilen. Unabhängig von einer Risiko-Nutzen-Abwägung ist die Durchführung von Immunisierungsprogrammen, die mit der konkreten Gefahr oder Wahrscheinlich-

---

[514] Ziff. I.5. Satz 2: Concern for the interest of the subject must always prevail over the interest of science and society.
Ziff. III.4.: In research on man, the interest of science and society should never take precedence over considerations related to the wellbeing of the subject.

[515] Abgedruckt bei Deutsch, Medizinrecht, Rn. 1033.

keit des Todes oder einer schweren Körperverletzung verbunden sind, immer ärztlich unvertretbar und damit unzulässig.

V. Zusammenfassung

1. Die gesetzliche Unfallversicherung weist Defizite im Schutz der immunisierten Spender auf. Eine entsprechend § 40 I 1 Nr. 8, III AMG konzipierte Spenderversicherung wäre geeignet, die Mängel der gesetzlichen Unfallversicherung weitgehend auszugleichen. Der Verzicht auf eine besondere Spenderversicherung und die Hinnahme der Defizite der gesetzlichen Unfallversicherung ist nicht mit Rücksicht auf das Ziel der Selbstversorgung mit Hyperimmunglobulinen akzeptabel.

2. a) Aufgabe der Ethik-Kommissionen ist die Beratung und Kontrolle der das Immunisierungsprogramm durchführenden Personen in ethischer, rechtlicher und medizinischer Hinsicht. Den Maßstab der Beurteilung bilden insbesondere das Transfusionsgesetz, das Arzneimittelgesetz, die Richtlinien zur Hämotherapie und die Richtlinien für die Herstellung von Hyperimmunplasma sowie die Revidierte Deklaration von Helsinki und die Bioethik-Konvention. Grundlage der Beurteilung sind der Immunisierungsplan und ergänzende Angaben des Antragstellers.

b) Die Ethik-Kommissionen werden bei der Wahrnehmung ihrer Aufgaben öffentlich-rechtlich tätig. Ihnen steht ein umfassendes Interventionsrecht zu. Sie können ihr zustimmendes Votum zurücknehmen oder es nur unter Änderungen aufrecht erhalten, Berichte anfordern und die leitende ärztliche Person zur Erörterung einbestellen. Die Voten der Ethik-Kommissionen sind als Realakte zu qualifizieren. Ein Ersatzverfahren zur Ersetzung negativer Voten existiert nicht. Rechtsschutz gegen Kommissionsvoten ist im Verwaltungsrechtsweg mit der allgemeinen Leistungsklage oder der Feststellungsklage zu suchen.

c) Zuständig sind ausschließlich nach Landesrecht gebildete Ethik-Kommissionen, der Ausschluß privater Ethik-Kommissionen ist verfassungsrechtlich nicht zu beanstanden und sachgerecht.

d) Die ärztliche Vertretbarkeit der Durchführung eines Immunisierungsprogramms ist aufgrund einer Abwägung zwischen der voraussichtlichen Bedeutung des Plasmas für die Heilbehandlung und den Risiken für die zu immunisierenden Spender zu beurteilen. Die Durchführung von Immunisierungsprogrammen, die mit der konkreten Gefahr oder Wahrscheinlichkeit des Todes oder einer schweren Körperverletzung verbunden sind, ist immer ärztlich unvertretbar.

H. STRAF- UND BUßGELDVORSCHRIFTEN, §§ 31, 32 TFG

Im folgenden sind die Strafvorschriften (I.) und die Bußgeldvorschriften (II.) des Transfusionsgesetzes auf ihre Sachgerechtigkeit und verfassungsrechtliche Rechtmäßigkeit sowie die Zulänglichkeit des durch sie bewirkten Schutzes der Spender und der Empfänger von Blutprodukten zu untersuchen.

I. Strafvorschriften

1. Gesetzliche Regelung

§ 31 TFG bedroht denjenigen mit Freiheitsstrafe bis zu einem Jahr oder mit Geldstrafe, der entgegen § 5 III 1 TFG nicht dafür sorgt, daß der Spender mindestens auf HIV-, HBV- und HCV-Infektionsmarker getestet wird, bevor die Freigabe der Spende erfolgt. Von der Strafdrohung betroffen ist die Person, in deren Verantwortungsbereich es nach der Organisation der jeweiligen Spendeeinrichtung fällt, für die Testung der Spender zu sorgen. Das kann nach § 5 III 1 TFG i.V.m. § 2 II 1 PharmBetrVO, § 19 AMG entweder der Herstellungsleiter oder der Kontrolleiter sein. Unter Freigabe ist gem. § 7 I PharmBetrVO die Kennzeichnung als freigegeben zu verstehen, sie ist Voraussetzung für das Inverkehrbringen. Die Freigabe darf nur erfolgen, wenn Herstellungs- und Prüfprotokoll ordnungsgemäß durch Herstellungs- bzw. Prüfungsleiter unterschrieben sind. Der Begriff der „Testung auf Infektionsmarker" umfaßt nicht nur indirekte Methoden zum Nachweis der Erreger, sondern auch eine Testung unmittelbar auf die Viren selbst[516].

§ 31 TFG knüpft die Strafbarkeit allein daran an, daß die Testung der Spender auf die genannten Infektionserreger nicht von der dafür verantwortlichen Person veranlaßt wird. Es handelt sich bei § 31 TFG somit um ein abstraktes Gefährdungsdelikt[517]. Auf den tatsächlichen Eintritt einer Gefahr kommt es für die Tatbestandserfüllung deshalb nicht an.

2. Gesetzgebungsverfahren

Die Strafvorschriften des Transfusionsgesetzes sind im Laufe des Gesetzgebungsverfahrens erheblich verändert worden. Die umfangreichsten Strafvorschriften enthielt der Erste Entwurf. Nach § 34 Nr. 1 E(1)-TFG machte sich strafbar, wer entgegen § 5 I E(1)-TFG eine Person zur Spendeentnahme zuläßt, ohne deren Spendetauglichkeit festgestellt zu haben. § 34 Nr. 2 E(1)-TFG pönalisierte das Unterlassen der nach § 5 II E(1)-TFG vorgeschriebenen Testung des Blutes oder

---

[516] BT-Drks. 13/9594, S. 18.
[517] BT-Drks. 13/9594, S. 27f.

der Blutbestandteile auf HIV, HBV und HCV. Gem. § 34 Nr. 3 E(1)-TFG war die Durchführung einer Spendeentnahme entgegen § 10 II E(1)-TFG strafbar. Die Durchführung einer Spenderimmunisierung oder die Vorbereitung des Spenders für eine Stammzellseparation entgegen § 11 Absatz 2 Satz 1 Nr. 1, 2, 3, 5, 6 oder 8, Absatz 3 oder 6 E(1)-TFG, jeweils auch in Verbindung mit § 12 Satz 2 E(1)-TFG, war gem. § 34 Nr. 4, 5 E(1)-TFG strafbar. Schließlich wurde gem. § 34 Nr. 6 E(1)-TFG das Unterlassen oder die nicht ordnungsgemäße Durchführung des Verfahrens der Rückverfolgung nach § 22 I, II E(1)-TFG mit Strafe bedroht.

Im Zweiten Entwurf sind die Strafvorschriften des § 34 Nr. 3, 6 E(1)-TFG entfallen. Die Regelung des § 34 Nr. 4, 5 E(1)-TFG wurde ohne inhaltliche Änderung in § 32 Nr. 3 E(2)-TFG zusammengefaßt. Der Dritte Entwurf, der unverändert Gesetz geworden ist, hat die Vorschriften des § 32 Nr. 1, 3 E(2)-TFG nicht übernommen. § 32 Nr. 2 E(2)-TFG, nach dem derjenige bestraft wurde, der entgegen § 5 III 1 E(2)-TFG das Blut oder die Blutbestandteile des Spenders nicht auf die dort genannten Erreger testen läßt, wurde dahingehend geändert, daß nunmehr strafbar ist, wer nicht dafür sorgt, daß der Spender vor der Freigabe der Spende auf die in § 5 III 1 E(3)-TFG genannten Infektionsmarker untersucht wird. Eine inhaltliche Änderung liegt nur in der Bestimmung des Zeitpunktes, bis zu dem die Untersuchung erfolgt sein muß. Im übrigen handelt es sich um eine Anpassung an die geänderte Formulierung des § 5 III 1 E(3)-TFG.

3. Sachgerechtigkeit des § 31 TFG

a) Strafbedürftigkeit und Strafwürdigkeit

Aufgabe des Strafrechts ist es, die unerläßlichen Grundlagen eines geordneten Zusammenlebens der Menschen in der Gesellschaft zu sichern[518]. Welche Verhaltensweisen so schädlich sind, daß sie die Sanktion einer Kriminalstrafe erfordern und verdienen, unterliegt grundsätzlich der Beurteilung des Gesetzgebers. Es steht somit grundsätzlich im Ermessen des Gesetzgebers, ob er ein Rechtsgut durch strafrechtliche oder zivilrechtliche und öffentlichrechtliche Mittel schützt[519].

Eine Beschränkung des gesetzgeberischen Ermessens ergibt sich aus dem Verhältnismäßigkeitsprinzip. Als einschneidenste staatliche Sanktion darf das Strafrecht nur eingesetzt werden, wenn es geeignet ist, den angestrebten Zweck zu er-

---

[518] Jescheck/Weigend, S. 50; Roxin, § 2 Rn. 37; SK/Rudolphi, Vor § 1 Rn. 1. Ebenso das Bundesverfassungsgericht, BVerfGE 90, 145 (184); 88, 203 (257). Das Bundesverfassungsgericht läßt entgegen seiner Prämisse allerdings praktisch jeden erheblichen Gemeinschaftswert oder -belang als Legitimationsgrund ausreichen, vgl. dazu die Rechtsprechungsanalyse von Vogel, StV 1996, 110 (11ff.).

[519] BVerfGE 90, 145 (173); Roxin, § 2 Rn. 36.

reichen, und zugleich mildere Mittel keinen ausreichenden Erfolg versprechen[520]. Allerdings steht dem Gesetzgeber hinsichtlich der Geeignetheit und Erforderlichkeit des eingesetzten Mittels ein weiter Einschätzungs-, Wertungs- und Gestaltungsbereich zu (sog. Einschätzungsprärogative)[521]. Wie Roxin zutreffend bemerkt hat, ist das Verhältnismäßigkeitsprinzip deshalb insoweit „mehr eine kriminalpolitische Richtlinie als ein zwingendes Gebot"[522]. Neben Geeignetheit und Erforderlichkeit fordert das Verhältnismäßigkeitsprinzip außerdem die Angemessenheit des eingesetzten Mittels. Die Schwere der Tat und das Verschulden des Täters müssen also zu der Strafe in einem gerechten Verhältnis stehen[523]. Kriterien für die Schwere der Tat sind der ideelle Wert des verletzten Rechtsguts und die Gefährlichkeit des Angriffs. Das Verschulden des Täters beurteilt sich nach der Verwerflichkeit der Tätergesinnung[524]. Im Gegensatz zu der Geeignetheit und Erforderlichkeit wird die Angemessenheit von dem Bundesverfassungsgericht voll überprüft, dem Gesetzgeber steht somit keine Einschätzungsprärogative in diesem Bereich zu[525]. Jedoch bildet auch das Gebot schuldangemessenen Strafens nur eine äußerste Grenze der Gestaltungsfreiheit des Gesetzgebers, die zudem im wesentlichen im Rechtsfolgenbereich Relevanz erlangt, im Tatbestandsbereich hingegen kaum zu Einschränkungen führt[526].

§ 31 TFG dient dem Schutz von Leben und Gesundheit der Personen, die mit Blutprodukten behandelt werden, indem verhindert werden soll, daß Blut und Blutbestandteile von Spendern, die nicht auf HIV, HBV und HCV getestet worden sind, in den Verkehr gelangen[527]. An der Eignung des § 31 TFG, diesen Zweck zu erreichen, bestehen keine Zweifel. Bedenken ergeben sich aber im Hinblick auf die Erforderlichkeit. Indem § 31 TFG die Strafbarkeit bereits daran anknüpft, daß nicht für eine Untersuchung des Spenders vor Freigabe der Spende gesorgt wird, wird ein Verhalten pönalisiert, das nur abstrakt und mittelbar eine Gefahr begründet. Es fragt sich deshalb, ob nicht ein späteres Eingreifen, z.B. eine Pönalisierung erst des Inverkehrbringens ohne vorhergehende Untersuchung des Spenders, als milderes Mittel in Betracht kommt, das genauso geeignet ist, Leben und Gesund-

---

[520] BVerfGE 90, 145 (172f.); 88, 203 (258); Roxin, § 2 Rn. 38ff.

[521] BVerfGE 90, 145 (173, 182f.); 85, 131 (212); 79, 174 (202); Dreier/Dreier, Vorb. Rn. 64; Roxin, § 2 Rn. 36, 41.

[522] Roxin, § 2 Rn. 41; so im Ergebnis auch das Fazit von Vogel, StV 1996, 110 (114).

[523] BVerfGE 90, 145 (173); 54, 100 (108).

[524] So die Kriterien von Jescheck/Weigend, S. 50f., die dort allerdings ohne Herstellung des verfassungsrechtlichen Bezuges unter dem Topos der Strafwürdigkeit behandelt werden. In der Sache übereinstimmend Roxin, § 2 Rn. 49, der auf die Sozialgefährlichkeit rekurriert.

[525] Vogel, StV 1996, 110 (113).

[526] Vgl. Vogel, StV 1996, 110 (114).

[527] BT-Drks. 13/9594, S. 27f.

heit der Empfänger von Blutprodukten zu schützen. Angesichts der soeben dargelegten weiten Einschätzungsprärogative ist es jedoch verfassungsrechtlich nicht zu beanstanden, wenn der Gesetzgeber davon ausgeht, daß ein ausreichender Schutz der mit Blutprodukten zu behandelnden Patienten nur durch eine so weitgehende Vorverlagerung des strafrechtlichen Schutzes in den Bereich abstrakter Gefährdung erreicht werden kann, wie sie in § 31 TFG erfolgt ist. Keine verfassungsrechtlichen Bedenken bestehen des weiteren gegenüber § 31 TFG unter dem Aspekt der Angemessenheit der strafrechtlichen Pönalisierung. Mit Leben und Gesundheit werden durch § 31 TFG äußerst hochrangige Rechtsgüter geschützt. Aufgrund der drohenden Übertragung von HIV, HBV oder HCV, also Krankheitserregern, die zum Tod oder zu schwerwiegenden Gesundheitsschädigungen führen können und die zum Teil zur Zeit nicht heilbar sind, liegt ein besonders gefährlicher Angriff auf Leben und Gesundheit vor. Die vorsätzliche Begründung dieser Risiken ist schließlich als auf einer besonders verwerflichen Gesinnung beruhend anzusehen. § 31 TFG verletzt somit nicht das Gebot schuldangemessenen Strafens. Verfassungsrechtliche Bedenken gegen § 31 TFG bestehen mithin nicht.

Über die verfassungsrechtliche Unbedenklichkeit hinaus, ist die Regelung des § 31 TFG auch sachgerecht. Zwar enthalten weder das Arzneimittelgesetz noch die Betriebsverordnung für pharmazeutische Unternehmer eine strafrechtliche Bewehrung der Pflicht, die erforderlichen Qualitätskontrollen bei Arzneimitteln und Wirkstoffen vorzunehmen. In Anbetracht der Größe der Gefahren, die sich für die Empfänger von Blutprodukten aus mit HIV, HBV oder HCV kontaminierten Spenden ergeben können, erscheint es aber als richtig, die Durchführung der Untersuchung auf diese besonders gefährlichen Infektionserreger mit den Mitteln des Strafrechts abzusichern[528]. Auch erscheint eine Pönalisierung erst des Inverkehrbringens einer Spende ohne vorhergehende Untersuchung des Spenders als nicht ausreichend, um Leben und Gesundheit der Empfänger von Blutprodukten angemessen zu schützen, da hierdurch eine strafrechtliche Verantwortlichkeit der für die Durchführung der Untersuchung verantwortlichen Person nicht begründet wird.

b) Strafrahmenhöhe

Als Strafrahmen sieht § 31 TFG eine Freiheitsstrafe bis zu einem Jahr oder eine Geldstrafe vor. Die Höhe der Geldstrafe reicht gem. § 40 StGB von 2 bis zu 3.600.000 DM. Verfassungsrechtliche Bedenken bestehen gegen die durch § 31 TFG angedrohten Strafen nicht, da der weitgesteckte Strafrahmen eine angemessene Berücksichtigung der Schuld des Täters und der Schwere der Tat zuläßt. Für

---

[528] Nicht auszuräumen ist allerdings der Wertungswiderspruch zum Transplantationsgesetz, das eine Strafbarkeit der Unterlassung der Testung des Organspenders auf Infektionserreger nicht vorsieht.

die Angemessenheit läßt sich weiterhin ein Vergleich mit § 96 AMG anführen, der bei vergleichbarem Unwertgehalt der Tätergesinnung und der Tat ebenfalls eine Freiheitsstrafe bis zu einem Jahr oder Geldstrafe vorsieht.

c) Ergebnis

Die Strafvorschrift des § 31 TFG ist hinsichtlich des Tatbestandes und der Strafrahmenhöhe sowohl verfassungsrechtlich unbedenklich als auch sachgerecht.

4. Zulänglichkeit des strafrechtlichen Schutzes

a) Der strafrechtliche Schutz des Spenders

aa) Bestehender Schutz

Das Transfusionsgesetz enthält keine strafrechtlichen Vorschriften zum Schutz der Spender, nachdem die Regelung des § 34 Nr. 1, 3 E(1)-TFG und § 32 Nr. 1 E(2)-TFG im Laufe des Gesetzgebungsverfahrens fortgefallen sind. Geschützt werden die Spender zunächst durch die Tötungs- und Körperverletzungstatbestände des allgemeinen Strafrechts. Daneben schützen auch das Arzneimittelgesetz und das Medizinproduktegesetz die Spender. §§ 95, 96 AMG bewirken einen Schutz der Spender vor bedenklichen oder qualitätsgeminderten Arzneimitteln, z.B. Hautdesinfektionsmitteln. Durch §§ 43, 44 MPG werden die Spender vor bedenklichen oder nicht den Qualitätsanforderungen entsprechenden Medizinprodukten, wie beispielsweise Kanülen, geschützt.

bb) Zulänglichkeit des Schutzes

Wie die Bestandsaufnahme ergeben hat, bestehen keine Strafvorschriften, die die Beachtung der für eine ordnungsgemäße Spendeentnahme notwendigen Voraussetzungen nach dem Transfusionsgesetz absichern und die Spender dadurch vor den Gefahren einer nicht ordnungsgemäßen Spendeentnahme schützen. Es stellt sich deshalb die Frage, ob der bestehende Schutz ausreicht oder ob die strafrechtliche Absicherung der Einhaltung der Voraussetzung einer ordnungsgemäßen Spendeentnahme nach dem Transfusionsgesetz im Wege eines Gefährdungsdelikts verfassungsrechtlich notwendig oder zumindest wünschenswert ist, um die Spender angemessen zu schützen.

Unter verfassungsrechtlichen Gesichtspunkten bestehen gegen das Fehlen einer solchen Vorschrift keine Bedenken. Wie soeben dargelegt[529], steht es grundsätz-

---

[529] Siehe oben 3. a).

lich im Ermessen des Gesetzgebers, ob er Rechte und Rechtsgüter mit strafrechtlichen Mitteln schützen will, also indem er bestimmte Verhaltensweisen unter Strafe stellt. Begrenzt wird dieses Ermessen im Hinblick auf ein Minimum an Schutz durch die sich aus Art. 2 II 1 GG ergebende Schutzpflicht des Staates für Leben und Gesundheit[530]. Auch hier steht dem Gesetzgeber aber eine weite Einschätzungsprärogative zu, welche Maßnahmen zweckdienlich und geboten sind, um einen wirksamen Schutz zu erreichen[531]. Aus der Schutzpflicht ergibt sich somit nur dann die Pflicht, ein Recht oder Rechtsgut in einer bestimmten Art und Weise zu schützen, wenn alle anderen Maßnahmen zum Schutz ungeeignet oder unzureichend sind, wobei auch bei der Beurteilung dieser Frage die Einschätzungsprärogative des Gesetzgebers zu berücksichtigen ist. Eine Verpflichtung des Gesetzgebers, bestimmte Maßnahmen zum Schutz eines Rechtes oder Rechtsguts zu treffen, ist mithin lediglich in den Fällen gegeben, in den die Ungeeignetheit oder Unzulänglichkeit aller anderen Maßnahmen eindeutig und offensichtlich ist[532].

Daß die §§ 94, 95 AMG, §§ 43, 44 MPG und insbesondere §§ 211, 212, 223ff. StGB in dieser Weise eindeutig und offensichtlich ungeeignet sind, Leben und Gesundheit der Spender zu schützen, oder daß der durch sie bewirkte Schutz eindeutig und offensichtlich unzulänglich ist, läßt sich nicht feststellen, da es bisher – soweit ersichtlich – in Deutschland[533] nicht in nennenswertem Umfang zu einer Gefährdung von Spendern durch nicht ordnungsgemäße Spendeentnahmen gekommen ist. Das Fehlen einer Strafvorschrift, die die Voraussetzungen einer ordnungsgemäßen Spendeentnahme nach dem Transfusionsgesetz sichert, ist deshalb verfassungsrechtlich nicht zu beanstanden.

Es fragt sich aber, ob eine solche Vorschrift wünschenswert ist. Dafür könnte sprechen, daß die Spender sich den mit der Spendeentnahme verbundenen Gefahren uneigennützig im Interesse des gemeinen Wohls aussetzen, und deshalb besonders schutzwürdig sind. Andererseits ist es aber, wie bereits gesagt, bisher nicht in einem auch nur einigermaßen erheblichen Umfang zu einer Gefährdung von Spendern durch nicht ordnungsgemäße Spendeentnahmen gekommen. Zudem sind die aus einer nicht den Anforderungen des Transfusionsgesetzes entsprechenden Spendeentnahme resultierenden Gefahren für Leben und Gesundheit der Spender grundsätzlich als gering einzustufen. Eine Vorverlagerung des Schutzes in den Bereich der abstrakten Gefährdung erscheint mithin nicht notwendig. Auf-

---

[530] Zur verfassungsrechtlichen Begründung der Schutzpflicht siehe Robbers, S. 186ff. Einen Überblick über die Rechtsprechung des BVerfG bieten Hesse, FS Mahrenholz, 541 (547ff.) und Robbers, S. 129ff., ein Überblick über die Literatur findet sich bei Hermes, S. 58ff.

[531] BVerfGE 79, 174 (202); 56, 54 (80f.); Hermes, S. 261; Hesse, Verfassungsrecht, Rn. 350; Isensee, S. 38ff.

[532] BVerfGE 79, 174 (202); 77, 170 (215); Hesse, Verfassungsrecht, Rn. 350.

[533] Anders aber in vielen Ländern der sog. Dritten Welt, siehe dazu Starr, S. 283ff.

grund der fehlenden Notwendigkeit ist eine strafrechtliche Bewehrung nicht wünschenswert, da das Strafrecht als „ultima ratio der Sozialpolitik"[534] nur dort eingreifen sollte, wo dies im Interesse des Schutzes von Rechten und Rechtsgütern unverzichtbar ist.

cc) Ergebnis
Der bestehende Schutz der Spender ist ausreichend. Die Einführung einer Strafvorschrift, die die Einhaltung der Voraussetzungen einer ordnungsgemäßen Spendeentnahme nach dem Transfusionsgesetz sicherstellt, ist weder von Verfassungs wegen geboten noch aus sonstigen Gründen wünschenswert.

b) Der strafrechtliche Schutz des Spenders bei der Hyperimmunisierung und der Vorbehandlung für die Separation von Blutstammzellen und anderen Blutbestandteilen

aa) Bestehender Schutz
Nachdem die Vorschriften des § 34 Nr. 4, 5 E(1)-TFG und des § 32 Nr. 2 E(2)-TFG im Verlauf des Gesetzgebungsverfahrens fortgefallen sind, enthält das Transfusionsgesetz in der geltenden Fassung keine strafrechtlichen Vorschriften zum Schutz der Spender bei der Hyperimmunisierung und der Vorbehandlung für die Separation von Blutstammzellen und anderen Blutbestandteilen. Leben und Gesundheit der Spender werden im Hinblick auf diese Vorbehandlungsprozeduren strafrechtlich somit nur durch die Tötungs- und Körperverletzungstatbestände der §§ 211, 212, 223ff. StGB sowie durch §§ 95, 96 AMG und §§ 43, 44 MPG geschützt.

bb) Zulänglichkeit des Schutzes
Es bestehen mithin keine Normen, die strafrechtlich absichern, daß die Anforderungen des § 8 TFG bei der Durchführung eines Immunisierungsprogramms bzw. die Anforderungen gem. § 9 S. 2 i.V.m. § 8 II – IV TFG bei der Vorbehandlung für die Separation von Blutstammzellen und anderen Blutbestandteilen im Interesse des Spenderschutzes eingehalten werden. Nach den oben dargelegten Maßstäben ist das Fehlen solcher Normen verfassungsrechtlich ohne Bedenken, da die bestehenden Vorschriften nach den gegenwärtigen praktischen Erkenntnissen nicht eindeutig und offensichtlich untauglich sind, um Leben und Gesundheit der Spender bei den Vorbehandlungsprozeduren wirksam und angemessen zu schützen.

---

[534] Vgl. dazu Roxin, § 2 Rn. 38.

Es fragt sich jedoch, ob die Einführung eines abstrakten Gefährdungsdelikts, das die Einhaltung zumindest der für den Schutz der vorzubehandelnden Personen wichtigsten Voraussetzungen für eine ordnungsgemäße Hyperimmunisierung nach § 8 TFG bzw. für eine ordnungsgemäße Vorbehandlung für die Separation von Blutstammzellen und anderen Blutbestandteilen nach § 9 S. 2 i.V.m. § 8 II – IV TFG strafrechtlich absichert, sinnvoll ist. Dagegen läßt sich zunächst anführen, daß bisher in der Praxis nichts über eine Gefährdung von Spendern durch eine nicht ordnungsgemäße Durchführung von Immunisierungs- bzw. Vorbehandlungsprogrammen bekannt geworden ist, so daß eine strafrechtliche Bewehrung nicht notwendig erscheint. Dieses Argument überzeugt aber nicht. Bereits die ordnungsgemäße Durchführung der Vorbehandlungsprozeduren ist für die behandelten Spender mit nicht unerheblichen Risiken verbunden. Erst recht begründet demnach die nicht ordnungsgemäße Durchführung eines Immunisierungs- oder Vorbehandlungsprogramms erhebliche Gefahren für Leben und Gesundheit der Spender. Aufgrund der Erheblichkeit der Risiken und der besonderen Fürsorgepflicht für die Spender, die diese Risiken im Interesse der Allgemeinheit auf sich nehmen, erscheint deshalb – anders als bei der schlichten Spendeentnahme – die Schaffung einer Vorschrift sinnvoll, die bereits der Entstehung solcher Gefährdungslagen vorbeugt. Dieses Ergebnis wird auch gestützt durch die Vergleichbarkeit der Hyperimmunisierung und der Vorbehandlung für die Separation von Blutstammzellen und anderen Blutbestandteilen mit der klinischen Prüfung von Arzneimitteln. Für die klinische Prüfung von Arzneimitteln ist in § 96 Nr. 10 AMG vorgesehen, daß ihre Durchführung entgegen den für den Schutz der Probanden grundlegenden Voraussetzungen des § 40 Abs. 1 Nr. 1 – 5 oder 8, Abs. 4 AMG strafbar ist. Aufgrund des vergleichbaren Regelungsgegenstandes sollte deshalb eine entsprechende Vorschrift auch für die Durchführung von Immunisierungs- und Vorbehandlungsprogrammen bestehen – so wie dies in § 34 Nr. 4 E(1)-TFG bzw. § 32 Nr. 2 E(2)-TFG vorgesehen war.

cc) Ergebnis

Der strafrechtliche Schutz von Leben und Gesundheit der Spender bei der Hyperimmunisierung und bei der Vorbehandlung für die Separation von Blutstammzellen und anderen Blutbestandteilen ist nicht ausreichend. Es sollte ein abstraktes Gefährdungsdelikt geschaffen werden, das die Einhaltung der für den Schutz der Spender grundlegenden Voraussetzungen, die an eine ordnungsgemäße Hyperimmunisierung nach § 8 TFG und an eine ordnungsgemäße Vorbehandlung für die Separation von Blutstammzellen und anderen Blutbestandteilen nach § 9 S. 2 i.V.m. § 8 II – IV TFG zu stellen sind, strafrechtlich gewährleistet. Unter verfassungsrechtlichen Aspekten bestehen gegen das Fehlen einer solcher Norm allerdings keine Bedenken.

c) Der strafrechtliche Schutz der Empfänger von Blutprodukten

aa) Bestehender Schutz

Im Hinblick auf bedenkliche oder qualitätsgeminderte Blutprodukte werden Leben und Gesundheit der Empfänger von Blutprodukten mit strafrechtlichen Mitteln durch §§ 211, 212, 223ff. StGB und §§ 95, 96 AMG geschützt. Strafrechtlichen Schutz vor das Leben oder die Gesundheit gefährdenden Medizinprodukten, die bei der Anwendung von Blutprodukten eingesetzt werden, bieten die §§ 43, 44 MPG. Eine weitreichende Verstärkung des Schutzes wird darüber hinaus durch § 31 TFG bewirkt, der bereits das Unterlassen der Untersuchung des Spenders auf HIV-, HBV- und HCV-Infektionserreger vor Freigabe der Spende pönalisiert und damit dazu beiträgt, daß keine unerkannt kontaminierten Spenden in den Verkehr gelangen können.

bb) Zulänglichkeit des Schutzes

Der strafrechtliche Schutz von Leben und Gesundheit der Empfänger von Blutprodukten läßt keine wesentlichen Lücken erkennen. Es fehlt allerdings ein Gefährdungsdelikt, das das Inverkehrbringen von Blut und Blutbestandteilen, die zur weiteren Verarbeitung bestimmt sind, pönalisiert, wenn diese mit einem der in § 5 III 1 TFG genannten Erreger kontaminiert sind oder der begründete Verdacht einer solchen Kontamination besteht. § 95 I Nr. 1, IV AMG greift in diesem Fall nicht ein, da es sich bei zur Weiterverarbeitung bestimmten Spenden nicht um Arzneimittel handelt[535]. Es existiert somit kein Straftatbestand, der bereits das Inverkehrbringen von zur weiteren Verarbeitung bestimmten Spenden, die mit HIV, HBV oder HCV kontaminiert sind oder bei denen der begründete Verdacht dieser Kontamination besteht, ahndet und damit den Gefahren vorbeugt, die sich daraus ergeben, daß diese Spenden zu Arzneimitteln weiterverarbeitet werden[536].

Unter verfassungsrechtlichen Aspekten ist das Fehlen eines solchen Gefährdungsdelikts nicht zu beanstanden, weil die bestehenden Vorschriften nicht eindeutig und offensichtlich untauglich sind, einen angemessenen Schutz von Leben und Gesundheit der Empfänger von Blutprodukten zu gewährleisten. Im Hinblick auf das erhebliche Gefährdungspotential, das aus dem Inverkehrbringen von zur Weiter-

---

[535] Siehe oben D. II. 2.

[536] Zwar kommt im Hinblick auf das vorsätzliche Inverkehrbringen eine Strafbarkeit nach §§ 211, 212, 223ff. StGB jeweils i.V.m. § 22 StGB in Betracht. Es besteht jedoch dann die Notwendigkeit, den Tötungs- bzw. Körperverletzungsvorsatz nachzuweisen. Problematisch erscheint dieser Nachweis zu führen, wenn der Inverkehrbringende den Vorsatz mit dem Hinweis darauf abstreitet, auf die Wirksamkeit der Virusinaktivierungsverfahren oder der Testungen bei der weiteren Verarbeitung vertraut zu haben.

verarbeitung zu Arzneimitteln bestimmten Spenden, die mit HIV, HBV oder HCV kontaminiert sind oder bei denen der begründete Verdacht der Kontamination besteht, resultiert, erscheint ein solches Gefährdungsdelikt aber wünschenswert. Das Fehlen eines solchen Gefährdungsdelikts ist auch systemwidrig. Der Gesetzgeber hat bereits die Gefahren, die sich aus der Unterlassung der Untersuchung des Spenders auf die in § 5 III 1 TFG genannten Infektionsmarker vor Freigabe der Spende für Leben und Gesundheit der Empfänger von daraus hergestellten Blutprodukten ergeben, als so groß angesehen, daß er die Unterlassung der Untersuchung in § 31 TFG unter Strafe gestellt hat. Wenn schon die bloße Schaffung der Möglichkeit, daß möglicherweise kontaminierte Spenden in den Verkehr gelangen, als pönalisierungsbedürftig bewertet worden ist, so muß dies erst recht für das Inverkehrbringen von Spenden, die kontaminiert sind oder bei denen der begründete Verdacht der Kontamination besteht, gelten, da in diesem Fall eine größere Gefahr für Leben und Gesundheit der Empfänger von Blutprodukten geschaffen wird als durch das Unterlassen der Untersuchung.

cc) Ergebnis

Der strafrechtliche Schutz von Leben und Gesundheit der Empfänger von Blut und Blutprodukten ist im wesentlichen ausreichend. Im Interesse des Schutzes der Empfänger und aus systematischen Gründen sollte aber ein Gefährdungsdelikt geschaffen werden, das das Inverkehrbringen von zur weiteren Verarbeitung bestimmten Spenden pönalisiert, wenn diese mit HIV, HBV oder HCV kontaminiert sind oder der begründete Verdacht einer solchen Kontamination besteht.

d) Ergebnis

Der strafrechtliche Schutz von Leben und Gesundheit der Spender bei der Spendeentnahme ist ausreichend. Defizite weist der strafrechtliche Schutz der Empfänger von Blutprodukten sowie der Schutz der Spender bei der Hyperimmunisierung und bei der Vorbehandlung für die Separation von Blutstammzellen und anderen Blutbestandteilen auf. Es sollte ein abstraktes Gefährdungsdelikt geschaffen werden, das die Einhaltung der für den Schutz der Spender grundlegenden Voraussetzungen, die an eine ordnungsgemäße Hyperimmunisierung nach § 8 TFG und an eine ordnungsgemäße Vorbehandlung für die Separation von Blutstammzellen und anderen Blutbestandteilen nach § 9 S. 2 i.V.m. § 8 II – IV TFG zu stellen sind, strafrechtlich gewährleistet. Des weiteren sollte ein Gefährdungsdelikt geschaffen werden, das das Inverkehrbringen von zur weiteren Verarbeitung bestimmten Spenden unter Strafe stellt, wenn diese mit HIV, HBV oder HCV kontaminiert sind oder der begründete Verdacht einer solchen Kontamination besteht.

II. Bußgeldvorschriften

1. Gesetzliche Regelung

Nach § 32 I TFG handelt ordnungswidrig, wer aus Fahrlässigkeit nicht dafür sorgt, daß der Spender vor Freigabe der Spende auf die in § 5 III 1 TFG genannten Infektionsmarker untersucht wird. Die Ordnungswidrigkeit kann mit einer Geldbuße bis zu 50.000 DM geahndet werden, § 32 III TFG. Gem. § 32 II Nr. 1 TFG ist es ordnungswidrig, eine Spendeeinrichtung entgegen § 4 S. 1 Nr. 2 TFG zu betreiben, d.h. ohne daß als leitende ärztliche Person ein approbierter Arzt bestellt worden ist, der die erforderliche Sachkenntnis nach dem Stand der Wissenschaft besitzt. § 32 II Nr. 2 TFG erklärt es für ordnungswidrig, entgegen § 8 II 1 Nr. 4 oder 6 TFG, jeweils auch in Verbindung mit § 9 S. 2 TFG, ein Immunisierungsprogramm bzw. eine Vorbehandlung für die Separation von Blutbestandteilen durchzuführen. Die Durchführung eines Immunisierungsprogramms bzw. einer Vorbehandlung ist demnach ordnungswidrig, wenn sie nicht der zuständigen Behörde angezeigt worden ist oder kein dem Stand der medizinischen Wissenschaft entsprechender Immunisierungs- bzw. Vorbehandlungsplan vorliegt. Die Geldbuße beträgt nach § 32 III TFG bis zu 20.000 DM. Bei lediglich fahrlässigem Handeln liegt der Höchstbetrag der Geldbuße gem. § 17 II OWiG bei 10.000 DM.

2. Gesetzgebungsverfahren

§ 35 E(1)-TFG enthielt neben den in § 32 TFG vorgesehenen Ordnungswidrigkeitentatbeständen einen umfangreichen Katalog weiterer Ordnungswidrigkeiten. Gem. § 35 II Nr. 2, 3 E(1)-TFG war die Durchführung eines Immunisierungsprogramms oder die Vorbehandlung des Spenders zur Stammzellseparation entgegen § 11 II Abs. 1 Nr. 4 oder 7, Abs. 2 oder Abs. 5 E(1)-TFG, jeweils auch in Verbindung mit § 12 S. 2 E(1)-TFG, ordnungswidrig. Nach § 35 II Nr. 4 E(1)-TFG handelte ordnungswidrig, wer entgegen § 17 II E(1)-TFG transfundierte Blutprodukte nicht wie vorgeschrieben dokumentiert. Ordnungswidrig war gem. § 35 II Nr. 5 E(1)-TFG das Unterlassen der nach § 19 II E(1)-TFG erforderlichen unverzüglichen Benachrichtigung des pharmazeutischen Unternehmers. Des weiteren war die Verletzung der Meldepflichten nach §§ 25 I, 26 I E(1)-TFG eingestuft, § 35 II Nr. 6, 7 E(1)-TFG. Eine Höchstgrenze des Bußgeldes für Ordnungswidrigkeiten nach § 35 I E(1)-TFG war im Transfusionsgesetz nicht vorgesehen. Gem. § 17 I OWiG lag sie deshalb bei 2.000 DM. Die Ordnungswidrigkeiten nach § 35 II Nr. 1 – 5 E(1)-TFG konnten mit Geldbuße bis zu 50.000 DM geahndet werden, diejenigen nach § 35 II Nr. 6, 7 E(1)-TFG mit einer Geldbuße bis zu 25.000 DM, § 35 III E(1)-TFG. Bei fahrlässiger Begehung kam gem. § 17 II OWiG eine Geldbuße bis zu 25.000 DM bzw. 12.500 DM in Betracht.

Im Zweiten Entwurf des Transfusionsgesetzes ist die Bußgeldbewehrung des Verstoßes gegen § 11 IV, V E(1)-TFG, jeweils auch in Verbindung mit § 12 S. 2 E(1)-TFG, entfallen. Hinsichtlich der Dokumentation von angewendeten Blutprodukten gem. § 16 II E(2)-TFG galt nur noch das Unterlassen und die nicht rechtzeitige Dokumentation als Ordnungswidrigkeit, § 33 II Nr. 3 E(2)-TFG. Als aus der Änderung des § 18 II 1 E(2)-TFG sich ergebende Folge war nach § 33 II Nr. 4 E(2)-TFG nunmehr auch die Unterlassung der Unterrichtung der zuständigen Bundesoberbehörde bei dem Verdacht einer schwerwiegenden Nebenwirkung eines Blutprodukts ordnungswidrig. Die Ordnungswidrigkeiten nach § 35 II Nr. 6, 7 E(1)-TFG sind fortgefallen. Der Höchstbetrag der Ordnungswidrigkeiten nach § 33 I E(2)-TFG wurde auf 50.000 DM erhöht, derjenige für Ordnungswidrigkeiten nach § 33 II E(2)-TFG auf 20.000 DM reduziert. Im Dritten Entwurf, der ohne weitere Änderungen Gesetz geworden ist, sind die Ordnungswidrigkeiten nach § 33 II Nr. 3, 4 E(2)-TFG entfallen.

3. Pönalisierungsbedürftigkeit

Unter verfassungsrechtlichen Aspekten bestehen aufgrund der weiten Einschätzungsprärogative des Gesetzgebers gegen die Regelung des § 32 TFG keine Bedenken. § 32 I TFG erscheint über die verfassungsrechtliche Unbedenklichkeit hinaus auch als sachgerecht. In Anbetracht der Risiken, die sich für die Empfänger von Blutprodukten daraus ergeben können, daß Spenden von ungetesteten Spendern in Verkehr gelangen, ist eine Vorschrift sachgerecht, die auch der fahrlässigen Unterlassung der Untersuchung der Spender vor Freigabe der Spenden entgegenwirkt. Der Höchstbetrag des Bußgeldes von 50.000 DM gem. § 32 III TFG ist im Vergleich mit § 97 AMG angemessen.

Keine Bedenken bestehen auch gegen die Sachgerechtigkeit des § 32 II Nr. 1 TFG. Die ärztliche Leitung einer Spendeeinrichtung durch einen Arzt, der die nach dem Stand der medizinischen Wissenschaft erforderliche Sachkunde besitzt, ist grundlegende Voraussetzung, um eine ordnungsgemäße Spendeentnahme zu gewährleisten. Sie ist deshalb im Interesse des Schutzes von Leben und Gesundheit sowohl der Spender als auch der Empfänger von Blutprodukten unabdingbar. Ihre Gewährleistung durch eine Bußgeldvorschrift erscheint deshalb als sachgerecht.

Zweifel an der Sachgerechtigkeit bestehen allerdings hinsichtlich § 32 II Nr. 2 TFG. Nach der Begründung zum Transfusionsgesetz sichert § 32 II Nr. 2 TFG die Beachtung von Pflichten, die für eine ordnungsgemäße Durchführung des Immunisierungsprogramms bzw. der Stammzellseparation und für eventuelle Maßnahmen z.B. der Behörden wichtig sind[537]. Es fragt sich, ob bei dieser Begründung der Verzicht darauf, die Verletzung der nach § 8 II 1 Nr. 1, 2, 3, 5, 7 TFG in den

---

[537] BT-Drks. 13/9594, S. 28.

Rang einer Ordnungswidrigkeit zu erheben, sachgerecht ist. Das kann nur dann bejaht werden, wenn der Einhaltung der Pflichten nach § 8 II 1 Nr. 4, 6 TFG im Hinblick auf den Schutz der zu immunisierenden Spender größere Bedeutung zukommt, als der Beachtung der Pflichten nach § 8 II 1 Nr. 1, 2, 3, 5, 7 TFG. Gewiß ist das Vorliegen eines dem Stand der medizinischen Wissenschaft entsprechenden Immunisierungs- bzw. Vorbehandlungsplans grundlegende Voraussetzung dafür, daß das Immunisierungsprogramm bzw. die Vorbehandlung mit möglichst geringen Gefahren für Leben und Gesundheit der zu behandelnden Personen durchgeführt werden kann. Ebenso ist die Anzeige an die zuständige Behörde ohne Zweifel im Interesse des Spenderschutzes notwendig, weil nur so der Behörde die Möglichkeit eröffnet wird, Maßnahmen zum Schutz der zu behandelnden Spender zu ergreifen. Andererseits wird man aber kaum sagen können, daß die Beachtung der Pflichten nach § 8 II 1 Nr. 1, 2, 3, 5, 7 TFG für den Schutz der zu behandelnden Spender geringere Bedeutung hat als die der Pflichten gem. § 8 II 1 Nr. 4, 6 TFG. Besonders deutlich wird dies bei § 8 II 1 Nr. 3, 5 TFG. So wird ein dem Stand der medizinischen Wissenschaft entsprechender Immunisierungs- bzw. Vorbehandlungsplan keinen effektiven Schutz der Spender gewährleisten können, wenn seine ordnungsgemäße Durchführung nicht dadurch sichergestellt ist, daß das Programm durch eine sachkundige ärztliche Person geleitet wird. Auch wird für den konkreten Spender eine Überwachung seines individuellen Gesundheitszustandes wenigstens ebenso wichtig sein wie das Vorliegen eines Immunisierungs- bzw. Vorbehandlungsplans, da ein solcher den Spender nicht vor Gefahren schützen kann, die sich aus dessen individueller Disposition ergeben.

Im übrigen steht die Regelung des § 32 II Nr. 2 TFG im Widerspruch zu §§ 96, 97 AMG. Im Arzneimittelgesetz ist die Verletzung der Pflichten aus § 40 I 1 Nr. 1, 2, 4 AMG, die denen aus § 8 II 1 Nr. 1, 2, 3 TFG entsprechen, gem. § 96 Nr. 10 AMG eine Straftat. Die Verletzung der Pflicht aus § 40 I 1 Nr. 6 AMG, die unter anderem die Funktion des § 8 II 1 Nr. 6 TFG erfüllt, ist nach § 97 II Nr. 9 AMG eine Ordnungswidrigkeit. Der Gesetzgeber hat somit die Verletzung der Pflichten, deren Einhaltung er im Arzneimittelgesetz für so wichtig erachtet hat, daß er sie strafrechtlich abgesichert hat, im Transfusionsgesetz ohne straf- oder auch nur ordnungswidrigkeitenrechtliche Sanktion gelassen. Hingegen ist die Verletzung einer Pflicht, die der Gesetzgeber im Arzneimittelgesetz nur als Ordnungswidrigkeit pönalisiert hat, auch im Transfusionsgesetzgesetz in den Rang einer Ordnungswidrigkeit erhoben worden. Der Gesetzgeber hat also gerade die nach seiner im Arzneimittelgesetz zum Ausdruck gekommenen Wertung schwerwiegenderen Pflichtverletzungen im Transfusionsgesetz straf- und ordnungswidrigkeitenrechtlich unsanktioniert gelassen, die im Arzneimittelgesetz als weniger gravierend bewertete aber im Transfusionsgesetz als Ordnungswidrigkeit eingestuft.

Zur Beseitigung dieses Wertungswiderspruchs bieten sich zwei Möglichkeiten: zum einen die Streichung des § 32 II Nr. 2 TFG, zum anderen die Aufnahme der

Verletzung der Pflichten nach § 8 II 1 Nr. 1, 2, 3, 5, 7 TFG in den Katalog der Ordnungswidrigkeiten. Aufgrund der aus einer entgegen § 8 II 1 Nr. 4, 6 TFG durchgeführten Immunisierung bzw. Vorbehandlung sich ergebenden Gefahren für die behandelten Spender erscheint eine Streichung des § 32 II Nr. 2 TFG nicht als angemessene Lösung. Es sollte deshalb im Interesse des Spenderschutzes und der Widerspruchsfreiheit der gesetzlichen Regelung im Transfusionsgesetz und im Arzneimittelgesetz die Verletzung der Pflichten aus § 8 II 1 Nr. 1, 2, 3, 5, 7 TFG als Ordnungswidrigkeit pönalisiert werden.

4. Ergebnis

Die Regelung des § 32 I, II Nr. 1 TFG ist sachgerecht. Nicht sachgerecht ist § 32 II Nr. 2 TFG, er sollte im Interesse des Spenderschutzes und der Widerspruchsfreiheit der gesetzlichen Regelung im Transfusionsgesetz und im Arzneimittelgesetz auch die Verletzung der Pflichten aus § 8 II 1 Nr. 1, 2, 3, 5, 7 TFG als Ordnungswidrigkeit pönalisieren.

III. Zusammenfassung

1. Die Strafvorschrift des § 31 TFG ist hinsichtlich des Tatbestandes und der Strafrahmenhöhe sowohl verfassungsrechtlich unbedenklich als auch sachgerecht.
2. Der strafrechtliche Schutz von Leben und Gesundheit der Spender bei der Spendeentnahme ist ausreichend. Defizite weist der strafrechtliche Schutz der Empfänger von Blutprodukten sowie der Schutz der Spender bei der Hyperimmunisierung und bei der Vorbehandlung für die Separation von Blutstammzellen und anderen Blutbestandteilen auf. Es sollte ein abstraktes Gefährdungsdelikt geschaffen werden, das die Einhaltung der für den Schutz der Spender grundlegenden Voraussetzungen, die an eine ordnungsgemäße Hyperimmunisierung nach § 8 TFG und an eine ordnungsgemäße Vorbehandlung für die Separation von Blutstammzellen und anderen Blutbestandteilen nach § 9 S. 2 i.V.m. § 8 II – IV TFG zu stellen sind, strafrechtlich gewährleistet. Des weiteren sollte ein Gefährdungsdelikt geschaffen werden, das das Inverkehrbringen von zur weiteren Verarbeitung bestimmten Spenden unter Strafe stellt, wenn diese mit HIV, HBV oder HCV kontaminiert sind oder der begründete Verdacht einer solchen Kontamination besteht.
3. Die Regelung des § 32 I, II Nr. 1 TFG ist sachgerecht. Nicht sachgerecht ist § 32 II Nr. 2 TFG, er sollte im Interesse des Spenderschutzes und der Widerspruchsfreiheit der gesetzlichen Regelung im Transfusionsgesetz und im Arzneimittelgesetz auch die Verletzung der Pflichten aus § 8 II 1 Nr. 1, 2, 3, 5, 7 TFG als Ordnungswidrigkeit pönalisieren.

I. Schutzgesetze i.S.v. § 823 II BGB

Im folgenden ist die Schutzgesetzeigenschaft der Vorschriften des Transfusionsgesetzes (II.) sowie der aufgrund der §§ 12 I, 18 I TFG erlassenen Richtlinien der Bundesärztekammer (III.) zu untersuchen. Hierzu sind zunächst die Voraussetzungen für die Qualifikation einer Vorschrift als Schutzgesetz im einzelnen darzustellen (I.).

I. Grundlagen

1. Funktion des § 823 II BGB

§ 823 II BGB knüpft eine privatrechtliche Schadensersatzpflicht an den schuldhaften Verstoß gegen ein den Schutz eines anderen bezweckendes Gesetz. Ihm kommt eine vierfache Funktion zu: Die durch § 823 II BGB in Bezug genommenen Schutzgesetze führen gegenüber den allgemeinen Verkehrspflichten zu einer Verdeutlichung und Präzisierung von normativen Verhaltensanforderungen, so daß durch § 823 II BGB der haftungsrechtliche Fahrlässigkeitsmaßstab präzisiert und verdeutlicht wird[538]. Durch die Bezugnahme auf abstrakte Gefährdungsdelikte als Schutzgesetze verlagert § 823 II BGB die Haftung in den Bereich abstrakter Gefährdung vor, was insbesondere dadurch intensiviert wird, daß sich das Verschulden nur auf die Verletzung des Gefährdungsdelikts beziehen muß und nicht auch auf die Verletzung des Rechtsguts[539]. Weiterhin werden durch § 823 II BGB Rechtsnormen aus anderen Bereichen des Rechts in das Deliktsrecht einbezogen und dadurch Verhaltensanforderungen aus diesen Rechtsgebieten im Wege des Zivilrechts durchgesetzt[540]. Gegenüber § 823 I BGB führt diese Einbeziehung von Rechtsnormen aus anderen Rechtsgebieten einerseits zu einer Erweiterung der Schutzpositionen und andererseits zu einer Erweiterung des Schutzbereichs der Rechte und Güter des § 823 I BGB[541]. Die praktisch wichtigste Funktion des § 823 II BGB schließlich liegt in der Schaffung einer Anspruchsgrundlage für den Ersatz primärer Vermögensschäden, die von § 823 I BGB tatbestandlich von vornherein nicht erfaßt werden[542].

---

[538] Larenz/Canaris, § 77 I a, III 1 a; Staudinger[13]/Hager, § 823 Rn. G 1.

[539] BGHZ 103, 197 (202); Deutsch, Allg. Haftungsrecht[2], Rn. 63; RGRK/Steffen, § 823 Rn. 535.

[540] BGHZ 122, 1 (8); MünchKomm/Mertens, § 823 Rn. 160; Soergel/Zeuner, § 823 Rn. 287.

[541] Vgl. Larenz/Canaris, § 77 III 1 b, c; Staudinger[13]/Hager, § 823 Rn. G 3.

[542] Larenz/Canaris, § 77 I 1 a; Staudinger[13]/Hager, § 823 Rn. G 4.

2. Die Kriterien des Schutzgesetzes

Schutzgesetze i.S.v. § 823 II BGB sind alle Gesetze, die nach ihrem Inhalt und Zweck – zumindest auch – dem Schutz von Individualinteressen vor einer näher bestimmten Art der Schädigung durch Gewährung eines privatrechtlichen Schadensersatzanspruchs[543] zu dienen bestimmt sind[544]. Eindeutige Regeln, nach denen die Schutzgesetzeigenschaft eines Gesetzes zu bestimmen ist, existieren nicht[545]. Statt dessen kommt es auf eine Vielzahl von Kriterien, insbesondere Schutzzweckerwägungen an, womit der Rechtsprechung ein erheblicher Wertungsspielraum verbleibt.

a) Gesetz

Erste Voraussetzung für die Qualifikation einer Vorschrift als Schutzgesetz ist, daß es sich um ein Gesetz im Sinne des Bürgerlichen Gesetzbuches handelt. Gesetz in diesem Sinne ist gem. Art. 2 EGBGB jede Rechtsnorm. Unter einer Rechtsnorm i.S.v. Art. 2 EGBGB ist jede Regelung zu verstehen, die sich an eine unbestimmte Vielzahl von Adressaten richtet (Generalität), Rechtswirkungen über den staatsinternen oder zwischenstaatlichen Bereich hinaus entfaltet (Außenwirkung), an ihrer Entstehung unbeteiligte Dritte bindet (Drittbindung) und neben der tatsächlichen Geltung auch normative Geltung aufweist[546].

b) Gebots- oder Verbotsnorm

Schutzgesetze i.S.v. § 823 II BGB können nur Rechtsnormen sein, die ein bestimmtes Gebot oder Verbot aussprechen. Nicht genügend sind hingegen Nomen, die lediglich allgemeine Grundsätze formulieren[547]. Schutzgesetze müssen demnach verbindlich ein bestimmtes menschliches Tun oder Unterlassen vorschreiben.

Nach einer von Cloidt-Stotz und Fischer vertretenen Ansicht enthalten Gefährdungsnormen kein bestimmtes Gebot bzw. Verbot, so daß sie als Schutzgesetze nicht in Betracht kommen[548]. Unter Gefährdungsnormen sind, im Gegensatz zu

---

[543] BGHZ 106, 204 (206f.); 84, 312 (317); Deutsch, Allg. Haftungsrecht², Rn. 62; MünchKomm/Mertens, § 823 Rn. 162.

[544] BGHZ 106, 204 (206); 100, 13 (14f.); MünchKomm/Mertens, § 823 Rn. 162; RGRK/Steffen, § 823 Rn. 540.

[545] Siehe die Versuche bei Knöpfle, NJW 1967, 700ff. und Schmiedel, S. 161ff., 168ff.

[546] Soergel/Hartmann, Art. 2 EGBGB Rn. 2; Staudinger¹³/Merten, Art. 2 EGBGB Rn. 5ff.

[547] BGHZ 64, 232 (237); BGH, NJW 1965, 2007; RGRK/Steffen, § 823 Rn. 539; Staudinger¹²/Schäfer, § 823 Rn. 578.

[548] Cloidt-Stotz, S. 137; Fischer, S. 81. Der Verweis von Fischer auf Deutsch, Allg. Haftungsrecht¹, S. 46 ist allerdings nicht nachvollziehbar, an der zitierten Stelle findet sich lediglich eine

Verhaltensnormen, die ein räumlich-zeitlich-gegenständlich bezeichnetes Verhalten gebieten oder verbieten, solche Normen zu subsumieren, die sich gegen sie konkrete Gefährdung eines Rechtsguts wenden[549]. Die Verneinung der möglichen Schutzgesetzqualität von konkreten Gefährdungsnormen überzeugt jedoch nicht. Die Differenzierung zwischen Gefährdungs- und Verhaltensnormen resultiert aus der unterschiedlichen Tatbestandsbildung: Während Verhaltensnormen an den Begehungsaspekt anknüpfen, orientieren sich Gefährdungsnormen an dem Schutzaspekt[550]. Trotz dieser Betonung der Integrität des Rechtsguts sind Gefährdungsnormen aber immer auch auf die Beeinflussung menschlichen Verhaltens gerichtet. Sie zielen darauf, den potentiellen Verletzer zu einem möglichst gefahrlosen Verhalten zu bestimmen, indem sie ein im Vorfeld des Verletzungserfolges liegendes Verhalten wegen seiner Verletzungsneigung verbieten[551]. Gefährdungsnormen konstituieren mithin ebenso wie Verhaltensnormen bestimmte Verhaltensanforderungen. Daß die Verletzung dieser Verhaltenspflichten bereits umfassend durch § 823 I BGB erfaßt ist und § 823 II BGB in diesem Fall gegenüber § 823 I BGB keine eigenständige praktische Bedeutung hat[552], spricht nicht dafür, die Schutzgesetzqualität von konkreten Gefährdungsnormen pauschal zu verneinen[553]. Auch Gefährdungsnormen können demnach Schutzgesetze i.S.v. § 823 II BGB sein. Allerdings ist die bloße Verletzung einer Gefährdungsnorm nicht geeignet, eine Indizwirkung hinsichtlich des Verschuldens auszulösen[554].

c) Individualschutz

Schutzgesetze i.S.v. § 823 II BGB sind nur solche Normen, die nach ihrem Inhalt und Zweck gerade dazu dienen sollen, Individualschutz, also den Schutz einzelner Personen oder einzelner Personenkreise vor der Verletzung bestimmter Rechtsgü-

---

Definition der Verhaltensnorm. Im übrigen schließt Deutsch keineswegs die mögliche Schutznormqualität von Gefährdungsnormen aus, siehe dazu Allg. Haftungsrecht[1], S. 51: „...§ 823 II BGB (überträgt) Verhaltens- und Gefährdungsnormen zugleich in das Haftungsrecht...". Seiner Ansicht nach kommt jedoch § 823 II BGB im Bereich der Gefährdungsnormen keine eigenständige praktische Bedeutung zu, da die Verletzung von Gefährdungsnormen haftungsrechtlich bereits über § 823 I BGB erfaßt sei (Deutsch, Allg. Haftungsrecht[1], S. 51f.). Eine Verneinung der möglichen Schutzgesetzqualität von Gefährdungsnormen liegt darin aber nicht.

[549] Vgl. Deutsch, Allg. Haftungsrecht[1], S. 46ff., auf den die Unterscheidung zwischen Verhaltens- und Gefährdungsnormen zurückgeht.

[550] Deutsch, Allg. Haftungsrecht[2], Rn. 51.

[551] Deutsch, Allg. Haftungsrecht[1], S. 49f.

[552] Deutsch, Allg. Haftungsrecht[1], S. 51f.; RGRK/Steffen, § 823 Rn. 535.

[553] So im Ergebnis auch BGHZ 116, 104ff.; 62, 146 (151); Larenz/Canaris, § 77 I 1 a; RGRK/Steffen, § 823 Rn. 535; Staudinger[13]/Hager, § 823 Rn. G 40;Wenckstern, S. 76f.

[554] BGHZ 116, 104 (114f.); RGRK/Steffen, § 823 Rn. 566; Staudinger[13]/Hager, § 823 Rn. G 40.

ter oder Interessen[555], zu vermitteln[556]. Der Individualschutz muß mit anderen Worten Normzweck und nicht bloß Reflex des Schutzes von Allgemeininteressen sein[557]. Er braucht allerdings nicht das einzige Anliegen der Norm zu sein. Es genügt, daß die Norm – und sei es nur neben den in erster Linie verfolgten Interessen der Allgemeinheit – auch dem Schutz von Individualinteressen zu dienen bestimmt ist[558]. Ob eine Norm auf den Schutz von Individualrechtsgütern zielt, richtet sich nach der objektiven Teleologie der Norm[559]. Entscheidend ist dabei Normzweck der Einzelnorm, nicht der des Gesamtgesetzes. Aus ihm lassen sich allerdings eventuell Rückschlüsse auf den Zweck der Einzelnormen ziehen[560].

Da die allermeisten Normen zumindest auch dem Schutz von Individualinteressen zu dienen bestimmt sind, scheitert die Schutzgesetzeigenschaft nur selten an dem fehlenden Individualschutz. Der Wert des Kriteriums des Individualschutzes für die Bestimmung der Schutzgesetzeigenschaft einer Norm ist deshalb äußerst begrenzt[561].

d) Haftungsaufgabe

Als Schutzgesetze i.S.v. § 823 II BGB kommen nur Normen in Betracht, die als Folge ihrer Verletzung einen deliktischen Schadensersatzanspruch gewähren[562]. Da die als Schutzgesetze in Rede stehenden Normen selbst keine deliktische Schadensersatzpflicht aussprechen, richtet sich die haftungsrechtliche Relevanz nach Normzweck und Regelungszusammenhang[563]. Die Befugnis zur Geltendmachung des Normschutzes in der Form eines privatrechtlichen Schadensersatzanspruchs muß also Inhalt und Zweck der Schutznorm entsprechen und im Hinblick auf das System der Deliktshaftung tragbar sein[564].

---

[555] BGHZ 116, 7 (13); 64, 232 (237); RGRK/Steffen, § 823 Rn. 540.

[556] St. Rspr. BGHZ 116, 7 (13); 84, 312 (314); Knöpfle, NJW 1967, 697 (700); MünchKomm/Mertens, § 823 Rn.; RGRK/Steffen, § 823 Rn. 541.

[557] BGHZ 100, 13 (14f.); 89, 383 (400f.); MünchKomm/Mertens, § 823 Rn. 162; Staudinger[13]/Hager, § 823 Rn. G 19.

[558] BGHZ 116, 7 (13); 106, 204 (206); Staudinger[13]/Hager, § 823 Rn. G 19; RGRK/Steffen, § 823 Rn. 541.

[559] Staudinger[13]/Hager, § 823 Rn. G 23.

[560] MünchKomm/Mertens, § 823 Rn. 162; Schmiedel, S. 34.

[561] Vgl. Canaris, 27 (46); Larenz/Canaris, § 77 II 2 b; Staudinger[13]/Hager, § 823 Rn. G 20.

[562] St. Rspr. BGHZ 106, 204 (206f.); 100, 13 (19); 84, 312 (317); Deutsch, Allg. Haftungsrecht[2], Rn. 62; MünchKomm/Mertens, § 823 Rn. 162; Staudinger[13]/Hager, § 823 Rn. G 21.

[563] BGHZ 125, 366 (374); 106, 204 (206f.); RGRK/Steffen, § 823 Rn. 544.

[564] BGHZ 106, 204 (206); 66, 388 (390); Canaris, 27 (47f.); Knöpfle, NJW 1967, 697 (699f.); RGRK/Steffen, § 823 Rn. 589.

aa) Vereinbarkeit eines privatrechtlichen Schadensersatzanspruchs mit Inhalt und Zweck der Norm

Der Vereinbarkeit eines privatrechtlichen Schadensersatzanspruchs mit Inhalt und Zweck der Norm kann zunächst der Charakter der durch die Norm geregelten Materie entgegenstehen. So sind beispielsweise familienrechtliche Normen grundsätzlich keine Schutzgesetze, da es sich um einen ausschließlich familien- und nicht haftungsrechtlichen Bereich handelt[565]. Zum anderen kann sich eine Unvereinbarkeit daraus ergeben, daß durch die Anknüpfung einer deliktischen Haftung an den Normverstoß der Zweck der Schutznorm konterkariert oder der Pflichteninhalt der Norm zweckwidrig verändert wird[566]. Zuletzt wird ein deliktischer Schadensersatzanspruch mit Inhalt und Zweck der Norm als nicht vereinbar angesehen, wenn die Norm bereits eine eigene Haftungsregelung enthält[567].

Eine in der Literatur vertretene Ansicht sieht die Anknüpfung eines privatrechtlichen Schadensanspruchs an die Verletzung von reinen Ordnungsvorschriften[568] und „eher formellen" Vorschriften[569] als mit deren Inhalt und Zweck unvereinbar an. Unter reinen Ordnungsvorschriften werden solche Normen verstanden, die weniger von Gerechtigkeitsvorstellungen geprägt sind, sondern primär der allgemeinen Ordnung dienen[570]. Als eher formelle Vorschriften werden solche Normen bezeichnet, die in erster Linie die Regelung von formellen Fragen betreffen[571]. Als Begründung dafür, weshalb der Charakter reiner Ordnungs- und Formalvorschriften der Anknüpfung eines privatrechtlichen Schadensersatzanspruchs entgegensteht, wird entweder schlicht auf den formalen Charakter verwiesen[572] oder der große Kreis von Begünstigten und die Schwierigkeiten, den Schutzbereich solcher Normen zu bestimmen, genannt[573]. Diese Ansicht kann jedoch nicht überzeugen. Zunächst widerspricht nicht schon der formale Charakter der reinen Ordnungs- und Formalvorschriften einer Qualifikation als Schutzgesetz. Denn zwar betreffen diese Vorschriften allein die Regelung formeller Fragen oder die allgemeine Ord-

---

[565] Deutsch, Allg. Haftungsrecht², Rn. 62.

[566] RGRK/Steffen, § 823 Rn. 546; Staudinger¹²/Schäfer, § 823 Rn. 591.

[567] RGRK/Steffen, § 823 Rn. 546; Staudinger¹²/Schäfer, § 823 Rn. 591.

[568] Zumindest zweifelnd Peters, JZ 1983, 913 (916).

[569] Vgl. Deutsch, JZ 1984, 308 (312); ders., FS Larenz, 111 (119); ders., VersR 1979, 685 (691); Granitza, 315 (320, insbes. Rn. 10).

[570] Peters, JZ 1983, 913 (916).

[571] Deutsch, JZ 1984, 308 (312); ders., FS Larenz, 111 (119); ders., VersR 1979, 685 (691). Inwieweit der Begriff der reinen Ordnungsvorschrift mit dem der eher formellen Vorschrift übereinstimmt, soll hier offen gelassen werden.

[572] Deutsch, JZ 1984, 308 (312); ders., FS Larenz, 111 (119); ders., VersR 1979, 685 (691), was allerdings einer petitio principii gleichkommt.

[573] Peters, JZ 1983, 913 (916).

nung, sie dienen damit aber ebenso wie nichtformelle Normen dem Schutz von Rechten und Rechtsgütern. Es ist deshalb kein Grund ersichtlich, die Anerkennung eines privatrechtlichen Schadensersatzanspruchs zu versagen, wenn aufgrund der Mißachtung einer Ordnungs- oder Formalvorschrift ein Schaden entstanden ist, der im Schutzbereich dieser Vorschriften liegt. Des weiteren steht die Anzahl der von einer Norm geschützten Personen der Anerkennung als Schutzgesetz nicht entgegen. So sind beispielsweise die §§ 221, 223, 240 StGB als Schutzgesetze anerkannt[574], obwohl jeder Mensch durch sie geschützt wird, der Kreis der Begünstigten also völlig unbegrenzt ist. Die Schwierigkeit der Bestimmung des Schutzbereiches schließlich mag bei reinen Ordnungs- oder Formalvorschriften grundsätzlich größer als bei anderen Normen sein, sie ist aber kein Spezifikum der Ordnungs- und Formalvorschriften und ist deshalb nicht geeignet, die Haftungsrelevanz dieser Normen a priori auszuschließen. Rechtsprechung und Literatur haben dementsprechend eine Vielzahl von reinen Ordnungs- und Formalvorschriften als Schutzgesetze anerkannt, erwähnt seien hier nur das Rechtsfahrgebot (§ 2 II StVO) und das Gebot, bei rotem Ampellicht vor einer Kreuzung anzuhalten (§ 37 II Nr. 1 S. 6 StVO)[575]. Die Qualifikation einer Norm als reine Ordnungsvorschrift oder eher formelle Vorschrift schließt die Haftungsrelevanz somit nicht aus[576]. Bei ihnen ist jedoch der Abgrenzung des Schutzbereichs der Norm besondere Aufmerksamkeit zu widmen[577].

bb) Vereinbarkeit eines privatrechtlichen Schadensersatzanspruchs mit dem System der Deliktshaftung

Über die Notwendigkeit einer Vereinbarkeit eines privatrechtlichen Schadensersatzanspruchs mit Inhalt und Zweck der Norm hinaus, muß die Gewährung eines privatrechtlichen Schadensersatzanspruchs mit dem System der Deliktshaftung vereinbar sein[578]. Zunächst darf die durch § 823 II BGB bewirkte Erweiterung der Schutzgüter und Schutzpositionen nicht im Widerspruch mit dem System der au-

---

[574] Siehe nur Palandt/Thomas, § 823 Rn. 149.

[575] BGH, NJW 1982, 2301; Palandt/Thomas, § 823 Rn. 150.

[576] So im Ergebnis Wenckstern, S. 75.

[577] Exemplifiziert sei dies an § 40 I 1 Nr. 4 AMG, dessen Schutzgesetzeigenschaft Deutsch, VersR 1979, 685 (691) ablehnt: In den Schutzbereich des § 40 I 1 Nr. 4 AMG fallen nicht alle Schäden, die bei einer klinischen Prüfung eintreten, die von einem Arzt geleitet wird, der keine zweijährige Erfahrung in der klinischen Prüfung von Arzneimitteln aufweist. Der Schutzbereich umfaßt vielmehr nur solche Schäden, deren Eintritt ein Prüfungsleiter mit zweijähriger Erfahrung typischerweise verhindert hätte.

[578] Ob diesem Kriterium neben dem Kriterium des Schutzbereichs der Norm eine eigenständige Bedeutung zukommt, erscheint allerdings fraglich. Wohl zu Recht verneinend Staudinger[13]/Hager, § 823 Rn. G 26.

ßervertraglichen Schadensersatzhaftung stehen. Insbesondere ist hier die Grundentscheidung des BGB gegen einen generellen Deliktsschutz von Handlungsfreiheit und Vermögen zu berücksichtigen[579]. Sie darf durch die Anerkennung einer Norm als Schutzgesetz nicht umgangen werden[580]. Des weiteren muß die Anerkennung einer Norm als Schutzgesetz und die damit verbundene Gewährung eines deliktischen Schadensersatzanspruchs mit bestehenden gesetzlichen Regelungen zu vereinbaren sein, etwa im Hinblick auf Haftungsbeschränkungen und Verjährungsvorschriften. In der Rechtsprechung und einem Teil der Literatur wird schließlich die Vereinbarkeit eines Schadensersatzanspruchs bei der Verletzung lediglich bußgeldbewehrter Vorschriften mit dem System der Deliktshaftung nur bejaht, wenn ein Bedürfnis nach deliktischem Schutz besteht, was nur der Fall sein soll, wenn der Geschädigte nicht anderweit ausreichend abgesichert ist[581]. Dieses Subsidiaritätsdogma ist jedoch nicht richtig[582], da es einem Schädiger eventuell Regreßansprüche gegen einen aus § 823 II BGB haftenden Zweitschädiger abschneidet[583].

3. Der Schutzbereich der Norm

Die Prüfung des Schutzgesetzcharakters einer Norm anhand der oben genannten Merkmale dient lediglich der Feststellung, ob eine Norm überhaupt als Schutzgesetz i.S.v. § 823 II BGB in Betracht kommt. Die Bejahung des Schutzgesetzcharakters nach den oben genannten Kriterien sagt hingegen nichts darüber aus, ob die Norm auch im konkreten Einzelfall Schutzgesetz ist. Dies ist eine Frage des Schutzbereichs der Norm. Es besteht deshalb in casu die Notwendigkeit zu prüfen, ob die Norm den konkret Verletzten vor einer Verletzung des betroffenen Rechtsguts in der Art wie der eingetretenen schützt[584].

---

[579] Vgl. dazu Mugdan II, 1072; Larenz/Canaris, § 75 I 3 b.

[580] BGHZ 66, 388 (390f.); Larenz/Canaris, § 77 II 4; Staudinger[12]/Schäfer, § 823 Rn. 589.

[581] BGHZ 125, 366 (374); 84, 312 (317); Fuchs, B. II. 1.1; Medicus, Bürgerliches Recht, Rn. 621; Schlosser, JuS 1982, 657 (659).

[582] So auch Cypionka, JuS 1983 23 (24) Deutsch, JZ 1984, 308 (312); Larenz/Canaris, § 77 II 3 b; Staudinger[13]/Hager, § 823 Rn. G 6; wohl auch MünchKomm/Mertens, § 823 Rn. 171.

[583] Vgl. dazu Canaris, 27 (63); Larenz/Canaris, § 77 II 3 b.

[584] Vgl. BGHZ 84, 312 (314); MünchKomm/Mertens, § 823 Rn. 163; Schmiedel, S. 120; Soergel/Zeuner, § 823 Rn. 290; Staudinger[13]/Hager, § 823 Rn. G 24ff.

II. Die Normen des Transfusionsgesetzes als Schutzgesetze

1. Grundsatz

Als Gesetzen im formellen Sinne, d.h. von dem verfassungsmäßig vorgesehenen Gesetzgeber in dem verfassungsmäßig vorgesehenen Verfahren erlassene Vorschriften[585], kommt den Vorschriften des Transfusionsgesetzes normative Geltung und grundsätzlich auch Generalität und Drittbindungswirkung zu. Die Vorschriften des Transfusionsgesetzes sind demnach grundsätzlich nach Art. 2 EGBGB Gesetze im Sinne des Bürgerlichen Gesetzbuches.

Zweck des Transfusionsgesetzes ist es, für eine sichere Gewinnung von Blut und Blutbestandteilen sowie für eine gesicherte und sichere Versorgung der Bevölkerung mit Blutprodukten zu sorgen, § 1 TFG. Das Transfusionsgesetz bezweckt somit den Schutz von Leben, Gesundheit und Selbstbestimmungsrecht der Spender von Blut und Blutbestandeilen sowie der Empfänger von Blutprodukten[586]. Aufgrund dieses Zweckes des Gesamtgesetzes ist im Grundsatz davon auszugehen, daß auch die einzelnen Normen des Transfusionsgesetzes Individualschutz bezwecken. Mit dem Zweck Leben, Gesundheit und Selbstbestimmungsrecht zu schützen, ist grundsätzlich die Gewährung eines privatrechtlichen Schadensersatzanspruchs zu vereinbaren.

Gesetzliche Regelungen, die der Anerkennung der Normen des Transfusionsgesetzes als Schutzgesetze entgegenstehen, existieren nicht. Als solche kämen zwar die §§ 104ff. SGB VII und §§ 84ff. AMG aufgrund der in ihnen enthaltenen Haftungsbeschränkungen in Betracht. Wie sich aus § 91 AMG ergibt, ist jedoch eine weitergehende Haftung durch die §§ 84ff. AMG nicht ausgeschlossen. Die §§ 104ff. SGB VII beschränken die Haftung nur für Personenschäden und nur im Falle fahrlässiger Verletzung, sie schließen demzufolge eine Haftung nach den allgemeinen Vorschriften nicht generell aus. Der Anerkennung der Normen des Transfusionsgesetzes als Schutzgesetze steht deshalb nicht im Widerspruch zu §§ 84ff. AMG und §§ 104ff. SGB VII.

Soweit die Normen des Transfusionsgesetzes Gebote und Verbote konstituieren, sind diese schließlich hinreichend bestimmt. Zweifel an der Bestimmtheit des Gebots bzw. Verbots bestehen jedoch hinsichtlich derjenigen Normen des Transfusionsgesetzes, die auf den Stand der medizinischen Wissenschaft und Technik verweisen. Bei ihnen ergibt sich der konkrete Inhalt der Verhaltenspflicht erst aus Umständen, die außerhalb der Norm liegen und möglicherweise nicht einmal

---

[585] Zu dem Begriff des formellen Gesetzes siehe BVerfGE 38, 121 (127); Wolf/Bachof/Stober, § 24 Rn. 34.

[586] Siehe auch BT-Drks. 13/9594, S. 15f.

normiert sind. Es fragt sich, ob das für die Bestimmtheit eines Schutzgesetzes ausreichend ist.

Die an eine Schutzgesetzverletzung geknüpfte Schadensersatzpflicht ist keine Strafe i.S.v. Art. 103 II GG[587], für die Bestimmtheit von Schutzgesetzen gelten somit nicht die strengen Anforderungen des Art. 103 II GG, sondern die allgemeinen Grundsätze[588]. Maßstab ist mithin das aus dem Rechtsstaatsprinzip des Art. 20 III GG fließende Bestimmtheitsgebot, das für alle materiell-rechtlichen Normen gilt[589]. Nach dem Bestimmtheitsgebot müssen gesetzliche Tatbestände in Tatbestand und Rechtsfolge so präzise formuliert sein, daß ein Normadressat sein Handeln danach ausrichten kann, d.h. der Inhalt der Vorschrift für ihn erkennbar und ihre Folgen voraussehbar sind[590]. Der Grad der erforderlichen Bestimmtheit hängt dabei von den sachlichen Eigenarten des jeweiligen Regelungsgegenstandes ab. Rechtsnormen sind so genau zu fassen, wie dies nach der Eigenart des zu ordnenden Lebenssachverhalts und mit Rücksicht auf den Normzweck möglich ist[591]. Defizite in der Normbestimmtheit sind nur hinzunehmen, wenn Regelungsbedarf besteht und eine präzisere Regelung nicht realisierbar ist[592].

Medizinische Erkenntnisse und Therapiemöglichkeiten sind der fortlaufenden Entwicklung unterworfen. Dementsprechend unterliegt der Stand der medizinischen Wissenschaft und Technik der ständigen Veränderung. Im Hinblick auf diese Dynamik der Regelungsmaterie erscheint eine gesetzliche Normierung der an dem Stand der medizinischen Wissenschaft und Technik orientierten Verhaltenspflichten ohne Verweisung nicht zu verwirklichen. Aufgrund der Dauer des Gesetzgebungsverfahrens würden die normierten Verhaltenspflichten wohl selten mit dem tatsächlichen Stand der Wissenschaft und Technik übereinstimmen, sie dürften vielmehr in aller Regel hinter ihm zurückbleiben. Das aber widerspräche der Intention des Transfusionsgesetzes, einen möglichst hohen Schutz von Spendern und Empfängern zu gewährleisten. Die ständige Anpassung des normierten Standards an den tatsächlichen Stand der medizinischen Wissenschaft und Technik würde zudem eine erhebliche Belastung für den Gesetzgeber bedeuten. Dies um so mehr, als ausreichender Sachverstand auf diesem Gebiet bei dem Gesetzgeber nicht vorhanden ist und deshalb auf externe Sachverständige zurückgegriffen werden müßte.

---

[587] BVerfGE 34, 269 (293); Sachs/Degenhart, Art. 103 Rn. 56.

[588] BGHZ 40, 306 (307); RGRK/Steffen, § 823 Rn. 545.

[589] Dreier/Schulze-Fielitz, Art. 20 Rn. 120.

[590] BVerfGE 87, 234 (263); Dreier/Schulze-Fielitz, Art. 20 Rn. 117; Sachs/Sachs, Art. 20 Rn. 129.

[591] BVerfGE 89, 69 (84); Dreier/Schulze-Fielitz, Art. 20 Rn. 117.

[592] Vgl. BVerfGE 8, 274 (326).

Eine präzisere Formulierung der Verhaltenspflichten als durch den Verweis auf den Stand der medizinischen Wissenschaft und Technik ist demnach nicht möglich. Wie die sog. Blut-Aids-Katastrophe gezeigt hat, besteht aber für das Transfusionswesen der Bedarf einer gesetzlichen Regelung. Das Defizit in der Normbestimmtheit erscheint auch akzeptabel. Denn einerseits muß in dem Adressatenkreis der Normen des Transfusionsgesetzes der Stand der medizinischen Wissenschaft und Technik bekannt sein, da er – unabhängig von dem Transfusionsgesetz – den Maßstab für eine ordnungsgemäße medizinische Behandlung der Spender und der Empfänger bildet[593]. Und andererseits stimmt der Stand der medizinischen Wissenschaft und Technik grundsätzlich mit dem allgemein anerkannten Standard überein, der sich in der Regel den Richtlinien der Bundesärztekammer nach §§ 12 I, 18 I TFG entnehmen läßt. Die Kenntnis des Standes der medizinischen Wissenschaft und Technik muß somit aufgrund der Fortbildungspflicht aus § 33 I 1 Nr. 1 nds. HKG und § 4 MBO-Ä und wegen der Verpflichtung aus § 33 I 1 Nr. 1 nds. HKG und § 2 V MBO-Ä, sich über die für die Berufsausübung geltenden Bestimmungen zu unterrichten, im Adressatenkreis des Transfusionsgesetzes vorhanden sein. Die Normen des Transfusionsgesetzes, die auf den Stand der medizinischen Wissenschaft und Technik verweisen, sind somit hinreichend bestimmt[594]. Ein Verstoß gegen das Bestimmtheitsgebot liegt nicht vor. Sie kommen demnach als Schutzgesetze in Betracht. Das entspricht der Rechtsprechung, die § 5 AMG, der das Inverkehrbringen bedenklicher Arzneimittel verbietet, wobei sich die Bedenklichkeit nach den Erkenntnissen der medizinischen Wissenschaft richtet, als Schutzgesetz anerkennt[595].

Die Normen des Transfusionsgesetzes sind mithin, soweit sie Gebote und Verbote konstituieren, grundsätzlich Schutzgesetze i.S.v. § 823 II BGB. Im folgenden werden deshalb nur diejenigen Normen, die keine Schutzgesetze sind, sowie die Kriterien, an denen die Schutzgesetzeigenschaft scheitert, benannt.

---

[593] Zum Stand der medizinischen Wissenschaft und Technik als Maßstab ordnungsgemäßen ärztlichen Vorgehens vgl. Deutsch, Medizinrecht, Rn. 180; Hart, MedR 1998, 8ff.; Schreiber, Vers-Med 1995, 3.

[594] So im Ergebnis auch BVerfGE 49, 89 (134ff.) [zu § 7 II Nr. AtomG] und Marburger, S. 482 für Normen, die auf den „Stand" oder die „anerkannten Regeln der Technik" verweisen.

[595] BGHZ 51, 91 (103) [zu § 6 AMG 1961 = § 5 AMG]; BGH, NJW 1991, 2351.

2. Die Vorschriften des Transfusionsgesetzes im einzelnen

a) §§ 1, 2 TFG

§ 1 TFG stellt den Zweck des Transfusionsgesetzes fest, § 2 TFG enthält Definitionen verschiedener Begriffe. Beide Normen konstituieren demnach keine Verhaltenspflichten. Sie sind keine Schutzgesetze i.S.v. § 823 II BGB.

b) § 3 TFG

§ 3 I TFG stellt die Aufgabe der Spendeeinrichtungen fest. Eine Verhaltenpflicht wird dadurch nicht begründet, so daß es sich nicht um ein Schutzgesetz handelt.

§ 3 III 1 TFG hebt die Bedeutung der Blut- und Plasmaspende hervor. Eine Konstituierung von Verhaltenspflichten liegt darin nicht. § 3 III 1 TFG ist kein Schutzgesetz. Nach § 3 III TFG sind die Spender aus Gründen des Gesundheitsschutzes von den Spendeeinrichtungen besonders vertrauensvoll und verantwortungsvoll zu betreuen. Inhaltlich bestimmte Verhaltenspflichten ergeben sich aus dieser Verpflichtung für die Spendeeinrichtungen nicht, § 3 III 2 TFG enthält vielmehr einen allgemeinen Grundsatz und ist somit kein Schutzgesetz.

§ 3 IV TFG verpflichtet die nach Landesrecht zuständigen Stellen und die für die gesundheitliche Aufklärung zuständige Bundesoberbehörde, die Aufklärung der Bevölkerung über die Blut- und Plasmaspende zu fördern. Adressaten des § 3 IV TFG sind also nur staatliche Stellen. § 3 IV TFG fehlt damit das Merkmal der Außenwirkung und der Generalität, so daß es sich bei ihm nach Art. 2 EGBGB nicht um ein Gesetz im Sinne des bürgerlichen Gesetzbuches handelt.

c) § 5 TFG

Nach § 5 I 2 TFG soll die Zulassung zur Spendeentnahme nicht erfolgen, wenn die spendewillige Person nach den Richtlinien der Bundesärztekammer von der Spendeentnahme auszuschließen oder zurückzustellen ist. Wie die Formulierung zeigt, begründet § 5 I 2 TFG kein zwingendes Verbot, spendewillige Personen, die nach den Richtlinien der Bundesärztekammer von der Spende auszuschließen sind, zur Spendeentnahme zuzulassen. Es handelt sich bei ihm deshalb nicht um ein Schutzgesetz.

§ 5 III 3 TFG stellt die Anordnungsbefugnis der zuständigen Bundesoberbehörde im Hinblick auf die Untersuchung der Spender auf Infektionsmarker fest. Verhaltenspflichten werden dadurch nicht begründet. § 5 III 3 TFG ist demnach kein Schutzgesetz.

d) § 6 TFG

Gem. § 6 I 3 TFG muß der Spender gleichzeitig mit der Einwilligung in die Spendeentnahme erklären, daß seine Spende verwendbar ist, sofern er nicht von dem freiwilligen Selbstausschluß Gebrauch macht. Anforderungen an die Form der Verwendbarkeitserklärung stellt § 6 I 3 TFG nicht, ihm kommt damit lediglich deklaratorische Bedeutung zu. § 6 I 3 TFG dient mithin nicht dem Schutz von Individualinteressen und ist deshalb kein Schutzgesetz.

e) § 8 TFG

Nach § 8 II 3 TFG sollen zur Immunisierung zugelassene Arzneimittel angewendet werden. Ein Verbot, nicht zugelassene Arzneimittel zur Immunisierung zu verwenden, ergibt sich aus § 8 II 3 TFG nicht. Er enthält demzufolge kein bestimmtes Gebot oder Verbot. Bei § 8 II 3 TFG handelt es sich nicht um ein Schutzgesetz.

f) § 10 TFG

Nach § 10 TFG soll die Spendeentnahme unentgeltlich erfolgen, dem Spender kann eine Aufwandsentschädigung gewährt werden. Weder ergibt sich daraus die Unzulässigkeit einer entgeltlichen Spende, noch eine Verpflichtung zur Gewährung einer Aufwandsentschädigung. Mangels eines bestimmten Gebots oder Verbots ist § 10 TFG deshalb kein Schutzgesetz.

g) § 11 TFG

§ 11 II 1 TFG räumt der Spendeeinrichtung die Befugnis ein, personenbezogene Daten der Spender zu erheben, zu verarbeiten und zu nutzen. Eine Verhaltenspflicht konstituiert § 11 II 1 TFG nicht, er ist mithin nicht als Schutzgesetz zu qualifizieren.

Es fragt sich, ob es sich bei § 11 II 2 TFG um ein Schutzgesetz handelt. Dieser verpflichtet die Spendeeinrichtungen, den zuständigen Behörden die protokollierten Daten der Spender zu übermitteln, soweit dies zur Erfüllung der Überwachungsaufgaben nach dem Arzneimittelgesetz oder zur Verfolgung von Straftaten oder Ordnungswidrigkeiten, die in engem Zusammenhang mit der Spendeentnahme stehen, erforderlich ist. Zweifelhaft erscheint, ob § 11 II 2 TFG zumindest auch dem Individualschutz dient oder allein dem allgemeinen Interesse an einer effektiven Durchführung der Überwachung nach dem Arzneimittelgesetz und der Verfolgung von Straftaten und Ordnungswidrigkeiten. Wie sich der Begründung zum Transfusionsgesetz entnehmen läßt, besteht die Verpflichtung jedoch vor allem im Interesse der Spender und der Empfänger von Blutprodukten[596], so daß § 11 II 2 TFG zumindest auch dem Schutz von Individualinteressen zu dienen bestimmt ist. § 11 II 2 TFG ist demnach ein Schutzgesetz.

h) §§ 12, 18 TFG

§§ 12 I, 18 I TFG übertragen der Bundesärztekammer die Aufgabe, in Richtlinien den Stand der medizinischen Wissenschaft und Technik hinsichtlich der Gewinnung von Blut und Blutbestandteilen sowie der Anwendung von Blutprodukten festzustellen. In dieser Aufgabenübertragung liegt keine Verpflichtung der Bundesärztekammer, sondern allein eine Ermächtigung[597]. Da §§ 12 I, 18 I TFG keine Verhaltenspflichten konstituieren, sind sie nicht als Schutzgesetze zu qualifizieren.

Gleichfalls keine Schutzgesetze mangels Begründung einer Verhaltenspflicht sind die §§ 12 II, 18 II TFG, nach denen die widerlegliche Vermutung besteht, daß bei Beachtung der Richtlinien der Stand der medizinischen Wissenschaft und Technik bei der Spendeentnahme bzw. der Anwendung von Blutprodukten eingehalten worden ist.

i) § 14 TFG

§ 14 IV 1 TFG ermächtigt die Einrichtungen der Krankenversorgung, personenbezogene Daten von mit Blutprodukten behandelten Personen zu erheben, zu verarbeiten und zu nutzen. Eine entsprechende Pflicht konstituiert § 14 IV 1 TFG aber nicht. Er ist deshalb kein Schutzgesetz.

j) § 16 TFG

§ 16 III TFG stellt fest, daß die berufsrechtlichen Mitteilungspflichten durch das Transfusionsgesetz unberührt bleiben. Verhaltenspflichten werden dadurch nicht begründet. § 16 III TFG ist nicht als Schutzgesetz zu qualifizieren.

k) § 20 TFG

§ 20 TFG ermächtigt das Bundesministerium für Gesundheit, eine Rechtsverordnung zur Regelung der Einzelheiten des Verfahrens der Rückverfolgung zu erlassen, sofern dies zur Abwehr von Gefahren für die Gesundheit von Menschen oder zur Risikovorsorge erforderlich ist. Mit dem Bundesministerium für Gesundheit ist alleiniger Adressat des § 20 TFG eine staatliche Stelle. § 20 TFG fehlt somit

---

[596] BT-Drks. 13/9594, S. 20f.
[597] So implizit auch Deutsch, NJW 1998, 3377 (3378); Saame, PharmaR 1997, 450 (451).

die für ein Gesetz im Sinne des Bürgerlichen Gesetzbuches erforderliche Rechtsnormqualität gem. Art. 2 EGBGB, da er weder Generalität noch Außenwirkung aufweist.

l) §§ 21, 22 TFG

§ 21 I TFG verpflichtet die Spendeeinrichtungen, die pharmazeutischen Unternehmer und die Einrichtungen der Krankenversorgung jährlich die Zahlen zu dem Umfang der Gewinnung von Blut und Blutbestandteilen, der Herstellung, des Im- und Exports und des Verbrauchs von Blutprodukten und Plasmaproteinen i.S.v. § 14 I TFG sowie die Anzahl der Personen mit angeborenen Hämostasestörungen der zuständigen Bundesoberbehörde zu melden. Nach § 22 I TFG sind die Spendeeinrichtungen verpflichtet, vierteljährlich unter Angabe der Gesamtzahl der getesteten Personen eine Liste über die Anzahl der auf einen Infektionsmarker bestätigt positiv getesteten Personen der für Epidemiologie zuständigen Bundesoberbehörde zuzuleiten. Zweck des § 21 I TFG ist die Erlangung eines vollständigen jährlichen Überblicks über den Grad der Selbstversorgung mit Blutprodukten zu erlangen. § 22 I TFG dient dem Zweck einer Übersicht über die Prävalenz und Inzidenz der Infektionsmarker im Blut- und Plasmaspendewesen. Die Daten werden außerdem für den Fragebogen der Kommission der Europäischen Gemeinschaften zur Feststellung des Selbstversorgungsgrades in der Europäischen Union benötigt[598]. §§ 21 I, 22 I TFG dienen somit statistischen Zwecken, nicht aber dem Schutz von Individualinteressen. Sie sind deshalb keine Schutzgesetze.

Keine Schutzgesetze sind des weiteren §§ 21 II, 22 II TFG. Sie verpflichten die zuständige Bundesoberbehörde, die Daten nach § 21 I TFG in einem Bericht zusammenzustellen und bekanntzumachen, und die für Epidemiologie zuständige Bundesoberbehörde, die Daten nach § 22 I TFG übersichtlich zusammenzustellen und diese Zusammenstellung der zuständigen Bundesoberbehörde zu übersenden, sowie beide Behörden, melderbezogene Daten streng vertraulich zu behandeln. Adressaten sind mithin nur staatliche Stellen, so daß es an der für ein Gesetz im bürgerlichrechtlichen Sinne erforderlichen Außenwirkung und Generalität fehlt.

m) §§ 23, 24, 25 TFG

§ 23 ermächtigt das Bundesministerium für Gesundheit, in einer Rechtsverordnung Art, Umfang und Darstellungsweise der Angaben nach §§ 21, 22 TFG zu regeln. Nach § 24 TFG richtet das Bundesministerium für Gesundheit einen Arbeitskreis von Sachverständigen für Blutprodukte und das Blutspende- und Transfusionswesen ein. Gem. § 25 TFG sind die zuständigen Behörden des Bundes und der Länder verpflichtet, sich gegenseitig bekanntgewordene Verdachtsfälle

---

[598] Zu den Zwecken der §§ 21 I, 22 I TFG siehe BT-Drks. 13/9594, S. 26.

schwerwiegender Nebenwirkungen von Blutprodukten unverzüglich mitzuteilen. §§ 23, 24, 25 TFG ermächtigen und verpflichten nur staatliche Stellen. Mangels Außenwirkung und Generalität sind sie deshalb keine Gesetze im Sinne des Bürgerlichen Gesetzbuches.

n) § 26 TFG

Nach § 26 I TFG finden die Vorschriften des Transfusionsgesetzes auf Einrichtungen der Bundeswehr entsprechende Anwendung. § 26 II TFG bestimmt, daß im Geschäftsbereich des Bundesministeriums der Verteidigung der Vollzug des Transfusionsgesetzes bei der Überwachung den zuständigen Stellen und Sachverständigen der Bundeswehr obliegt. § 26 I, II TFG regeln somit den Anwendungsbereich und die Behördenzuständigkeit. Verhaltenspflichten werden dadurch nicht begründet, es handelt sich mithin nicht um Schutzgesetze.

§ 26 III TFG ermächtigt das Bundesministerium der Verteidigung, in seinem Geschäftsbereich mit Zustimmung des Bundesministeriums für Gesundheit Ausnahmen von dem Transfusionsgesetz und der auf seiner Grundlage erlassenen Rechtsverordnungen zuzulassen. Da Adressat ausschließlich eine staatliche Stelle ist, fehlt § 26 III TFG Außenwirkung und Generalität. Er ist demzufolge kein Gesetz im bürgerlichrechtlichen Sinne, und damit kein Schutzgesetz.

o) §§ 27, 28, 29, 30, 33, 34 – 39 TFG

§ 27 TFG bestimmt die für die Aufgaben nach dem Transfusionsgesetz zuständigen Bundesoberbehörden. § 28 TFG regelt Ausnahmen vom Anwendungsbereich des Transfusionsgesetzes. § 29 TFG bestimmt das Verhältnis des Transfusionsgesetzes zu anderen Rechtsbereichen. In § 30 TFG wird klargestellt, daß Rechtsverordnungen auch zum Zwecke der Umsetzung von sachlich einschlägigen Rechtsvorschriften der Europäischen Union erlassen werden können, und geregelt, daß eine Zustimmung des Bundesrates nicht erforderlich ist, soweit durch eine Rechtsverordnung ausschließlich Gemeinschaftsrecht umgesetzt wird. § 33 TFG enthält eine Besitzstandsklausel, die denjenigen schützt, der noch nicht die Sachkunde nach § 13 II TFG besitzt. Die §§ 34 – 39 TFG enthalten Änderungen des Arzneimittelgesetzes, der Betriebsverordnung für pharmazeutische Unternehmer, der Apothekenbetriebsordnung und der Betriebsverordnung für Arzneimittelgroßhandelsbetriebe sowie die Regelung des Inkrafttretens des Transfusionsgesetzes. Sämtliche Vorschriften begründen keine Verhaltenspflichten und kommen demnach nicht als Schutzgesetze i.S.v. § 823 II BGB in Betracht.

3. Ergebnis

Die Vorschriften des Transfusionsgesetzes sind Schutzgesetze mit Ausnahme der folgenden Vorschriften: §§ 1; 2; 3 I, III, IV; 5 I 2, III 3; 6 I 3; 8 II 3; 10; 11 II 1; 12 I, II; 14 IV 1; 16 III; 18; 20 – 30; 33 – 39 TFG.

III. Richtlinien der Bundesärztekammer als Schutzgesetze

§§ 12 I, 18 I TFG ermächtigen die Bundesärztekammer, in Richtlinien den Stand der medizinischen Wissenschaft und Technik zur Gewinnung von Blut und Blutbestandteilen bzw. zur Anwendung von Blutprodukten festzustellen. Es fragt sich, ob diese Richtlinien Schutzgesetze sein können.

1. Grundsatz

Dem Grundsatz nach sind Richtlinien der Bundesärztekammer keine Schutzgesetze, da es sich bei ihnen nicht um Rechtsnormen i.S.v. Art. 2 EGBGB handelt. Die Bundesärztekammer ist der privatrechtlich[599] organisierte Zusammenschluß der einzelnen Landesärztekammern in der Rechtsform eines nicht eingetragenen Vereins[600]. Aufgrund der privatrechtlichen Organisationsform fehlt der Bundesärztekammer die Kompetenz, ohne staatliche Ermächtigung Regelungen mit allgemeinverbindlichem Geltungsanspruch zu erlassen. Der Grund für die fehlende Legitimation privatrechtlicher Organisationen zum Erlaß allgemeinverbindlicher Regeln liegt in dem Demokratieprinzip und dem Rechtsstaatsprinzip des Art. 20 GG. Aus ihnen ergibt sich, daß allgemeinverbindliche Rechtsetzung grundsätzlich dem Staat zugewiesen ist und sich auf das Volk als Träger der Staatsgewalt zurückführen lassen muß. Im Fall einer vom Staat unabhängigen allgemeinverbindlichen Rechtsetzung, die nicht auf staatlicher Ermächtigung beruht, sind diese Anforderungen nicht erfüllt, sie ist deshalb unzulässig[601]. Mangels Kompetenz der

---

[599] Da das Grundgesetz weite Bereiche des Gesundheitswesens der Kompetenz der Länder zugeordnet hat, ist eine öffentlich-rechtliche Organisation des ärztlichen Berufsstandes auf Bundesebene nicht möglich. Die Bundesärztekammer führt deshalb zutreffend in ihrer Bezeichnung den Zusatz „Arbeitsgemeinschaft der Deutschen Ärztekammern", siehe § 1 II der Satzung der Bundesärztekammer.

[600] Laufs in: Laufs/Uhlenbruck, § 13 Rn. 13; falsch Tettinger, S. 23, nach dem es sich um einen eingetragenen Verein handeln soll.

[601] Vgl. Herzog in: Maunz/Dürig, Art. 20 II Rn. 2, 3; Art. 20 VII Rn. 24; Dreier/Dreier, Art. 20 (Demokratie) Rn. 77, 111f.; Art. 20 (Rechtsstaat) Rn. 186; Marburger, S. 351f. Als weiterer Grund für die Verneinung der Legitimation privatrechtlicher Organisationen zum Erlaß allgemeinverbindlicher Normen kommt hinzu, daß diese nach ihrer Zusammensetzung, ihren verfolgten Zielen und ihrer inneren Struktur grundsätzlich nicht die institutionelle Gewähr dafür bieten, daß die von ihnen ausgehende Rechtsetzung am Gemeinwohl orientiert ist, vgl. dazu Marburger, S. 351f.

Bundesärztekammer zum Erlaß allgemeinverbindlicher Regeln fehlt den Richtlinien somit die für Rechtsnormen notwendige normative Geltung[602]. Sie kommen deshalb als Schutzgesetze nicht in Betracht.

2. Die Richtlinien gem. §§ 12 I, 18 I TFG

a) Übertragung der Rechtssetzungsbefugnis durch §§ 12 I, 18 I TFG

Bei den aufgrund von §§ 12 I, 18 I TFG erlassenen Richtlinien fragt sich jedoch, ob in der Ermächtigung zu ihrem Erlaß eine Übertragung der Rechtssetzungsbefugnis auf die Bundesärztekammer liegt. Die Rechtsnormqualität, und damit die mögliche Schutzgesetzeigenschaft, der Richtlinien würde dann nicht von vornherein an der fehlenden normativen Geltung mangels Rechtssetzungsbefugnis scheitern.

Unabhängig von der Frage der verfassungsrechtlichen Zulässigkeit der Übertragung von Rechtssetzungsbefugnissen auf Private im Hinblick auf das Rechtsstaats- und Demokratieprinzip[603], ist eine solche durch §§ 12 I, 18 I TFG jedoch nicht gewollt. Notwendiges Element einer Rechtsnorm ist die unbedingte Geltungsanordnung. Rechtsnormen geben die Wirklichkeit nicht schlicht wider, sondern erheben den Anspruch des verbindlichen „so seins"[604]. Dem Wortlaut der §§ 12 I, 18 I TFG nach stellt die Bundesärztekammer den allgemein anerkannten Stand der medizinischen Wissenschaft und Technik in den Richtlinien fest. Nach §§ 12 II, 18 II TFG begründet die Beachtung der Richtlinien nur die widerlegliche Vermutung, daß der allgemein anerkannte Stand der medizinischen Wissenschaft und Technik eingehalten worden ist. Der tatsächliche allgemein anerkannte Stand der medizinischen Wissenschaft und Technik entspricht also nicht zwingend dem in den Richtlinien fixierten Standard. Wie sich aus dem Wortlaut und der Vermutensregelung ergibt, geben die Richtlinien den allgemein anerkannten Stand der medizinischen Wissenschaft und Technik mithin nur wider, bestimmen ihn aber nicht verbindlich. Ihnen fehlt somit der für eine Norm notwendige unbedingte Geltungsanspruch. §§ 12 I, 18 I TFG ermächtigen die Bundesärztekammer demzufolge nicht, Rechtsnormen zu erlassen. Eine Übertragung von Rechtssetzungsbefugnissen liegt nicht vor.

---

[602] Staudinger[13]/Merten, Art. 2 EGBGB Rn. 90. Zur Unbeachtlichkeit privater Normsetzung ohne staatliche Ermächtigung im Rahmen des § 823 II BGB auch Larenz/Canaris, § 77 II 1 d; MünchKomm/Mertens, § 823 Rn. 182 m.w.N.; Staudinger[13]/Hager, § 823 Rn. G 13.

[603] Vgl. BVerfG, NJW 1984, 1225; Dreier/Dreier, Art. 20 (Demokratie) Rn. 111f. m.w.N.

[604] Vgl. dazu Larenz, Methodenlehre, S. 240ff.; Marburger, S. 287; Taupitz, Standesordnungen, S. 567.

b) Abgeleitete Rechtsnorm durch Verweisung

Nach einer in der Literatur vertretenen Ansicht können von Privaten erlassene Regelungen Rechtsnormcharakter erlangen, wenn eine Rechtsnorm auf sie verweist, sog. abgeleitete Rechtnormen[605]. Unabhängig davon, ob man abgeleitete Rechtsnormen anerkennt[606], kommt eine solche Möglichkeit bei den Richtlinien nach §§ 12 I, 18 I TFG jedenfalls nicht in Betracht. Dies folgt daraus, daß die Normen des Transfusionsgesetzes nicht die Richtlinien der Bundesärztekammer in Bezug nehmen, sondern auf den Stand der medizinischen Wissenschaft und bzw. oder Technik verweisen. Mangels gesetzlicher Verweisung auf die Richtlinien ist deshalb deren Qualifikation als abgeleitete Rechtsnormen von vornherein ausgeschlossen.

c) Ergebnis

Die aufgrund von §§ 12 I, 18 I TFG erlassenen Richtlinien der Bundesärztekammer sind keine Rechtsnormen.

3. Ergebnis

Die Richtlinien gem. §§ 12 I, 18 I TFG sind mangels Rechtsnormqualität keine Schutzgesetze i.S.v. § 823 II BGB.

IV. Zusammenfassung

1. Die Vorschriften des Transfusionsgesetzes sind Schutzgesetze mit Ausnahme der folgenden Vorschriften: §§ 1; 2; 3 I, III, IV; 5 I 2, III 3; 6 I 3; 8 II 3; 10; 11 II 1; 12 I, II; 14 IV 1; 16 III; 18; 20 – 30; 33 – 39 TFG.

2. Die nach §§ 12 I, 18 I TFG erlassenen Richtlinien der Bundesärztekammer sind mangels Rechtsnormqualität keine Schutzgesetze i.S.v. § 823 II BGB.

---

[605] Forsthoff, S. 76; v. Westphalen/Foerste, § 24 Rn. 47.
[606] Ablehnend Larenz/Canaris, § 77 II 1 d; Marburger, S. 332 m.w.N.; MünchKomm/Mertens, § 823 Rn. 182; Staudinger[13]/Hager, § 823 Rn. G 13.

J. Rechtfertigungsfragen

Das Transfusionsgesetz regelt die Gewinnung von Blut und Blutbestandteilen sowie die Anwendung von Blutprodukten. Es begründet damit Pflichten für die die Spendeentnahme, die Vorbehandlung zur Spendeentnahme und die Anwendung von Blutprodukten durchführenden Personen. Weitere Pflichten ergeben sich aufgrund der Rechtsbeziehungen zwischen dem Spender und der Spendeeinrichtung bzw. dem Nutzer der Spende. Die Verletzung dieser Pflichten kann strafrechtliche, ordnungswidrigkeitenrechtliche, verwaltungsrechtliche, berufsrechtliche oder zivilrechtliche Sanktionen nach sich ziehen. Eine Ahndung entfällt, wenn die Verletzung der Pflichten gerechtfertigt ist. Als Rechtfertigungsgründe kommen insbesondere § 34 StGB, § 16 OWiG, § 904 BGB und der (übergesetzliche) Notstand in Betracht.

I. Voraussetzungen der Rechtfertigung

Nach § 34 StGB, § 16 OWiG und dem Notstand ist die Verletzung von Pflichten nicht rechtswidrig, wenn sie zur Abwehr einer gegenwärtigen Gefahr für ein Rechtsgut erforderlich ist und bei Abwägung der kollidierenden Interessen das geschützte Interesse das beeinträchtigte wesentlich überwiegt. Die Pflichtverletzung muß des weiteren ein angemessenes Mittel sein, um die Gefahr abzuwehren. Gem. § 904 BGB ist die Einwirkung auf eine Sache nicht rechtswidrig, wenn sie das zur Abwehr einer gegenwärtigen Gefahr notwendige Mittel ist und der drohende Schaden gegenüber dem aus der Einwirkung dem Eigentümer entstehenden Schaden unverhältnismäßig groß ist.

Die Rechtfertigung setzt damit in allen Fällen eine gegenwärtige Gefahr für ein Rechtsgut, die Erforderlichkeit der Notstandshandlung und ein aufgrund einer Interessenabwägung ermitteltes wesentliches Überwiegen des geschützten Interesses voraus. Eine gegenwärtige Gefahr besteht, wenn das zu schützende Rechtsgut sich in einer Situation befindet, in der konkrete tatsächliche Umstände eine über das allgemeine Lebensrisiko hinausgehende Gefahr einer Schädigung begründen und deshalb die Notwendigkeit zu sofortigem Handeln besteht[607]. Die Erforderlichkeit einer Notstandshandlung ist nur dann zu bejahen, wenn kein anderes Mittel existiert, das ebenso geeignet ist die Gefahr abzuwenden und das zugleich die beeinträchtigten Interessen weniger schwer belastet[608]. Die Interessenabwägung hat umfassend alle beteiligten Interessen zu berücksichtigen, insbesondere sind in die Abwägung das Rangverhältnis der betroffenen Güter, die Größe des drohen-

---

[607] MünchKomm/Säcker, § 904 Rn. 9; Schönke/Schröder/Lenckner, § 34 Rn. 12, 17 jeweils m.w.N.

[608] MünchKomm/Säcker, § 904 Rn. 9; Schönke/Schröder/Lenckner, § 34 Rn. 20a; Staudinger[13]/Seiler, § 904 Rn. 25 jeweils m.w.N.

den Schadens, der Grad der Gefahr und die Gefahrverursachung einzustellen[609]. Zur Rechtfertigung nach § 34 StGB, § 16 OWiG und dem Notstand ist zudem erforderlich, daß die Notstandhandlung ein angemessenes Mittel zur Abwehr der Gefahr darstellt. Diese Angemessenheitsklausel soll sicherstellen, daß „das Verhalten des Notstandstäters auch nach den anerkannten Wertvorstellungen der Allgemeinheit als eine sachgemäße und dem Recht entsprechende Lösung des Konflikts erscheint"[610].

II. Bedeutung der Rechtfertigung im Bereich des Transfusionswesens

Es fragt sich, welche Bedeutung der Rechtfertigung aufgrund Notstandes im Bereich des Transfusionswesens zukommt und ob die Notstandsregeln geeignet sind, die Anforderungen zu unterlaufen, die das Transfusionsgesetz an die Gewinnung von Blut und Blutbestandteilen und die Anwendung von Blutprodukten stellt. Die praktische Bedeutung der Rechtfertigung aufgrund Notstandes dürfte im Bereich des Transfusionswesen schon wegen des Erforderlichkeitskriteriums nur gering sein. In Deutschland kommt es zwar gelegentlich zu Versorgungsschwierigkeiten mit Blutprodukten. Jedoch stehen in aller Regel ausreichend Blutprodukte zur Verfügung, um die Patienten, die zur Abwehr erheblicher gesundheitlicher Nachteile auf eine Behandlung mit Blutprodukten dringlich angewiesen sind, angemessen zu versorgen. Es erscheint deshalb bei dem gegenwärtigen Versorgungsstand praktisch kaum denkbar, daß es im Bereich des Transfusionswesens zu Situationen kommt, in denen eine Gefahr für ein Rechtsgut besteht, deren Abwendung sowohl das Interesse an der Beachtung der sich aus dem Transfusionsgesetz und den Rechtsbeziehungen zum Spender ergebenden Pflichten überwiegt als auch zugleich allein durch eine Verletzung dieser Pflichten möglich ist. Die Gefahr, daß in der Praxis die Anforderungen des Transfusionsgesetz an die Gewinnung von Blut und Blutbestandteilen oder die Anwendung von Blutprodukten über die Notstandsregeln unterlaufen werden, ist deshalb als äußerst gering anzusehen.

III. Rechtfertigung zwangsweiser Spendeentnahmen

Im strafrechtlichen Schrifttum ist die Frage, ob eine zwangsweise Spendeentnahme nach § 34 StGB gerechtfertigt ist, wenn jemand in einer konkreten Gefahrensituation die lebensrettende Blutspende verweigert, obwohl er als einziger die benö-

---

[609] Roxin, § 16 Rn. 22ff.; Schönke/Schröder/Lenckner, § 34 Rn. 22ff.; Soergel/Baur, § 904 Rn. 12; Staudinger[13]/Seiler, § 904 Rn. 27.

[610] BT-Drks. 4/650, S. 159. Ob der Angemessenheitsklausel neben der Güterabwägung eine eigenständige Bedeutung zukommt ist umstritten: bejahend Roxin, § 16 Rn. 80ff.; verneinend Schönke/Schröder/Lenckner, § 34 Rn. 46f. jeweils m.w.N. zum Stand der Meinung.

tigte Blutgruppe hat, zum Gegenstand kontroverser Erörterung geworden[611]. Ihr soll deshalb hier trotz ihrer geringen praktischen Bedeutung nachgegangen werden.

Nach herrschender Meinung ist eine zwangsweise Spendeentnahme mit der Menschenwürde und dem Freiheitsprinzip nicht zu vereinbaren und daher nicht durch § 34 StGB gerechtfertigt[612]. Der Verstoß gegen die Menschenwürde und das Freiheitsprinzip wird dabei überwiegend nicht aus dem Eingriff als solchem abgeleitet, sondern daraus, daß es sich bei der Hergabe von Blut zum Zwecke der Rettung eines anderen Menschen um einen Akt mitmenschlicher Hilfsbereitschaft handele, der der sittlichen Entscheidung des einzelnen überlassen bleiben müsse[613]. Diese herrschende Meinung kann jedoch nicht überzeugen. Richtig ist zwar, daß die Rechtsordnung mitmenschliche Hilfsbereitschaft nicht erzwingen kann. Wie aber § 323c StGB zeigt, ist der tatsächliche Akt der Hilfeleistung sehr wohl durch die Rechtsordnung erzwingbar. Und §§ 81a I 2, 81c StPO, § 372a ZPO belegen, daß nicht in jedem zwangsweisen Eingriff in die körperliche Integrität eine Verletzung der Menschenwürde und des Freiheitsprinzips liegt – die freie Bestimmung über den eigenen Körper also nicht schlechthin jeder Abwägung entzogen ist. Weder die Natur der Blutspende als Akt mitmenschlicher Hilfsbereitschaft noch der in der Blutspende liegende Eingriff in die körperliche Integrität schließen somit a priori eine Rechtspflicht zur Duldung der Spendeentnahme aus[614].

Die unausgesprochen der herrschenden Meinung zugrundeliegende Erwägung, die die Ablehnung der Rechtfertigung einer zwangsweisen Spendeentnahme begründet, dürfte deshalb wohl darin zu sehen sein, daß es im Hinblick auf die Interessen des einzelnen und der Allgemeinheit als untragbar angesehen wird, Unbeteiligte zu einer Spendeentnahme zwingen zu können[615]. In Anbetracht des geringen Risikos der Spendeentnahme und der Seltenheit, mit der solche Fälle in der Realität vorkommen werden, wird man allerdings kaum sagen können, daß die Möglichkeit, im Notstand auch zwangsweise Unbeteiligte zu einer Spendeentnahme he-

---

[611] Der Fall geht zurück auf Gallas, 311 (325f.).

[612] Gallas, 311 (325f.); Jescheck/Weigend, S. 364; Schönke/Schröder/Lenckner, § 34 Rn. 41e; Wessels/Beulke, Rn. 318ff. jeweils m.w.N. Ob es sich um ein Problem der Güterabwägung nach § 34 S. 1 StGB oder der Angemessenheit nach § 34 S. 2 StGB handelt, ist umstritten, aber für das Ergebnis ohne Relevanz.

[613] Gallas, 311 (325); Jescheck/Weigend, S. 364; Schönke/Schröder/Lenckner, § 34 Rn. 41e; Wessels/Beulke, Rn. 320.

[614] Zu dieser Argumentation Roxin, § 16 Rn. 44.

[615] So auch Delonge, S. 151.

ranziehen zu können, das Sicherheitsbedürfnis des einzelnen und der Allgemeinheit in unerträglicher Weise beeinträchtigt[616].

Nachdem somit die Rechtfertigung einer zwangsweisen Spendeentnahme nach § 34 StGB nicht von vornherein ausgeschlossen ist, hängt die Rechtfertigung von einer Abwägung der beteiligten Interessen ab. Bei ihr wird man grundsätzlich das Interesse des Patienten an der Rettung seines Lebens als überwiegend gegenüber dem Interesse des unfreiwilligen Spenders anzusehen haben, nicht einen ungefährlichen und für seine Gesundheit folgenlosen Eingriff in die körperliche Unversehrtheit und in die Autonomie hinnehmen zu müssen. Im Ergebnis ist mithin eine zwangsweise Spendeentnahme nach § 34 StGB gerechtfertigt, wenn dies zur Abwehr einer Lebensgefahr das einzige Mittel ist[617].

---

[616] Delonge, S. 151f.; ebenso, allerdings zögernd, Joerden, GA 1991, 411 (426). Anders wäre wohl zu entscheiden, wenn die Heranziehung Unbeteiligter zur Spendeentnahme zu einem alltäglichen Ereignis würde. Denn dann wäre die Verunsicherung des gesellschaftlichen Zusammenlebens wohl so groß, daß man die zwangsweise Spendeentnahme nicht mehr als angemessenes Mittel zur Gefahrenabwehr ansehen könnte. Vgl. dazu zutreffend Joerden, GA 1991, 411 (426).

[617] So im Ergebnis auch Delonge, S. 150ff.; Joerden, GA 1991, 411 (425ff.); Roxin, § 16 Rn. 44.

K. Zusammenfassung der wesentlichen Ergebnisse

I. Rechtliche Grundlagen

1. Im Körper eines lebenden Menschen befindliches Blut ist keine Sache und nicht Gegenstand des Rechtsverkehrs. Das Herrschaftsrecht über das Blut steht kraft ihres Persönlichkeitsrechts der Person zu, in deren Körper es sich befindet. Fremdblutspenden und Eigenblutspenden sind als Sachen i.S.v. § 90 BGB zu qualifizieren, an denen der Spender entsprechend § 953 BGB mit der Entnahme Eigentum erwirbt. Neben dem Eigentum bestehen persönlichkeitsrechtliche Beziehungen des Spenders zu der Spende.

2. Blut und Blutbestandteile, die unmittelbar an Patienten angewendet werden sollen, sind Arzneimittel i.S.v. § 2 I AMG. Zur Weiterverarbeitung bestimmte Spenden sind keine Arzneimittel i.S.v. § 2 I AMG. Soweit sie bei der Herstellung von Arzneimitteln als arzneilich wirksame Bestandteile verwendet werden sollen, handelt es sich bei ihnen um Wirkstoffe gem. § 4 XIX AMG.

3. a) Bei der Fremdblutentnahme bestehen hinsichtlich der Spendeentnahme keine schuldrechtlichen Beziehungen zwischen dem Spender und der Spendeeinrichtung, sie beruht allein auf der Einwilligung des Spenders. Rechtsgrund der Übertragung des Eigentums an den entnommenen Substanzen ist ein Schenkungsvertrag in der Form der Realschenkung. Für Fehler der Spende haftet der Spender nach § 524 BGB. Bei Verletzung von Rechtsgütern des Spenders kommt eine Haftung der Spendeeinrichtung aus cic, pVV, § 823 BGB, § 831 BGB in Betracht. Soweit die Ansprüche des Spenders sich auf den Ersatz von Personenschäden richten, ist eine Haftung der Spendeeinrichtung in der Regel gem. § 104 I SGB VII ausgeschlossen. Der Rechtsgrund einer eventuell gewährten Aufwandsentschädigung liegt in einer Auslobung der Spendeeinrichtung.

b) Die Entnahme einer Eigenblutspende erfolgt im Rahmen eines Behandlungsvertrages. Werden nicht angewendete Eigenblutspenden nicht von dem Spender herausverlangt, so liegt in dieser Überlassung eine Übertragung des Eigentums an der Spende auf den Arzt oder die Institution. Rechtsgrund für die Übereignung ist ein Schenkungsvertrag. Für Fehler der überlassenen Spende haftet der Spender gem. § 524 BGB.

4. a) Eigenblutspenden, die noch zu der Anwendung bei dem Spender bestimmt sind, dürfen nur zu diesen Zwecken verwendet werden. Bei unzulässiger Verwendung der Spende kommen Ansprüche aus pVV des Behandlungsvertrages, § 823 I BGB, § 687 II, § 812 I 1 Alt. 2 BGB, § 816 I 1 BGB, § 847 BGB, § 985 BGB, § 1004 I BGB und entsprechend §§ 1004 I, 823 I BGB in Betracht.

b) Fremdblutspenden und Eigenblutspenden, die nicht mehr bei dem Spender angewendet werden sollen, dürfen ohne Einwilligung des Spenders folgenden Verwendungen nicht zugeführt werden:

(1) Verwendungen aufgrund derer originär personenbezogene Daten gewonnen werden, die dem Spender zugeordnet werden können.

(2) Verwendungen durch die die Spende wegen ihrer individuellen Eigenschaften physisch perpetuiert oder vervielfältigt wird (beispielsweise durch die Gewinnung einer Zellinie).

(3) Forschungen, über deren rechtliche oder ethische Zulässigkeit oder Vertretbarkeit unter Ärzten bzw. in der Öffentlichkeit keine Übereinstimmung herrscht.

Bei der unzulässigen Nutzung können sich Ansprüche des Spenders aus pVV des Schenkungsvertrages, § 823 I BGB, § 687 II BGB, § 812 I 1 Alt. 2 BGB, § 847 BGB und entsprechend §§ 1004, 823 I BGB ergeben.

5. Der Stand der medizinischen Wissenschaft und Technik repräsentiert den jeweiligen Stand der wissenschaftlichen Erkenntnis und ärztlichen Erfahrung, der entweder unter den Angehörigen des betreffenden Fachgebiets unumstritten oder zumindest unter den führenden Experten des Fachgebiets im wesentlichen unumstritten und in der Praxis bewährt ist.

6. Die nach §§ 12 I, 18 I TFG erlassenen Richtlinien stellen den Stand der medizinischen Wissenschaft fest, definieren ihn aber nicht. Die Beachtung der in den Richtlinien festgestellten Anforderungen begründet gem. §§ 12 II, 18 II TFG die widerlegliche Vermutung, daß der Stand der medizinischen Wissenschaft und Technik eingehalten worden ist. Den Richtlinien kommt somit eine Orientierungsfunktion, eine Qualitätssicherungsfunktion, eine prozessuale Rationalisierungsfunktion zu. Im Hinblick auf die Ermittlung des Standes der medizinischen Wissenschaft und Technik binden die Richtlinien die Gerichte und schränken die freie richterliche Beweiswürdigung ein.

Die vor dem Erlaß des Transfusionsgesetzes von der Bundesärztekammer aufgestellten Richtlinien stellen auch nach Erlaß des Transfusionsgesetzes im Sinne eines antizipierten Sachverständigengutachtens den Stand der medizinischen Wissenschaft und Technik fest, sofern das Transfusionsgesetz nicht verbindlich abweichende Regelungen getroffen hat. Sie haben, sofern sie nicht nur Regelungen des Transfusionsgesetzes wiederholen, die gleiche Funktion wie nach §§ 12 I, 18 I TFG erlassene Richtlinien. Im Gegensatz zu jenen sind sie für die Gerichte allerdings nicht verbindlich.

II. Einwilligung und Aufklärung

1. Die Einwilligung in und die Aufklärung über die Spendeentnahme sowie die Aufklärung über die mit der Spendeentnahme verbundene Erhebung, Verarbeitung und Nutzung personenbezogener Daten unterliegen keiner Form. Sie sind vor Durchführung der Spendeentnahme schriftlich zu bestätigen.

2. Die Einwilligung in die Hyperimmunisierung unterliegt der Schriftform, deren Einhaltung Voraussetzung für die Wirksamkeit der Einwilligung ist. Die Aufklä-

rung über die Hyperimmunisierung und die mit ihr verbundene Erhebung, Verarbeitung und Nutzung personenbezogener Daten sind formlos wirksam und müssen vor Durchführung der Hyperimmunisierung schriftlich bestätigt werden.

3. Das Erfordernis der schriftlichen Bestätigung ist ein formelles Rechtmäßigkeitserfordernis der Spendeentnahme und Hyperimmunisierung, das der Beweissicherung und dem Schutz des Selbstbestimmungsrechts des Spenders dient. Bei Verletzung der Pflicht zur Einholung einer schriftlichen Bestätigung kann gem. § 18 I AMG die Herstellungserlaubnis des Trägers der Spendeeinrichtung aufgehoben oder ihr Ruhen angeordnet werden. Soweit es sich bei den verpflichteten Personen um Ärzte oder Apotheker handelt, kann eine Pflichtverletzung berufsrechtlich nach §§ 60ff. nds. HKG und § 5 II BÄO bzw. § 6 II BApO geahndet werden. Im Falle der nicht schriftlich erteilten Einwilligung liegt in der Hyperimmunisierung eine tatbestandliche Körperverletzung.

4. Die Einwilligung in und die Aufklärung über die Anwendung von Blutprodukten unterliegen keiner Form. Sie müssen dokumentiert werden. Bei der Dokumentationspflicht handelt es sich um eine Berufspflicht des behandelnden Arztes, deren Verletzung nach §§ 60ff. nds. HKG und § 5 II BÄO geahndet werden kann.

5. Die Einwilligung in eine Testung auf Infektionserreger muß von einer Person, bei der Blutprodukte angewendet worden sind, bei denen der begründete Verdacht besteht, daß sie Infektionserreger übertragen, schriftlich erteilt werden. Die Einhaltung der Schriftform ist Rechtmäßigkeitsvoraussetzung der Testung, nicht Wirksamkeitsvoraussetzung der Einwilligung. Für den behandelnden Arzt ist die Einholung der schriftlichen Einwilligung eine Berufspflicht, deren Verletzung gem. §§ 60ff. nds. HKG und § 5 II BÄO sanktioniert werden kann.

III. Hyperimmunisierung

1. Die gesetzliche Unfallversicherung weist Defizite im Schutz der immunisierten Spender auf. Eine entsprechend § 40 I 1 Nr. 8, III AMG konzipierte Spenderversicherung wäre geeignet, die Mängel der gesetzlichen Unfallversicherung weitgehend auszugleichen. Der Verzicht auf eine besondere Spenderversicherung und die Hinnahme der Defizite der gesetzlichen Unfallversicherung ist nicht mit Rücksicht auf das Ziel der Selbstversorgung mit Hyperimmunglobulinen akzeptabel.

2. a) Aufgabe der Ethik-Kommissionen ist die Beratung und Kontrolle der das Immunisierungsprogramm durchführenden Personen in ethischer, rechtlicher und medizinischer Hinsicht. Den Maßstab der Beurteilung bilden insbesondere das Transfusionsgesetz, das Arzneimittelgesetz, die Richtlinien zur Hämotherapie und die Richtlinien für die Herstellung von Hyperimmunplasma sowie die Revidierte Deklaration von Helsinki und die Bioethik-Konvention. Grundlage der Beurteilung sind der Immunisierungsplan und ergänzende Angaben des Antragstellers.

b) Die Ethik-Kommissionen werden bei der Wahrnehmung ihrer Aufgaben öffentlich-rechtlich tätig. Ihnen steht ein umfassendes Interventionsrecht zu. Sie können ihr zustimmendes Votum zurücknehmen oder es nur unter Änderungen aufrecht erhalten, Berichte anfordern und die leitende ärztliche Person zur Erörterung einbestellen. Die Voten der Ethik-Kommissionen sind als Realakte zu qualifizieren. Ein Ersatzverfahren zur Ersetzung negativer Voten existiert nicht. Rechtsschutz gegen Kommissionsvoten ist im Verwaltungsrechtsweg mit der allgemeinen Leistungsklage oder der Feststellungsklage zu suchen.

c) Zuständig sind ausschließlich nach Landesrecht gebildete Ethik-Kommissionen, der Ausschluß privater Ethik-Kommissionen ist verfassungsrechtlich nicht zu beanstanden und sachgerecht.

d) Die ärztliche Vertretbarkeit der Durchführung eines Immunisierungsprogramms ist aufgrund einer Abwägung zwischen der voraussichtlichen Bedeutung des Plasmas für die Heilbehandlung und den Risiken für die zu immunisierenden Spender zu beurteilen. Die Durchführung von Immunisierungsprogrammen, die mit der konkreten Gefahr oder Wahrscheinlichkeit des Todes oder einer schweren Körperverletzung verbunden sind, ist immer ärztlich unvertretbar.

IV. Straf- und Bußgeldvorschriften

1. Die Strafvorschrift des § 31 TFG ist hinsichtlich des Tatbestandes und der Strafrahmenhöhe sowohl verfassungsrechtlich unbedenklich als auch sachgerecht.

2. Der strafrechtliche Schutz von Leben und Gesundheit der Spender bei der Spendeentnahme ist ausreichend. Defizite weist der strafrechtliche Schutz der Empfänger von Blutprodukten sowie der Schutz der Spender bei der Hyperimmunisierung und bei der Vorbehandlung für die Separation von Blutstammzellen und anderen Blutbestandteilen auf. Es sollte ein abstraktes Gefährdungsdelikt geschaffen werden, das die Einhaltung der für den Schutz der Spender grundlegenden Voraussetzungen, die an eine ordnungsgemäße Hyperimmunisierung nach § 8 TFG und an eine ordnungsgemäße Vorbehandlung für die Separation von Blutstammzellen und anderen Blutbestandteilen zu stellen sind, strafrechtlich gewährleistet. Des weiteren sollte ein Gefährdungsdelikt geschaffen werden, das das Inverkehrbringen von zur weiteren Verarbeitung bestimmten Spenden unter Strafe stellt, wenn diese mit HIV, HBV oder HCV kontaminiert sind oder der begründete Verdacht einer solchen Kontamination besteht.

3. Die Regelung des § 32 I, II Nr. 1 TFG ist sachgerecht. Nicht sachgerecht ist § 32 II Nr. 2 TFG, er sollte im Interesse des Spenderschutzes und der Widerspruchsfreiheit der gesetzlichen Regelung im Transfusionsgesetz und im Arzneimittelgesetz auch die Verletzung der Pflichten aus § 8 II 1 Nr. 1, 2, 3, 5, 7 TFG als Ordnungswidrigkeit pönalisieren.

V. Schutzgesetze i.S.v. § 823 II BGB

1. Die Vorschriften des Transfusionsgesetzes sind Schutzgesetze mit Ausnahme der folgenden Vorschriften: §§ 1; 2; 3 I, III, IV; 5 I 2, III 3; 6 I 3; 8 II 3; 10; 11 II 1; 12 I, II; 14 IV 1; 16 III; 18; 20 – 30; 33 – 39 TFG.

2. Die nach §§ 12 I, 18 I TFG erlassenen Richtlinien der Bundesärztekammer sind mangels Rechtsnormqualität keine Schutzgesetze i.S.v. § 823 II BGB.

L. ABSCHLIEßENDE BEWERTUNG

Das Transfusionsgesetz erscheint geeignet, das Ziel der Erhöhung der Sicherheit bei der Gewinnung von Blut und Blutbestandteilen sowie der Anwendung von Blutprodukten zu erreichen. Als unter juristischen Gesichtspunkten wenig sachgerecht muß die Regelung der Einwilligung und Aufklärung bewertet werden. Der Schutz der Spender bei der Hyperimmunisierung sowie bei der Vorbehandlung zur Separation von Stammzellen und anderen Blutbestandteilen ist nicht ausreichend. Im Hinblick auf die Straf- und Bußgeldbestimmungen erscheinen Nachbesserungen als notwendig.

ANHANG I: PARLAMENTARIA ZUM TRANSFUSIONSGESETZ

BT-Drks. 12/6700	Erste Beschlußempfehlung und Zwischenbericht des 3. Untersuchungsausschusses „HIV-Infektionen durch Blut und Blutprodukte" des 12. Deutschen Bundestages v. 26. Januar 1994
BT-Drks. 12/8591	Schlußbericht des 3. Untersuchungsausschusses „HIV-Infektionen durch Blut und Blutprodukte" des 12. Deutschen Bundestages v. 25. Oktober 1994
BT-Drks. 13/9594	Gesetzentwurf der Bundesregierung: Entwurf eines Gesetzes zur Regelung des Transfusionswesens (Transfusionsgesetz – TFG)
BT-Drks. 13/10643	Beschlußempfehlung des Ausschusses für Gesundheit v. 6. Mai 1995
BT-Plenarprotokolle 13/213, S. 19449	Erste Lesung des Transfusionsgesetzes v. 15. Januar 1998
BT-Plenarprotokolle 13/235, S. 21629	Zweite und Dritte Lesung sowie Verabschiedung des Transfusionsgesetzes v. 7. Mai 1998
BRat-Drks. 408/98	Zustimmung des Bundesrates zum Transfusionsgesetz v. 29. Mai 1998

Protokolle des Ausschusses für Gesundheit, 13. Legislaturperiode

112. Sitzung v. 4. Februar 1998	
117. Sitzung v. 1. April 1998	Anhörung der Sachverständigen
120. Sitzung v. 22. April 1998	
123. Sitzung v. 29. April 1998	
125. Sitzung v. 6. Mai 1998	Abschließende Beratung und Beschlußempfehlung

Drucksachen des Ausschusses für Gesundheit, 13. Legislaturperiode

Nr. 115	Eckpunkte für ein Gesetz zur Herstellung und Anwendung von Blutprodukten (Transfusionsgesetz) v. 10. Juli 1995
Nr. 995	Stellungnahme der Arbeitsgemeinschaft Plasmaderivate herstellender Unternehmen v. 3. Februar 1998
Nr. 1034	Sammelstellungnahme v. 25. März 1998

Nr. 1046	Stellungnahme von Prof. Dr. Hanfland v. 25. März 1998 (patientenbezogene Qualitätssicherung)
Nr. 1047	Stellungnahme der Berufsvereinigung der Naturwissenschaftler in der Labordiagnostik v. 30. März 1998
Nr. 1051	Stellungnahme des Berufsverbandes Laboratoriumsmedizin v. 30. März 1998
Nr. 1052	Stellungnahme der Landesbeauftragten für den Datenschutz Nordrhein-Westfalen v. 31. März 1998
Nr. 1055	Stellungnahme der IGH v. 31. März 1998
Nr. 1060	Stellungnahme des Berufsverbandes Laboratoriumsmedizin v. 30. März 1998 (identisch mit Nr. 1051)
Nr. 1069	Stellungnahme der Bundesärztekammer v. 2. April 1998 (Beteiligung der Hersteller von Blutprodukten und Plasmaderivaten an der Erstellung der Richtlinien)
Nr. 1094	Stellungnahme Prof. Dr. Schramm v. 20. April 1998, Stellungnahme von Prof. Dr. Hanfland v. 15. April 1998, Stellungnahme der Deutschen Hämophiliegesellschaft v. 9. April 1998 (Heimselbstbehandlung von Blutern)
Nr. 1102	Änderungsantrag der Fraktionen CDU/CSU und F.D.P.
Nr. 1117	Änderungsanträge der Fraktion der SPD

ANHANG II: SYNOPSE

TFG v. 01.07.1998	3. (Regierungs-) Entwurf v. 13.01.1998
ERSTER ABSCHNITT Zweck des Gesetzes, Begriffsbestimmungen	ERSTER ABSCHNITT Zweck des Gesetzes, Begriffsbestimmungen
§ 1 Zweck des Gesetzes	§ 1 Zweck des Gesetzes
Zweck dieses Gesetzes ist es, nach Maßgabe der nachfolgenden Vorschriften zur Gewinnung von Blut und Blutbestandteilen von Menschen und zur Anwendung von Blutprodukten für eine sichere Gewinnung von Blut und Blutbestandteilen und für eine gesicherte und sichere Versorgung der Bevölkerung mit Blutprodukten zu sorgen und deshalb die Selbstversorgung mit Blut und Plasma zu fördern.	Zweck dieses Gesetzes ist es, nach Maßgabe der nachfolgenden Vorschriften zur Gewinnung von Blut und Blutbestandteilen von Menschen und zur Anwendung von Blutprodukten für eine sichere Gewinnung von Blut und Blutbestandteilen und für eine gesicherte und sichere Versorgung der Bevölkerung mit Blutprodukten zu sorgen.
§ 2 Begriffsbestimmungen	§ 2 Begriffsbestimmungen
Im Sinne dieses Gesetzes 1. ist Spende die einem Menschen entnommene Menge an Blut oder Blutbestandteilen, die Arzneimittel ist oder zur Herstellung von Arzneimitteln bestimmt ist, 2. ist Spendeeinrichtung eine Einrichtung, durch die Spenden entnommen werden, 3. sind Blutprodukte Blutzubereitungen im Sinne des § 4 Abs. 2 des Arzneimittelgesetzes, Sera aus menschlichem Blut im Sinne des § 4 Abs. 3 des Arzneimittelgesetzes und Plasma zur Fraktionierung.	Im Sinne dieses Gesetzes 1. ist Spende die einem Menschen entnommene Menge an Blut oder Blutbestandteilen, die Arzneimittel ist oder zur Herstellung von Arzneimitteln bestimmt ist, 2. ist Spendeeinrichtung eine Einrichtung, durch die Spenden entnommen werden, 3. sind Blutprodukte Blutzubereitungen im Sinne des § 4 Abs. 2 des Arzneimittelgesetzes, Sera aus menschlichem Blut im Sinne des § 4 Abs. 3 des Arzneimittelgesetzes und Plasma zur Fraktionierung.

2. Entwurf v. 29.07.1997	1. Entwurf v. 21.04.1997
ERSTER ABSCHNITT Zweck des Gesetzes, Begriffsbestimmungen	**ERSTER ABSCHNITT** Zweck des Gesetzes, Begriffsbestimmungen
§ 1 Zweck des Gesetzes	§ 1 Zweck des Gesetzes
Zweck dieses Gesetzes ist es, nach Maßgabe der nachfolgenden Vorschriften zur Gewinnung von Blut und Blutbestandteilen von Menschen und zur Anwendung von Blutprodukten für eine gesicherte und sichere Versorgung der Bevölkerung mit Blutprodukten zu sorgen.	Zweck dieses Gesetzes ist es, nach Maßgabe der nachfolgenden Vorschriften zur Gewinnung von Blut und Blutbestandteilen und zur Transfusion von Blutprodukten für eine sichere Versorgung der Bevölkerung mit Blutprodukten zu sorgen.
§ 2 Begriffsbestimmungen	§ 2 Begriffsbestimmungen
Im Sinne dieses Gesetzes 1. ist Spende die einem Menschen entnommene Menge an Blut oder Blutbestandteilen, die zur Herstellung von Arzneimitteln, mit Ausnahme von homöopathischen und anthroposophischen Arzneimitteln zur Eigenblutanwendung, bestimmt ist, 2. ist Spendeeinrichtung eine Einrichtung, in der oder durch die Spenden entnommen werden, 3. sind Blutprodukte Blutzubereitungen im Sinne des § 4 Abs. 2 des Arzneimittelgesetzes, Sera aus menschlichem Blut im Sinne des § 4 Abs. 3 des Arzneimittelgesetzes und Plasma zur Fraktionierung. Gentechnisch hergestellte Blutbestandteile, die fehlende Blutbestandteile ersetzen, gelten als Blutprodukte.	Für dieses Gesetz gelten folgende Begriffsbestimmungen: 1. Spende ist die einem Menschen entnommene Menge an Blut oder Blutbestandteilen, die zur Herstellung von Arzneimitteln, mit Ausnahme von homöopathischen und anthroposophischen Arzneimitteln zur Eigenblutanwendung, bestimmt ist, 2. Eigenblutspende ist die entnommene Menge an Blut oder Blutbestandteilen zur Anwendung an der spendenden Person, 3. Spendeeinrichtung ist eine Einrichtung, in der Spenden entnommen werden, 4. Blutprodukte sind Blutzubereitungen im Sinne des § 4 Abs. 2 des Arzneimittelgesetzes und Sera aus menschlichem Blut im Sinne des § 4 Abs. 3 des Arzneimittelgesetzes. Gentechnologisch hergestellte Blutbestandteile gelten als Blutprodukte. 5. Transfusion ist die Anwendung von zellulären Blutzubereitungen am Menschen. Die Anwendung von Blutzubereitungen aus Plasma, von gentechnologisch hergestellten Blutbestandteilen und von Sera aus menschlichem Blut gilt als Transfusion.

TFG v. 01.07.1998	3. (Regierungs-) Entwurf v. 13.01.1998
ZWEITER ABSCHNITT Gewinnung von Blut und Blutbestandteilen	ZWEITER ABSCHNITT Gewinnung von Blut und Blutbestandteilen
§ 3 Versorgungsauftrag	§ 3 Versorgungsauftrag
(1) Die Spendeeinrichtungen haben die Aufgabe, Blut und Blutbestandteile zur Versorgung der Bevölkerung mit Blutprodukten zu gewinnen. (2) Zur Erfüllung der Aufgabe gemäß Absatz 1 arbeiten die Spendeeinrichtungen zusammen. Sie unterstützen sich gegenseitig, insbesondere im Falle des Auftretens von Versorgungsengpässen. Sie legen die Einzelheiten der Zusammenarbeit in einer Vereinbarung fest. (3) Die spendenden Personen leisten einen wertvollen Dienst für die Gemeinschaft. Sie sind aus Gründen des Gesundheitsschutzes von den Spendeeinrichtungen besonders vertrauensvoll und verantwortungsvoll zu betreuen. (4) Die nach Landesrecht zuständigen Stellen und die für die gesundheitliche Aufklärung zuständige Bundesoberbehörde sollen die Aufklärung der Bevölkerung über die Blut- und Plasmaspende fördern.	(1) Die Spendeeinrichtungen haben die Aufgabe, Blut und Blutbestandteile zur Versorgung der Bevölkerung mit Blutprodukten zu gewinnen. (2) Zur Erfüllung der Aufgabe gemäß Absatz 1 arbeiten die Spendeeinrichtungen zusammen. Sie unterstützen sich gegenseitig, insbesondere im Falle des Auftretens von Versorgungsengpässen. Sie legen die Einzelheiten der Zusammenarbeit in einer Vereinbarung fest. (3) Die spendenden Personen leisten einen wertvollen Dienst für die Gemeinschaft. Sie sind aus Gründen des Gesundheitsschutzes von den Spendeeinrichtungen besonders vertrauensvoll und verantwortungsvoll zu betreuen. (4) Die nach Landesrecht zuständigen Stellen und die für die gesundheitliche Aufklärung zuständige Bundesoberbehörde sollen die Aufklärung der Bevölkerung über die Blut- und Plasmaspende fördern.
§ 4 Anforderungen an die Spendeeinrichtungen	§ 4 Anforderungen an die Spendeeinrichtungen
Eine Spendeeinrichtung darf nur betrieben werden, wenn zur Durchführung von Spendeentnahmen 1. eine ausreichende personelle, bauliche, räumliche und technische Ausstattung vorhanden ist und 2. die leitende ärztliche Person eine approbierte Ärztin oder ein approbierter Arzt (approbierte ärztliche Person) ist und die erforderliche Sachkunde nach dem Stand der medizinischen Wissenschaft besitzt. Der Schutz der Persönlichkeitssphäre der spendenden Personen, eine ordnungsgemäße Spendeentnahme und die Voraussetzungen für eine notfallmedizinische Versorgung der spendenden Personen sind sicherzustellen.	Eine Spendeeinrichtung darf nur betrieben werden, wenn zur Durchführung von Spendeentnahmen 1. eine ausreichende personelle, bauliche, räumliche und technische Ausstattung vorhanden ist und 2. die leitende ärztliche Person eine approbierte Ärztin oder ein approbierter Arzt (approbierte ärztliche Person) ist. Der Schutz der Persönlichkeitssphäre der spendenden Personen, eine ordnungsgemäße Spendeentnahme und die Voraussetzungen für eine notfallmedizinische Versorgung der spendenden Personen sind sicherzustellen.

2. Entwurf v. 29.07.1997	1. Entwurf v. 21.04.1997
ZWEITER ABSCHNITT Gewinnung von Blut und Blutbestandteilen **§ 3** **Versorgungsauftrag** (1) Die Spendeeinrichtungen haben die Aufgabe, die Bevölkerung mit Blut und Blutbestandteilen zur Herstellung von Arzneimitteln zu versorgen. (2) Zur Erfüllung der Aufgabe gemäß Absatz 1 arbeiten die Spendeeinrichtungen zusammen. Sie unterstützen sich gegenseitig, insbesondere im Falle des Auftretens von Versorgungsengpässen. Sie haben die Einzelheiten der Zusammenarbeit in einer Vereinbarung festzulegen. (3) Die spendenden Personen sind für ihren wertvollen Dienst an der Gemeinschaft von den Spendeeinrichtungen besonders vertrauensvoll und verantwortungsvoll zu betreuen. (4) Die nach Landesrecht zuständigen Stellen und die für die gesundheitliche Aufklärung zuständige Bundesoberbehörde sollen die Aufklärung der Bevölkerung über die Blut- und Plasmaspende fördern.	**ZWEITER ABSCHNITT** Gewinnung von Blut und Blutbestandteilen **§ 3** **Versorgungsauftrag** (1) Die Spendeeinrichtungen haben die Aufgabe, die Bevölkerung mit Blut und Blutbestandteilen zu versorgen. (2) Zur Erfüllung der Aufgabe gemäß Absatz 1 arbeiten die Träger der Spendeeinrichtungen zusammen. Sie unterstützen sich gegenseitig, insbesondere im Falle des Auftretens von Versorgungsengpässen. Sie legen die Einzelheiten der Zusammenarbeit in einer Vereinbarung fest. (3) Die spendenden Personen sind für ihren wertvollen Dienst an der Gemeinschaft von den Spendeeinrichtungen besonders vertrauensvoll zu behandeln und zu betreuen.
§ 4 **Anforderungen an die Spendeeinrichtungen** Die leitende ärztliche Person der Spendeeinrichtung muß eine approbierte ärztliche Person sein, die nach dem Stand der medizinischen Wissenschaft sachkundig ist. Der Schutz der Persönlichkeitssphäre der spendenden Personen, eine ordnungsgemäße Spendeentnahme und eine notfallmedizinische Versorgung der spendenden Personen sind sicherzustellen.	**§ 4** **Anforderungen an die Spendeeinrichtungen** Die Träger der Spendeeinrichtungen haben für eine ausreichende personelle, bauliche räumliche und technische Ausstattung der Einrichtungen zu sorgen. Die leitende Person der Einrichtung muß eine approbierte ärztliche Person sein. Der Schutz der Persönlichkeitssphäre der spendenden Person und eine ordnungsgemäße Spendeentnahme sind jederzeit sicherzustellen. Es muß die notfallmedizinische Versorgung sichergestellt werden. Das Personal der Spendeeinrichtungen muß ausreichend qualifiziert sein.

TFG v. 01.07.1998	3. (Regierungs-) Entwurf v. 13.01.1998
§ 5 Auswahl der spendenden Personen	**§ 5** Auswahl der spendenden Personen
(1) Es dürfen nur Personen zur Spendeentnahme zugelassen werden, die unter der Verantwortung einer approbierten ärztlichen Person nach dem Stand der medizinischen Wissenschaft und Technik für tauglich befunden worden sind und die Tauglichkeit durch eine approbierte ärztliche Person festgestellt worden ist. Die Zulassung zur Spendeentnahme soll nicht erfolgen, soweit und solange die spendewillige Person nach Richtlinien der Bundesärztekammer von der Spendeentnahme auszuschließen oder zurückzustellen ist. (2) Bei der Gewinnung von Eigenblut, Blut zur Stammzellseparation und Plasma zur Fraktionierung ist die Tauglichkeit der spendenden Personen auch nach den Besonderheiten dieser Blutprodukte zu beurteilen. (3) Die nach § 2 Abs. 2 Satz 1 der Betriebsverordnung für pharmazeutische Unternehmer bestimmte Person hat dafür zu sorgen, daß die spendende Person vor der Freigabe der Spende nach dem Stand der medizinischen Wissenschaft und Technik auf Infektionsmarker, mindestens auf Humanes Immundefekt Virus (HIV)-, Hepatitis B- und Hepatitis C-Virus-Infektionsmarker untersucht wird. Bei Eigenblutentnahmen sind diese Untersuchungen nach den Besonderheiten dieser Entnahmen durchzuführen. Anordnungen der zuständigen Bundesoberbehörde bleiben unberührt.	(1) Es dürfen nur Personen zur Spendeentnahme zugelassen werden, die unter der Verantwortung einer approbierten ärztlichen Person nach dem Stand der medizinischen Wissenschaft und Technik für tauglich befunden worden sind. Die Zulassung zur Spendeentnahme soll nicht erfolgen, soweit und solange die spendewillige Person nach Richtlinien der Bundesärztekammer von der Spendeentnahme auszuschließen oder zurückzustellen ist. (2) Bei der Gewinnung von Eigenblut, Blut zur Stammzellseparation und Plasma zur Fraktionierung ist die Tauglichkeit der spendenden Personen auch nach den Besonderheiten dieser Blutprodukte zu beurteilen. (3) Die nach § 2 Abs. 2 Satz 1 der Betriebsverordnung für pharmazeutische Unternehmer bestimmte Person hat dafür zu sorgen, daß die spendende Person vor der Freigabe der Spende nach dem Stand der medizinischen Wissenschaft und Technik auf Infektionsmarker, mindestens auf Humanes Immundefekt Virus (HIV)-, Hepatitis B- und Hepatitis C-Virus-Infektionsmarker untersucht wird. Bei Eigenblutentnahmen sind diese Untersuchungen nach den Besonderheiten dieser Entnahmen durchzuführen. Anordnungen der zuständigen Bundesoberbehörde bleiben unberührt.
§ 6 Aufklärung, Einwilligung	**§ 6** Aufklärung, Einwilligung
(1) Eine Spendeentnahme darf nur durchgeführt werden, wenn die spendende Person vorher in einer für sie verständlichen Form über Wesen, Bedeutung und Durchführung der Spendeentnahme und der Untersuchungen sachkundig aufgeklärt worden ist und in die Spendeentnahme und die Untersuchungen eingewilligt hat. Aufklärung und Einwilligung sind von der spendenden Person schriftlich zu bestätigen. Sie muß mit der Einwilligung	(1) Eine Spendeentnahme darf nur durchgeführt werden, wenn die spendende Person vorher in einer für sie verständlichen Form über Wesen, Bedeutung und Durchführung der Spendeentnahme und der Untersuchungen sachkundig aufgeklärt worden ist und in die Spendeentnahme und die Untersuchungen eingewilligt hat. Aufklärung und Einwilligung sind von der spendenden Person schriftlich zu bestätigen. Sie muß mit der Einwilligung

2. Entwurf v. 29.07.1997	1. Entwurf v. 21.04.1997
§ 5 Auswahl der spendenden Personen	§ 5 Auswahl der spendenden Personen
(1) Es dürfen nur Personen zur Spendeentnahme zugelassen werden, die dafür tauglich sind. Die Tauglichkeit ist nach dem Stand der medizinischen Wissenschaft und Technik unter der Verantwortung einer approbierten ärztlichen Person festzustellen. Insbesondere ist der gesundheitliche Zustand der spendenden Person zu beurteilen und zu prüfen, ob weitere Gründe zum Ausschluß von der Spendeentnahme vorliegen. Die Zulassung zur Spendeentnahme soll nicht erfolgen, soweit und solange die spendende Person nach Richtlinien der Bundesärztekammer von der Spendeentnahme auszuschließen oder zurückzustellen ist. (2) Bei der Gewinnung von Eigenblut, Blut zur Stammzellseparation und Plasma zur Herstellung von speziellen Immunglobulinen hat sich die Tauglichkeit der spendenden Personen auch nach den Besonderheiten dieser Blutprodukte zu richten. (3) Die spendenden Personen sind anläßlich jeder Spendeentnahme von der verantwortlichen ärztlichen Person nach dem Stand der medizinischen Wissenschaft und Technik auf Krankheitserreger, mindestens auf Humanes Immundefekt Virus (HIV)-, Hepatitis B- und Hepatitis C-Virus-Infektionsmarker untersuchen zu lassen. Anordnungen der zuständigen Bundesoberbehörde bleiben unberührt.	(1) Es dürfen nur Personen zur Spendeentnahme zugelassen werden, die dafür tauglich sind. Die Tauglichkeit wird nach dem Stand der wissenschaftlichen Erkenntnisse festgestellt. Tauglich ist insbesondere die spendende Person, die nach Lebensalter, ärztlicher Untersuchung oder Beurteilung, einschließlich der Laboruntersuchungen, Erhebung der Anamnese, Ausfüllen des Spenderfragebogens und Feststellung der Spendehäufigkeit zur Spendeentnahme ohne Bedenken zugelassen werden kann. (2) Es muß der freiwillige Selbstausschluß ermöglicht werden. Bei der Gewinnung von Eigenblutspenden und Plasma zur Herstellung von speziellen Immunglobulinen richtet sich die Tauglichkeit der spendenden Personen, insbesondere das Lebensalter, der gesundheitliche Zustand oder der Antikörpergehalt des Blutes, nach den Besonderheiten dieser Blutprodukte. (3) Die spendenden Personen sind nach dem Stand der wissenschaftlichen Erkenntnisse auf Krankheitserreger, mindestens auf Human Immundeficiency Virus (HIV)-, Hepatitis B- und Hepatitis C-Virus-Infektionsmarker zu untersuchen. Anordnungen der zuständigen Bundesoberbehörde bleiben unberührt.
§ 7 Aufklärung, Einwilligung	§ 7 Aufklärung, Einwilligung
Eine Spendeentnahme darf nur durchgeführt werden, wenn die spendende Person vorher in einer für sie verständlichen Form über Wesen, Bedeutung und Tragweite der Spendeentnahme und der Untersuchungen sachkundig aufgeklärt worden ist und in die Spendeentnahme und die Untersuchungen eingewilligt hat. Die spendende Person hat die Aufklärung schriftlich zu bestätigen. Sie muß mit der Einwilligung gleichzeitig erklären, daß die Spende verwendbar ist,	(1) Die spendende Person ist von der approbierten ärztlichen Person vor der ersten Spende über Wesen, Bedeutung und Tragweite der Spendeentnahme aufzuklären. Die spendende Person hat dies schriftlich zu bestätigen. Sie muß in jede Spendeentnahme einwilligen und gleichzeitig erklären, daß die Spende verwendbar ist, sofern sie nicht vom freiwilligen Selbstausschluß Gebrauch macht. (2) Eine Einwilligung nach Absatz 1 ist nur

TFG v. 01.07.1998	3. (Regierungs-) Entwurf v. 13.01.1998
gleichzeitig erklären, daß die Spende verwendbar ist, sofern sie nicht vom vertraulichen Selbstausschluß Gebrauch macht. (2) Die spendende Person ist über die mit der Spendeentnahme verbundene Erhebung, Verarbeitung und Nutzung personenbezogener Daten aufzuklären. Die Aufklärung ist von der spendenden Person schriftlich zu bestätigen.	gleichzeitig erklären, daß die Spende verwendbar ist, sofern sie nicht vom vertraulichen Selbstausschluß Gebrauch macht. (2) Die spendende Person ist über die mit der Spendeentnahme verbundene Erhebung, Verarbeitung und Nutzung personenbezogener Daten aufzuklären. Die Aufklärung ist von der spendenden Person schriftlich zu bestätigen.
§ 7 Anforderungen zur Entnahme der Spende (1) Die anläßlich der Spendeentnahme vorzunehmende Feststellung der Identität der spendenden Person, die durchzuführenden Laboruntersuchungen und die Entnahme der Spende haben nach dem Stand der medizinischen Wissenschaft und Technik zu erfolgen. (2) Die Entnahme der Spende darf nur durch eine ärztliche Person oder durch anderes qualifiziertes Personal unter der Verantwortung einer approbierten ärztlichen Person erfolgen.	§ 7 Anforderungen zur Entnahme der Spende (1) Die anläßlich der Spendeentnahme vorzunehmende Feststellung der Identität der spendenden Person, die durchzuführenden Laboruntersuchungen und die Entnahme der Spende haben nach dem Stand der medizinischen Wissenschaft und Technik zu erfolgen. (2) Die Entnahme der Spende darf nur durch eine ärztliche Person oder durch anderes qualifiziertes Personal unter der Verantwortung einer approbierten ärztlichen Person erfolgen.

2. Entwurf v. 29.07.1997	1. Entwurf v. 21.04.1997
sofern sie nicht vom vertraulichen Selbstausschluß Gebrauch macht.	wirksam, wenn die Person, die sie abgibt, 1. in der Lage ist, Wesen, Bedeutung und Tragweite der Spendeentnahme einzusehen und ihren Willen hiernach zu bestimmen und 2. die Einwilligung selbst und schriftlich erteilt hat. Bei geschäftsunfähigen oder in der Geschäftsfähigkeit beschränkten Personen ist zusätzlich die Einwilligung des gesetzlichen Vertreters erforderlich. Die Einwilligung kann jederzeit widerrufen werden. (3) Ist die spendende Person nicht in der Lage, Wesen, Bedeutung und Tragweite der Spendeentnahme einzusehen und ihren Willen hiernach zu bestimmen, so genügt die Einwilligung des gesetzlichen Vertreters. Die Einwilligung des gesetzlichen Vertreters ist nur wirksam, wenn dieser durch eine ärztliche Person über Wesen, Bedeutung und Tragweite der Spendeentnahme aufgeklärt worden ist. Auf den Widerruf findet Absatz 2 Satz 3 Anwendung.
§ 6 Identifizierung der spendenden Person	§ 6 Identifizierung der spendenden Person
(1) Vor jeder Spendeentnahme ist die Identität der spendenden Person festzustellen. (2) Die Personenidentität ist entweder anhand eines gültigen amtlichen Personaldokumentes oder durch andere vergleichbar sichere Identifikationsmöglichkeiten festzustellen.	(1) Vor jeder Spendeentnahme ist die Identität der spendenden Person festzustellen. (2) Die Personenidentität ist entweder anhand eines gültigen amtlichen Personaldokumentes oder durch andere vergleichbar sichere Identifikationsmöglichkeiten festzustellen.
§ 9 Laboratoriumsuntersuchungen	§ 9 Serologie
(1) Die anläßlich der Spendeentnahme durchzuführenden blutgruppenserologischen und mikrobiologischen Untersuchungen haben nach dem Stand der medizinischen Wissenschaft und Technik zu erfolgen. Insbesondere sind die Anforderungen an Art und Umfang der Untersuchung, die Eignung des Untersuchungsmaterials, die Untersuchungsverfahren und die Sicherung der Identität der Proben zu erfüllen. (2) Laboratorien, die blutgruppenserologische und mikrobiologische Untersuchungen nach Absatz 1 durchführen, müssen regelmäßig in-	(1) Die bei der Spendeentnahme durchzuführenden blutgruppenserologischen Untersuchungen haben nach dem Stand der wissenschaftlichen Erkenntnisse zu erfolgen. Insbesondere sind die Anforderungen an Art und Umfang der Untersuchung, die Eignung des Untersuchungsmaterials, die Untersuchungsverfahren und die Sicherung der Identität von spendender und zu behandelnder Person zu erfüllen. (2) Laboratorien, die blutgruppenserologische Untersuchungen durchführen, müssen regelmäßig interne und externe Qualitätskontrollen

TFG v. 01.07.1998	3. (Regierungs-) Entwurf v. 13.01.1998
§ 8 Spenderimmunisierung (1) Eine für die Gewinnung von Plasma zur Herstellung von speziellen Immunglobulinen erforderliche Spenderimmunisierung darf nur durchgeführt werden, wenn und solange sie im Interesse einer ausreichenden Versorgung der Bevölkerung mit diesen Arzneimitteln geboten ist. Sie ist nach dem Stand der medizinischen Wissenschaft und Technik durchzuführen. (2) Ein Immunisierungsprogramm darf nur durchgeführt werden, wenn und solange 1. die Risiken, die mit ihm für die Personen verbunden sind, bei denen es durchgeführt werden soll, ärztlich vertretbar sind, 2. die Personen, bei denen es durchgeführt werden soll, ihre schriftliche Einwilligung hierzu erteilt haben, nachdem sie durch eine approbierte ärztliche Person über Wesen, Bedeutung und Risiken der Immunisierung sowie die damit verbundene Erhebung, Verarbeitung und Nutzung personenbezogener Daten aufgeklärt worden sind und dies schriftlich bestätigt haben, 3. seine Durchführung von einer approbierten ärztlichen Person, die nach dem Stand der medizinischen Wissenschaft sachkundig ist,	§ 8 Spenderimmunisierung (1) Eine für die Gewinnung von Plasma zur Herstellung von speziellen Immunglobulinen erforderliche Spenderimmunisierung darf nur durchgeführt werden, wenn und solange sie im Interesse einer ausreichenden Versorgung der Bevölkerung mit diesen Arzneimitteln geboten ist. Sie ist nach dem Stand der medizinischen Wissenschaft und Technik durchzuführen. (2) Ein Immunisierungsprogramm darf nur durchgeführt werden, wenn und solange 1. die Risiken, die mit ihm für die Personen verbunden sind, bei denen es durchgeführt werden soll, ärztlich vertretbar sind, 2. die Personen, bei denen es durchgeführt werden soll, ihre schriftliche Einwilligung hierzu erteilt haben, nachdem sie durch eine approbierte ärztliche Person über Wesen, Bedeutung und Risiken der Immunisierung sowie die damit verbundene Erhebung, Verarbeitung und Nutzung personenbezogener Daten aufgeklärt worden sind und dies schriftlich bestätigt haben, 3. seine Durchführung von einer approbierten ärztlichen Person, die nach dem Stand der medizinischen Wissenschaft sachkundig ist,

2. Entwurf v. 29.07.1997	1. Entwurf v. 21.04.1997
terne und externe Qualitätskontrollen nach dem Stand der wissenschaftlichen Erkenntnisse durchführen.	nach dem Stand der wissenschaftlichen Erkenntnisse durchführen.
§ 10 Entnahme der Spende	§ 10 Entnahme der Spende
(1) Die Spende darf nur nach dem Stand der medizinischen Wissenschaft und Technik entnommen werden. Es müssen die Sicherheit der spendenden Person gewährleistet und die Qualität der Spende sichergestellt sein. (2) Die Entnahme der Spende darf nur durch eine ärztliche Person oder durch anderes qualifiziertes Personal unter der Verantwortung einer approbierten ärztlichen Person erfolgen.	(1) Die Spende darf nur spendetauglichen Personen und nur nach dem Stand der wissenschaftlichen Erkenntnisse entnommen werden. Es muß insbesondere die Sicherheit der spendenden Person gewährleistet und die Qualität der Spende sichergestellt sein. (2) Die Entnahme der Spende muß durch eine approbierte ärztliche Person oder unter Aufsicht und Weisung einer in der Spendeeinrichtung anwesenden approbierten ärztlichen Person erfolgen.
§ 11 Spenderimmunisierung	§ 11 Spenderimmunisierung
(1) Eine für die Gewinnung von Plasma zur Herstellung von speziellen Immunglobulinen erforderliche Spenderimmunisierung ist nach dem Stand der medizinischen Wissenschaft und Technik durchzuführen. (2) Ein Immunisierungsprogramm darf nur durchgeführt werden, wenn und solange 1. die Risiken, die mit ihm für die Personen verbunden sind, bei denen es durchgeführt werden soll, gemessen an der voraussichtlichen Bedeutung des Plasmas für die Heilbehandlung, ärztlich vertretbar sind, 2. die Personen, bei denen es durchgeführt werden soll, ihre schriftliche Einwilligung hierzu erteilt haben, nachdem sie durch eine approbierte ärztliche Person über Wesen, Bedeutung und Tragweite der Immunisierung aufgeklärt worden sind und dies schriftlich bestätigt haben, 3. seine Durchführung von einer approbierten ärztlichen Person, die nach dem Stand der medizinischen Wissenschaft sachkundig ist, geleitet wird, 4. ein dem Stand der medizinischen Wissenschaft entsprechender Immunisierungsplan vor-	(1) Eine für die Gewinnung von Plasma zur Herstellung von speziellen Immunglobulinen erforderliche Spenderimmunisierung ist nach dem Stand der wissenschaftlichen Erkenntnisse durchzuführen. (2) Die Immunisierung darf nur durchgeführt werden, wenn und solange 1. die Risiken, die mit ihr für die Person verbunden sind, bei der sie durchgeführt werden soll, gemessen an der voraussichtlichen Bedeutung des Plasmas für die Heilbehandlung, ärztlich vertretbar sind, 2. die Person, bei der sie durchgeführt werden soll, ihre Einwilligung hierzu erteilt hat, nachdem sie durch eine approbierte ärztliche Person über Wesen, Bedeutung und Tragweite der Immunisierung aufgeklärt worden ist und dies bestätigt hat, 3. sie von einer oder unter Aufsicht einer anwesenden approbierten ärztlichen Person mit ausreichender Sachkunde geleitet wird, 4. ein dem Stand der wissenschaftlichen Erkenntnisse entsprechender Immunisierungsplan vorliegt, 5. die Immunisierung ausschließlich mit zuge-

TFG v. 01.07.1998	3. (Regierungs-) Entwurf v. 13.01.1998
geleitet wird, 4. ein dem Stand der medizinischen Wissenschaft entsprechender Immunisierungsplan vorliegt, 5. die ärztliche Kontrolle des Gesundheitszustandes der spendenden Personen während der Immunisierungsphase gewährleistet ist, 6. der zuständigen Behörde die Durchführung des Immunisierungsprogramms angezeigt worden ist und 7. das zustimmende Votum einer nach Landesrecht gebildeten und für die ärztliche Person nach Satz 1 Nr. 3 zuständigen und unabhängigen Ethik-Kommission vorliegt. Mit der Anzeige an die zuständige Behörde und der Einholung des Votums der Ethikkommission nach Nummern 6 und 3 dürfen keine personenbezogenen Daten übermittelt werden. Zur Immunisierung sollen zugelassene Arzneimittel angewendet werden. (3) Von der Durchführung des Immunisierungsprogramms ist auf der Grundlage des Immunisierungsplanes ein Protokoll anzufertigen (Immunisierungsprotokoll). Für das Immunisierungsprotokoll gilt § 11 entsprechend. Dies muß Aufzeichnungen über alle Ereignisse enthalten, die im Zusammenhang mit der Durchführung des Immunisierungsprogramms auftreten und die Gesundheit der spendenden Person oder den gewünschten Erfolg des Immunisierungsprogramms beeinträchtigen können. Zur Immunisierung angewendete Erythrozytenpräparate sind zu dokumentieren und der immunisierten Person zu bescheinigen. (4) Die in Absatz 3 Satz 2 genannten Ereignisse sind von der die Durchführung des Immunisierungsprogramms leitenden ärztlichen Person der Ethik-Kommission, der zuständigen Behörde und dem pharmazeutischen Unternehmer des zur Immunisierung verwendeten Arzneimittels unverzüglich mitzuteilen. Von betroffenen immunisierten Personen werden das Geburtsdatum und die Angabe des Geschlechtes übermittelt.	geleitet wird, 4. ein dem Stand der medizinischen Wissenschaft entsprechender Immunisierungsplan vorliegt, 5. die ärztliche Kontrolle des Gesundheitszustandes der spendenden Personen während der Immunisierungsphase gewährleistet ist, 6. der zuständigen Behörde die Durchführung des Immunisierungsprogramms angezeigt worden ist und 7. das zustimmende Votum einer nach Landesrecht gebildeten und für die ärztliche Person nach Satz 1 Nr. 3 zuständigen und unabhängigen Ethik-Kommission vorliegt. Mit der Anzeige an die zuständige Behörde und der Einholung des Votums der Ethikkommission nach Nummern 6 und 3 dürfen keine personenbezogenen Daten übermittelt werden. Zur Immunisierung sollen zugelassene Arzneimittel angewendet werden. (3) Von der Durchführung des Immunisierungsprogramms ist auf der Grundlage des Immunisierungsplanes ein Protokoll anzufertigen (Immunisierungsprotokoll). Für das Immunisierungsprotokoll gilt § 11 entsprechend. Dies muß Aufzeichnungen über alle Ereignisse enthalten, die im Zusammenhang mit der Durchführung des Immunisierungsprogramms auftreten und die Gesundheit der spendenden Person oder den gewünschten Erfolg des Immunisierungsprogramms beeinträchtigen können. Zur Immunisierung angewendete Erythrozytenpräparate sind zu dokumentieren und der immunisierten Person zu bescheinigen. (4) Die in Absatz 3 Satz 2 genannten Ereignisse sind von der die Durchführung des Immunisierungsprogramms leitenden ärztlichen Person der Ethik-Kommission, der zuständigen Behörde und dem pharmazeutischen Unternehmer des zur Immunisierung verwendeten Arzneimittels unverzüglich mitzuteilen. Von betroffenen immunisierten Personen werden das Geburtsdatum und die Angabe des Geschlechtes übermittelt.

2. Entwurf v. 29.07.1997	1. Entwurf v. 21.04.1997
liegt, 5. es ausschließlich mit zugelassenen Arzneimitteln durchgeführt wird, 6. die ärztliche Kontrolle des Gesundheitszustandes der spendenden Personen während der Immunisierungsphase gewährleistet ist und 7. der zuständigen Behörde die Durchführung des Immunisierungsprogramms angezeigt worden ist. Das Immunisierungsprogramm darf zusätzlich nur durchgeführt werden, wenn und solange das zustimmende Votum einer nach Landesrecht gebildeten und für die ärztliche Person nach Satz 1 Nr. 3 zuständigen und unabhängigen Ethik-Kommission vorliegt. (3) Von der Durchführung des Immunisierungsprogramms ist auf der Grundlage des Immunisierungsplanes ein Protokoll anzufertigen (Immunisierungsprotokoll). Dies muß Aufzeichnungen über alle Ereignisse enthalten, die im Zusammenhang mit der Durchführung des Immunisierungsprogramms auftreten und die Gesundheit der spendenden Person oder den gewünschten Erfolg des Immunisierungsprogramms beeinträchtigen können. Zur Immunisierung verabreichte Erythrozytenpräparate müssen dokumentiert und ein Dokument darüber der spendenden Person zur Verfügung gestellt werden. (4) Die in Absatz 3 Satz 2 genannten Ereignisse sind von der die Durchführung des Immunisierungsprogramms leitenden ärztlichen Person der Ethik-Kommission, der zuständigen Behörde und dem pharmazeutischen Unternehmer des zur Immunisierung verwendeten Arzneimittels unverzüglich mitzuteilen. Angaben über spendende Personen dürfen nur das Geburtsdatum und das Geschlecht enthalten.	lassenen Arzneimitteln durchgeführt wird, 6. die ärztliche Kontrolle des Gesundheitszustandes der spendenden Person gewährleistet ist, 7. der zuständigen Behörde die Immunisierung angezeigt worden ist und 8. für den Fall, daß durch die Immunisierung der Körper oder die Gesundheit eines Menschen erheblich verletzt oder ein Mensch getötet wird, die Spendeeinrichtung eine Versicherung nach Maßgabe des Absatzes 6 abgeschlossen hat, die auch Leistungen gewährt, wenn kein anderer für den Schaden haftet. Die Immunisierung umfaßt auch die direkte An- und Abreise anläßlich der Immunisierungstermine. Die Immunisierung darf nur begonnen werden, wenn und solange das zustimmende Votum einer nach Landesrecht gebildeten und für die ärztliche Person nach Satz 1 Nr. 3 zuständigen und unabhängigen Ethik-Kommission vorliegt. (3) Für die Einwilligung nach Absatz 2 Satz 1 Nr. 2 gilt § 7 Abs. 2 und 3 entsprechend. (4) Von der Durchführung der Immunisierung ist auf der Grundlage des Immunisierungsplanes ein Protokoll anzufertigen (Immunisierungsprotokoll). Dies muß insbesondere Aufzeichnungen über alle schwerwiegenden oder unerwarteten unerwünschten Ereignisse, die im Zusammenhang mit der Immunisierung auftreten und die Gesundheit der spendenden Person oder den gewünschten Erfolg beeinträchtigen könnten, enthalten. Zur Immunisierung verabreichte Erythrozyten müssen dokumentiert und das Dokument der spendenden Person zur Verfügung gestellt werden. (5) Die in Absatz 4 Satz 2 genannten Ereignisse sind von der die Immunisierung leitenden ärztlichen Person der Ethik-Kommission und der zuständigen Behörde unverzüglich mitzuteilen. (6) Die Versicherung nach Absatz 2 Satz 1 Nr. 8 muß zugunsten der von der Immunisierung betroffenen Person bei einem in einem Mitgliedstaat der Europäischen Union zum Geschäftsbetrieb befugten Versicherer genommen werden. Ihr Umfang muß in einem angemes-

TFG v. 01.07.1998	3. (Regierungs-) Entwurf v. 13.01.1998
§ 9 Vorbehandlung zur Blutstammzellseparation Die für die Separation von Blutstammzellen und anderen Blutbestandteilen erforderliche Vorbehandlung der spendenden Person ist nach dem Stand der medizinischen Wissenschaft durchzuführen. § 8 Abs. 2 bis 4 gilt entsprechend.	§ 9 Vorbehandlung zur Blutstammzellseparation Die für die Blutstammzellseparation erforderliche Vorbehandlung der spendenden Person ist nach dem Stand der medizinischen Wissenschaft durchzuführen. § 8 Abs. 2 bis 4 gilt entsprechend.
§ 10 Aufwandsentschädigung Die Spendeentnahme soll unentgeltlich erfolgen. Der spendenden Person kann eine Aufwandsentschädigung gewährt werden.	§ 10 Aufwandsentschädigung Die Spendeentnahme soll unentgeltlich erfolgen. Der spendenden Person kann eine Aufwandsentschädigung gewährt werden.
§ 11 Spenderdokumentation, Datenschutz (1) Jede Spendeentnahme und die damit verbundenen Maßnahmen sind unbeschadet ärztlicher Dokumentationspflichten für die in diesem Gesetz geregelten Zwecke, für Zwecke der ärztlichen Behandlung der spendenden Person und für Zwecke der Risikoerfassung nach dem Arzneimittelgesetz zu protokollieren. Die Aufzeichnungen sind mindestens fünfzehn Jahre und im Falle der §§ 8 und 9 mindestens zwanzig Jahre lang aufzubewahren und zu vernichten oder zu löschen, wenn die Aufbewahrung nicht mehr erforderlich ist. Sie müssen so geordnet sein, daß ein unverzüglicher Zugriff möglich ist. Werden die Aufzeichnungen länger als dreißig Jahre nach der letzten bei der Spendeeinrichtung dokumentierten Spende desselben Spenders aufbewahrt, sind sie zu anonymisieren. (2) Die Spendeeinrichtungen dürfen personenbezogene Daten der spendenden Personen erheben, verarbeiten und nutzen, soweit das für die in Absatz 1 genannten Zwecke erforderlich	§ 11 Spenderdokumentation, Datenschutz (1) Jede Spendeentnahme und die damit verbundenen Maßnahmen sind unbeschadet ärztlicher Dokumentationspflichten für die in diesem Gesetz geregelten Zwecke, für Zwecke der ärztlichen Behandlung der spendenden Person und für Zwecke der Risikoerfassung nach dem Arzneimittelgesetz zu protokollieren. Die Aufzeichnungen sind mindestens fünfzehn Jahre und im Falle der §§ 8 und 9 mindestens zwanzig Jahre lang aufzubewahren und zu vernichten oder zu löschen, wenn die Aufbewahrung nicht mehr erforderlich ist. Sie müssen so geordnet sein, daß ein unverzüglicher Zugriff möglich ist. Werden die Aufzeichnungen länger als dreißig Jahre nach der letzten bei der Spendeeinrichtung dokumentierten Spende desselben Spenders aufbewahrt, sind sie zu anonymisieren. (2) Die Spendeeinrichtungen dürfen personenbezogene Daten der spendenden Personen erheben, verarbeiten und nutzen, soweit das für die in Absatz 1 genannten Zwecke erforderlich

2. Entwurf v. 29.07.1997	1. Entwurf v. 21.04.1997
	senen Verhältnis zu den mit der Immunisierung verbundenen Risiken stehen und für den Fall der dauernden Erwerbsunfähigkeit oder des Todes mindestens eine Million Deutsche Mark betragen. Soweit aus der Versicherung geleistet wird, erlischt ein Anspruch auf Schadensersatz.
§ 12 Vorbehandlung zur Blutstammzellseparation	§ 12 Vorbehandlung zur Blutstammzellseparation
Die für die Blutstammzellseparation erforderliche Vorbehandlung der spendenden Person ist nach dem Stand der medizinischen Wissenschaft durchzuführen. § 11 Abs. 2 bis 4 gilt entsprechend.	Die für die Blutstammzellseparation erforderliche Vorbehandlung der spendenden Person ist nach dem Stand der medizinischen Wissenschaft durchzuführen. § 11 Abs. 2 bis 4 gilt entsprechend.
§ 8 Aufwandsentschädigung	§ 8 Aufwandsentschädigung
Die Spendeentnahme soll unentgeltlich erfolgen. Der spendenden Person kann eine Aufwandsentschädigung gewährt werden.	Die Spendeentnahme soll unentgeltlich erfolgen. Der spendenden Person kann eine Aufwandsentschädigung gewährt werden.
§ 13 Spenderdokumentation, Datenschutz	§ 13 Spenderdokumentation, Datenschutz
(1) Jede Spendeentnahme und die damit verbundenen Maßnahmen sind für die in diesem Gesetz geregelten Zwecke, für Zwecke der ärztlichen Behandlung der spendenden Person und für Zwecke der Risikoerfassung nach dem Arzneimittelgesetz zu protokollieren. Die Aufzeichnungen sind mindestens zehn Jahre und im Falle der §§ 11 und 12 mindestens zwanzig Jahre lang aufzubewahren und zu vernichten oder zu löschen, wenn die Aufbewahrung nicht mehr erforderlich ist. Werden die Aufzeichnungen länger als dreißig Jahre aufbewahrt, sind sie zu anonymisieren. Sie müssen so geordnet sein, daß ein unverzüglicher Zugriff möglich ist.	(1) Jede Spendeentnahme und die damit verbundenen Maßnahmen sind für die in diesem Gesetz geregelten Zwecke, für Zwecke der ärztlichen Behandlung der spendenden Person und für Zwecke der Risikoerfassung nach dem Arzneimittelgesetz zu protokollieren. Die Aufzeichnungen sind mindestens zehn Jahre und im Falle der §§ 11 und 12 mindestens zwanzig Jahre lang aufzubewahren und zu vernichten oder zu löschen, wenn die Aufbewahrung nicht mehr erforderlich ist. Werden die Aufzeichnungen länger als dreißig Jahre aufbewahrt, sind sie zu anonymisieren. Sie müssen so geordnet sein, daß ein unverzüglicher Zugriff möglich ist.
(2) Die Spendeeinrichtung darf personenbezogene Daten der spendenden Personen erheben, verarbeiten und nutzen, soweit das für die in Absatz 1 genannten Zwecke erforderlich ist. Sie übermitteln die protokollierten Daten den zuständigen Behörden und der zuständigen Bundesoberbehörde, soweit dies zur Erfüllung	(2) Die Spendeeinrichtung darf personenbezogene Daten der spendenden Personen erheben, verarbeiten und nutzen, soweit das für die in Absatz 1 genannten Zwecke erforderlich ist. Sie übermitteln die protokollierten Daten den zuständigen Behörden und der zuständigen Bundesoberbehörde, soweit dies zur Erfüllung

TFG v. 01.07.1998	3. (Regierungs-) Entwurf v. 13.01.1998
ist. Sie übermitteln die protokollierten Daten den zuständigen Behörden und der zuständigen Bundesoberbehörde, soweit dies zur Erfüllung der Überwachungsaufgaben nach dem Arzneimittelgesetz oder zur Verfolgung von Straftaten oder Ordnungswidrigkeiten, die im engen Zusammenhang mit der Spendeentnahme stehen, erforderlich ist. Zur Risikoerfassung nach dem Arzneimittelgesetz sind das Geburtsdatum und das Geschlecht der spendenden Person anzugeben.	ist. Sie übermitteln die protokollierten Daten den zuständigen Behörden und der zuständigen Bundesoberbehörde, soweit dies zur Erfüllung der Überwachungsaufgaben nach dem Arzneimittelgesetz oder zur Verfolgung von Straftaten oder Ordnungswidrigkeiten, die im engen Zusammenhang mit der Spendeentnahme stehen, erforderlich ist. Zur Risikoerfassung nach dem Arzneimittelgesetz sind das Geburtsdatum und das Geschlecht der spendenden Person anzugeben.
§ 12 Stand der medizinischen Wissenschaft und Technik zur Gewinnung von Blut und Blutbestandteilen	§ 12 Stand der medizinischen Wissenschaft und Technik zur Gewinnung von Blut und Blutbestandteilen
(1) Die Bundesärztekammer stellt im Einvernehmen mit der zuständigen Bundesoberbehörde und nach Anhörung von Sachverständigen unter Berücksichtigung der Empfehlungen der Europäischen Union, des Europarates und der Weltgesundheitsorganisation zu Blut und Blutbestandteilen in Richtlinien den allgemein anerkannten Stand der medizinischen Wissenschaft und Technik insbesondere für 1. die Sachkenntnis des Personals der Spendeeinrichtung, 2. die Auswahl der spendenden Personen und die Durchführung der Auswahl, 3. die Identifizierung und Testung der spendenden Personen, 4. die durchzuführenden Laboruntersuchungen, 5. die ordnungsgemäße Entnahme der Spenden, 6. die Eigenblutentnahme, 7. die Gewinnung von Plasma für die Herstellung spezieller Immunglobuline, insbesondere die Spenderimmunisierung, 8. die Separation von Blutstammzellen und anderen Blutbestandteilen, insbesondere die Vorbehandlung der spendenden Personen und 9. die Dokumentation der Spendeentnahme fest. Bei der Anhörung ist die angemessene Beteiligung von Sachverständigen der Fach- und Verkehrskreise, insbesondere der Träger der Spendeeinrichtungen, der Plasmaprodukte herstellenden pharmazeutischen Unternehmer, der	(1) Die Bundesärztekammer stellt im Einvernehmen mit der zuständigen Bundesoberbehörde und nach Anhörung von Sachverständigen unter Berücksichtigung der Empfehlungen der Europäischen Union, des Europarates und der Weltgesundheitsorganisation zu Blut und Blutbestandteilen in Richtlinien den allgemein anerkannten Stand der medizinischen Wissenschaft und Technik insbesondere für 1. die Sachkenntnis des Personals der Spendeeinrichtung, 2. die Auswahl der spendenden Personen und die Durchführung der Auswahl, 3. die Identifizierung und Testung der spendenden Personen, 4. die durchzuführenden Laboruntersuchungen, 5. die ordnungsgemäße Entnahme der Spenden, 6. die Eigenblutentnahme, 7. die Gewinnung von Plasma für die Herstellung spezieller Immunglobuline, insbesondere die Spenderimmunisierung, 8. die Blutstammzellseparation, insbesondere die Vorbehandlung der spendenden Personen, und 9. die Dokumentation der Spendeentnahme fest. Bei der Anhörung ist die angemessene Beteiligung von Sachverständigen der Fach- und Verkehrskreise, insbesondere der Träger der Spendeeinrichtungen, der Spitzenverbände der Krankenkassen, der Deutschen Krankenhaus-

2. Entwurf v. 29.07.1997	1. Entwurf v. 21.04.1997
der Überwachungsaufgaben nach dem Arzneimittelgesetz oder zur Verfolgung von Straftaten oder Ordnungswidrigkeiten, die im Zusammenhang mit der Spendeentnahme stehen, erforderlich ist. Zur Risikoerfassung nach dem Arzneimittelgesetz dürfen personenbezogene Daten nur anonymisiert mit Angabe des Geburtsdatums und des Geschlechts übermittelt werden.	der Überwachungsaufgaben nach dem Arzneimittelgesetz oder zur Verfolgung von Straftaten oder Ordnungswidrigkeiten, die im Zusammenhang mit der Spendeentnahme stehen, erforderlich ist. Zur Risikoerfassung nach dem Arzneimittelgesetz dürfen personenbezogene Daten nur anonymisiert mit Angabe des Geburtsdatums und des Geschlechts übermittelt werden.
§ 14 Stand der medizinischen Wissenschaft und Technik	§ 14 Stand der medizinischen Wissenschaft und Technik
(1) Die Bundesärztekammer kann im Einvernehmen mit der zuständigen Bundesoberbehörde und nach Anhörung von Sachverständigen unter Berücksichtigung der Empfehlungen der Europäischen Union, des Europarates und der Weltgesundheitsorganisation zu Blut und Blutprodukten in Richtlinien den allgemein anerkannten Stand der medizinischen Wissenschaft und Technik insbesondere für 1. die Sachkunde der leitenden ärztlichen Person der Spendeeinrichtung, 2. die Auswahl der spendenden Personen und die Durchführung der Auswahl, 3. die Identifizierung und Testung der spendenden Personen, 4. die Blutgruppenserologie und Mikrobiologie, 5. die ordnungsgemäße Entnahme der Spenden, 6. die Eigenblutentnahme, 7. die Gewinnung von Plasma für die Herstellung spezieller Immunglobuline, insbesondere die Spenderimmunisierung, 8. die Blutstammzellseparation, insbesondere die Vorbehandlung der spendenden Personen, und 9. die Dokumentation der Spendeentnahme feststellen. Bei der Anhörung ist die angemessene Beteiligung von Sachverständigen der Fach- und Verkehrskreise, insbesondere der Träger der Spendeeinrichtungen, sowie der zuständigen Behörden von Bund und Ländern	(1) Die Bundesärztekammer kann im Einvernehmen mit der zuständigen Bundesoberbehörde und nach Anhörung von Sachverständigen unter Berücksichtigung der Empfehlungen der Europäischen Union, des Europarates und der Weltgesundheitsorganisation zu Blut und Blutprodukten in Richtlinien den allgemein anerkannten Stand der medizinischen Wissenschaft und Technik insbesondere für 1. die Sachkunde der leitenden ärztlichen Person der Spendeeinrichtung, 2. die Auswahl der spendenden Personen und die Durchführung der Auswahl, 3. die Identifizierung und Testung der spendenden Personen, 4. die Blutgruppenserologie und Mikrobiologie, 5. die ordnungsgemäße Entnahme der Spenden, 6. die Eigenblutentnahme, 7. die Gewinnung von Plasma für die Herstellung spezieller Immunglobuline, insbesondere die Spenderimmunisierung, 8. die Blutstammzellseparation, insbesondere die Vorbehandlung der spendenden Personen, und 9. die Dokumentation der Spendeentnahme feststellen. Bei der Anhörung ist die angemessene Beteiligung von Sachverständigen der Fach- und Verkehrskreise, insbesondere der Träger der Spendeeinrichtungen, sowie der zuständigen Behörden von Bund und Ländern

TFG v. 01.07.1998	3. (Regierungs-) Entwurf v. 13.01.1998
Spitzenverbände der Krankenkassen, der Deutschen Krankenhausgesellschaft sowie der zuständigen Behörden von Bund und Ländern sicherzustellen. (2) Es wird vermutet, daß der allgemein anerkannte Stand der medizinischen Wissenschaft und Technik zu den Anforderungen nach diesem Abschnitt eingehalten worden ist, wenn und soweit die Richtlinien der Bundesärztekammer nach Absatz 1 beachtet worden sind.	gesellschaft sowie der zuständigen Behörden von Bund und Ländern sicherzustellen. (2) Es wird vermutet, daß der Stand der medizinischen Wissenschaft und Technik zu den Anforderungen nach diesem Abschnitt eingehalten worden ist, wenn und soweit die Richtlinien der Bundesärztekammer nach Absatz 1 beachtet worden sind.
DRITTER ABSCHNITT Anwendung von Blutprodukten	DRITTER ABSCHNITT Anwendung von Blutprodukten
§ 13 Anforderungen an die Durchführung	§ 13 Anforderungen an die Durchführung
(1) Blutprodukte sind nach dem Stand der medizinischen Wissenschaft und Technik anzuwenden. Es müssen die Anforderungen an die Identitätssicherung, die vorbereitenden Untersuchungen, einschließlich der vorgesehenen Testung auf Infektionsmarker und die Rückstellproben, die Technik der Anwendung sowie die Aufklärung und Einwilligung beachtet werden. Ärztliche Personen, die im Zusammenhang mit der Anwendung von Blutprodukten Laboruntersuchungen durchführen oder anfordern, müssen für diese Tätigkeiten besonders sachkundig sein. Die Anwendung von Eigenblut richtet sich auch nach den Besonderheiten dieser Blutprodukte. Die zu behandelnden Personen sind, soweit es nach dem Stand der medizinischen Wissenschaft vorgesehen ist, über die Möglichkeit der Anwendung von Eigenblut aufzuklären. (2) Die ärztlichen Personen, die eigenverantwortlich Blutprodukte anwenden, müssen ausreichende Erfahrung in dieser Tätigkeit besitzen.	(1) Blutprodukte sind nach dem Stand der medizinischen Wissenschaft und Technik anzuwenden. Es müssen die Anforderungen an die Identitätssicherung, die vorbereitenden Untersuchungen, einschließlich der vorgesehenen Testung auf Infektionsmarker und die Rückstellproben, die Technik der Anwendung sowie die Aufklärung und Einwilligung beachtet werden. Ärztliche Personen, die im Zusammenhang mit der Anwendung von Blutprodukten Laboruntersuchungen durchführen oder anfordern, müssen für diese Tätigkeiten besonders sachkundig sein. Die Anwendung von Eigenblut richtet sich auch nach den Besonderheiten dieser Blutprodukte. Die zu behandelnden Personen sind, soweit es nach dem Stand der medizinischen Wissenschaft vorgesehen ist, über die Möglichkeit der Anwendung von Eigenblut aufzuklären. (2) Die ärztlichen Personen, die eigenverantwortlich Blutprodukte anwenden, müssen ausreichende Erfahrung in dieser Tätigkeit besitzen.
§ 14 Dokumentation, Datenschutz	§ 14 Dokumentation, Datenschutz
(1) Die behandelnde ärztliche Person hat jede Anwendung von Blutprodukten und von gentechnisch hergestellten Plasmaproteinen zur Behandlung von Hämostasestörungen für die in	(1) Die behandelnde ärztliche Person hat jede Anwendung von Blutprodukten und von gentechnisch hergestellten Plasmaproteinen zur Behandlung von Hämostasestörungen für die in

2. Entwurf v. 29.07.1997	1. Entwurf v. 21.04.1997
sicherzustellen. (2) Es wird vermutet, daß der Stand der medizinischen Wissenschaft und Technik zu den Anforderungen nach diesem Abschnitt eingehalten worden ist, wenn und soweit die Richtlinien der Bundesärztekammer nach Absatz 1 beachtet worden sind.	sicherzustellen. (2) Es wird vermutet, daß der Stand der medizinischen Wissenschaft und Technik zu den Anforderungen nach diesem Abschnitt eingehalten worden ist, wenn und soweit die Richtlinien der Bundesärztekammer nach Absatz 1 beachtet worden sind.
DRITTER ABSCHNITT Anwendung von Blutprodukten	DRITTER ABSCHNITT Anwendung von Blutprodukten
§ 15 Anforderungen an die Durchführung	§ 15 Anforderungen an die Durchführung
(1) Blutprodukte sind nach dem Stand der medizinischen Wissenschaft und Technik anzuwenden. Insbesondere müssen die Anforderungen an die Identitätssicherung, die vorbereitenden Untersuchungen, einschließlich der erforderlichen Infektionsmarker und Rückstellproben, die Technik der Anwendung, die Indikationsstellung sowie die Aufklärung und Einwilligung eingehalten werden. Die Verantwortung für die Ergebnisse der medizinischen und labormedizinischen Untersuchungen trägt die ärztliche Person, die diese Untersuchungen durchführt oder durchführen läßt. Die Anwendung von Eigenblut richtet sich nach den Besonderheiten dieser Blutprodukte. (2) Die ärztlichen Personen, die eigenverantwortlich Blutprodukte anwenden, müssen ausreichende Erfahrung in dieser Tätigkeit besitzen.	(1) Blutprodukte sind nach dem Stand der medizinischen Wissenschaft und Technik anzuwenden. Insbesondere müssen die Anforderungen an die Identitätssicherung, die vorbereitenden Untersuchungen, einschließlich der erforderlichen Infektionsmarker und Rückstellproben, die Technik der Anwendung, die Indikationsstellung sowie die Aufklärung und Einwilligung eingehalten werden. Die Verantwortung für die Ergebnisse der medizinischen und labormedizinischen Untersuchungen trägt die ärztliche Person, die diese Untersuchungen durchführt oder durchführen läßt. Die Anwendung von Eigenblut richtet sich nach den Besonderheiten dieser Blutprodukte. (2) Die ärztlichen Personen, die eigenverantwortlich Blutprodukte anwenden, müssen ausreichende Erfahrung in dieser Tätigkeit besitzen.
§ 16 Dokumentation, Datenschutz	§ 16 Dokumentation, Datenschutz
(1) Jede Anwendung von Blutprodukten ist für die in diesem Gesetz geregelten Zwecke, für Zwecke der ärztlichen Behandlung der von der Anwendung betroffenen zu behandelnden Per-	(1) Jede Anwendung von Blutprodukten ist für die in diesem Gesetz geregelten Zwecke, für Zwecke der ärztlichen Behandlung der von der Anwendung betroffenen zu behandelnden Per-

TFG v. 01.07.1998	3. (Regierungs-) Entwurf v. 13.01.1998
diesem Gesetz geregelten Zwecke, für Zwecke der ärztlichen Behandlung der von der Anwendung betroffenen Personen und für Zwecke der Risikoerfassung nach dem Arzneimittelgesetz zu dokumentieren oder dokumentieren zu lassen. Die Dokumentation hat die Aufklärung und die Einwilligungserklärungen, das Ergebnis der Blutgruppenbestimmung, soweit die Blutprodukte blutgruppenspezifisch angewendet werden, die durchgeführten Untersuchungen sowie die Darstellung von Wirkungen und unerwünschten Ereignissen zu umfassen. (2) Angewendete Blutprodukte und Plasmaproteine im Sinne von Absatz 1 sind von der behandelnden ärztlichen .Person oder unter ihrer Verantwortung mit folgenden Angaben unverzüglich zu dokumentieren: 1. Patientenidentifikationsnummer oder entsprechende eindeutige Angaben zu der zu behandelnden Person, wie Name, Vorname, Geburtsdatum und Adresse, 2. Chargenbezeichnung, 3. Pharmazentralnummer oder - Bezeichnung des Präparates - Name oder Firma des pharmazeutischen Unternehmers - Menge und Stärke, 4. Datum und Uhrzeit der Anwendung. Bei Eigenblut sind diese Vorschriften sinngemäß anzuwenden. Die Einrichtung der Krankenversorgung (Krankenhaus, andere ärztliche Einrichtung, die Personen behandelt) hat sicherzustellen, daß die Daten der Dokumentation patienten- und produktbezogen genutzt werden können. (3) Die Aufzeichnungen, einschließlich der EDV-erfaßten Daten, müssen mindestens fünfzehn Jahre lang aufbewahrt werden. Sie müssen zu Zwecken der Rückverfolgung unverzüglich verfügbar sein. Die Aufzeichnungen sind zu vernichten oder zu löschen, wenn eine Aufbewahrung nicht mehr erforderlich ist. Werden die Aufzeichnungen länger als dreißig Jahre aufbewahrt, sind sie zu anonymisieren. (4) Die Einrichtungen der Krankenversorgung dürfen personenbezogene Daten der zu behandelnden Personen erheben, verarbeiten und	diesem Gesetz geregelten Zwecke, für Zwecke der ärztlichen Behandlung der von der Anwendung betroffenen Personen und für Zwecke der Risikoerfassung nach dem Arzneimittelgesetz zu dokumentieren oder dokumentieren zu lassen. Die Dokumentation hat die Aufklärung und die Einwilligungserklärungen, das Ergebnis der Blutgruppenbestimmung, soweit die Blutprodukte blutgruppenspezifisch angewendet werden, die durchgeführten Untersuchungen sowie die Darstellung von Wirkungen und unerwünschten Ereignissen zu umfassen. (2) Angewendete Blutprodukte und Plasmaproteine im Sinne von Absatz 1 sind von der behandelnden ärztlichen .Person oder unter ihrer Verantwortung mit folgenden Angaben unverzüglich zu dokumentieren: 1. Patientenidentifikationsnummer oder entsprechende eindeutige Angaben zu der zu behandelnden Person, wie Name, Vorname, Geburtsdatum und Adresse, 2. Chargenbezeichnung, 3. Pharmazentralnummer oder - Bezeichnung des Präparates - Name oder Firma des pharmazeutischen Unternehmers - Menge und Stärke, 4. Datum und Uhrzeit der Anwendung. Bei Eigenblut sind diese Vorschriften sinngemäß anzuwenden. Die Einrichtung der Krankenversorgung (Krankenhaus, andere ärztliche Einrichtung, die Personen behandelt) hat sicherzustellen, daß die Daten der Dokumentation patienten- und produktbezogen genutzt werden können. (3) Die Aufzeichnungen, einschließlich der EDV-erfaßten Daten, müssen mindestens fünfzehn Jahre lang aufbewahrt werden. Sie müssen zu Zwecken der Rückverfolgung unverzüglich verfügbar sein. Die Aufzeichnungen sind zu vernichten oder zu löschen, wenn eine Aufbewahrung nicht mehr erforderlich ist. Werden die Aufzeichnungen länger als dreißig Jahre aufbewahrt, sind sie zu anonymisieren. (4) Die Einrichtungen der Krankenversorgung dürfen personenbezogene Daten der zu behandelnden Personen erheben, verarbeiten und

2. Entwurf v. 29.07.1997	1. Entwurf v. 21.04.1997
sonen und für Zwecke der Risikoerfassung nach dem Arzneimittelgesetz zu dokumentieren. Die Dokumentation hat die Aufklärung und die Einwilligungserklärungen, das Ergebnis der Blutgruppenbestimmung, soweit die Blutprodukte blutgruppenspezifisch in den Verkehr gebracht werden, die durchgeführten Tests sowie die Darstellung von Wirkungen und unerwünschten Ereignissen zu umfassen. (2) Angewendete Blutprodukte sind von dem behandelnden Arzt oder unter seiner Verantwortung mit folgenden Angaben unverzüglich zu dokumentieren: 1. Patientenidentifikationsnummer oder entsprechende eindeutige Angaben zu der zu behandelnden Person, wie Name, Vorname, Geburtsdatum und Adresse, 2. Chargenbezeichnung, 3. Pharmazentralnummer oder - Bezeichnung des Präparates - Name oder Firma des pharmazeutischen Unternehmers - Menge und Stärke, 4. Datum und Uhrzeit der Anwendung. Die Dokumentation ist so vorzunehmen, daß sie patienten- und produktbezogen genutzt werden kann. (3) Die Aufzeichnungen, einschließlich der EDV-erfaßten Daten, müssen mindestens zehn Jahre lang aufbewahrt werden. Sie müssen insbesondere zu Zwecken der Rückverfolgung unverzüglich verfügbar sein. Die Aufzeichnungen sind zu vernichten oder zu löschen, wenn eine Aufbewahrung nicht mehr erforderlich ist. Werden die Aufzeichnungen länger als dreißig Jahre aufbewahrt, sind sie zu anonymisieren. (4) Die Einrichtung der Krankenversorgung darf personenbezogene Daten der zu behandelnden Personen erheben, verarbeiten und nutzen, soweit das für die in Absatz 1 genannten Zwecke erforderlich ist. Sie übermitteln die dokumentierten Daten den zuständigen Behörden, soweit dies zur Verfolgung von Straftaten oder Ordnungswidrigkeiten erforderlich ist. Zur Risikoerfassung nach dem Arzneimittelgesetz dürfen personenbezogene Daten nur in Form der Angabe des Geburtsdatums und des Ge-	sonen und für Zwecke der Risikoerfassung nach dem Arzneimittelgesetz zu dokumentieren. Die Dokumentation hat die Aufklärung und die Einwilligungserklärungen, das Ergebnis der Blutgruppenbestimmung, soweit die Blutprodukte blutgruppenspezifisch in den Verkehr gebracht werden, die durchgeführten Tests sowie die Darstellung von Wirkungen und unerwünschten Ereignissen zu umfassen. (2) Angewendete Blutprodukte sind von dem behandelnden Arzt oder unter seiner Verantwortung mit folgenden Angaben unverzüglich zu dokumentieren: 1. Patientenidentifikationsnummer oder entsprechende eindeutige Angaben zu der zu behandelnden Person, wie Name, Vorname, Geburtsdatum und Adresse, 2. Chargenbezeichnung, 3. Pharmazentralnummer oder - Bezeichnung des Präparates - Name oder Firma des pharmazeutischen Unternehmers - Menge und Stärke, 4. Datum und Uhrzeit der Anwendung. Die Dokumentation ist so vorzunehmen, daß sie patienten- und produktbezogen genutzt werden kann. (3) Die Aufzeichnungen, einschließlich der EDV-erfaßten Daten, müssen mindestens zehn Jahre lang aufbewahrt werden. Sie müssen insbesondere zu Zwecken der Rückverfolgung unverzüglich verfügbar sein. Die Aufzeichnungen sind zu vernichten oder zu löschen, wenn eine Aufbewahrung nicht mehr erforderlich ist. Werden die Aufzeichnungen länger als dreißig Jahre aufbewahrt, sind sie zu anonymisieren. (4) Die Einrichtung der Krankenversorgung darf personenbezogene Daten der zu behandelnden Personen erheben, verarbeiten und nutzen, soweit das für die in Absatz 1 genannten Zwecke erforderlich ist. Sie übermitteln die dokumentierten Daten den zuständigen Behörden, soweit dies zur Verfolgung von Straftaten oder Ordnungswidrigkeiten erforderlich ist. Zur Risikoerfassung nach dem Arzneimittelgesetz dürfen personenbezogene Daten nur in Form der Angabe des Geburtsdatums und des Ge-

TFG v. 01.07.1998	3. (Regierungs-) Entwurf v. 13.01.1998
nutzen, soweit das für die in Absatz 1 genannten Zwecke erforderlich ist. Sie übermitteln die dokumentierten Daten den zuständigen Behörden, soweit dies zur Verfolgung von Straftaten, die im engen Zusammenhang mit der Anwendung von Blutprodukten stehen, erforderlich ist. Zur Risikoerfassung nach dem Arzneimittelgesetz sind das Geburtsdatum und das Geschlecht der zu behandelnden Person anzugeben.	nutzen, soweit das für die in Absatz 1 genannten Zwecke erforderlich ist. Sie übermitteln die dokumentierten Daten den zuständigen Behörden, soweit dies zur Verfolgung von Straftaten, die im engen Zusammenhang mit der Anwendung von Blutprodukten stehen, erforderlich ist. Zur Risikoerfassung nach dem Arzneimittelgesetz sind das Geburtsdatum und das Geschlecht der zu behandelnden Person anzugeben.
§ 15 Qualitätssicherung	§ 15 Qualitätssicherung
(1) Einrichtungen der Krankenversorgung, die Blutprodukte anwenden, haben ein System der Qualitätssicherung für die Anwendung von Blutprodukten nach dem Stand der medizinischen Wissenschaft und Technik einzurichten. Sie haben eine approbierte ärztliche Person zu bestellen, die für die transfusionsmedizinischen Aufgaben verantwortlich und mit den dafür erforderlichen Kompetenzen ausgestattet ist (transfusionsverantwortliche Person). Sie haben zusätzlich für jede Behandlungseinheit, in der Blutprodukte angewendet, eine approbierte ärztliche Person zu bestellen, die in der Krankenversorgung tätig ist und über transfusionsmedizinische Grundkenntnisse und Erfahrungen verfügt (transfusionsbeauftragte Person). Hat die Einrichtung der Krankenversorgung eine Spendeeinrichtung oder ein Institut für Transfusionsmedizin oder handelt es sich um eine Einrichtung der Krankenversorgung mit Akutversorgung, so ist zusätzlich eine Kommission für transfusionsmedizinische Angelegenheiten (Transfusionskommission) zu bilden. (2) Im Rahmen des Qualitätssicherungssystems sind die Qualifikation und die Aufgaben der Personen, die im engen Zusammenhang mit der Anwendung von Blutprodukten tätig sind, festzulegen. Zusätzlich sind die Grundsätze für die patientenbezogene Qualitätssicherung der Anwendung von Blutprodukten, insbesondere der Dokumentation und des fachübergreifenden Informationsaustausches, die Überwachung der Anwendung, die anwendungsbezogenen Wir-	Einrichtungen der Krankenversorgung, die Blutprodukte anwenden, haben ein System der Qualitätssicherung für die Anwendung von Blutprodukten nach dem Stand der medizinischen Wissenschaft und Technik einzurichten. Im Rahmen des Qualitätssicherungssystems sind die Qualifikation und die Aufgaben der Personen, die im engen Zusammenhang mit der Anwendung von Blutprodukten tätig sind, festzulegen. Zusätzlich sind die Grundsätze für die patientenbezogene Qualitätssicherung der Anwendung von Blutprodukten, insbesondere der Dokumentation und des fachübergreifenden Informationsaustausches, die Überwachung der Anwendung, die anwendungsbezogenen Wirkungen und Nebenwirkungen und zusätzlich erforderliche therapeutische Maßnahmen festzulegen.

2. Entwurf v. 29.07.1997	1. Entwurf v. 21.04.1997
schlechts übermittelt werden.	schlechts übermittelt werden.
§ 17 Qualitätssicherung	§ 17 Qualitätssicherung
(1) Einrichtungen der Krankenversorgung (Krankenhaus, andere ärztliche Einrichtung, die Personen behandelt), die Blutprodukte anwenden, haben ein System der Qualitätssicherung für die Anwendung von Blutprodukten nach dem Stand der medizinischen Wissenschaft und Technik einzurichten. Sie haben insbesondere eine approbjerte ärztliche Person zu benennen, die für die transfusionsmedizinischen Aufgaben verantwortlich und mit den dafür erforderlichen Kompetenzen ausgestattet ist (transfusionsverantwortliche Person). Sie haben zusätzlich für jedes Teilkrankenhaus oder für jede Abteilung eine ärztliche Person zu benennen, die in der unmittelbaren Krankenversorgung tätig ist und über transfusionsmedizinische Grundkenntnisse und Erfahrungen verfügt (transfusionsbeauftragte Person). Ihre Aufgabe besteht darin, transfusionsmedizinische Maßnahmen in ihrem Zuständigkeitsbereich umzusetzen. Hat die Einrichtung der Krankenversorgung eine Spendeeinrichtung oder ein Institut für Transfusionsmedizin oder handelt es sich um eine Einrichtung der Krankenversorgung mit Akut- und Maximalversorgung, so ist zusätzlich eine Kommission für transfusionsmedizinische Angelegenheiten (Transfusionskommission) zu bilden. (2) Im Rahmen des Qualitätssicherungssystems sind die Qualifikationen und die Aufgaben der transfusionsverantwortlichen Person und der transfusionsbeauftragten Person sowie die Zusammensetzung und die Aufgaben der	(1) Einrichtungen der Krankenversorgung (Krankenhaus, andere ärztliche Einrichtung, die Personen behandelt), die Blutprodukte anwenden, haben ein System der Qualitätssicherung für die Anwendung von Blutprodukten nach dem Stand der medizinischen Wissenschaft und Technik einzurichten. Sie haben insbesondere eine approbierte ärztliche Person zu benennen, die für die transfusionsmedizinischen Aufgaben verantwortlich und mit den dafür erforderlichen Kompetenzen ausgestattet ist (transfusionsverantwortliche Person). Sie haben zusätzlich für jedes Teilkrankenhaus oder für jede Abteilung eine ärztliche Person zu benennen, die in der unmittelbaren Krankenversorgung tätig ist und über transfusionsmedizinische Grundkenntnisse und Erfahrungen verfügt (transfusionsbeauftragte Person). Ihre Aufgabe besteht darin, transfusionsmedizinische Maßnahmen in ihrem Zuständigkeitsbereich umzusetzen. Hat die Einrichtung der Krankenversorgung eine Spendeeinrichtung oder ein Institut für Transfusionsmedizin oder handelt es sich um eine Einrichtung der Krankenversorgung mit Akut- und Maximalversorgung, so ist zusätzlich eine Kommission für transfusionsmedizinische Angelegenheiten (Transfusionskommission) zu bilden. (2) Im Rahmen des Qualitätssicherungssystems sind die Qualifikationen und die Aufgaben der transfusionsverantwortlichen Person und der transfusionsbeauftragten Person sowie die Zusammensetzung und die Aufgaben der

TFG v. 01.07.1998	3. (Regierungs-) Entwurf v. 13.01.1998
kungen und Nebenwirkungen und zusätzlich erforderliche therapeutische Maßnahmen festzulegen.	
§ 16 Unterrichtungspflichten	§ 16 Unterrichtungspflichten
(1) Treten im Zusammenhang mit der Anwendung von Blutprodukten und gentechnisch hergestellten Plasmaproteinen zur Behandlung von Hämostasestörungen unerwünschte Ereignisse auf, hat die behandelnde ärztliche Person unverzüglich die notwendigen Maßnahmen zu ergreifen. Sie unterrichtet die transfusionsbeauftragte und die transfusionsverantwortliche Person oder die sonst nach dem Qualitätssicherungssystem der Einrichtung der Krankenversorgung zu unterrichtenden Personen. (2) Im Falle des Verdachts der Nebenwirkung eines Blutprodukts ist unverzüglich der pharmazeutische Unternehmer und im Falle des Verdachts einer schwerwiegenden Nebenwirkung eines Blutprodukts und eines Plasmaproteinpräparates im Sinne von Absatz 1 zusätzlich die zuständige Bundesoberbehörde zu unterrichten. Die Unterrichtung muß alle notwendigen Angaben wie Bezeichnung des Produktes, Name oder Firma des pharmazeutischen Unternehmers und die Chargenbezeichnung enthalten. Von der Person, bei der der Verdacht auf die Nebenwirkungen aufgetreten ist, sind das Geburtsdatum und das Geschlecht anzugeben. (3) Die berufsrechtlichen Mitteilungspflichten bleiben unberührt.	(1) Treten im Zusammenhang mit der Anwendung von Blutprodukten und gentechnisch hergestellten Plasmaproteinen zur Behandlung von Hämostasestörungen unerwünschte Ereignisse auf, hat die behandelnde ärztliche Person unverzüglich die notwendigen Maßnahmen zu ergreifen. Sie unterrichtet die transfusionsbeauftragte und die transfusionsverantwortliche Person oder die sonst nach dem Qualitätssicherungssystem der Einrichtung der Krankenversorgung zu uOnterrichtenden Personen. (2) Im Falle des Verdachts der Nebenwirkung eines Blutprodukts ist unverzüglich der pharmazeutische Unternehmer und im Falle des Verdachts einer schwerwiegenden Nebenwirkung eines Blutprodukts und eines Plasmaproteinpräparates im Sinne von Absatz 1 zusätzlich die zuständige Bundesoberbehörde zu unterrichten. Die Unterrichtung muß alle notwendigen Angaben wie Bezeichnung des Produktes, Name oder Firma des pharmazeutischen Unternehmers und die Chargenbezeichnung enthalten. Von der Person, bei der der Verdacht auf die Nebenwirkungen aufgetreten ist, sind das Geburtsdatum und das Geschlecht anzugeben. (3) Die berufsrechtlichen Mitteilungspflichten bleiben unberührt.

2. Entwurf v. 29.07.1997	1. Entwurf v. 21.04.1997
Transfusionskommission festzulegen. Zusätzlich sind die Grundsätze für die patientenbezogene Qualitätssicherung der Anwendung von Blutprodukten, insbesondere der Dokumentation und des fachübergreifenden Informationsaustausches über die Indikationsstellung, die Überwachung der Anwendung, die anwendungsbezogenen Wirkungen und Nebenwirkungen und zusätzlich erforderliche therapeutische Maßnahmen festzulegen.	Transfusionskommission festzulegen. Zusätzlich sind die Grundsätze für die patientenbezogene Qualitätssicherung der Anwendung von Blutprodukten, insbesondere der Dokumentation und des fachübergreifenden Informationsaustausches über die Indikationsstellung, die Überwachung der Anwendung, die anwendungsbezogenen Wirkungen und Nebenwirkungen und zusätzlich erforderliche therapeutische Maßnahmen festzulegen.
§ 18 Unterrichtungspflichten	§ 18 Unterrichtungspflichten
(1) Treten im Zusammenhang mit der Anwendung von Blutprodukten unerwünschte Ereignisse auf, hat die behandelnde ärztliche Person unverzüglich die notwendigen Maßnahmen zu ergreifen. Sie unterrichtet die transfusionsbeauftragte und die transfusionsverantwortliche Person. (2) Im Falle des Verdachts der Nebenwirkung eines Blutprodukts hat die transfusionsbeauftragte Person unverzüglich den pharmazeutischen Unternehmer und im Falle des Verdachts einer schwerwiegenden Nebenwirkung eines Blutprodukts zusätzlich die zuständige Bundesoberbehörde zu unterrichten. Angaben über die Person, bei der der Verdacht auf die Nebenwirkungen aufgetreten ist, müssen das Geburtsdatum und das Geschlecht enthalten. (3) Die berufsrechtlichen Unterrichtungspflichten bleiben unberührt.	(1) Treten im Zusammenhang mit der Anwendung von Blutprodukten unerwünschte Ereignisse auf, hat die behandelnde ärztliche Person unverzüglich die notwendigen Maßnahmen zu ergreifen. Sie unterrichtet die transfusionsbeauftragte und die transfusionsverantwortliche Person. (2) Im Falle des Verdachts der Nebenwirkung eines Blutprodukts hat die transfusionsbeauftragte Person unverzüglich den pharmazeutischen Unternehmer und im Falle des Verdachts einer schwerwiegenden Nebenwirkung eines Blutprodukts zusätzlich die zuständige Bundesoberbehörde zu unterrichten. Angaben über die Person, bei der der Verdacht auf die Nebenwirkungen aufgetreten ist, müssen das Geburtsdatum und das Geschlecht enthalten. (3) Die berufsrechtlichen Unterrichtungspflichten bleiben unberührt.

TFG v. 01.07.1998	3. (Regierungs-) Entwurf v. 13.01.1998

§ 17
Nicht angewendete Blutprodukte

(1) Nicht angewendete Blutprodukte sind innerhalb der Einrichtungen der Krankenversorgung sachgerecht zu lagern, zu transportieren, abzugeben oder zu entsorgen. Transport und Abgabe von Blutprodukten aus zellulären Blutbestandteilen und Frischplasma dürfen nur nach einem im Rahmen des Qualitätssicherungssystems schriftlich festgelegten Verfahren erfolgen. Nicht angewendete Eigenblutentnahmen dürfen nicht an anderen Personen angewendet werden.
(2) Der Verbleib nicht angewendeter Blutprodukte ist zu dokumentieren.

§ 18
Stand der medizinischen Wissenschaft und Technik zur Anwendung von Blutprodukten

(1) Die Bundesärztekammer stellt im Einvernehmen mit der zuständigen Bundesoberbehörde und nach Anhörung von Sachverständigen unter Berücksichtigung der Empfehlungen der Europäischen Union, des Europarates und der Weltgesundheitsorganisation zu Blut und Blutbestandteilen in Richtlinien den allgemein anerkannten Stand der medizinischen Wissenschaft und Technik insbesondere für
1. die Anwendung von Blutprodukten, die Testung auf Infektionsmarker der zu behandelnden Personen anläßlich der Anwendung von Blutprodukten und die Anforderungen an die Rückstellproben,
2. die Qualitätssicherung der Anwendung von Blutprodukten in den Einrichtungen der Krankenversorgung und ihre Überwachung durch die Ärzteschaft,
3. die Qualifikation und die Aufgaben der im engen Zusammenhang mit der Anwendung von Blutprodukten tätigen Personen,
4. den Umgang mit nicht angewendeten Blutprodukten in den Einrichtungen der Krankenversorgung
fest. Bei der Anhörung ist die angemessene Beteiligung von Sachverständigen der betroffenen

§ 17
Nicht angewendete Blutprodukte

(1) Nicht angewendete Blutprodukte sind innerhalb der Einrichtungen der Krankenversorgung sachgerecht zu lagern, zu transportieren, abzugeben oder zu entsorgen. Transport und Abgabe von Blutprodukten aus zellulären Blutbestandteilen und Frischplasma dürfen nur nach einem im Rahmen des Qualitätssicherungssystems schriftlich festgelegten Verfahren erfolgen. Nicht angewendete Eigenblutentnahmen dürfen nicht an anderen Personen angewendet werden.
(2) Der Verbleib nicht angewendeter Blutprodukte ist zu dokumentieren.

§ 18
Stand der medizinischen Wissenschaft und Technik zur Anwendung von Blutprodukten

(1) Die Bundesärztekammer stellt im Einvernehmen mit der zuständigen Bundesoberbehörde und nach Anhörung von Sachverständigen unter Berücksichtigung der Empfehlungen der Europäischen Union, des Europarates und der Weltgesundheitsorganisation zu Blut und Blutbestandteilen in Richtlinien den allgemein anerkannten Stand der medizinischen Wissenschaft und Technik insbesondere für
1. die Anwendung von Blutprodukten, die Testung auf Infektionsmarker der zu behandelnden Personen anläßlich der Anwendung von Blutprodukten und die Anforderungen an die Rückstellproben,
2. die Qualitätssicherung der Anwendung von Blutprodukten in den Einrichtungen der Krankenversorgung und ihre Überwachung durch die Ärzteschaft,
3. die Qualifikation und die Aufgaben der im engen Zusammenhang mit der Anwendung von Blutprodukten tätigen Personen,
4. den Umgang mit nicht angewendeten Blutprodukten in den Einrichtungen der Krankenversorgung
fest. Bei der Anhörung ist die angemessene Beteiligung von Sachverständigen der betroffenen

2. Entwurf v. 29.07.1997	1. Entwurf v. 21.04.1997
§ 19 **Nicht angewendete Blutprodukte** (1) Nicht angewendete Blutprodukte sind in den Einrichtungen der Krankenversorgung sachgerecht zu lagern, zu transportieren, abzugeben oder zu entsorgen. Transport und Abgabe von Blutprodukten aus zellulären Blutbestandteilen und Frischplasma dürfen nur nach einem im Rahmen des Qualitätssicherungssystems schriftlich festgelegten Verfahren erfolgen. Nicht angewendete Eigenblutentnahmen sollen vernichtet werden. (2) Der Verbleib nicht angewendeter Blutprodukte aus zellulären Blutbestandteilen und von Frischplasma ist zu dokumentieren. **§ 20** **Stand der medizinischen Wissenschaft und Technik** (1) Die Bundesärztekammer kann im Einvernehmen mit der zuständigen Bundesoberbehörde und nach Anhörung von Sachverständigen unter Berücksichtigung der Empfehlungen der Europäischen Union, des Europarates und der Weltgesundheitsorganisation zu Blut und Blutprodukten in Richtlinien den allgemein anerkannten Stand der medizinischen Wissenschaft und Technik insbesondere für 1. die Anwendung von Blutprodukten, die Testung auf Infektionsmarker der zu behandelnden Personen anläßlich der Anwendung von Blutprodukten und die Anforderungen an die Rückstellproben, 2. die Qualitätssicherung der Anwendung von Blutprodukten in den Einrichtungen der Krankenversorgung und ihre Überwachung durch die Ärzteschaft, 3. die Qualifikation und die Aufgaben der transfusionsverantwortlichen und transfusionsbeauftragten Person sowie die Zusammensetzung und die Aufgaben der Transfusionskommission und 4. den Umgang mit nicht angewendeten Blutprodukten in den Einrichtungen der Krankenversorgung	**§ 19** **Nicht angewendete Blutprodukte** (1) Nicht angewendete Blutprodukte sind in den Einrichtungen der Krankenversorgung sachgerecht zu lagern, zu transportieren, abzugeben oder zu entsorgen. Transport und Abgabe von Blutprodukten aus zellulären Blutbestandteilen und Frischplasma dürfen nur nach einem im Rahmen des Qualitätssicherungssystems schriftlich festgelegten Verfahren erfolgen. Nicht angewendete Eigenblutentnahmen sollen vernichtet werden. (2) Der Verbleib nicht angewendeter Blutprodukte aus zellulären Blutbestandteilen und von Frischplasma ist zu dokumentieren. **§ 20** **Stand der medizinischen Wissenschaft und Technik** (1) Die Bundesärztekammer kann im Einvernehmen mit der zuständigen Bundesoberbehörde und nach Anhörung von Sachverständigen unter Berücksichtigung der Empfehlungen der Europäischen Union, des Europarates und der Weltgesundheitsorganisation zu Blut und Blutprodukten in Richtlinien den allgemein anerkannten Stand der medizinischen Wissenschaft und Technik insbesondere für 1. die Anwendung von Blutprodukten, die Testung auf Infektionsmarker der zu behandelnden Personen anläßlich der Anwendung von Blutprodukten und die Anforderungen an die Rückstellproben, 2. die Qualitätssicherung der Anwendung von Blutprodukten in den Einrichtungen der Krankenversorgung und ihre Überwachung durch die Ärzteschaft, 3. die Qualifikation und die Aufgaben der transfusionsverantwortlichen und transfusionsbeauftragten Person sowie die Zusammensetzung und die Aufgaben der Transfusionskommission und 4. den Umgang mit nicht angewendeten Blutprodukten in den Einrichtungen der Krankenversorgung

TFG v. 01.07.1998	3. (Regierungs-) Entwurf v. 13.01.1998
Fach- und Verkehrskreise, insbesondere der Träger der Spendeeinrichtungen, der Spitzenverbände der Krankenkassen, der Deutschen Krankenhausgesellschaft, der Kassenärztlichen Bundesvereinigung, sowie der zuständigen Behörden von Bund und Ländern sicherzustellen. (2) Es wird vermutet, daß der allgemein anerkannte Stand der medizinischen Wissenschaft und Technik zu den Anforderungen nach diesem Abschnitt eingehalten worden ist, wenn und soweit die Richtlinien der Bundesärztekammer nach Absatz 1 beachtet worden sind.	Fach- und Verkehrskreise, insbesondere der Träger der Spendeeinrichtungen, der Spitzenverbände der Krankenkassen, der Deutschen Krankenhausgesellschaft, der Kassenärztlichen Bundesvereinigung, sowie der zuständigen Behörden von Bund und Ländern sicherzustellen. (2) Es wird vermutet, daß der Stand der medizinischen Wissenschaft und Technik zu den Anforderungen nach diesem Abschnitt eingehalten worden ist, wenn und soweit die Richtlinien der Bundesärztekammer nach Absatz 1 beachtet worden sind.
VIERTER ABSCHNITT Rückverfolgung	VIERTER ABSCHNITT Rückverfolgung
§ 19 Verfahren	§ 19 Verfahren
(1) Wird von einer Spendeeinrichtung festgestellt oder hat sie begründeten Verdacht, daß eine spendende Person mit HIV, mit Hepatitis-Viren oder anderen Erregern, die zu schwerwiegenden Krankheitsverläufen führen können, infiziert ist, ist die entnommene Spende auszusondern und dem Verbleib vorangegangener Spenden nachzugehen. Das Verfahren zur Überprüfung des Verdachts und zur Rückverfolgung richtet sich nach dem Stand der wissenschaftlichen Erkenntnisse. Es sind insbesondere folgende Sorgfaltspflichten zu beachten: 1. der Rückverfolgungszeitraum für vorangegangene Spenden zum Schutz vor den jeweiligen Übertragungsrisiken muß angemessen sein, 2. eine als infektiös verdächtige Spende muß gesperrt werden, bis durch Wiederholungs- oder Bestätigungstestergebnisse über das weitere Vorgehen entschieden worden ist, 3. es muß unverzüglich Klarheit über den Infektionsstatus der spendenden Person und über ihre infektionsverdächtigen Spenden gewonnen werden, 4. eine nachweislich infektiöse Spende muß sicher ausgesondert werden, 5. die notwendigen Informationsverfahren müssen eingehalten werden, wobei § 16 Abs. 2 Satz 3 entsprechend gilt, und	(1) Wird von einer Spendeeinrichtung festgestellt oder hat sie begründeten Verdacht, daß eine spendende Person mit HIV, mit Hepatitis-Viren oder anderen Erregern, die zu schwerwiegenden Krankheitsverläufen führen können, infiziert ist, ist die entnommene Spende auszusondern und dem Verbleib vorangegangener Spenden nachzugehen. Das Verfahren zur Überprüfung des Verdachts und zur Rückverfolgung richtet sich nach dem Stand der wissenschaftlichen Erkenntnisse. Es sind insbesondere folgende Sorgfaltspflichten zu beachten: 1. der Rückverfolgungszeitraum für vorangegangene Spenden zum Schutz vor den jeweiligen Übertragungsrisiken muß angemessen sein, 2. eine als infektiös verdächtige Spende muß gesperrt werden, bis durch Wiederholungs- oder Bestätigungstestergebnisse über das weitere Vorgehen entschieden worden ist, 3. es muß unverzüglich Klarheit über den Infektionsstatus der spendenden Person und über ihre infektionsverdächtigen Spenden gewonnen werden, 4. eine nachweislich infektiöse Spende muß sicher ausgesondert werden, 5. die notwendigen Informationsverfahren müssen eingehalten werden, wobei § 16 Abs. 2 Satz 3 entsprechend gilt, und

2. Entwurf v. 29.07.1997	1. Entwurf v. 21.04.1997
feststellen. Bei der Anhörung ist die angemessene Beteiligung von Sachverständigen der betroffenen Fach- und Verkehrskreise, insbesondere der Träger der Spendeeinrichtungen, sowie der zuständigen Behörden von Bund und Ländern sicherzustellen. (2) Es wird vermutet, daß der Stand der medizinischen Wissenschaft und Technik zu den Anforderungen nach diesem Abschnitt eingehalten worden ist, wenn und soweit die Richtlinien der Bundesärztekammer nach Absatz 1 beachtet worden sind.	feststellen. Bei der Anhörung ist die angemessene Beteiligung von Sachverständigen der betroffenen Fach- und Verkehrskreise, insbesondere der Träger der Spendeeinrichtungen, sowie der zuständigen Behörden von Bund und Ländern sicherzustellen. (2) Es wird vermutet, daß der Stand der medizinischen Wissenschaft und Technik zu den Anforderungen nach diesem Abschnitt eingehalten worden ist, wenn und soweit die Richtlinien der Bundesärztekammer nach Absatz 1 beachtet worden sind.
VIERTER ABSCHNITT Rückverfolgung	VIERTER ABSCHNITT Rückverfolgung
§ 21 Verfahren	§ 21 Verfahren
(1) Wird bei einer spendenden Person festgestellt oder besteht der begründete Verdacht, daß sie mit HIV, mit Hepatitis-Viren oder anderen Erregern, die zu schwerwiegenden Krankheitsverläufen führen können, infiziert ist, ist die entnommene Spende auszusondern und dem Verbleib vorangegangener Spenden nachzugehen. Das Verfahren richtet sich nach dem Stand der wissenschaftlichen Erkenntnisse. Insbesondere müssen 1. der Rückverfolgungszeitraum für vorangegangene Spenden zum Schutz vor den jeweiligen Übertragungsrisiken angemessen sein, 2. eine als infektiös verdächtige Spende gesperrt werden, bis durch Wiederholungs- oder Bestätigungstestergebnisse über das weitere Vorgehen entschieden worden ist, 3. unverzüglich Klarheit über den Infektionsstatus der spendenden Person und über die infektionsverdächtige Spende gewonnen werden, 4. eine nachweislich infektiöse Spende ausgesondert werden, 5. die notwendigen Informationsverfahren eingehalten werden, wobei § 18 Abs. 2 Satz 2 entsprechend gilt, und 6. die Einleitung des Verfahrens unverzüglich der zuständigen Behörde gemeldet werden. § 18 Abs. 2 Satz 2 gilt entsprechend.	(1) Wird bei einer spendenden Person festgestellt oder besteht der begründete Verdacht, daß sie mit HIV, mit Hepatitis-Viren oder anderen Erregern, die zu schwerwiegenden Krankheitsverläufen führen können, infiziert ist, ist die entnommene Spende auszusondern und dem Verbleib vorangegangener Spenden nachzugehen. Das Verfahren richtet sich nach dem Stand der wissenschaftlichen Erkenntnisse. Insbesondere müssen 1. der Rückverfolgungszeitraum für vorangegangene Spenden zum Schutz vor den jeweiligen Übertragungsrisiken angemessen sein, 2. eine als infektiös verdächtige Spende gesperrt werden, bis durch Wiederholungs- oder Bestätigungstestergebnisse über das weitere Vorgehen entschieden worden ist, 3. unverzüglich Klarheit über den Infektionsstatus der spendenden Person und über die infektionsverdächtige Spende gewonnen werden, 4. eine nachweislich infektiöse Spende ausgesondert werden, 5. die notwendigen Informationsverfahren eingehalten werden, wobei § 18 Abs. 2 Satz 2 entsprechend gilt, und 6. die Einleitung des Verfahrens unverzüglich der zuständigen Behörde gemeldet werden. § 18 Abs. 2 Satz 2 gilt entsprechend.

TFG v. 01.07.1998	3. (Regierungs-) Entwurf v. 13.01.1998
6. die Einleitung des Rückverfolgungsverfahrens ist unverzüglich der zuständigen Behörde anzuzeigen, wenn die Bestätigungstestergebnisse die Infektiosität bestätigen, fraglich sind oder eine Nachtestung nicht möglich ist; § 16 Abs. 2 Satz 3 gilt entsprechend. Die verantwortliche ärztliche Person der Spendeeinrichtung hat die spendende Person unverzüglich über den anläßlich der Spende gesichert festgestellten Infektionsstatus zu unterrichten. Sie hat die spendende Person eingehend aufzuklären und zu beraten. Sind Blutprodukte, bei denen der begründete Verdacht besteht, daß sie Infektionserreger übertragen, angewendet worden, so sind die Einrichtungen der Krankenversorgung verpflichtet, die behandelten Personen unverzüglich zu unterrichten und ihnen eine Testung zu empfehlen. Vor der Testung ist die schriftliche Einwilligung der behandelten Person einzuholen. Die behandelte Person ist eingehend zu beraten. (2) Wird in einer Einrichtung der Krankenversorgung bei einer zu behandelnden oder behandelten Person festgestellt oder besteht der begründete Verdacht, daß sie durch ein Blutprodukt gemäß Absatz 1 Satz 1 infiziert worden ist, muß die Einrichtung der Krankenversorgung der Ursache der Infektion unverzüglich nachgehen. Sie hat das für die Infektion oder den Verdacht in Betracht kommende Blutprodukt zu ermitteln und die Unterrichtungen entsprechend § 16 Abs. 2 vorzunehmen. Der pharmazeutische Unternehmer hat zu veranlassen, daß die spendende Person ermittelt und eine Nachuntersuchung empfohlen wird. Absatz 1 Satz 8 gilt entsprechend. Wird die Infektiosität der spendenden Person bei der Nachuntersuchung bestätigt oder nicht ausgeschlossen oder ist eine Nachuntersuchung nicht durchführbar, so findet das Verfahren nach Absatz 1 entsprechend Anwendung. (3) Die Einrichtungen der Krankenversorgung, die Spendeeinrichtungen und die pharmazeutischen Unternehmer haben mit den zuständigen Behörden des Bundes und der Länder zusammenzuarbeiten, um die Ursache der Infektion nach Absatz 2 zu ermitteln. Sie sind ins-	6. die Einleitung des Rückverfolgungsverfahrens ist unverzüglich der zuständigen Behörde anzuzeigen, wenn die Bestätigungstestergebnisse die Infektiosität bestätigen, fraglich sind oder eine Nachtestung nicht möglich ist; § 16 Abs. 2 Satz 3 gilt entsprechend. Die verantwortliche ärztliche Person der Spendeeinrichtung hat die spendende Person unverzüglich über den anläßlich der Spende gesichert festgestellten Infektionsstatus zu unterrichten. Sie hat die spendende Person eingehend aufzuklären und zu beraten. Sind Blutprodukte, bei denen der begründete Verdacht besteht, daß sie Infektionserreger übertragen, angewendet worden, so sind die Einrichtungen der Krankenversorgung verpflichtet, die behandelten Personen unverzüglich zu unterrichten und ihnen eine Testung zu empfehlen. Vor der Testung ist die schriftliche Einwilligung der behandelten Person einzuholen. Die behandelte Person ist eingehend zu beraten. (2) Wird in einer Einrichtung der Krankenversorgung bei einer zu behandelnden oder behandelten Person festgestellt oder besteht der begründete Verdacht, daß sie durch ein Blutprodukt gemäß Absatz 1 Satz 1' infiziert worden ist, muß die Einrichtung der Krankenversorgung der Ursache der Infektion unverzüglich nachgehen. Sie hat das für die Infektion oder den Verdacht in Betracht kommende Blutprodukt zu ermitteln und die Unterrichtungen entsprechend § 16 Abs. 2 vorzunehmen. Der pharmazeutische Unternehmer hat zu veranlassen, daß die spendende Person ermittelt und eine Nachuntersuchung empfohlen wird. Absatz 1 Satz 8 gilt entsprechend. Wird die Infektiosität der spendenden Person bei der Nachuntersuchung bestätigt oder nicht ausgeschlossen oder ist eine Nachuntersuchung nicht durchführbar, so findet das Verfahren nach Absatz 1 entsprechend Anwendung. (3) Die Einrichtungen der Krankenversorgung, die Spendeeinrichtungen und die pharmazeutischen Unternehmer haben mit den zuständigen Behörden des Bundes und der Länder zusammenzuarbeiten, um die Ursache der Infektion nach Absatz 2 zu ermitteln. Sie sind ins-

2. Entwurf v. 29.07.1997	1. Entwurf v. 21.04.1997
Die verantwortliche ärztliche Person der Spendeeinrichtung hat die spendende Person unverzüglich über den anläßlich der Spende gesichert festgestellten Infektionsstatus zu unterrichten. Sie hat die spendende Person eingehend aufzuklären und zu beraten. Sind Blutprodukte, bei denen der begründete Verdacht besteht, daß sie Infektionserreger übertragen, angewendet worden, so sind die Einrichtungen der Krankenversorgung verpflichtet, die behandelten Personen unverzüglich zu unterrichten und ihnen eine Testung zu empfehlen. Vor der Testung ist die schriftliche Einwilligung der behandelten Person einzuholen. Die behandelte Person ist eingehend zu beraten. (2) Wird bei einer zu behandelnden oder behandelten Person festgestellt oder besteht der begründete Verdacht, daß sie durch ein Blutprodukt gemäß Absatz 1 Satz 1 infiziert worden ist, muß die Einrichtung der Krankenversorgung der Ursache der Infektion unverzüglich nachgehen. Sie hat das für die Infektion oder den Verdacht in Betracht kommende Blutprodukt zu ermitteln und den pharmazeutischen Unternehmer mit Angabe der Chargenbezeichnung und mit den Angaben nach § 18 Abs. 2 Satz 2 unverzüglich zu unterrichten. Der pharmazeutische Unternehmer hat zu veranlassen, daß die spendende Person ermittelt und eine Nachuntersuchung empfohlen wird. Absatz 1 Satz 7 gilt entsprechend. Wird die Infektiosität der spendenden Person bei der Nachuntersuchung bestätigt oder nicht ausgeschlossen oder ist eine Nachuntersuchung nicht durchführbar, so findet das Verfahren nach Absatz 1 entsprechend Anwendung. (3) Die Einrichtungen der Krankenversorgung haben mit den zuständigen Behörden des Bundes und der Länder zusammen zu arbeiten, um die Ursache der Infektion nach Absatz 2 zu ermitteln. Sie sind insbesondere verpflichtet, die für diesen Zweck erforderlichen Auskünfte zu erteilen. § 18 Abs. 2 Satz 2 gilt entsprechend. (4) Die nach den Absätzen 1 bis 3 durchgeführten Maßnahmen sind für Zwecke weiterer	Die verantwortliche ärztliche Person der Spendeeinrichtung hat die spendende Person unverzüglich über den anläßlich der Spende gesichert festgestellten Infektionsstatus zu unterrichten. Sie hat die spendende Person eingehend aufzuklären und zu beraten. Sind Blutprodukte, bei denen der begründete Verdacht besteht, daß sie Infektionserreger übertragen, angewendet worden, so sind die Einrichtungen der Krankenversorgung verpflichtet, die behandelten Personen unverzüglich zu unterrichten und ihnen eine Testung zu empfehlen. Vor der Testung ist die schriftliche Einwilligung der behandelten Person einzuholen. Die behandelte Person ist eingehend zu beraten. (2) Wird bei einer zu behandelnden oder behandelten Person festgestellt oder besteht der begründete Verdacht, daß sie durch ein Blutprodukt gemäß Absatz 1 Satz 1 infiziert worden ist, muß die Einrichtung der Krankenversorgung der Ursache der Infektion unverzüglich nachgehen. Sie hat das für die Infektion oder den Verdacht in Betracht kommende Blutprodukt zu ermitteln und den pharmazeutischen Unternehmer mit Angabe der Chargenbezeichnung und mit den Angaben nach § 18 Abs. 2 Satz 2 unverzüglich zu unterrichten. Der pharmazeutische Unternehmer hat zu veranlassen, daß die spendende Person ermittelt und eine Nachuntersuchung empfohlen wird. Absatz 1 Satz 7 gilt entsprechend. Wird die Infektiosität der spendenden Person bei der Nachuntersuchung bestätigt oder nicht ausgeschlossen oder ist eine Nachuntersuchung nicht durchführbar, so findet das Verfahren nach Absatz 1 entsprechend Anwendung. (3) Die Einrichtungen der Krankenversorgung haben mit den zuständigen Behörden des Bundes und der Länder zusammen zu arbeiten, um die Ursache der Infektion nach Absatz 2 zu ermitteln. Sie sind insbesondere verpflichtet, die für diesen Zweck erforderlichen Auskünfte zu erteilen. § 18 Abs. 2 Satz 2 gilt entsprechend. (4) Die nach den Absätzen 1 bis 3 durchgeführten Maßnahmen sind für Zwecke weiterer

TFG v. 01.07.1998	3. (Regierungs-) Entwurf v. 13.01.1998
besondere verpflichtet, die für diesen Zweck erforderlichen Auskünfte zu erteilen. (4) Die nach Absatz 1 bis 3 durchgeführten Maßnahmen sind für Zwecke weiterer Rückverfolgungsverfahren und der Risikoerfassung nach dem Arzneimittelgesetz zu dokumentieren. § 16 Abs. 2 Satz 3 gilt entsprechend. § 20 Verordnungsermächtigung Das Bundesministerium für Gesundheit wird ermächtigt, nach Anhörung von Sachverständigen eine Rechtsverordnung mit Zustimmung des Bundesrates zur Regelung der Einzelheiten des Verfahrens der Rückverfolgung zu erlassen, sofern dies zur Abwehr von Gefahren für die Gesundheit von Menschen oder zur Risikovorsorge erforderlich ist. Mit der Verordnung können insbesondere Regelungen zu einer gesicherten Erkennung des Infektionsstatus der spendenden und der zu behandelnden Personen, zur Dokumentation und Übermittlung von Daten zu Zwecken der Rückverfolgung, zum Zeitraum der Rückverfolgung sowie zur Sperrung und Lagerung von Blutprodukten erlassen werden. FÜNFTER ABSCHNITT Meldewesen § 21 Koordiniertes Meldewesen (1) Die Träger der Spendeeinrichtungen, die pharmazeutischen Unternehmer und die Einrichtungen der Krankenversorgung haben jährlich die Zahlen zu dem Umfang der Gewinnung von Blut und Blutbestandteilen, der Herstellung, des Imports und des Exports und des Verbrauchs von Blutprodukten und Plasmaproteinen im Sinne von § 14 Abs. 1 sowie die Anzahl der behandelten Personen mit angeborenen Hämostasestörungen der zuständigen Bundesoberbehörde zu melden. Die Meldungen haben nach Abschluß des Kalenderjahres, spätestens zum 1. März des folgenden Jahres, zu erfolgen.	besondere verpflichtet, die für diesen Zweck erforderlichen Auskünfte zu erteilen. (4) Die nach Absatz 1 bis 3 durchgeführten Maßnahmen sind für Zwecke weiterer Rückverfolgungsverfahren und der Risikoerfassung nach dem Arzneimittelgesetz zu dokumentieren. § 16 Abs. 2 Satz 3 gilt entsprechend. § 20 Verordnungsermächtigung Das Bundesministerium für Gesundheit wird ermächtigt, nach Anhörung von Sachverständigen eine Rechtsverordnung mit Zustimmung des Bundesrates zur Regelung der Einzelheiten des Verfahrens der Rückverfolgung zu erlassen, sofern dies zur Abwehr von Gefahren für die Gesundheit von Menschen oder zur Risikovorsorge erforderlich ist. Mit der Verordnung können insbesondere Regelungen zu einer gesicherten Erkennung des Infektionsstatus der spendenden und der zu behandelnden Personen, zur Dokumentation und Übermittlung von Daten zu Zwecken der Rückverfolgung, zum Zeitraum der Rückverfolgung sowie zur Sperrung und Lagerung von Blutprodukten erlassen werden. FÜNFTER ABSCHNITT Meldewesen § 21 Koordiniertes Meldewesen (1) Die Träger der Spendeeinrichtungen, die pharmazeutischen Unternehmer und die Einrichtungen der Krankenversorgung haben jährlich die Zahlen zu dem Umfang der Gewinnung von Blut und Blutbestandteilen, der Herstellung, des Imports und des Exports und des Verbrauchs von Blutprodukten und Plasmaproteinen im Sinne von § 14 Abs. 1 sowie die Anzahl der behandelten Personen mit angeborenen Hämostasestörungen der zuständigen Bundesoberbehörde zu melden. Die Meldungen haben nach Abschluß des Kalenderjahres, spätestens zum 1. März des folgenden Jahres, zu erfolgen.

2. Entwurf v. 29.07.1997	1. Entwurf v. 21.04.1997
Rückverfolgungsverfahren und der Risikoerfassung nach dem Arzneimittelgesetz zu dokumentieren.	Rückverfolgungsverfahren und der Risikoerfassung nach dem Arzneimittelgesetz zu dokumentieren.
§ 22 Verordnungsermächtigung	§ 22 Verordnungsermächtigung
Das Bundesministerium für Gesundheit wird ermächtigt, nach Anhörung von Sachverständigen eine Rechtsverordnung mit Zustimmung des Bundesrates zur Regelung der Einzelheiten des Verfahrens der Rückverfolgung zu erlassen, sofern dies zur Abwehr von Gefahren für die Gesundheit von Menschen oder zur Risikovorsorge erforderlich ist. Mit der Verordnung können insbesondere Regelungen zu einer gesicherten Erkennung des Infektionsstatus der spendenden und der zu behandelnden Personen, zu den informationsbefugten Personen, zum Zeitraum der Rückverfolgung, zu Sperrung und Lagerung von Blutprodukten sowie zur Dokumentation erlassen werden.	Das Bundesministerium für Gesundheit wird ermächtigt, nach Anhörung von Sachverständigen eine Rechtsverordnung mit Zustimmung des Bundesrates zur Regelung der Einzelheiten des Verfahrens der Rückverfolgung zu erlassen, sofern dies zur Abwehr von Gefahren für die Gesundheit von Menschen oder zur Risikovorsorge erforderlich ist. Mit der Verordnung können insbesondere Regelungen zu einer gesicherten Erkennung des Infektionsstatus der spendenden und der zu behandelnden Personen, zu den informationsbefugten Personen, zum Zeitraum der Rückverfolgung, zu Sperrung und Lagerung von Blutprodukten sowie zur Dokumentation erlassen werden.
FÜNFTER ABSCHNITT Meldewesen	FÜNFTER ABSCHNITT Meldewesen
§ 23 Koordiniertes Meldewesen	§ 23 Koordiniertes Meldewesen
(1) Die Träger der Spendeeinrichtungen, die pharmazeutischen Unternehmer und die Einrichtungen der Krankenversorgung haben jährlich die Zahlen zu dem Umfang der Gewinnung von Blut und Blutbestandteilen, der Herstellung, des Imports und Exports und des Verbrauchs von Blutprodukten sowie die Anzahl der zu behandelnden Personen mit angeborenen Hämostasestörungen der zuständigen Bundesoberbehörde zu melden. Die Meldungen haben nach Abschluß des Kalenderjahres, spätestens zum 1. März des folgenden Jahres, zu erfolgen. (2) Die zuständige Bundesoberbehörde stellt die gemeldeten Daten anonymisiert in einem	(1) Die Träger der Spendeeinrichtungen, die pharmazeutischen Unternehmer und die Einrichtungen der Krankenversorgung haben jährlich die Zahlen zu dem Umfang der Gewinnung von Blut und Blutbestandteilen, der Herstellung, des Imports und Exports und des Verbrauchs von Blutprodukten sowie die Anzahl der zu behandelnden Personen mit angeborenen Hämostasestörungen der zuständigen Bundesoberbehörde zu melden. Die Meldungen haben nach Abschluß des Kalenderjahres, spätestens zum 1. März des folgenden Jahres, zu erfolgen. (2) Die zuständige Bundesoberbehörde stellt die gemeldeten Daten anonymisiert in einem

TFG v. 01.07.1998	3. (Regierungs-) Entwurf v. 13.01.1998
(2) Die zuständige Bundesoberbehörde stellt die gemeldeten Daten anonymisiert in einem Bericht zusammen und macht diesen bekannt. Sie hat melderbezogene Daten streng vertraulich zu behandeln.	(2) Die zuständige Bundesoberbehörde stellt die gemeldeten Daten anonymisiert in einem Bericht zusammen und macht diesen bekannt. Sie hat melderbezogene Daten streng vertraulich zu behandeln.
§ 22 Epidemiologische Daten	§ 22 Epidemiologische Daten
(1) Die Spendeeinrichtungen erstellen vierteljährlich unter Angabe der Gesamtzahl der getesteten Personen eine Liste über die Anzahl der spendenden Personen, die auf einen Infektionsmarker bestätigt positiv getestet worden sind. Personen, denen Eigenblut entnommen worden ist, sind ausgenommen. Die Zahlenangaben sind nach den verschiedenen Infektionsmarkern, auf die getestet wird, nach Erstspendewilligen, Erst- und Wiederholungsspendern, nach Alter. und Geschlecht zu differenzieren. Die Liste ist quartalsweise der für die Epidemiologie zuständigen Bundesoberbehörde zuzuleiten. (2) Die für die Epidemiologie zuständige Bundesoberbehörde stellt die Angaben in anonymisierter Form übersichtlich zusammen und übersendet eine jährliche Gesamtübersicht bis zum 15. März des folgenden Jahres an die zuständige Bundesoberbehörde. Diese nimmt die Statistik in den Bericht nach § 21 Abs. 2 auf. Melderbezogene Daten sind streng vertraulich zu behandeln.	(1) Die Spendeeinrichtungen erstellen vierteljährlich unter Angabe der Gesamtzahl der getesteten Personen eine Liste über die Anzahl der spendenden Personen, die auf einen Infektionsmarker bestätigt positiv getestet worden sind. Personen, denen Eigenblut entnommen worden ist, sind ausgenommen. Die Zahlenangaben sind nach den verschiedenen Infektionsmarkern, auf die getestet wird, nach Erstspendewilligen, Erst- und Wiederholungsspendern, nach Alter und Geschlecht zu differenzieren. Die Liste ist quartalsweise der für die Epidemiologie zuständigen Bundesoberbehörde zuzuleiten. (2) Die für die Epidemiologie zuständige Bundesoberbehörde stellt die Angaben in anonymisierter Form übersichtlich zusammen und übersendet eine jährliche Gesamtübersicht bis zum 15. März des folgenden Jahres an die zuständige Bundesoberbehörde. Diese nimmt die Statistik in den Bericht nach § 21 Abs. 2 auf. Melderbezogene Daten sind streng vertraulich zu behandeln.
§ 23 Verordnungsermächtigung	§ 23 Verordnungsermächtigung
Das Bundesministerium für Gesundheit wird ermächtigt, nach Anhörung von Sachverständigen eine Rechtsverordnung mit Zustimmung des Bundesrates zur Regelung von Art, Umfang und Darstellungsweise der Angaben nach diesem Abschnitt zu erlassen.	Das Bundesministerium für Gesundheit wird ermächtigt, nach Anhörung von Sachverständigen eine Rechtsverordnung mit Zustimmung des Bundesrates zur Regelung von Art, Umfang und Darstellungsweise der Angaben nach diesem Abschnitt zu erlassen.

2. Entwurf v. 29.07.1997	1. Entwurf v. 21.04.1997
Bericht zusammen und macht diesen bekannt. Sie hat melderbezogene Daten streng vertraulich zu behandeln.	Bericht zusammen und macht diesen bekannt. Sie hat melderbezogene Daten streng vertraulich zu behandeln.
§ 24 Epidemiologische Daten	§ 24 Epidemiologische Daten
(1) Die Spendeeinrichtungen erstellen vierteljährlich unter Angabe der Gesamtzahl der getesteten Personen eine Liste über die Anzahl der spendenden Personen, die auf einen Infektionsmarker bestätigt positiv getestet worden sind. Personen, denen Eigenblut entnommen worden ist, sind ausgenommen. Die Zahlenangaben sind nach den verschiedenen Infektionsmarkern, auf die getestet wird, nach Erstspendewilligen, Erst- und Wiederholungsspendern, nach Geschlecht und Alter zu differenzieren. Die Liste ist quartalsweise der für die Epidemiologie zuständigen Bundesoberbehörde zuzuleiten. (2) Die für die Epidemiologie zuständige Bundesoberbehörde stellt die Angaben in anonymisierter Form übersichtlich zusammen und übersendet eine jährliche Gesamtübersicht bis zum 15. März des folgenden Jahres an die zuständige Bundesoberbehörde. Diese nimmt die Statistik in den Bericht nach § 23 Abs. 2 auf. Melderbezogene Daten sind streng vertraulich zu behandeln.	(1) Die Spendeeinrichtungen erstellen vierteljährlich unter Angabe der Gesamtzahl der getesteten Personen eine Liste über die Anzahl der spendenden Personen, die auf einen Infektionsmarker bestätigt positiv getestet worden sind. Personen, denen Eigenblut entnommen worden ist, sind ausgenommen. Die Zahlenangaben sind nach den verschiedenen Infektionsmarkern, auf die getestet wird, nach Erstspendewilligen, Erst- und Wiederholungsspendern, nach Geschlecht und Alter zu differenzieren. Die Liste ist quartalsweise der für die Epidemiologie zuständigen Bundesoberbehörde zuzuleiten. (2) Die für die Epidemiologie zuständige Bundesoberbehörde stellt die Angaben in anonymisierter Form übersichtlich zusammen und übersendet eine jährliche Gesamtübersicht bis zum 15. März des folgenden Jahres an die zuständige Bundesoberbehörde. Diese nimmt die Statistik in den Bericht nach § 23 Abs. 2 auf. Melderbezogene Daten sind streng vertraulich zu behandeln.
§ 25 Verordnungsermächtigung	§ 25 Verordnungsermächtigung
Das Bundesministerium für Gesundheit wird ermächtigt, nach Anhörung von Sachverständigen eine Rechtsverordnung mit Zustimmung des Bundesrates zur Regelung von Art, Umfang und Darstellungsweise der Angaben nach diesem Abschnitt zu erlassen.	Das Bundesministerium für Gesundheit wird ermächtigt, nach Anhörung von Sachverständigen eine Rechtsverordnung mit Zustimmung des Bundesrates zur Regelung von Art, Umfang und Darstellungsweise der Angaben nach diesem Abschnitt zu erlassen.

TFG v. 01.07.1998	3. (Regierungs-) Entwurf v. 13.01.1998
SECHSTER ABSCHNITT Sachverständige § 24 Arbeitskreis Blut Das Bundesministerium für Gesundheit richtet einen Arbeitskreis von Sachverständigen für Blutprodukte und das Blutspende- und Transfusionswesen ein (Arbeitskreis Blut). Der Arbeitskreis berät die zuständigen Behörden des Bundes und der Länder. Er nimmt die nach diesem Gesetz vorgesehenen Anhörungen von Sachverständigen bei Erlaß von Verordnungen wahr. Das Bundesministerium für Gesundheit beruft die Mitglieder des Arbeitskreises auf Vorschlag der Berufs- und Fachgesellschaften, Standesorganisationen der Ärzteschaft, der Fachverbände der pharmazeutischen Unternehmer, einschließlich der staatlichen und kommunalen Bluttransfusionsdienste, der Arbeitsgemeinschaft Plasmapherese und der Blutspendedienste des Deutschen Roten Kreuzes, überregionaler Patientenverbände, insbesondere der Hämophilieverbände, des Bundesministeriums der Verteidigung und der Länder. Der Arbeitskreis gibt sich im Einvernehmen mit dem Bundesministerium für Gesundheit eine Geschäftsordnung. Das Bundesministerium für Gesundheit bestimmt und beruft die leitende Person des Arbeitskreises. Es kann eine Bundesoberbehörde mit der Geschäftsführung des Arbeitskreises beauftragen.	SECHSTER ABSCHNITT Sachverständige § 24 Arbeitskreis Blut Das Bundesministerium für Gesundheit richtet einen Arbeitskreis von Sachverständigen für Blutprodukte und das Blutspende- und Transfusionswesen ein (Arbeitskreis Blut). Der Arbeitskreis berät die zuständigen Behörden des Bundes und der Länder. Er nimmt die nach diesem Gesetz vorgesehenen Anhörungen von Sachverständigen bei Erlaß von Verordnungen wahr. Das Bundesministerium für Gesundheit beruft die Mitglieder des Arbeitskreises auf Vorschlag der Berufs- und Fachgesellschaften, Standesorganisationen der Ärzteschaft, der Fachverbände der pharmazeutischen Unternehmer, einschließlich der staatlichen und kommunalen Bluttransfusionsdienste, der Arbeitsgemeinschaft Plasmapherese und der Blutspendedienste des Deutschen Roten Kreuzes, überregionaler Patientenverbände, insbesondere der Hämophilieverbände, des Bundesministeriums der Verteidigung und der Länder. Der Arbeitskreis gibt sich im Einvernehmen mit dem Bundesministerium für Gesundheit eine Geschäftsordnung. Das Bundesministerium für Gesundheit bestimmt und beruft die leitende Person des Arbeitskreises. Es kann eine Bundesoberbehörde mit der Geschäftsführung des Arbeitskreises beauftragen.
SIEBTER ABSCHNITT Pflichten der Behörden § 25 Mitteilungspflichten der Behörden Die für die Durchführung des Gesetzes zuständigen Behörden des Bundes und der Länder teilen sich für die in diesem Gesetz geregelten	SIEBTER ABSCHNITT Pflichten der Behörden § 25 Mitteilungspflichten der Behörden Die für die Durchführung des Gesetzes zuständigen Behörden des Bundes und der Länder teilen sich für die in diesem Gesetz geregelten

2. Entwurf v. 29.07.1997	1. Entwurf v. 21.04.1997
SECHSTER ABSCHNITT Sachverständige § 26 Arbeitskreis Blut Das Bundesministerium für Gesundheit richtet einen Arbeitskreis von Sachverständigen für Blutprodukte und das Blutspende- und Transfusionswesen ein (Arbeitskreis Blut). Der Arbeitskreis berät die zuständigen Behörden des Bundes und der Länder und trägt zur Fortentwicklung des Standes der wissenschaftlichen Erkenntnisse bei. Er kann hierzu externe Sachverständige einladen und Konsensus-Konferenzen veranstalten. Er nimmt die nach diesem Gesetz vorgesehenen Anhörungen von Sachverständigen bei Erlaß von Verordnungen wahr. Das Bundesministerium für Gesundheit beruft die Mitglieder des Arbeitskreises auf Vorschlag von Fachgesellschaften, Berufs- und Standesorganisationen der Ärzteschaft, der Fachverbände der pharmazeutischen Unternehmer, einschließlich der staatlichen und kommunalen Bluttransfusionsdienste, der Arbeitsgemeinschaft Plasmapherese und der Blutspendedienste des Deutschen Roten Kreuzes, der überregionalen Hämophilieverbände, des Bundesministeriums der Verteidigung und der Länder. Der Arbeitskreis gibt sich im Einvernehmen mit dem Bundesministerium für Gesundheit eine Geschäftsordnung. Das Bundesministerium für Gesundheit bestimmt und beruft die leitende Person des Arbeitskreises. Es kann eine Bundesoberbehörde mit der Geschäftsführung des Arbeitskreises beauftragen.	SECHSTER ABSCHNITT Sachverständige § 26 Arbeitskreis Blut Das Bundesministerium für Gesundheit richtet einen Arbeitskreis von Sachverständigen für Blutprodukte und das Blutspende- und Transfusionswesen ein (Arbeitskreis Blut). Der Arbeitskreis berät die zuständigen Behörden des Bundes und der Länder und trägt zur Fortentwicklung des Standes der wissenschaftlichen Erkenntnisse bei. Er kann hierzu externe Sachverständige einladen und Konsensus-Konferenzen veranstalten. Er nimmt die nach diesem Gesetz vorgesehenen Anhörungen von Sachverständigen bei Erlaß von Verordnungen wahr. Das Bundesministerium für Gesundheit beruft die Mitglieder des Arbeitskreises auf Vorschlag von Fachgesellschaften, Berufs- und Standesorganisationen der Ärzteschaft, der Fachverbände der pharmazeutischen Unternehmer, einschließlich der staatlichen und kommunalen Bluttransfusionsdienste, der Arbeitsgemeinschaft Plasmapherese und der Blutspendedienste des Deutschen Roten Kreuzes, der überregionalen Hämophilieverbände, des Bundesministeriums der Verteidigung und der Länder. Der Arbeitskreis gibt sich im Einvernehmen mit dem Bundesministerium für Gesundheit eine Geschäftsordnung. Das Bundesministerium für Gesundheit bestimmt und beruft die leitende Person des Arbeitskreises. Es kann eine Bundesoberbehörde mit der Geschäftsführung des Arbeitskreises beauftragen.
SIEBTER ABSCHNITT Pflichten der Behörden § 27 Mitteilungs- und Mitwirkungspflichten der Behörden Die für die Durchführung des Gesetzes zuständigen Behörden des Bundes und der Länder	SIEBTER ABSCHNITT Pflichten der Behörden § 27 Mitteilungs- und Mitwirkungspflichten der Behörden Die für die Durchführung des Gesetzes zuständigen Behörden des Bundes und der Länder

TFG v. 01.07.1998	3. (Regierungs-) Entwurf v. 13.01.1998
Zwecke gegenseitig ihnen bekanntgewordene Verdachtsfälle schwerwiegender Nebenwirkungen von Blutprodukten unverzüglich mit. § 16 Abs. 2 Satz 3 gilt entsprechend.	Zwecke gegenseitig ihnen bekanntgewordene Verdachtsfälle schwerwiegender Nebenwirkungen von Blutprodukten unverzüglich mit. § 16 Abs. 2 Satz 3 gilt entsprechend.
ACHTER ABSCHNITT Sondervorschriften	ACHTER ABSCHNITT Sondervorschriften
§ 26 Bundeswehr	§ 26 Bundeswehr
(1) Die Vorschriften dieses Gesetzes finden auf Einrichtungen der Bundeswehr entsprechende Anwendung. (2) Im Geschäftsbereich des Bundesministeriums der Verteidigung obliegt der Vollzug dieses Gesetzes bei der Überwachung den zuständigen Stellen und Sachverständigen der Bundeswehr. (3) Das Bundesministerium der Verteidigung kann für seinen Geschäftsbereich im Einvernehmen mit dem Bundesministerium für Gesundheit in Einzelfällen Ausnahmen von diesem Gesetz und aufgrund dieses Gesetzes erlassenen Rechtsverordnungen zulassen, wenn dies zur Durchführung der besonderen Aufgaben gerechtfertigt ist und der Schutz der Gesundheit gewahrt bleibt.	(1) Die Vorschriften dieses Gesetzes finden auf Einrichtungen der Bundeswehr entsprechende Anwendung. (2) Im Geschäftsbereich des Bundesministeriums der Verteidigung obliegt der Vollzug dieses Gesetzes bei der Überwachung den zuständigen Stellen und Sachverständigen der Bundeswehr. (3) Das Bundesministerium der Verteidigung kann für seinen Geschäftsbereich im Einvernehmen mit dem Bundesministerium für Gesundheit in Einzelfällen Ausnahmen von diesem Gesetz und aufgrund dieses Gesetzes erlassenen Rechtsverordnungen zulassen, wenn dies zur Durchführung der besonderen Aufgaben gerechtfertigt ist und der Schutz der Gesundheit gewahrt bleibt.
NEUNTER ABSCHNITT Bestimmung der zuständigen Bundesoberbehörden und sonstige Bestimmungen	NEUNTER ABSCHNITT Bestimmung der zuständigen Bundesoberbehörden und sonstige Bestimmungen
§ 27 Zuständige Bundesoberbehörden	§ 27 Zuständige Bundesoberbehörden
(1) Zuständige Bundesoberbehörde ist das Paul-Ehrlich-Institut. (2) Die für die Epidemiologie zuständige Bundesoberbehörde ist das Robert Koch-Institut. (3) Die für die gesundheitliche Aufklärung zuständige Bundesoberbehörde ist die Bundeszentrale für gesundheitliche Aufklärung.	(1) Zuständige Bundesoberbehörde ist das Paul-Ehrlich-Institut. (2) Die für die Epidemiologie zuständige Bundesoberbehörde ist das Robert Koch-Institut. (3) Die für die gesundheitliche Aufklärung zuständige Bundesoberbehörde ist die Bundeszentrale für gesundheitliche Aufklärung.

2. Entwurf v. 29.07.1997	1. Entwurf v. 21.04.1997
haben sich für den Vollzug des Gesetzes gegenseitig zu unterstützen und übermitteln sich unverzüglich gegenseitig ihnen bekanntgewordene Verdachtsfälle schwerwiegender Nebenwirkungen von Blutprodukten. § 18 Abs. 2 Satz 2 gilt entsprechend.	haben sich für den Vollzug des Gesetzes gegenseitig zu unterstützen und übermitteln sich unverzüglich gegenseitig ihnen bekanntgewordene Verdachtsfälle schwerwiegender Nebenwirkungen von Blutprodukten. § 18 Abs. 2 Satz 2 gilt entsprechend.
ACHTER ABSCHNITT Sondervorschriften	ACHTER ABSCHNITT Sondervorschriften
§ 28 Bundeswehr	§ 30 Bundeswehr
(1) Die Vorschriften dieses Gesetzes finden auf Einrichtungen der Bundeswehr entsprechende Anwendung. (2) Im Geschäftsbereich des Bundesministeriums der Verteidigung obliegt der Vollzug dieses Gesetzes bei der Überwachung den zuständigen Stellen und Sachverständigen der Bundeswehr. (3) Das Bundesministerium der Verteidigung kann für seinen Geschäftsbereich im Einvernehmen mit dem Bundesministerium für Gesundheit in Einzelfällen Ausnahmen von diesem Gesetz und aufgrund dieses Gesetzes erlassenen Rechtsverordnungen zulassen, wenn dies zur Durchführung der besonderen Aufgaben gerechtfertigt ist und der Schutz der Gesundheit gewahrt bleibt.	(1) Die Vorschriften dieses Gesetzes finden auf Einrichtungen der Bundeswehr Anwendung. (2) Im Bereich der Bundeswehr obliegt der Vollzug dieses Gesetzes bei der Überwachung den zuständigen Stellen und Sachverständigen der Bundeswehr.
NEUNTER ABSCHNITT Bestimmung der zuständigen Bundesoberbehörden und sonstige Bestimmungen	NEUNTER ABSCHNITT Bestimmung der zuständigen Bundesoberbehörden und sonstige Bestimmungen
§ 29 Zuständige Bundesoberbehörden	§ 31 Zuständige Bundesoberbehörden
(1) Zuständige Bundesoberbehörde ist das Paul-Ehrlich-Institut. (2) Die für die Epidemiologie zuständige Bundesoberbehörde ist das Robert Koch-Institut. (3) Die für die gesundheitliche Aufklärung zuständige Bundesoberbehörde ist die Bundeszentrale für gesundheitliche Aufklärung.	(1) Zuständige Bundesoberbehörde ist das Paul-Ehrlich-Institut. (2) Die für die Epidemiologie zuständige Bundesoberbehörde ist das Robert Koch-Institut.

TFG v. 01.07.1998	3. (Regierungs-) Entwurf v. 13.01.1998
§ 28 Ausnahmen vom Anwendungsbereich	§ 28 Ausnahmen vom Anwendungsbereich
Dieses Gesetz findet auf homöopathische Eigenblutprodukte und auf Eigenblutprodukte zur Immuntherapie keine Anwendung.	Dieses Gesetz findet auf homöopathische Eigenblutprodukte und auf Eigenblutprodukte zur Immuntherapie keine Anwendung.
§ 29 Verhältnis zu anderen Rechtsbereichen	§ 29 Verhältnis zu anderen Rechtsbereichen
Die Vorschriften des Arzneimittelrechts, des Medizinprodukterechts und des Seuchenrechts bleiben unberührt, soweit in diesem Gesetz nicht etwas anderes vorgeschrieben ist. Das Transplantationsrecht findet keine Anwendung.	Die Vorschriften des Arzneimittelrechts, des Medizinprodukterechts und des Seuchenrechts bleiben unberührt, soweit in diesem Gesetz nicht etwas anderes vorgeschrieben ist. Das Transplantationsrecht findet keine Anwendung.
§ 30 Angleichung an Gemeinschaftsrecht	§ 30 Angleichung an Gemeinschaftsrecht
(1) Rechtsverordnungen nach diesem Gesetz können auch zum Zwecke der Angleichung der Rechtsvorschriften der Mitgliedsstaaten der Europäischen Union erlassen werden, soweit dies zur Durchführung von Verordnungen oder zur Umsetzung von Richtlinien oder Entscheidungen des Rates der Europäischen Union oder der Kommission der Europäischen Gemeinschaften, die Sachbereiche dieses Gesetzes betreffen, erforderlich ist. (2) Rechtsverordnungen nach diesem Gesetz, die ausschließlich der Umsetzung von Richtlinien oder Entscheidungen des Rates der Europäischen Union oder Kommission der Europäischen Gemeinschaften in nationales Recht dienen, bedürfen nicht der Zustimmung des Bundesrates.	(1) Rechtsverordnungen nach diesem Gesetz können auch zum Zwecke der Angleichung der Rechtsvorschriften der Mitgliedsstaaten der Europäischen Union erlassen werden, soweit dies zur Durchführung von Verordnungen oder zur Umsetzung von Richtlinien oder Entscheidungen des Rates der Europäischen Union oder der Kommission der Europäischen Gemeinschaften, die Sachbereiche dieses Gesetzes betreffen, erforderlich ist. (2) Rechtsverordnungen nach diesem Gesetz, die ausschließlich der Umsetzung von Richtlinien oder Entscheidungen des Rates der Europäischen Union oder Kommission der Europäischen Gemeinschaften in nationales Recht dienen, bedürfen nicht der Zustimmung des Bundesrates.
ZEHNTER ABSCHNITT Straf- und Bußgeldvorschriften	ZEHNTER ABSCHNITT Straf- und Bußgeldvorschriften
§ 31 Strafvorschriften	§ 31 Strafvorschriften
Mit Freiheitsstrafe bis zu einem Jahr oder mit Geldstrafe wird bestraft, wer entgegen § 5 Abs. 3 Satz 1 nicht dafür sorgt, daß die spendende Person vor der Freigabe der Spende auf die dort genannten Infektionsmarker untersucht wird.	Mit Freiheitsstrafe bis zu einem Jahr oder mit Geldstrafe wird bestraft, wer entgegen § 5 Abs. 3 Satz 1 nicht dafür sorgt, daß die spendende Person vor der Freigabe der Spende auf die dort genannten Infektionsmarker untersucht wird.

2. Entwurf v. 29.07.1997	1. Entwurf v. 21.04.1997
siehe § 2 Nr. 1	siehe § 2 Nr. 1
§ 30 Verhältnis zu anderen Rechtsbereichen Die Vorschriften des Arzneimittelrechts, des Medizinprodukterechts und des Seuchenrechts bleiben unberührt, soweit in diesem Gesetz nicht etwas anderes vorgeschrieben ist. Das Transplantationsrecht findet keine Anwendung. § 31 Angleichung an Gemeinschaftsrecht (1) Rechtsverordnungen nach diesem Gesetz können auch zum Zwecke der Angleichung der Rechtsvorschriften der Mitgliedstaaten der Europäischen Union erlassen werden, soweit dies zur Durchführung von Verordnungen oder zur Umsetzung von Richtlinien oder Entscheidungen des Rates der Europäischen Union oder der Kommission der Europäischen Gemeinschaften, die Sachbereiche dieses Gesetzes betreffen, erforderlich ist. (2) Rechtsverordnungen nach diesem Gesetz, die ausschließlich der Umsetzung von Richtlinien oder Entscheidungen des Rates der Europäischen Union oder der Kommission der Europäischen Gemeinschaften in nationales Recht dienen, bedürfen nicht der Zustimmung des Bundesrates.	§ 32 Verhältnis zu anderen Rechtsbereichen Die Vorschriften des Arzneimittelrechts, des Medizinprodukterechts und des Seuchenrechts bleiben unberührt. Das Transplantationsrecht findet keine Anwendung. § 33 Angleichung an Gemeinschaftsrecht (1) Rechtsverordnungen nach diesem Gesetz können auch zum Zwecke der Angleichung der Rechtsvorschriften der Mitgliedstaaten der Europäischen Union erlassen werden, soweit dies zur Durchführung von Verordnungen, Richtlinien oder Entscheidungen des Rates der Europäischen Union oder der Europäischen Kommission, die Sachbereiche dieses Gesetzes betreffen, erforderlich ist. (2) Rechtsverordnungen nach diesem Gesetz, die ausschließlich der Umsetzung von Richtlinien oder Entscheidungen des Rates der Europäischen Union oder der Europäischen Kommission in nationales Recht dienen, bedürfen nicht der Zustimmung des Bundesrates.
ZEHNTER ABSCHNITT Straf- und Bußgeldvorschriften	ZEHNTER ABSCHNITT Straf- und Bußgeldvorschriften
§ 32 Strafvorschriften	§ 34 Strafvorschriften
Mit Freiheitsstrafe bis zu einem Jahr oder mit Geldstrafe wird bestraft, wer 1. entgegen § 5 Abs. 1 eine Person zur Spendeentnahme zuläßt, die dazu nicht tauglich ist, 2. entgegen § 5 Abs. 3 Satz 1 das Blut oder die Blutbestandteile der spendenden Person nicht	Mit Freiheitsstrafe bis zu einem Jahr oder mit Geldstrafe wird bestraft, wer 1. entgegen § 5 Abs. 1 eine Person zur Spendeentnahme zuläßt, ohne die Tauglichkeit der spendenden Person festgestellt zu haben, 2. entgegen § 5 Abs. 3 das Blut oder die Blut-

TFG v. 01.07.1998	3. (Regierungs-) Entwurf v. 13.01.1998
§ 32 Bußgeldvorschriften (1) Ordnungswidrig handelt, wer eine in § 31 bezeichnete Handlung fahrlässig begeht. (2) Ordnungswidrig handelt, wer vorsätzlich oder fahrlässig 1. entgegen § 4 Satz 1 Nr. 2 eine Spendeeinrichtung betreibt oder 2. entgegen § 8 Abs. 2 Satz 1 Nr. 4 oder 6, jeweils auch in Verbindung mit § 9 Satz 2, ein Immunisierungsprogramm oder eine Vorbehandlung durchführt. (3) Die Ordnungswidrigkeit kann im Falle des Absatzes 1 mit einer Geldbuße bis zu fünfzigtausend Deutsche Mark und in den Fällen des Absatzes 2 mit einer Geldbuße bis zu zwanzigtausend Deutsche Mark geahndet werden.	§ 32 Bußgeldvorschriften (1) Ordnungswidrig handelt, wer eine in § 31 bezeichnete Handlung fahrlässig begeht. (2) Ordnungswidrig handelt, wer vorsätzlich oder fahrlässig 1. entgegen § 4 Satz 1 Nr. 2 eine Spendeeinrichtung betreibt oder 2. entgegen § 8 Abs. 2 Satz 1 Nr. 4 oder 6, jeweils auch in Verbindung mit § 9 Satz 2, ein Immunisierungsprogramm oder eine Vorbehandlung durchführt. (3) Die Ordnungswidrigkeit kann im Falle des Absatzes 1 mit einer Geldbuße bis zu fünfzigtausend Deutsche Mark und in den Fällen des Absatzes 2 mit einer Geldbuße bis zu zwanzigtausend Deutsche Mark geahndet werden.

2. Entwurf v. 29.07.1997	1. Entwurf v. 21.04.1997
auf die dort genannten Erreger untersuchen läßt, 3. entgegen einer Vorschrift des § 11 Abs. 2 Satz 1 Nr. 2, 5 oder 6 oder, jeweils in Verbindung mit § 12 Satz 2, eine Spenderimmunisierung oder eine Vorbehandlung zur Blutstammzellseparation durchführt.	bestandteile der spendenden Person nicht auf die dort genannten Erreger testet, 3. entgegen § 10 Abs. 2 die Spendeentnahme durchführt, 4 entgegen § 11 Abs. 2 Satz 1 Nr. 1, 2, 3, 5, 6 oder 8, Satz 2, Abs. 3 oder Abs. 6 die Spenderimmunisierung durchführt, 5. entgegen § 12 Satz 2 in Verbindung mit § 11 Abs. 2 Satz 1 Nr. 1, 2, 3, 5, 6 oder 8, Satz 2, Abs. 3 oder Abs. 6 die Vorbereitung der spendenden Person zur Stammzellseparation durchführt, 6. entgegen § 22 Abs. 1 oder Abs. 2 das Verfahren der Rückverfolgung nicht oder nicht wie vorgeschrieben durchführt.
§ 33 Bußgeldvorschriften	§ 35 Bußgeldvorschriften
(1) Ordnungswidrig handelt, wer eine der in § 34 bezeichneten Handlungen fahrlässig begeht. (2) Ordnungswidrig handelt auch, wer vorsätzlich oder fahrlässig 1. entgegen § 4 eine Spendeeinrichtung betreibt, deren leitende ärztliche Person keine approbierte ärztliche Person ist, 2. entgegen § 11 Abs. 2 Satz 1 Nr. 4 oder 7, jeweils auch in Verbindung mit § 12 Satz 2, eine Spenderimmunisierung oder Vorbehandlung zur Blutstammzellseparation durchführt, 3. entgegen § 16 Abs. 2 ein angewendetes Blutprodukt nicht oder nicht rechtzeitig dokumentiert, 4. entgegen § 18 Abs. 2 Satz 1 nicht unverzüglich den pharmazeutischen Unternehmer und die zuständige Bundesoberbehörde unterrichtet. (3) Die Ordnungswidrigkeiten nach Absatz 1 können mit einer Geldbuße bis zu fünfzigtausend Deutsche Mark und nach Absatz 2 Nr. 1 bis 4 mit einer Geldbuße bis zu zwanzigtausend Deutsche Mark geahndet werden.	(1) Ordnungswidrig handelt, wer eine der in § 34 bezeichneten Handlungen fahrlässig begeht. (2) Ordnungswidrig handelt auch, wer vorsätzlich oder fahrlässig 1. entgegen § 4 eine Spendeeinrichtung betreibt, deren leitende Person keine ärztliche Person ist, 2. entgegen § 11 Abs. 2 Satz 1 Nr. 4 oder 7, Abs. 4 oder Abs. 5 die Spenderimmunisierung durchführt, 3. entgegen § 12 Satz 2 in Verbindung mit § 11 Abs. 2 Satz 1 Nr. 4 oder 7, Abs. 4 oder 5 die Vorbereitung der spendenden Person zur Stammzellseparation durchführt, 4 entgegen § 17 Abs. 2 transfundierte Blutprodukte nicht oder nicht wie vorgeschrieben dokumentiert, 5. entgegen § 19 Abs. 2 nicht unverzüglich den pharmazeutischen Unternehmer unterrichtet, 6. entgegen § 25 Abs. 1 nicht die Zahlenangaben der zuständigen Bundesoberbehörde meldet, 7. entgegen § 26 Abs. 1 nicht die Liste erstellt und der Bundesoberbehörde zuleitet. (3) Die Ordnungswidrigkeit nach Absatz 2 Nr. 1 bis 5 kann mit einer Geldbuße bis zu fünfzigtausend Deutsche Mark, nach Absatz 2 Nr. 6 und 7 mit einer Geldbuße bis zu fünfund-

TFG v. 01.07.1998	3. (Regierungs-) Entwurf v. 13.01.1998

2. Entwurf v. 29.07.1997	1. Entwurf v. 21.04.1997
	zwanzigtausend Deutsche Mark geahndet werden.

Vom Abdruck der Schlußvorschriften wurde abgesehen.

LITERATURVERZEICHNIS

Auer, Friedger von: Das neue Transfusionsgesetz, Eine Darstellung der wesentlichen Aspekte, BGesundhBl. 1999, S. 95 – 99

Auer, Friedger von / Seitz, Reimer: Gesetz zur Regelung des Transfusionswesens (Transfusionsgesetz), Kommentar und Vorschriftensammlung; Stuttgart, Loseblatt Stand Oktober 1999

Auernhammer, Herbert: Bundesdatenschutzgesetz, Kommentar, 3. Auflage; Köln, Berlin, Bonn, München 1993

Bar, Christian von / Fischer, Gerfried: Haftung bei der Planung und Förderung medizinischer Forschungsvorhaben, NJW 1980, S. 2734 – 2740

Baumbach, Adolf / Lauterbach, Wolfgang / Albers, Jan / Hartmann, Peter: Zivilprozeßordnung mit Gerichtsverfassungsgesetz und anderen Nebengesetzen, 58. Auflage; München 2000

Bender, Albrecht W.: Der Entwurf eines Transfusionsgesetzes unter Einwilligungsgesichtspunkten: ein Zwischenruf, ZRP 1997, S. 353 - 356

Bergmann, Karl-Otto: Die Arzthaftung; Berlin, Heidelberg u.a. 1999

Biermann, Elmar: Die Arzneimittelprüfung am Menschen: Grundlagen, Methoden und Zulässigkeitsvoraussetzungen klinischer Arzneimittelprüfungen unter besonderer Berücksichtigung der Aufklärung in Vertragsverhältnissen von der Heilbehandlung bis zum Experiment – zugleich ein Beitrag zum Verständnis der §§ 40 - 42 AMG; Diss. Jur. Gießen 1985

Blasius, Helga / Müller-Römer, Dietrich / Fischer, Jürgen: Arzneimittel und Recht in Deutschland; Stuttgart 1998

zur Bonsen, Corinna / Harms, Hans / Johannsen, Roloff / Sieger, Jürgen: Stellungnahme zum Schlußbericht des 3. Untersuchungsausschusses „HIV-Infektionen durch Blut und Blutprodukte" des 12. Deutschen Bundestages, Teil 1: AIFO 1995, S. 625 – 650, Teil 2: AIFO 1996, Heft 1 (unpaginiert)

Bork, Reinhard: Das Verfahren vor den Ethik-Kommissionen der medizinischen Fachbereiche; Berlin 1984 (zugleich Diss. Jur. Münster 1984)

Brackmann, Kurt: Handbuch der Sozialversicherung fortgeführt von Otto Ernst Krasney u.a., Band 3: Gesetzliche Unfallversicherung (§§ 1 – 34), Band 3/1: Gesetzliche Unfallversicherung (§§ 35 – 217); Sankt Augustin, Loseblatt Stand November 1999

Brunner, Johannes: Theorie und Praxis im Leichenrecht, NJW 1953, S. 1173 – 1174

Bundesärztekammer: Leitlinien zur Therapie mit Blutkomponenten und Plasmaderivaten; Köln 1995

- *dies.*: Richtlinien zur Blutgruppenbestimmung und Bluttransfusion (Hämotherapie); Köln 1996

- *dies.*: Richtlinien zur Transplantation peripherer Blutstammzellen; Köln 1997

- *dies.*: Richtlinien für die Herstellung von Plasma für besondere Zwecke (Hyperimmunplasma); Köln 1997
- *dies.*: Tätigkeitsbericht der Bundesärztekammer 1998; Köln 1998
- *dies.*: Tätigkeitsbericht der Bundesärztekammer 1999; Köln 1999

Bundesärztekammer / Deutsche Krankenhausgesellschaft: Gemeinsame Hinweise und Empfehlungen der Bundesärztekammer (BÄK) und der Deutschen Krankenhausgesellschaft (DKG) zur HIV-Infektion vom 1.12.1987 / 8.1.1988, Das Krankenhaus 1988, S. 3 – 8

Canaris, Claus-Wilhelm: Schutzgesetze - Verkehrspflichten – Schutzpflichten, in: Claus-Wilhelm Canaris, Uwe Diederichsen (Hrsg.), Festschrift für Karl Larenz zum 80. Geburtstag am 23. April 1983; München 1983

Carstensen, Gert: Vom Heilversuch zum medizinischen Standard, DÄBl. 1986, S. B-1736 – 1738

Classen, Claus-Dieter: Ethikkommissionen zur Beurteilung von Versuchen am Menschen: neuer Rahmen, neue Rolle, MedR 1995, S. 148 – 151

Cloidt-Stotz, Julia: Der Schadensausgleich für Probanden der humanmedizinischen Forschung; Köln, Berlin, Bonn, München 1990 (zugleich Diss. Jur. Saarbrücken 1987)

Cypionka, Bertram: Noch einmal: Deliktischer Schadensersatzanspruch aus § 823 II BGB und eigenständiger Interessenschutz des Verkehrsopfers – BGH, NJW 1980, 1792, JuS 1983, S. 23f.

Czwalinna, Joachim: Ethik-Kommissionen: Forschungslegitimation durch Verfahren; Frankfurt am Main 1987 (zugleich Diss. Jur. Göttingen 1986)

Delonge, Franz-Benno: Die Interessenabwägung nach § 34 StGB und ihr Verhältnis zu den übrigen strafrechtlichen Rechtfertigungsgründen; München 1988 (zugleich Diss. Jur. München 1987)

Deutsch, Erwin: Schutzbereich und Tatbestand des unerlaubten Heileingriffs im Zivilrecht, NJW 1965, S. 1985 – 1989

- *ders.*: Allgemeines Haftungsrecht, Erster Band: Allgemeine Lehren; Köln, Berlin, Bonn, München 1976
- *ders.*: Freiheit und Freiheitsverletzung im Haftungsrecht, in: Ernst von Caemmerer; Robert Fischer; Karl Nüßgens, Reimer Schmidt (Hrsg.), Festschrift für Fritz Hauß zum 70. Geburtstag; Karlsruhe 1978
- *ders.*: Das Arzneimittelrecht im Haftungssystem, VersR 1979, S. 685 – 691
- *ders.*: Das Recht der klinischen Forschung am Menschen; Frankfurt am Main, Bern, Las Vegas 1979
- *ders.*: Ethik-Kommissionen für medizinische Versuche am Menschen: Einrichtung, Funktion, Verfahren, NJW 1981, S. 614 – 617
- *ders.*: Arzneimittelschaden: Gefährdungshaftung, Verschuldenshaftung, Staatshaftung, in: Claus-Wilhelm Canaris, Uwe Diederichsen (Hrsg.), Festschrift für Karl Larenz zum 80. Geburtstag am 23. April 1983; München 1983

- *ders.*: Das wissenschaftliche, nicht therapeutische Experiment am Menschen: nationale und internationale Grundsätze, VersR 1983, S. 1 – 4
- *ders.*: Die neuere Entwicklung der Rechtsprechung zum Haftungsrecht, JZ 1984, S. 308 – 316
- *ders.*: An der Grenze von Recht und künstlicher Fortpflanzung, VersR 1985, S. 1002 – 1004
- *ders.*: Des Menschen Vater und Mutter: Die künstliche Befruchtung beim Menschen – Zulässigkeit und zivilrechtliche Folgen, NJW 1986, S. 1971 – 1975
- *ders.*: Anmerkung zu BGH, Urteil v. 10.2.1987 – VI ZR 68/86 (NJW 1987, 1479), NJW 1987, S. 1480f.
- *ders.*: Rechtsprobleme von AIDS: HIV-Test – Infektion – Behandlung – Versicherung, VersR 1988, S. 533 – 540
- *ders.*: Anmerkung zu LG Hamburg, Urteil v. 10.2. 1989 – 3 O 364/86 (NJW 1989, 1551), NJW 1989, S, 1554
- *ders.*: Die rechtlichen Grundlagen und die Funktionen der Ethik-Kommissionen, VersR 1989, S. 429 – 433
- *ders.*: Das Persönlichkeitsrecht des Patienten, AcP 192 (1992), S. 161 – 180
- *ders.*: Anmerkung zu BGH, Urteil v. 17.12.1991 – VI ZR 40/91 (= BGHZ 116, 379), JZ 1992, S. 423
- *ders.*: Die fünfte Novelle zum Arzneimittelgesetz – Gesetzgebung im Vermittlungsausschuß, NJW 1994, S. 2381 – 2383
- *ders.*: Die Bildung von Ethik-Kommissionen nach § 40 AMG, VersR 1995, S. 121 – 125
- *ders.*: Allgemeines Haftungsrecht, 2. Auflage; Köln, Berlin, Bonn, München 1996
- *ders.*: Das Transplantationsgesetz vom 5.11.1997, NJW 1998, S. 777 – 782
- *ders.*: Sicherheit bei Blut und Blutprodukten: Das Transfusionsgesetz von 1998, NJW 1998, S. 3377 – 3381
- *ders.*: Medizinrecht: Arztrecht, Arzneimittelrecht und Medizinprodukterecht, 4. Auflage; Berlin, Heidelberg 1999

Deutsch, Erwin / Lippert, Hans-Dieter: Ethik-Kommission und klinische Prüfung, Vom Prüfplan zum Prüfvertrag; Berlin, Heidelberg 1998

Deutsche Krankenhausgesellschaft: Hinweise der DKG zur Eigenblutspende im Krankenhaus, Das Krankenhaus 1994, S. 29 – 31

Dreier, Horst (Hrsg.): Grundgesetz, Kommentar, Band II (Art. 20 – 82), bearbeitet von Hartmut Bauer u.a.; Tübingen 1998

Duden, Konrad: Deutsches Universalwörterbuch, herausgegeben und bearbeitet vom Wissenschaftlichen Rat und den Mitarbeitern der Dudenredaktion unter Leitung von Günther Drosdowski; Mannheim, Wien, Zürich 1983

Eberbach, Wolfram H.: Rechtsprobleme der HTLV-III-Infektion (AIDS): Straf- und zivilrechtliche Aspekte gefährlicher ansteckender Krankheiten; Heidelberg, Berlin, New, York, Tokyo 1986

- *ders.*: Arztrechtliche Aspekte bei AIDS, AIFO 1987, S. 281 – 292
- *ders.*: Heimliche Aids-Tests, NJW 1987, S. 1470 – 1472
Eckstein, Reinhold: Immunhämatologie und Transfusionsmedizin, 3. Auflage; Stuttgart, Jena, Lübeck, Ulm 1997
Erichsen, Hans-Uwe (Hrsg.): Allgemeines Verwaltungsrecht, bearbeitet von Peter Badura u.a., 11. Auflage; Berlin, New York 1998
Erman, Walter: Bürgerliches Gesetzbuch, Handkommentar, herausgegeben von Harm Peter Westermann, Band II (§§ 854 – 2385), 10. Auflage; Münster, Köln 2000
Fischer, Gerfried: Medizinische Versuche am Menschen, Diss. Jur. Göttingen 1979
Forkel, Hans: Die Übertragbarkeit der Firma, in: Heinrich Wilhelm Kruse, Festschrift für Heinz Paulick zum 65. Geburtstag am 9. Mai 1973; Köln 1973
- *ders.*: Verfügungen über Teile des menschlichen Körpers, Ein Beitrag zur zivilrechtlichen Erfassung der Transplantation, JZ 1974, S. 593 – 599
Forsthoff, Ernst: Lehrbuch des Verwaltungsrechts, Erster Band, Allgemeiner Teil, 10. Auflage; München 1973
Francke, Robert / Hart, Dieter: Charta der Patientenrechte, unter Mitarbeit von Kathrin Becker-Schwarze und Sabine Schlacke; Baden-Baden 1999
Freund, Georg / Heubel, Friedrich: Der menschliche Körper als Rechtsbegriff, MedR 1995, S. 194 – 198
Fuchs, Maximilian: Deliktsrecht, 2. Auflage; Berlin, Heidelberg u.a. 1997
Gallas, Wilhelm: Pflichtenkollision als Schuldausschließungsgrund, in: Karl Engisch, Reinhard Maurach (Hrsg.), Festschrift für Edmund Mezger zum 70. Geburtstag; München, Berlin 1954
Geiß, Karlmann / Greiner, Hans-Peter: Arzthaftpflichtrecht, 3. Auflage; München 1999
Giesen, Dieter: Anmerkung zu BGH, Urteil v. 17.12.1991 – VI ZR 40/91 (= BGHZ 116, 379), JR 1993, S. 21 – 22
- *ders.*: Arzthaftungsrecht, Die zivilrechtliche Haftung aus medizinischer Behandlung in der Bundesrepublik Deutschland, in Österreich und der Schweiz, 4. Auflage; Tübingen 1995
Gitter, Wolfgang: Sozialrecht, 4. Auflage; München 1996
Glück, D. / Kubanek, B. / Maurer, C. / Petersen, N.: Seroconversion of HIV, HCV, and HBV in Blood Donors in 1996 – Risk of Virus Transmission by Blood Products in Germany, A Multicenter Study of the Berufsverband Deutscher Transfusionsmediziner e.V., Infusionstherapie und Transfusionsmedizin 1998, S. 82 – 84
Göbel, Alfred A.: Die Einwilligung im Strafrecht als Ausprägung des Selbstbestimmungsrechts; Frankfurt am Main 1992 (Zugleich Diss. Jur. Bonn 1990)
Gola, Peter / Schomerus, Rudolf: Bundesdatenschutzgesetz (BDSG), 6. Auflage; München 1997

Granitza, Axel: Haftung und Versicherungsfragen im Zusammenhang mit der klinischen Prüfung von Arzneimitteln, in: Horst Ehmann, Wolfgang Hefermehl, Adolf Laufs (Hrsg.), Privatautonomie, Eigentum und Verantwortung, Festgabe für Hermann Weitnauer zum 70. Geburtstag; Berlin 1980
- *ders.*: Haftung und Versicherung bei der klinischen Prüfung, PharmaR 1982, S. 48 – 50

Graul, Annette / Keller-Stanislawski, Brigitte: Hämovigilanz von Blutkomponenten, Meldungen an das Paul-Ehrlich-Institut vom 1.1.195 bis zum 15.11.1998, BGesundhBl. 1999, S. 143 – 149

Groeben, Hans von der / Thiesing, Jochen / Ehlermann, Claus-Dieter: Kommentar zum EU- / EG-Vertrag, Band 1 (Art. A – F EUV, Art. 1 – 84 EGV), 5. Auflage; Baden-Baden 1997

Groß, Werner: Die Entwicklung der höchstrichterlichen Rechtsprechung im Haftungs- und Schadensrecht, VersR 1996, S. 657 – 667

Gursky, Karl-Heinz: Wertpapierrecht, 2. Auflage; Heidelberg 1997

Hart, Dieter: Die Sicherheit von Blutarzneimitteln: Arzneimittelrecht, Haftungsrecht, Organisationsrecht, Rechtsgutachten für den 3. Untersuchungsausschuß des Deutschen Bundestages „HIV-Infektionen durch Blut und Blutprodukte", BT-Drks. 12/8591, S. 510ff.
- *ders.*: HIV-Infektionen durch Blut und Blutprodukte, Die 5. AMG-Novelle und die rechtspolitischen Vorschläge zu Änderung des Arzneimittelrechts im Schlußbericht des gleichnamigen 3. Untersuchungsausschusses des Deutschen Bundestages, MedR 1995, S. 61 – 67
- *ders.*: Ärztliche Leitlinien – Definitionen, Funktionen, rechtliche Bewertungen, Gleichzeitig ein Beitrag zum medizinischen und rechtlichen Standardbegriff, MedR 1998, S. 8 – 16

Hasskarl, Horst / Kleinsorge, Hellmuth: Arzneimittelprüfung, Arzneimittelrecht, Nationale und internationale Bestimmungen und Empfehlungen, 2. Auflage; Stuttgart, New York 1979

Helmchen, Hanfried: Ziele, Beratungsgegenstände und Verfahrenweisen medizinischer Ethik-Kommissionen, EthikMed 1995, S. 58 – 70

Hennies, G.: Heilversuch – Beobachtungsstudie – Klinische Arzneimittelprüfung, ArztR 1996, S. 95 – 99

Hermes, Georg: Das Grundrecht auf Schutz von Leben und Gesundheit, Schutzpflicht und Schutzanspruch aus Art. 2 Abs. 2 Satz 1 GG; Heidelberg 1987 (zugleich Diss. Jur. Freiburg 1985/86)

Hesse, Konrad: Die verfassungsgerichtliche Kontrolle der Wahrnehmung grundrechtlicher Schutzpflichten des Gesetzgebers, in: Herta Däubler-Gmelin, Klaus Kinkel, Hans Meyer, Helmut Simon (Hrsg.), Gegenrede: Aufklärung – Kritik – Öffentlichkeit, Festschrift für Ernst Gottfried Mahrenholz; Baden-Baden 1994
- *ders.*: Grundzüge des Verfassungsrechts der Bundesrepublik Deutschland, 20. Auflage; Heidelberg 1999

Hoffmanns, Helmut: Nachwirkende Nebenpflichten von Schuldverhältnissen; Diss. Jur. Köln 1986

Horn, Eckhard: Der medizinisch nicht indizierte, aber vom Patienten verlangte ärztliche Eingriff – strafbar? – BGH, NJW 1978, 1206, JuS 1979, S. 29 – 31

Hubbert, T. / Saame, P.: Anmerkungen zu der Publikation: D. Krüger: Inspektionen in Blutspendediensten (Clin. Lab. 1996, S. 87 – 90), Clin. Lab. 1996, S. 885 – 887

Huber, Michael: Strukturen richterlicher Überzeugungsbildung im Zivilprozeß – dargestellt am Beweis des Zugangs einer Willenserklärung, JR 1985, S. 177 – 181

Humpe, Andreas / Heermann, Klaus-Hinrich / Köhler, Michael: Infektionen mit Hepatitis-C-Virus durch Quarantäne-Plasma, DÄBl. 1999, S. A-2749 – 2753

Isensee, Josef: Das Grundrecht auf Sicherheit, Zu den Schutzpflichten des freiheitlichen Verfassungsstaates; Berlin, New York 1983

Jähnke, Burkhard / Laufhütte, Heinrich Wilhelm / Odersky, Walter (Hrsg.): StGB Leipziger Kommentar, 22. Lieferung: §§ 317 – 323c, Bearbeiter: Hagen Wolf und Günter Spendel, 11. Auflage; Berlin, New York 1996

Jansen, Norbert: Die Blutspende in zivilrechtlicher Sicht; Diss. Jur. Bochum 1978

Jescheck, Hans-Heinrich / Ruß, Wolfgang / Willms, Günther (Hrsg.): Strafgesetzbuch Leipziger Kommentar, 5. Band: §§ 185 bis 262, Bearbeiter: Gerhard Herdegen u.a., 10. Auflage; Berlin, New York 1989

Jescheck, Hans-Heinrich / Weigend, Thomas: Lehrbuch des Strafrechts, Allgemeiner Teil, 5. Auflage; Berlin 1996

Joerden, Jan C.: § 34 Satz 2 StGB und das Prinzip der Verallgemeinerung, GA 1991, S. 411 – 427

Jongerius, John M. / Wester, Mieke / Cuypers, H. Theo M. / van Oostendorp, Wim R. / Lelie, P. Nico / van der Poel, Cees L. / van Leeuwen, Eleonore F.: New hepatitis B virus mutant form in a blood donor that is undetectable in several hepatitis B surface antigen screening assays, Transfusion 1998, S. 56 – 59

Kallmann, Rainer: Rechtsprobleme bei der Organtransplantation, FamRZ 1969, S. 572 – 579

Kasseler Kommentar: Sozialversicherungsrecht, Band 2, Gesamtredaktion: Klaus Niesel, bearbeitet von Winfried Funk u.a.; München, Loseblatt Stand Dezember 1999

Kern, Bernd-Rüdiger: Fremdbestimmung bei der Einwilligung in ärztliche Eingriffe, NJW 1994, S. 753 – 759

Kloesel, Arno / Cyran, Walter: Arzneimittelrecht mit amtlichen Begründungen, weiteren Materialien und einschlägigen Rechtsvorschriften sowie Sammlung gerichtlicher Entscheidungen, Kommentar, fortgeführt von Karl Feiden und Hermann Josef Pabel; Stuttgart, Loseblatt Stand 1. Dezember 1999

Knack, Hans Joachim (Hrsg.): Verwaltungsverfahrensgesetz (VwVfG), Kommentar, bearbeitet von Jost-Dietrich Busch u.a., 6. Auflage; Köln, Berlin, Bonn, München 1998

Knöpfle, Robert: Zur Problematik der Beurteilung einer Norm als Schutzgesetz im Sinne des § 823 Abs. 2 BGB, NJW 1967, S. 697 – 702

Koch, Egmont R. / Meichsner, Irene: Böses Blut, Die Geschichte eines Medizin-Skandals, 2. Auflage; Hamburg 1993

Kötz, Hein: Vertragsauslegung: Eine rechtsvergleichende Skizze, in: Karl August Bettermann, Manfred Löwisch, Hansjörg Otto, Karsten Schmidt, Festschrift für Albrecht Zeuner zum siebzigsten Geburtstag; Tübingen 1994

Kollhosser, Helmut: Haftungs- und versicherungsrechtliche Fragen bei Ethik-Kommissionen, in: Richard Toellner (Hrsg.), Die Ethik-Kommission in der Medizin: Problemgeschichte, Aufgabenstellung, Arbeitsweise, Rechtsstellung und Organisationsformen medizinischer Ethik-Kommissionen; Stuttgart, New York 1990

Kothe, Wolfhard: Die rechtfertigende Einwilligung, AcP 185 (1985), S. 105 – 161

Kreß, Manfred: Die Ethik-Kommissionen im System der Haftung bei der Planung und Durchführung von medizinischen Forschungsvorhaben am Menschen; Karlsruhe 1990

Kretschmer, Hans-Jürgen / Maydell, Bernd Baron von / Schellhorn, Walter: Gemeinschaftskommentar zum Sozialgesetzbuch – Allgemeiner Teil (GK-SGB I), 3. Auflage; Neuwied, Kriftel, Berlin 1996

Kriele, Martin: „Stand der medizinischen Wissenschaft" als Rechtsbegriff, NJW 1976, S. 355 – 358

Kullmann, Hans Josef: Übereinstimmungen und Unterschiede im medizinischen, haftungsrechtlichen und sozialversicherungsrechtlichen Begriff des medizinischen Standards, VersR 1997, S. 529 – 532

Kullmann, Hans Josef / Bischof, Rolf / Dressler, Wolf-Dieter: Arzthaftpflicht-Rechtsprechung, Teil II – Entscheidungen seit 1.1.1993; Berlin, Loseblatt Stand Juni 1999

Lanz-Zumstein, Monika: Die Rechtsstellung des unbefruchteten und befruchteten menschlichen Keimguts, Ein Beitrag zu zivilrechtlichen Fragen im Bereich der Reproduktions- und Gentechnologie; München 1990 (zugleich Diss. Jur. Hamburg 1989)

Larenz, Karl: Allgemeiner Teil des deutschen Bürgerlichen Rechts, Ein Lehrbuch, 6. Auflage; München 1983

- *ders.*: Methodenlehre der Rechtswissenschaft, 5. Auflage; Berlin, Heidelberg 1983

- *ders.*: Lehrbuch des Schuldrechts, Band I: Allgemeiner Teil, 14. Auflage; München 1987

Larenz, Karl / Canaris, Claus-Wilhelm: Lehrbuch des Schuldrechts, Zweiter Band: Besonderer Teil, 2. Halbband, 13. Auflage; München 1994

Larenz, Karl / Wolf, Manfred: Allgemeiner Teil des Bürgerlichen Rechts, 8. Auflage; München 1997
Laufs, Adolf: Die Verletzung der ärztlichen Aufklärungspflicht und ihre deliktische Rechtsfolge, NJW 1974, S. 2025 – 2030
- *ders.*: Die Entwicklung des Arztrechts 1992/93, NJW 1993, S. 1497 – 1506
- *ders.*: Arztrecht, 5. Auflage; München 1993
Laufs, Adolf / Reiling, Emil: Ethik-Kommissionen – Vorrecht der Ärztekammern?, Das Verhältnis von Berufsordnungsrecht und Ethik-Kommissionen dargestellt am Beispiel des neuen § 1 Abs. 4 der Muster-Berufsordnung für die deutschen Ärzte, MedR 1991, S. 1 – 11
- *dies.*: Schmerzensgeld wegen schuldhafter Vernichtung deponierten Spermas?, NJW 1994, S. 775 – 776
Laufs, Adolf / Uhlenbruck, Wilhelm (Hrsg.): Handbuch des Arztrechts, bearbeitet von Adolf Laufs u.a., 2. Auflage; München 1999
Laufs, Rainer / Laufs, Adolf: Aids und Arztrecht, NJW 1987, S. 2257 – 2265
Lauterbach, Herbert: Unfallversicherung Sozialgesetzbuch VII, Kommentar zum Siebten Buche des Sozialgesetzbuches und zu weiteren die Unfallversicherung betreffenden Gesetzen, fortgeführt von Friedrich Watermann; Stuttgart, Berlin, Köln, Loseblatt Stand September 1999
Lenckner, Theodor: Aussagepflicht, Schweigepflicht und Zeugnisverweigerungsrecht, NJW 1965, S. 321 – 327
Lippert, Hans-Dieter: Regelungen für klinische Prüfungen von Arzneimitteln und Medizinprodukten – ein Geniestreich des Gesetzgebers, DMW 1995, S. 1296 – 1298
Lüke, Gerhard / Walchshöfer, Alfred (Hrsg.): Münchener Kommentar zur Zivilprozeßordnung mit Gerichtsverfassungsgesetz und Nebengesetzen, Band 1 (§§ 1 – 354), bearbeitet von August Belz u.a.; München 1992
Marburger, Peter: Die Regeln der Technik im Recht; Köln, Berlin, Bonn, München 1979
Maunz, Theodor / Dürig, Günter (Hrsg.): Grundgesetz, Kommentar, Band II: Art. 12 – 21, Band III: Art. 22 – 69; München, Loseblatt Stand Oktober 1999
Maurer, Hartmut: Allgemeines Verwaltungsrecht, 12. Auflage; München 1999
Medicus, Dieter: Bürgerliches Recht, 18. Auflage; Köln, Berlin, Bonn, München 1999
- *ders.*: Schuldrecht I, Allgemeiner Teil, 11. Auflage; München 1999
- *ders.*: Schuldrecht II, Besonderer Teil, 9. Auflage; München 1999
Müller, Rolf: Die kommerzielle Nutzung menschlicher Körpersubstanzen, Rechtliche Grundlagen und Grenzen; Berlin 1997 (zugleich Diss. Jur. Erlangen-Nürnberg 1995)
Mueller-Eckhardt, Christian (Hrsg.): Transfusionsmedizin, 2. Auflage; Berlin, Heidelberg u.a. 1996

Mugdan, B.: Die gesamten Materialien zum Bürgerlichen Gesetzbuch für das Deutsche Reich, II. Band, Recht der Schuldverhältnisse; Berlin 1899

Musielak, Hans-Joachim (Hrsg.): Kommentar zur Zivilprozeßordnung mit Gerichtsverfassungsgesetz, bearbeitet von Wolfgang Ball u.a.; München 1999

Narr, Helmut: Ärztliches Berufsrecht: Ausbildung, Weiterbildung, Berufsausübung, fortgeführt von R. Hess und H.-D. Schirmer, Band I; Köln, Loseblatt Stand Januar 1997

Natter, Eberhard: Der Arztvertrag mit dem sozialversicherten Patienten, Zugleich ein Beitrag zum Naturalleistungsprinzip in der gesetzlichen Krankenversicherung; Köln, Berlin, Bonn, München 1987 (zugleich Diss. Jur. Berlin 1985/86)

Nixdorf, Wolfgang: Zur ärztlichen Haftung hinsichtlich entnommener Körpersubstanzen: Körper, Persönlichkeit, Totenfürsorge, VersR 1995, S. 740 – 745

Ossenbühl, Fritz: Staatshaftungsrecht, 5. Auflage; München 1998

Palandt, Otto: Bürgerliches Gesetzbuch, bearbeitet von Peter Bassenge u.a., 59. Auflage; München 2000

Peters, Frank: Zur Gesetzestechnik des § 823 II BGB, JZ 1983, S. 913 – 926

Picker, Eduard: Positive Forderungsverletzung und culpa in contrahendo – Zur Problematik der Haftungen „zwischen" Vertrag und Delikt, AcP 183 (1983), S. 369 – 520

- ders.: Vetragliche und deliktische Schadenshaftung - Überlegungen zu einer Neustrukturierung der Haftungssysteme -, JZ 1987, 1041 – 1058

Pieroth, Bodo / Schlink, Bernhard: Grundrechte, Staatsrecht II, 14. Auflage; Heidelberg 1998

Pfeiffer, Gerd: Fünftes Gesetz zur Änderung des Arzneimittelgesetzes, VersR 1994, S. 1377 – 1383

- ders.: Zur gesetzwidrigen Regelung über die Einschaltung von Ethik-Kommissionen bei der Arzneimittelforschung, ZRP 1998, S. 43 – 46

Pschyrembel: Medizinisches Wörterbuch, bearbeitet von der Wörterbuch-Redaktion des Verlages Walter de Gruyter, 257. Auflage; Hamburg 1994

Quast, Ute / Thilo, Waltraud / Fescharek, Reinhard: Impfreaktionen: Bewertung und Differentialdiagnose, 2. Auflage; Stuttgart 1997

Ratzel, Rudolf / Lippert, Hans-Dieter: Kommentar zur Musterberufsordnung der deutschen Ärzte (MBO), 2. Auflage; Berlin, Heidelberg 1998

Rebmann, Kurt / Säcker, Franz Jürgen (Hrsg.): Münchener Kommentar zum Bürgerlichen Gesetzbuch
- Band 1: Allgemeiner Teil (§§ 1 – 240, AGBG), bearbeitet von Jürgen Basedow u.a., 3. Auflage; München 1993
- Band 3: Schuldrecht / Besonderer Teil I (§§ 433 – 606, Finanzierungsleasing, VerbrKrG, HausTWG, Erbschaft- u. Schenkungssteuergesetz, MHG, HeizkostenV), bearbeitet von Mathias Habersack u.a., 3. Auflage; München 1995
- Band 8: Familienrecht II (§§ 1589 – 1921, KJHG), bearbeitet von Manfred Hinz u.a., 3. Auflage; München 1992

Rebmann, Kurt / Säcker, Franz Jürgen / Rixecker, Roland (Hrsg.): Münchener Kommentar zum Bürgerlichen Gesetzbuch
- Band 4: Schuldrecht / Besonderer Teil II (§§ 607 – 704), bearbeitet von Uwe Hüffer u.a., 3. Auflage; München 1997
- Band 5: Schuldrecht / Besonderer Teil III (§§ 705 – 853, PartGG, Prod-HaftG), bearbeitet von Andreas Cahn u.a., 3. Auflage; München 1997
- Band 6: Sachenrecht (§§ 854 – 1296, WEG, Erb bauVO, SachenRBerG, SchuldRÄndG), bearbeitet von Matthias Cremer u.a., 3. Auflage; München 1997

Rehmann, Wolfgang A.: Arzneimittelgesetz (AMG); München 1999

RGRK: Das Bürgerliche Gesetzbuch mit besonderer Berücksichtigung der Rechtsprechung des Reichsgerichts und des Bundesgerichtshofes, herausgegeben von Mitgliedern des Bundesgerichtshofes
- Band I: §§ 1 – 240, bearbeitet von Kurt Herbert Johannsen u.a., 12. Auflage; Berlin, New York 1982
- Band II, 1. Teil: §§ 241 – 413, bearbeitet von Richard Alff u.a., 12. Auflage; Berlin, New York 1976
- Band II, 2. Teil: §§ 414 – 610, bearbeitet von Werner Ballhaus u.a., 12. Auflage; Berlin, New York 1978
- Band II, 5. Teil: §§ 812 – 831, bearbeitet von Walter Dunz u.a., 12. Auflage; Berlin, New York 1989

Robbers, Gerhard: Sicherheit als Menschenrecht: Aspekte der Geschichte, Begründung und Wirkung einer Grundrechtsfunktion; Baden-Baden 1987

Roche Lexikon Medizin: hrsg. von der Hoffmann-La Roche AG und Urban & Schwarzenberg, bearbeitet von Dagobert Tutsch u.a., 2. Auflage; München, Wien, Baltimore 1987

Rogall, Klaus: Anmerkung zu BGH, Urteil v. 22.2.1978 – 2 StR 372/77 (NJW 1978, 1206), NJW 1978, S. 2344f.

Rohe, Mathias: Anmerkung zu BGH, Urteil v. 9.11.1993 – VI ZR 62/93 (= BGHZ 124, 52), JZ 1994, S. 465 – 468

Rössler, Dietrich: Die Bedeutung der Einwilligung für die Legitimation ärztlichen Handelns – ethische Aspekte, EthikMed 1996, S. 59 – 67

Rosenberg, Leo / Schwab, Karl Heinz / Gottwald, Peter: Zivilprozeßrecht, 15. Auflage; München 1993

Roxin, Claus: Strafrecht, Allgemeiner Teil, Band I: Grundlagen, der Aufbau der Verbrechenslehre, 3. Auflage; München 1997

Rudolphi, Hans-Joachim / Horn, Eckhard / Samson, Erich / Günther, Hans-Ludwig / Hoyer, Andreas: Systematischer Kommentar zum Strafgesetzbuch, Allgemeiner Teil (§§ 1 – 79b), Besonderer Teil (§§ 223 – 338); Neuwied, Kriftel Loseblatt Stand März 2000

Saame, Philipp: Der Entwurf eines Gesetzes zur Regelung des Transfusionswesens (Transfusionsgesetz), Ein Kommentar unter besonderer Berücksichtigung der Positionen der betroffenen pharmazeutischen Industrie, PharmaR 1997, S. 450 – 459

Sachs, Michael (Hrsg.): Grundgesetz, Kommentar, bearbeitet von Ulrich Battis u.a., 2. Auflage; München 1999

Sander, Axel: Arzneimittelrecht, Kommentar für die juristische und pharmazeutische Praxis zum Arzneimittelgesetz mit Hinweisen zum Medizinprodukte- und Betäubungsmittelgesetz, unter Mitwirkung von Otto May und Anja Epp; Stuttgart, Berlin, Köln Loseblatt Stand September 1999

Scheffold, Stefan: Haftungsfragen im Zusammenhang mit der Tätigkeit von institutional review boards und von Ethik-Kommissionen; Frankfurt am Main 1992 (zugleich Jur. Diss. Tübingen 1991)

Schenke, Wolf-Rüdiger: Rechtliche Grenzen der Rechtssetzungsbefugnis von Ärztekammern, Zur rechtlichen Problematik satzungsrechtlich statuierter Kompetenzen von Ethik-Kommissionen, NJW 1991, S. 2313 – 2322

- *ders.*: Verfassungsrechtliche Probleme einer öffentlich-rechtlichen Monopolisierung der ethischen Beratung bei klinischen Versuchen am Menschen, NJW 1996, S. 745 – 755

Schlosser, Hans: Deliktischer Schadensersatzanspruch aus § 823 II BGB und eigenständiger Interessenschutz des Verkehrsopfers – BGH, NJW 1980, 1792, JuS 1982, S. 657 – 660

Schlund, Gerhard H.: Zur Berufsverschwiegenheit bei AIDS, AIFO 1987, S. 401 – 409

Schmidt-Salzer, Joachim / Hollmann, Hermann H.: Kommentar zur EG Richtlinie Produkthaftung, Band 1: Deutschland; Heidelberg 1986

Schmiedel, Burkhard: Deliktsobligationen nach deutschem Kartellrecht, Erster Teil, Zivilrechtsdogmatische Grundlegung: Untersuchungen zu § 823 Abs. 2 BGB; Tübingen 1974

Schönke, Adolf / Schröder, Horst: Strafgesetzbuch, Kommentar, bearbeitet von Theodor Lenckner u.a., 25. Auflage; München 1997

Schramm, Wolfgang / Schulte-Hillen, Jürgen: Todesursachen und Aids-Erkrankungen Hämophiler in der Bundesrepublik Deutschland (Umfrageergebnisse Oktober 1994), in: Inge Scharrer, Wolfgang Schramm (Hrsg.), 25. Hämophilie-Symposium Hamburg 1994; Berlin, Heidelberg 1995

Schreiber, George B. / Busch, Michael P. / Kleinman, Steven H. / Korelitz, James J.: The risk of transfusion-transmitted viral infections, The New England Journal of Medicine 1996, S. 1685 – 1690

Schreiber, Hans-Ludwig: Rechtliche Maßstäbe des medizinischen Standards, DMW 1984, S. 1458 – 1460

- *ders.*: Rechtliche Regeln für Versuche mit Menschen, in: Hanfried Helmchen, Rolf Winau (Hrsg.), Versuche mit Menschen in Medizin, Humanwissenschaft und Politik; Berlin, New York 1986

- *ders.*: Der Standard der erforderlichen Sorgfalt als Haftungsinstrument, VersMed 1995, S. 3 – 5

Schröder, Michael / Taupitz, Jochen: Menschliches Blut: Verwendbar nach Belieben des Arztes?, Zu den Formen erlaubter Nutzung menschlicher Körpersubstanzen ohne Kenntnis des Betroffenen; Stuttgart 1991

Schünemann, Hermann: Die Rechte am menschlichen Körper; Frankfurt am Main 1985 (zugleich Diss. Jur. Göttingen 1983/84)

Soergel, Hans Theodor / Siebert, Wolfgang (Hrsg.): Bürgerliches Gesetzbuch mit Einführungsgesetz und Nebengesetzen
- Band 1: Allgemeiner Teil (§§ 1 – 240), bearbeitet von Hermann Fahse u.a., 12. Auflage; Stuttgart, Berlin, Köln, Mainz 1987
- Band 2: Allgemeiner Teil 2 (§§ 104 – 240), bearbeitet von Wolfgang Hefermehl u.a., 13. Auflage; Stuttgart, Berlin, Köln, Mainz 1999
- Band 2: Schuldrecht I (§§ 241 – 432), bearbeitet von Arndt Teichmann u.a., 12. Auflage; Stuttgart, Berlin, Köln 1990
- Band 5/2: Schuldrecht IV/2 (§§ 823 – 853, Produkthaftungsgesetz, Umwelthaftungsgesetz), bearbeitet von Günther Hönn u.a., 12. Auflage; Stuttgart, Berlin, Köln 1998
- Band 6: Sachenrecht (§§ 854 – 1296, WEG, ErbbauVO, SchiffsG), bearbeitet von Jürgen F. Baur u.a., 12. Auflage; Stuttgart, Berlin, Köln 1989
- Band 8: Familienrecht II (§§ 1589 – 1921, EheG, HausratsVO), bearbeitet von Hans Friedhelm Gaul u.a., 12. Auflage; Stuttgart, Berlin, Köln, Mainz 1987
- Band 10: Einführungsgesetz, bearbeitet von Gerhard Kegel u.a., 12. Auflage; Stuttgart, Berlin, Köln 1996

Stamer, Katrin: Die Ethik-Kommissionen in Baden-Württemberg: Verfassung und Verfahren; Frankfurt am Main 1998 (zugleich Diss. Jur. Heidelberg 1998)

Starr, Douglas: Blut, Stoff für Leben und Kommerz; München 1999

Staudinger, Julius von (Hrsg.): Kommentar zum Bürgerlichen Gesetzbuch mit Einführungsgesetz und Nebengesetzen
- I. Band, Allgemeiner Teil, erläutert von Franz Brändl und Helmut Coing, 11. Auflage; Berlin 1957
- §§ 21 – 103, bearbeitet von Hermann Dilcher u.a., 13. Bearbeitung; Berlin 1995
- §§ 134 – 163, bearbeitet von Reinhard Bork u.a., 13. Bearbeitung; Berlin 1996
- Einleitung zu §§ 241ff; §§ 241 – 243, bearbeitet von Gottfried Schiemann, Jürgen Schmidt, 13. Bearbeitung; Berlin 1995
- Einleitung zu §§ 241ff; §§ 241, 242; AGBG, erläutert von Peter Schlosser u.a., 12. Auflage; Berlin 1983
- §§ 255 – 292, bearbeitet von Manfred Löwisch und Walter Selb, 13. Bearbeitung; Berlin 1995

- §§ 328 – 361, bearbeitet von Rainer Jagmann u.a., 13. Bearbeitung; Berlin 1995
- §§ 433 – 534, bearbeitet von Matthias Cremer u.a., 13. Bearbeitung; Berlin 1995
- §§ 611 – 615, bearbeitet von Reinhard Richardi, 13. Bearbeitung; Berlin 1999
- §§ 823 – 825, bearbeitet von Johannes Hager, 13. Bearbeitung; Berlin 1999
- §§ 823 – 832, erläutert von Karl Schäfer, 12. Auflage; Berlin 1986
- §§ 903 – 924; Anhang zu § 906: Umwelthaftungsrecht, bearbeitet von Jürgen Kohler u.a., 13. Bearbeitung; Berlin 1996
- Art. 1, 2, 50 – 218 EGBGB, bearbeitet von Karl-Dieter Albrecht u.a., 13. Bearbeitung; Berlin 1998

Steffen, Erich: Einfluß verminderter Ressourcen und von Finanzierungsgrenzen aus dem Gesundheitsstrukturgesetz auf die Arzthaftung, MedR 1995, S. 190f.

Steffen, Erich / Dressler, Wolf-Dieter: Arzthaftungsrecht, Neue Entwicklungslinien in der BGH-Rechtsprechung, 8. Auflage; Köln 1999

Stegers, Christoph M.: Das arzthaftungsrechtliche Mandat in der anwaltlichen Praxis, 2. Auflage; Köln 1989

Stein / Jonas: Kommentar zur Zivilprozeßordnung
- Band 1 (§§ 1 – 90), bearbeitet von Reinhard Bork u.a., 21. Auflage; Tübingen 1993
- Band 3 (§§ 253 – 299a), bearbeitet von Reinhard Bork u.a., 21. Auflage; Tübingen 1997
- Band 4 / Teilband 1 (§§ 300 – 347), bearbeitet von Christian Berger u.a., 21. Auflage; Tübingen 1998
- Band 3 (§§ 511 – 703d), bearbeitet von Wolfgang Grunsky u.a., 20. Auflage; Tübingen 1977

Taupitz, Jochen: Die Standesordnungen der freien Berufe, Geschichtliche Entwicklung, Funktionen, Stellung im Rechtssystem; Berlin, New York 1991
- *ders.*: Wem gebührt der Schatz im menschlichen Körper? - Zur Beteiligung des Patienten an der kommerziellen Nutzung seiner Körpersubstanzen -, AcP 191 (1991), S. 201 – 246
- *ders.*: Privatrechtliche Rechtspositionen um die Genomanalyse: Eigentum, Persönlichkeit, Leistung, JZ 1992, S. 1089 – 1099
- *ders.*: Kommerzialisierung menschlicher Körpersubstanzen, in: Reinhard Damm, Dieter Hart (Hrsg.), Rechtliche Regulierung von Gesundheitsrisiken, Baden-Baden 1993
- *ders.*: Der deliktsrechtliche Schutz des menschlichen Körpers und seiner Teile, NJW 1995, S. 745 – 752

Tempel, Otto: Inhalt, Grenzen und Durchführung der ärztlichen Aufklärungspflicht unter Zugrundelegung der höchstrichterlichen Rechtsprechung, NJW 1980, S. 609 – 617

Tettinger, Peter J.: Kammerrecht, Das Recht der wirtschaftlichen und freiberuflichen Selbstverwaltung; München 1997

Tiedemann, Inge K.: Voraussetzungen und Grenzen rechtlicher Regelungen für die Tätigkeit von Ethik-Kommissionen bei Forschungsvorhaben am Menschen, ZRP 1991, S. 54 – 61

Tröndle, Herbert / Fischer, Thomas: Strafgesetzbuch und Nebengesetze, 49. Auflage; München 1999

Uhlenbruck, Wilhelm: Aktuelle Probleme des Arztrechts - Mehr Verständnis der Gerichte für ärztliche Belange? -, ArztR 1989, S. 233 – 241

- *ders.*: Das Transfusionsgesetz 1998, ArztR 1998, S. 311 - 314

Vogel, Joachim: Strafrechtsgüter und Rechtsgüterschutz durch Strafrecht im Spiegel der Rechtsprechung des Bundesverfassungsgerichts, StV 1996, S. 110 – 115

Voll, Doris: Die Einwilligung im Arztrecht, Eine Untersuchung zu den straf-, zivil- und verfassungsrechtlichen Grundlagen, insbesondere bei Sterilisation und Transplantation unter Berücksichtigung des Betreuungsgesetzes; Frankfurt am Main 1996 (zugleich Diss. Jur. Heidelberg 1995)

Voß, Barbara: Kostendruck und Ressourcenknappheit im Arzthaftungsrecht; Berlin, Heidelberg u.a. 1999 (zugleich Diss. Jur. Düsseldorf 1998/99)

Wagner, Gerhard: Öffentlich-rechtliche Genehmigung und zivilrechtliche Rechtswidrigkeit; Köln, Berlin, Bonn, München o.J. (zugleich Diss. Jur. Göttingen 1989)

Wahrig, Gerhard: Deutsches Wörterbuch, herausgegeben unter der Leitung von Renate Wahrig-Burfeind, Gütersloh 1997

Weigend, Thomas: Über die Begründung der Straflosigkeit bei Einwilligung des Betroffenen, ZStW 98 (1986), S. 44 – 72

Wenckstern, Annette: Die Haftung bei der Arzneimittelprüfung und die Probandenversicherung, Haftungsersetzung durch Versicherungsschutz, Frankfurt am Main 1999 (zugleich Jur. Diss. Hamburg 1997/98)

Wessels, Johannes / Beulke, Werner: Strafrecht, Allgemeiner Teil – Die Straftat und ihr Aufbau, 28. Auflage; Heidelberg 1998

Westphalen, Friedrich Graf von (Hrsg.): Produkthaftungshandbuch, Band 1: Vertragliche und deliktische Haftung, Strafrecht und Produkt-Haftpflichtversicherung, verfaßt von Ulrich Foerste u.a.; München 1989

Weyers, Hans-Leo: Versicherungsvertragsrecht, 2. Auflage; Neuwied, Kriftel, Berlin 1995

Wieling, Hans Josef: Sachenrecht, 2. Auflage; Berlin u.a. 1994

Willoweit, Dietmar: Schuldverhältnis und Gefälligkeit - Dogmatische Grundfragen -, JuS 1984, S. 909 – 916

Wolff, Hans J. / Bachof, Otto / Stober, Rolf: Verwaltungsrecht, Band 2, 6. Auflage; München 2000

Zipfel, Walter / Rathke, Kurt-Dietrich: Lebensmittelrecht, Kommentar der gesamten lebensmittel- und weinrechtlichen Vorschriften sowie des Arzneimittelrechts, Band V, unter Mitarbeit von H. Berg u.a.; München, Loseblatt Stand 1. Januar 1995

Zöller, Richard: Zivilprozeßordnung mit Gerichtsverfassungsgesetz und den Einführungsgesetzen, mit Internationalem Zivilprozeßrecht, Kostenanmerkungen, bearbeitet von Reinhold Geimer u.a., 21. Auflage; Köln 1999

ABKÜRZUNGSVERZEICHNIS

AHRS	Arzthaftpflicht-Rechtsprechung herausgegeben von Kullmann/Bischof/Dressler
AVB/P	Allgemeine Versicherungsbedingungen für die klinische Prüfung von Arzneimitteln (Probandenversicherung) von 1995 abgedruckt bei Sander, Anh. II/40k.
AIFO	AIDS-Forschung
Clin. Lab.	Clinical Laboratory
DÄBl.	Deutsches Ärzteblatt
DMW	Deutsche Medizinische Wochenschrift
EthikMed	Ethik in der Medizin
E(1)-TFG	Erster Entwurf eines Gesetzes zur Regelung des Transfusionswesens vom 21. April 1997
E(2)-TFG	Zweiter Entwurf eines Gesetzes zur Regelung des Transfusionswesens vom 29. Juli 1997
E(3)-TFG	Dritter Entwurf eines Gesetzes zur Regelung des Transfusionswesens vom 12. Januar 1998
FAZ	Frankfurter Allgemeine Zeitung
Fn.	Fußnote(n)
GK-SGB I	Gemeinschaftskommentar zum Sozialgesetzbuch – Allgemeiner Teil von Kretschmer/von Maydell/Schellhorn
HAV	Hepatitis A Virus
HBV	Hepatitis B Virus

HCV	Hepatitis C Virus
HdbSozialVers	Handbuch der Sozialversicherung von Kurt Brackmann
HIV	Humanes Immundefekt Virus
i.S.d.	im Sinne des/der
i.S.v.	im Sinne von
KasselerKomm	Kasseler Kommentar
LK	Strafgesetzbuch – Leipziger Kommentar herausgegeben von Jescheck/Ruß/Willms bzw. von Jähnke/Laufhütte/Odersky
MBO-Ä	Musterberufsordnung für die deutschen Ärztinnen und Ärzte - MBO-Ä 1997 - in der Fassung der Beschlüsse des 100. Deutschen Ärztetages in Eisenach abgedruckt in DÄBl. 1997, A-2354 - 2363
MPG	Gesetz über Medizinprodukte (Medizinproduktegesetz – MPG) vom 2. August 1994 BGBl. I, S. 1963
MünchKomm	Münchener Kommentar zum Bürgerlichen Gesetzbuch herausgegeben von Rebmann/Säcker bzw. von Rebmann/Säcker/Rixecker
MünchKomm-ZPO	Münchener Kommentar zur Zivilprozeßordnung herausgegeben von Lüke/Walchshöfer
Rn.	Randnummer(n)
SK	Systematischer Kommentar zum Strafgesetzbuch herausgegeben von Rudolphi/Horn/Samson/Günther/Hoyer

TFG	Gesetz zur Regelung des Transfusionswesen (Transfusionsgesetz – TFG) vom 1. Juli 1998 BGBl. I, S. 1752
TPG	Gesetz über die Spende, Entnahme und Übertragung von Organen (Transplantationsgesetz – TPG) vom 5. November 1997 BGBl. I, S. 2631
VersMed	Versicherungsmedizin

Für nicht aufgeführte Abkürzungen wird verwiesen auf Hildebert Kirchner, Abkürzungsverzeichnis der Rechtssprache, 4. Auflage, Berlin, New York 1993.

Ilka Kamp

Die Europäische Bioethik-Konvention

Medizinische Versuche an einwilligungsunfähigen Menschen unter besonderer Berücksichtigung der Vorgaben im nationalen und internationalen Recht

Frankfurt/M., Berlin, Bern, Bruxelles, New York, Oxford, Wien, 2000.
XXXVI, 120 S.
Europäische Hochschulschriften: Reihe 2, Rechtswissenschaft. Bd. 2948
ISBN 3-631-36177-7 · br. DM 65.–*

Thema dieser Arbeit ist der Teil der sogenannten Bioethik-Konvention, der sich mit der Möglichkeit der Vornahme nichttherapeutischer medizinischer Versuche an einwilligungsunfähigen Menschen befaßt. Die im Rahmen der Bioethik-Konvention eröffneten Möglichkeiten werden auf ihre Vereinbarkeit mit bestehenden völkerrechtlichen Verträgen, den geltenden deutschen Gesetzen sowie unverbindlichen Regelungen überprüft. Die Untersuchung kommt zu dem Ergebnis, daß lediglich aufgrund der in der Bioethik-Konvention vorgesehenen Vorrangklausel für höhere Schutzstandards ein Verstoß gegen das Recht auf körperliche Unversehrtheit in seinen unterschiedlichen Ausgestaltungen ausscheidet.

Aus dem Inhalt: Eröffnete Möglichkeiten für nichttherapeutische medizinische Versuche an einwilligungsunfähigen Menschen in der Bioethik-Konvention und die Vereinbarkeit mit dem bestehenden Recht sowie unverbindlichen Regelungen

Frankfurt/M · Berlin · Bern · Bruxelles · New York · Oxford · Wien
Auslieferung: Verlag Peter Lang AG
Jupiterstr. 15, CH-3000 Bern 15
Telefax (004131) 9402131

*inklusive Mehrwertsteuer
Preisänderungen vorbehalten
Homepage http://www.peterlang.de